U0535837

华为
闭环战略管理
从战略到执行的SDBE领先模型

胡荣丰 著

华 为 闭 环 战 略 管 理

推荐序一

因为工作上的缘故，在产业推广的过程中，与本书作者胡荣丰认识多年。我们对ICT（信息与通信技术）产业趋势的认知，以及对于高科技企业的管理，有很多的共识。他从华为离退之后，通过培训、咨询和写作等各种方式，总结和推广华为的管理理念和方法。最近蒙他告知第一本著作即将付梓，并邀请予以作序。盛情难却，我只能应允。

华为是我敬重的企业。在与作者及其他华为人的交往过程中，我能感觉到华为是一家用心做实事的公司。在自主研发、实体制造的道路上，他们克服了很多困难，多年集体奋斗才有今天的成绩。在曾经落后的中国产业环境下，华为作为一家技术型公司，能够数十年磨一剑，坚持自主研发创新不动摇，坚持全球化的运营不动摇，我对此十分欣赏。

在收到样书后，我通读了几遍，感觉作者非常用心地总结了华为公司的发展历程和群体奋斗经验，系统地把华为从先进公司引进的管理理念和方法，结合作者自身的工作实践，较好地给读者呈现了出来。更难能可贵的是，从其行文和措辞中可以看出作者的真诚和不敷衍。这些让本书具备了较好的独创性和可读性。

　　作为在高科技行业奋斗的一名老兵，我深知做高新技术很难，在中国做高科技更难。有人曾问过我回国的得失。我说过，如果我不回来，我以后所做的一切不会对"中国制造"有所帮助。我们付出努力，终于使"中国制造"和高新技术联系在一起，这正是我回国多年来的追求。作为ICT高新技术的同行，我们都清楚一个像华为这样的企业，其背后有着无数人的日夜奋斗。卓越的企业都是在点滴积累中，逐步由量变到质变，最终熬出来的。

　　对于华为，我还有一种特别的感情。我曾经在与华为同时期的联想公司（早期称为"计算所公司"）工作，联想是一家由中国科学院计算技术研究所（计算所）创办的高技术企业。当年，计算所是中国计算机领域的鼻祖，拥有千人研究团队和附属工厂，起点比华为高很多。与国有的、资源丰富的联想相比，民营的、缺乏资源的华为在发展初期相形见绌。1995年时，联想销售额大约是华为的5倍。不过曾几何时，形势完全翻转了。有本书《联想做大　华为做强》，把这两家公司的竞争比喻为"龟兔赛跑"：华为是"龟"，联想是"兔"。那么，为什么华为能后来居上，发展越来越好，核心竞争力越来越强？其本质原因，以及企业发展的理念、战略和战术实操，也是包括我在内的许多人及许多企业，希望通过本书了解的。

　　艰苦卓绝的实践，能产生相应的企业管理理论；而不断完善的理论体系，反过来又能指导更加宏大的企业管理实践。《华为闭环战略管理》这本书较好地总结了华为，作为一家后发的高科技实业公司，基于中国国情和企业实际状况，结合企业独特的领导力和价值观，通过系统性的标杆管理和差距分析，并通过各种途径学习和使用先进的理念和战术，最终弥补差距，甚至是后来居上，超越标杆的整个理论框架及其实操方法。

　　我更欣赏的是本书的实用性。它不仅仅是在讲愿景、使命、战略、领导力、价值观这些形而上的概念，更重要的是，"一分战略，九分执行"，本书花费较大篇章在论述怎么通过翔实的工具和系统性的实操，通过组织和流程来系统性地构建核心竞争力，落地这些形而上的概念，最终把空中楼阁化为现实绿洲，实现企业创造价值的伟大使命。通过S（战略）—D（解码）—B（计划）—E（执行），真正打通了企业"战略→业务→组织→绩效→激励"的管理闭环，使用类似我们技术工程人员的系统工程方法，使用PDCA（计划—执行—检查—处理）循环的质量办法来进行企业的管理。

市场竞争是残酷的，但也是有规律可循的。数字经济时代，企业间的竞争和比拼，关键在于人才和创新，对于高新企业更是如此。不论宏观环境、行业价值如何变迁，谁能够把握企业竞争的"道、势、术"，洞察行业本质又能坚持更好的价值创造，不断通过共同的事业吸引人才、团结人才，谁就能在残酷的竞争中活下来，并且活得更好，活得更久。

一直以来，我都深信中国企业在全球高科技领域会有一席之地。独行快，众行远，期盼中国企业能够集体强大起来。"他山之石，可以攻玉"，作者此书，以及华为的奋斗和实践，应该能够为广大的企业家或管理精英，提供管理理念、框架和实践案例上的参考。

在此，我向大家推荐此书，是为序！

倪光南
中国工程院院士
2022年7月于北京海淀

推荐序二

与本书作者胡荣丰先生相识于2012年。当时万华还是一家不大的化工企业，我负责公司研发和战略，曾去华为参观，与他结识并一直保持着紧密联系。从华为正式离退之后，胡总开始开展企业管理咨询业务，我们公司也常请他及他的团队来分享华为的管理实践经验。最近他根据华为的战略和业务管理实践，结合自己工作体会，写了这本书并邀我作序，祝贺之余拜读了一下。

过去十年犹如白驹过隙，虽有风云变幻，但华为仍在不断发展壮大。万华化学也取得一些成绩，整体规模已过千亿，2021年名列全球化工前二十强，部分细分领域已领先全球。万华和华为在管理实践方面有一定的相似性。比如在发展战略上，两家公司都奉行现实主义，避免盲目创新，也奉行拿来主义和追随战略；都非常重视人才，都把产品和技术作为核心竞争力；在决策作风上，都奉行长期主义，都一样地务实专注，不盲目进行多元化，避免资源耗散；在运营上，都比较严谨、细致、周到，强调执行力，主张向管理要效益。然而，随着传统主营业务的成熟，万华的发展也逐步走到平台期。万华的发展方式是靠追随国际领先企业，靠成本和效率上的优化和比拼，然而目前越来越无以为继，需要进行战略调整。

细读本书之后，我有很多思考。有明确方向下的追赶是容易的，在方向未知下的领跑则是困难的。为了持续有效发展，万华也积极持续在新领域进行探索和试错，以寻找新方向和新成长点。这在客观上要求万华在"无人区"必须投入和探索，但同时也要避免重大、系统性的风险。这个过程不但艰辛，而且难有参照系，不仅仅需要技能和方法，还要有对未来发展和探索的坚定信念和勇气。

本书可读性和实操性比较强，看得出作者十分用心。让我印象特别深刻的有如下几点，万华研发部门和各个事业部，尤其新业务开发团队需要学习和借鉴。

首先，过去的成功，不是未来的可靠向导。万华在主营业务的发展过程中，在主航道业务领域构建起了初步的竞争优势。但这些组织、能力、流程和机制，是否适应新形势下、新领域中的市场和客户的需求？怎么打破陈规和既有思维，耗散原有优势，面对新的形势和挑战，重新组织起来取得新的成功？这些都需要认真研究和探索。

其次，战略固然重要，但执行更重要。万华在近年的发展中，很多新晋主管是在顺风顺水的主营业务中成长起来的，没经历过失败和挫折。我们很多新兴业务，大家的愿望很好，定的任务也很高，但战略解码、计划和执行环节均做得不够，导致战略的可操作性和可落地性比较弱，无法真正形成闭环，存在着很大的提升空间。

再次，坚持从差距出发，来制定战略和进行管理运营。胡总的SDBE领先模型强调，与业界标杆间的差距才是战略的动力起点和验证终点。其实，万华很多所谓新业务，我们找的标杆都是全球头部企业，且我们与之有较大差距。如何让各级干部像万华发展初期一样，保持空杯心态，正视差距，善于学习并采取有效的战略和战术去缩小差距，实现业绩增长，这对万华今后的发展非常关键。

最后，坚持把核心能力建在流程和组织上。万华在过去，靠干部和员工的群体奋斗，取得了主航道业务上的成功。我们现有的干部和人才，在已经远离主航道的新业务领域，在环境未知、资源匮乏，甚至是在逆境绝境中，是否具备能打仗、打硬仗、打胜仗的信念和能力？万华如何在新业务成功的过程中，优化我们的流程，培养我们的干部梯队，并通过在流程和组织上的建设打造和强化核心能力？我们要努力实现的目标就是要解决这些问题，以保证万华能够持续取得业务的成功，践行我司"化学，让生活更美好"的愿景和使命。

这些问题，在本书中均能找到一些答案和值得借鉴的地方。当然，本书理论框架的完整性，闭环管理措施的可落地性，等等，都有可圈可点之处。人类社会进入工业革命以来，出现了突飞猛进的发展，不是因为人类个体出现了智力的重大突破，也非资源有极大提升，而是因为科技发展和组织管理进步带来的工业化大生产和全球化贸易。华为作为中国技术和管理领先的公司，成功地把发端于欧美的现代企业管理理论，和一家立足中国的本土企业的持续进步和发展结合起来，有较好的现实借鉴意义。研究和介绍华为管理的书籍汗牛充栋，本书内容对我司现在培育新业务中的思考和实践很有启发，值得向大家推荐。

华卫琦
万华化学集团股份有限公司常务副总裁
2022年7月于山东烟台磁山

前言

笔者在华为技术有限公司工作近二十年，先在研发体系工作多年，然后转向海外市场，常驻海外近十年，回国后在人力资源管理、战略运营、产业生态、政府推广等部门工作，成为华为体系中的一名管理干部。作为华为体系中的奋斗者，笔者一直工作在华为核心业务的最前沿，在技术研发、市场销售、战略运营、人力资源管理及组织管理等领域有着一定的工作经验。

在长期的华为职业生涯中，笔者工作轮换的部门和岗位比较多，以不同角色参与过华为研发体系（IPD[①]）、市场体系（LTC[②]和铁三角[③]）、

---

① Integrated Product Development的缩写，意为集成产品开发，是一套产品开发的模式、理念与方法。
② Lead To Cash的缩写，指一套从市场线索到回款的销售管控流程。
③ 即华为运营管理"铁三角"，它要求华为的运营管理要"聚焦关键战略、简化业务流程、激发组织活力"。

战略管理流程（BLM[①]和DSTE[②]）和人力资源管理体系（PBC[③]及HRBP[④]制度）的历次重要管理变革和项目推行，对华为管理的变革和提升有着切身体会。

笔者作为华为研发主管转海外市场体系的标杆，曾常驻海外多年，同全球ICT行业的顶级巨头"贴身肉搏"过，熟悉全球化市场运作，有着国际化的管理视角。同时，笔者也酷爱总结和分享，曾作为华为大学客座教授和顾问，经常给政府各级领导、全球重要客户、优秀企业家和华为内部各级管理者提供咨询服务、授课和开讲座，传播华为的文化价值观、管理理念、流程制度和优秀实践。

华为，作为中国优秀企业的代表，是中国本土商业思想与全球顶级管理实践相结合的产物。从条件简陋的20世纪80年代中后期起步，华为逐步积累起有自身特色的研发和管理能力，并发展成为有全球影响力的商业巨头，其成功有其偶然，更有其善于学习、善于吸收、善于总结的历史必然。

特别是2008年金融危机之后，面临着日益动荡、不确定的商业环境，华为居安思危，从IBM（国际商用机器公司）又引进了先进的BLM进行战略规划及执行管理，并坚持不懈地进行实践和优化，这为华为识别重大战略机会，规避重大风险，持续稳健经营奠定了很好的制度基础。

BLM是由IBM专家团队和哈佛商业院教授，集全球战略管理的精华，联合提炼和发明出来的。BLM经华为从IBM引进并持续实践、改进和优化之后，对华为的稳健发展起到了至关重要的作用。很多中国企业继华为之后，也在不同程度上引进和应用该模型，来指导企业的战略管理实践，在

[①] Business Leadership Model的缩写，意为业务领导力模型。业界又称业务领先模型或价值领先模型，是华为从IBM引进的一套战略管理模型。

[②] Develop Strategy To Execution的缩写，意为从发展战略到执行，指的是华为目前正在运作的从战略到执行的战略闭环管理模式。

[③] Personal Business Commitment的缩写，意为个人绩效承诺，是华为绩效管理的重要工具。

[④] Human Resources Business Partner的缩写，意为人力资源业务合作伙伴。

中国企业界引起了非常大的反响。

笔者参加过业界很多专家组织的战略管理研讨会，也研究过市面上众多流行的战略管理书籍，总是感觉或多或少存在着不足，比较普遍的问题是把战略管理简单问题复杂化，或者缺乏可操作性、可执行性。大道至简，战略规划和执行管理，其实并不复杂。我在华为大学给内部各层管理者及各类企业人士授课的实践证明，战略管理这个领域，有清晰脉络、学习方法和操作指引，有一定职业经验的人士，只要认真学习，用心去实践，完全是可以在较短时间内掌握的。

BLM是IBM在美国本土原创，很多术语、理念、工具和实践都带有欧美企业实践的特点，难免有不适用于国内企业之处。另外，其提供的框架和理念，也缺乏一些实际的工具和操作指引，华为在落地过程中，对其有不少的裁剪、补充和优化。

本书所介绍的SDBE领先模型[①]，是笔者在BLM战略框架基础上，根据自己在华为多年的战略规划实践经验，以及在给外部授课、从事咨询工作过程中的研究感悟，系统性地提炼和改良而来的。SDBE领先模型更注重中国企业广泛的适应性和实际执行过程中的可操作性。

SDBE领先模型，它创造性地打造了一个脉络清晰、语言高度简洁统一、便于理解传播、极其注重管理闭环思维的管理框架。对于不同人士，SDBE领先模型具备不同的价值。

对于企业中高层管理人员，它提供了较好的战略规划及牵引平台，指明公司的前进方向和发展节奏；对于中基层主管，它可以帮助进行部门级的战略解码，让他们在执行管理时能专注KPI（关键绩效指标）和关键举措，以更好地落实公司战略；对于企业员工骨干，它可以帮助形成系统性的规划和思考平台，指导自己明确目标，更有效率地去工作，实现工作业绩的提升；对于创业人士，它能提供一个简明而完整的业务规划，并提示您考虑各种实施细节和风险，以最大限度地防范创业过程中的各种险滩，

---

① Strategy-Decoding-Business-Execution Leading Model 的简称，指从战略规划、战略解码、经营计划到执行管理的一系列管理方案。

突破发展瓶颈。

经过长时间打磨，并结合给数十家企业、大量管理者的授课和咨询经验，在本书中，笔者把这套实践成功、极具价值的SDBE领先模型及执行管理框架，通过严密的逻辑和架构、领先的方法和理论、翔实的案例和示例，分享给读者。

为避免本书过于学术化，笔者已经尽最大努力，用简洁明了、通俗易懂的语言以及直观的图表和示例，来讲解和分享SDBE领先模型。只要读者用心琢磨，并遵照书中的相关工作指导，在实际工作中加以应用，就一定会像IBM和华为等卓越企业的优秀管理者一样，掌握SDBE领先模型及执行管理的精髓，在实际工作中也必将有所裨益。

限于学识和经验，加之战略管理课题重大，虽然笔者诚惶诚恐、如临深渊，根据之前战略管理课程的讲稿，几经痛苦思索、推敲和审校，也上网查阅各种资料和书籍，但书中也难免会有一些错误和遗漏之处。敬请读者通过各种方式不吝批评、赐教或指正，笔者感激不尽。

目 录

第一章　战略管理概论 /001

1.1　战略管理的概念与华为各时期战略抉择 /002

1.1.1　卓越的战略管理和执行能力是优秀企业的共同特点 /004

1.1.2　1987 生存：在市场竞争中学习，生存是华为第一要务 /005

1.1.3　1997 学习：虔诚地向 IBM 和行业标杆学习，实现全球经营 /009

1.1.4　2007 进化：土狼积极向狮子转变，坚定迈向战略无人区 /013

1.1.5　2017 领导：欲戴王冠，必受其重，做谦虚的领导者 /017

1.1.6　企业战略规划的常见原因和时机选择 /024

1.1.7　战略规划的本质：打造核心竞争力，获取超额利润 /027

1.2　战略管理的关键任务和原则 /028

1.2.1　关于战略管理的常见问题和误区 /028

1.2.2　如何落实战略管理的关键任务和要求 /030

1.2.3　尽快跨越战略管理的初级发展阶段 /031

1.2.4　SDBE 领先模型的基本工作过程 /034

1.2.5　战略管理的若干原则 /035

第二章　SDBE 领先模型 /037

2.1　BLM 及其局限性 /038

2.1.1　BLM 的由来：IBM 触底反弹的战略管理理念结晶 /038

2.1.2　BLM 的结构和特点：战略制定与执行联结 /039

2.1.3　BLM 的局限性与 SDBE 领先模型的提出 /041

001

2.2 SDBE 领先模型及其价值 /043

2.2.1 SDBE 领先模型简介及重要概念剖析 /043

2.2.2 华为 SDBE 领先模型的价值和特点 /048

第三章 差距分析、标杆管理、领导力和价值观 /051

3.1 差距分析及标杆管理——SDBE 领先模型的核心理念，贯穿始终 /052

3.1.1 SDBE 领先模型中差距分析的重要意义 /053

3.1.2 深层次认识差距：理想差距 VS 现实差距 /054

3.1.3 差距的闭环管理：差距既是战略管理的起点，又是终点 /055

3.1.4 标杆管理的概念和内涵：为差距分析提供业界最佳实践 /059

3.1.5 学习一切先进标杆，反对盲目创新，打造学习型组织 /062

3.2 领导力——组织执行力的根源的构建和打造 /065

3.2.1 火车快，靠火车头带：领导力对企业的关键作用 /065

3.2.2 领导力是战略规划和最终执行落地的决定因素 /067

3.2.3 领导力在组织中的三大具体作用 /069

3.2.4 华为"干部四力"打造坚不可摧的领导力 /072

3.3 价值观的管理和塑造 /075

3.3.1 价值观对企业"长治久安"的作用 /075

3.3.2 价值观是员工行为的基本准则和指引 /076

3.3.3 构建企业价值观的基本原则 /078

3.3.4 "嗅觉灵敏、集体奋斗和作风顽强"的华为"狼文化" /079

3.3.5 选拔李云龙式干部，打造领导力，让组织充满"亮剑"精神 /082

第四章 战略规划 /085

4.1 战略规划的价值和意义：企业经营的望远镜 /086
- 4.1.1 价值洞察：如何选择行业赛道，加大战略规划的成功率 /087
- 4.1.2 战略构想：怎样科学地分层分级定义您的战略意图 /087
- 4.1.3 创新组合：如何创新，更有效地缩小差距，实现战略目标 /088
- 4.1.4 商业设计：指导如何详细进行有效、可行的商业模式设计 /089

4.2 价值洞察：执行"五看"动作，识别价值变化及发展方向 /089
- 4.2.1 价值洞察的本质：确保企业经营不出现方向性问题 /089
- 4.2.2 看宏观：企业生存发展的环境或大气候判断 /090
- 4.2.3 看行业：判断行业吸引力和价值链的转移趋势 /094
- 4.2.4 看客户：细分市场和客户，知晓客户需求、痛点及特点 /099
- 4.2.5 看对手：选定竞争标杆，对主要竞争对手进行画像 /101
- 4.2.6 看自己：准确定位自己，虚心学习，扬长避短，逐个超越 /104
- 4.2.7 价值洞察结果：评估市场空间和业务前景，输出业务策略 /106

4.3 战略构想：决定企业战略目标、使命、路径和节奏 /108
- 4.3.1 战略构想：通过阶段化、里程碑式规划来实现宏大的追求 /108
- 4.3.2 定愿景：对企业长期、可持续、纲领性的盈利前景做出判断 /110
- 4.3.3 定使命：判定业务边界、客户和优势 /114
- 4.3.4 定战略目标：通过有效、合理、灵活的运营模式，赢得现有细分市场的增长机会 /116
- 4.3.5 定发展阶段里程碑：战略构想的落脚点，由战略规划迈向年度经营计划的关键 /118
- 4.3.6 华为在不同时期的战略构想：愿景、使命的变迁 /119

4.4 创新组合：如何有效缩小与标杆间的差距，提升实力 /125
- 4.4.1 创新组合的概念和本质：防止盲目创新，"小改进，大奖励" /125

  4.4.2 创新组合的原则及框架：指向差距改善和规模增长 /127

  4.4.3 业务组合：审视不同阶段和性质的业务，兼顾市场及格局 /129

  4.4.4 模式创新：改变价值创造的方式和逻辑，以提升企业竞争力 /133

  4.4.5 管理变革：本质是运营管理创新，提升核心领域的效率或效能 /135

  4.4.6 创新的技术、产品和服务：改变市场格局，产生高额利润 /140

  4.4.7 华为无线研发打造领先的产品，规模化突破欧洲市场 /143

4.5 商业设计：构建企业价值创造、传递和获取的全过程 /146

  4.5.1 客户选择：以客户为中心，是华为整个商业设计的起点 /147

  4.5.2 价值主张：聚焦产生力量，识别客户核心、关键的需求和痛点 /150

  4.5.3 活动范围：取舍之道，有所为，有所不为，聚焦产生力量 /153

  4.5.4 盈利模式：华为通过独特的业务设计发现持续而合理的利润区 /155

  4.5.5 战略控制：华为把技术作为战略支点，打造长期发展根基 /159

  4.5.6 风险管理：识别战略规划中的主要不确认性并设置预案 /164

  4.5.7 华为终端各品牌：独立商业设计，对标各巨头大获成功 /167

第五章 战略解码 /175

5.1 战略解码的概念和作用 /176

  5.1.1 战略解码：把企业战略通过可视化方式分解的过程 /176

  5.1.2 战略解码的作用：承上启下，联结规划和执行两大环节 /178

  5.1.3 战略解码对于执行的重要意义及四大原则 /180

  5.1.4 战略解码的常用工具简介 /182

5.2 BEM 战略解码方法及其步骤 /186

  5.2.1 BEM 战略解码方法的来源和核心理念 /186

  5.2.2 通过 BEM 方法解码战略并导出 KPI 的关键步骤 /187

  5.2.3 从组织 KPI 导出关键举措的关键步骤 /189

5.3　BSC 战略解码方法及其步骤 /190

5.3.1　平衡计分卡已成为战略管理的核心理念 /190

5.3.2　BSC 战略解码方法打造四大层面的均衡牵引目标 /192

5.3.3　BSC 战略解码的关键步骤和指引 /194

5.4　华为核心战略组合解密 /198

5.4.1　核心战略一：产品好，服务好，成本低 /198

5.4.2　核心战略二：坚持客户导向，协助客户商业成功 /200

5.4.3　核心战略三：坚持技术驱动，敢于做行业领导者 /202

第六章　经营计划 /209

6.1　制订经营计划的意义和作用 /210

6.1.1　经营计划：显微镜的作用 /210

6.1.2　年度经营计划的关键作用：形成年度 KPI 和关键举措，确保可执行、可管理 /212

6.1.3　KPI 的关键：使用 SMART 原则制定科学合理的目标 /213

6.1.4　关键举措：持续改进机制，是伟大公司成功的关键因素 /216

6.1.5　制订年度经营计划的注意事项 /218

6.2　KPI 量化考核体系的科学构建 /221

6.2.1　平衡计分卡指导思想下的 KPI 设计 /221

6.2.2　财务与规模指标设计：衡量当期经营水平的关键 /224

6.2.3　客户与产品指标设计：支撑未来可持续发展的因素 /224

6.2.4　运营与支撑指标设计：内部运营效率和管理能力的持续提升 /226

6.2.5　学习和发展指标设计：组织、人才和流程的建设 /227

6.2.6　KPI 体系设计的若干原则和操作指引 /229

6.2.7　KPI 设置小窍门：保底、持平和挑战，降低焦虑，聚焦目标 /230

6.3　关键举措的管理办法及架构 /231

6.3.1　关键举措："零缺陷"+"持续改进"，TOP N 方法介入战略管理 /231

6.3.2　华为的持续改进体系："以客户为中心"+"核心竞争力构建" /235

6.3.3　通过 PDCA 全面质量管理方法，针对 TOP N 持续改进企业经营 /238

6.3.4　日益精进："不怕慢，只怕站，最怕退步"，每天进步 1% 的巨大力量 /241

6.3.5　华为宏伟霸业的成就之道：循序渐进与"积微速成" /244

6.4　年度经营计划的逐级确认和再分解 /246

6.4.1　公司愿景和使命向战略规划转化 /247

6.4.2　战略规划通过战略解码向中期目标转化 /249

6.4.3　企业中期战略目标转化形成 KPI 和关键举措 /251

6.4.4　将部门级 KPI 和关键举措分解至组织中的每个细胞 /253

第七章　执行管理 /255

7.1　组织及其绩效：科学设计和管理组织，匹配战略实现 /256

7.1.1　组织设计：健全而强大的组织，是战略成功的保证 /256

7.1.2　组织设计的时机选择和相关原则 /257

7.1.3　组织设计和管理考虑要素：成本和效率的均衡艺术 /259

7.1.4　华为组织设计："研发和市场"双轮驱动，打造哑铃形高科技企业 /264

7.1.5　关键岗位识别和设置：搭建组织的骨架和筋肉 /266

7.1.6　组织设计"四定"及相关原则 /269

7.1.7　组织绩效及其管理原则：组织千军万马，高效向同一个目标冲锋 /272

7.1.8　"全营一杆枪"，华为向"543"部队学习，铸就集体主义战魂 /274

目 录

7.2 流程及管理：去繁就简，聚焦业务，与年度经营计划相匹配 /277

- 7.2.1 现代企业管理的目标是流程化组织建设 /278
- 7.2.2 企业流程构建与哈默的流程管理"四问" /281
- 7.2.3 流程管理之道：聚焦业务，结果导向，高信息化，与时俱进 /284
- 7.2.4 企业各类流程的分类以及分层分级管理 /287
- 7.2.5 企业流程建设的常见问题和企业流程管理的关键步骤 /289
- 7.2.6 华为四大公司级主流程简介 /293

7.3 人才及其绩效：战略确定后，决定因素就是人才 /301

- 7.3.1 人才理念：认真负责和管理有效的员工是企业的宝贵财富 /301
- 7.3.2 HRBP 制度：业务主官的伙伴，协助战略成功和业绩达成 /304
- 7.3.3 人才管理四象限：识别和选拔 A 象限、B 象限人才，打造高绩效组织 /306
- 7.3.4 职业发展通道设计：打造人才梯队，持续进行能力提升 /310
- 7.3.5 绩效管理：刺激个体潜能，引入活力曲线，激活组织 /312
- 7.3.6 对顶级人才的疯狂追求和高效使用，是华为卓越业绩的根因 /319

7.4 文化与价值观：华为对核心竞争力的定义 /324

- 7.4.1 合适的企业文化和价值观才是最好的 /324
- 7.4.2 价值观分层塑造：责任感、危机感和使命感 /326
- 7.4.3 不能落地、不进行考核的价值观，等于没有价值观 /328
- 7.4.4 建设合适的部门亚文化和工作氛围，推动绩效达成 /331
- 7.4.5 华为"以客户为中心，以奋斗者为本"的核心价值观 /332

第八章 企业闭环战略管理的关键因素 /337

8.1 华为认为战略管理应成为各级管理者的核心能力 /338

8.2 过去的成功不是华为未来的可靠向导 /338

8.3 "活得久，活得长"，华为战略管理的唯一目标 /341

8.4 重视主官作用，用超强的执行力保障战略目标的实现 /343

8.5 华为战略成功的关键：方向大致正确，组织充满活力 /345

第九章 总结篇：战略是关键要素的深刻管理 /349

9.1 实现企业内部各种利益的合理分配 /350

9.2 实现对人性的深刻洞察和有效调动 /353

9.3 注重经营，实现长远和当期的平衡 /356

9.4 面向客户，打造雷厉风行的高绩效组织 /359

9.5 打造战略—解码—计划—执行的高效闭环 /362

后　记 /369

第一章

战略管理概论

战略及战略管理是个很古老的话题，古今中外关于战略及战略管理的故事或典故史不绝书。在中文语境中，"战"指战争，"略"指谋略，战略一般认为是一种从全局考虑谋划，以实现全局目标的计划和规划。《孙子兵法》《鬼谷子》等兵家、纵横家的著作，被认为是中国较早对战略进行全局筹划的著作。在西方，"strategy"一词源于希腊语"strategos"，意为军事将领、地方行政长官，后来演变成军事术语，指军事将领指挥军队作战的谋略。

1.1 战略管理的概念与华为各时期战略抉择

一般而言，战略作谋略或计策解时，要对其下一个比较精准的定义很难。大多数管理学者都赞同，**战略**，与规划、策略、计划等相比，更加讲求长远性、全局性，其实施周期更长，需要考虑的变量更多，参与者更多，影响范围更广。

我们一般把企业**战略管理**定义为：企业确定其愿景、使命之后，根据组织外部环境和内部条件设定战略目标，为保证战略目标的正确落实和实现进度谋划，并依靠企业内部能力将这种谋划和决策付诸实施，以及在实施过程中进行控制的一个动态管理过程。换而言之，**战略管理是指对一个企业或组织在一定时期的全局的、长远的发展方向、目标、任务和政策，以及资源调配做出的决策和管理艺术。**

华为作为一个民营企业，其三十多年发展壮大的历程，就是一个经典的令人惊叹的战略管理和执行案例。华为的发展，从最高管理层在不同时期战略构想的提出，到逐级解码、计划措施及严格执行，环环相扣。所有管理者和员工，紧密团结，众志成城，围绕公司的愿景和使命，忠于职守，辛勤工作，总体上来讲还是完成了各阶段挑战很大的战略目标。

外人可能会觉得华为发展得很顺利，波澜不惊，每年的经营业绩很好。身在其中的华为人都非常清楚，没有一年是轻松的，一刻也不能松懈，必须竭尽全力完成公司的既定目标，无数主管和员工以顽强坚毅的拼搏作风，时刻冲刺着，无惧任何挑战。一方面，辛勤敬业的员工群体发挥了较好的中基层执行作用；另一方面，以任正非为首的华为最高管理层，在战略的闭环管理上，发挥了至关重要的引领作用。如果以SDBE领先模型来进行复盘，我们会发现战略管理的所有关键要素在华为内部都是齐整而到位的。

特别值得一提的是，任正非先生作为华为的创始人和实际掌权人，他党员、解放军前军官和学毛标兵的身份，给华为深深地打上其鲜明的个人印记，深入企业的基因和骨髓。可以说任正非对华为的发展起到了至关重要的作用。

任正非，其人本身就是矛盾而统一的。他的家庭出身和个人坎坷经历，使其具有高远的理想追求、公而忘私的品格、深邃的战略构想、敏锐的市场洞察力；党员身份和军旅生涯，让其始终重视文化价值观的建设，重视用愿景和使命来凝聚共识，重视集体的能量而非个人英雄主义，其秉持着开放而包容的灰度思维，使公司保持稳健而灵活的发展节奏，坚决反对资本绑架公司运作；此外，身处改革开放前沿重镇深圳，强烈的市场氛围让他重视知识人才，拥抱市场机制，喜爱公平竞争。通过引进西方式咨询管理服务，华为逐步建立起稳健的治理架构、理性合规的商业发展模式，逐渐具备了完善的规模研发管理能力、强大的全球化市场竞争能力，建立起高效的流程管理体系、健全的人才管理机制。

所有这些纷繁复杂，甚至看似矛盾冲突的企业经营管理要素，被以任正非为首的华为领导层很好地统一起来，服务于企业愿景和战略目标的实现。华为，作为中国本土发展起来的高科技民营企业，必将在中国企业发展历史上和企业管理实践史上，留下浓墨重彩的一页。

1.1.1　卓越的战略管理和执行能力是优秀企业的共同特点

任正非对春秋战国时期的秦国一统中原的故事，非常感兴趣。他曾邀请《大秦帝国》的作者孙皓晖先生到华为开讲座，并亲自与之座谈。笔者当时也有幸在现场，与孙皓晖先生讨论问题，受益匪浅。

孙皓晖先生《大秦帝国》这本皇皇巨著，基本上很好地说明了超大型企业战略管理及执行过程中的关键内容和精髓，包括形势洞察、战略构想、创新组合、模式设计、KPI和关键措施制定、组织和流程建设、人才获取和任用、文化价值观及工作氛围管理等。此书可读性也非常强，对秦国历史有兴趣的读者，可以自行阅读，本书不再详述。

人类社会发展到现在，国家、地区、各种实体及组织之间，逐步由激烈残酷的军事或生存斗争，转变为比较平缓温和的经济竞争；而经济竞争的主体便是一个个独立决策、自负盈亏的企业。企业间的竞争看似缓和，但一些优秀企业成功崛起的背后，有可能是另外一些企业的失败和倒闭。换句话说，虽然总体上，企业竞争是人类历史的一种进步，是更高级的竞争方式，但竞争结果则是相对残酷的，一部分人之所得是另一部分之所失。

全球化的兴起、科技的进步、基础设施的改善、贸易的扩大，促使无数的企业不断产生、发展、壮大、萎缩和消亡。回首并探究各类企业（不管是大中企业，还是小微企业；不论是高科技行业的企业，抑或是传统行业的企业）的兴衰原因，我们很容易就得到一个共识：**企业成功的原因是相似的，企业失败的原因则各有不同！**也即是说，成功的企业是有共性的，企业经营是有规律可循的，这些成功的企业一定是共同做对了某些关键的事情。

任正非曾经说："没有正确的假设，就没有正确的方向；没有正确的方向，就没有正确的思想；没有正确的思想，就没有正确的理论；没有正确的理论，就不会有正确的战略。"对任何一个梦想卓越的企业而言，如果提不出对未来的大胆假设，就一定谋划不出合理的行动路径以及战略目标。

阳光下没有新鲜事，当代史不过是历史的一再重复。如果拿SDBE领先模型来进行复盘，去分析探究各类企业尤其是大量标志性的企业兴衰背后的根源，我们会发现：**优秀卓越的企业，无一例外基本遵循了SDBE领先模型的战略管理框架，且关键因素全部具备；失败消亡的企业，肯定是在某一环节中存在着重大失误和遗漏，最终导致失败落幕。**

在全球化的今天，不论你承认与否，市场竞争的浪潮席卷参与其中的每个企业。在无情的商战之中，只有具备战略眼光和宽阔视野，并真正在企业核心能力的构建上高过主要竞争对手，才能立于不败之地。

以下，笔者对华为的各个历史发展阶段以及战略转型背后的原因，简单地做个复盘，期望它作为一个楔子，引发大家对于战略管理的思考。

1.1.2　1987 生存：在市场竞争中学习，生存是华为第一要务

20世纪80年代初期，作为工程兵部队的一位军官，任正非响应国家号召，到深圳支持特区建设。没过多久，邓小平拍板，决定百万大裁军，整个国家转向以经济建设为中心。中年任正非被迫转业，到他妻子任职的国企南油集团，担任中层管理干部。单纯的军旅工作背景，让他对人充满了信任。刚上岗不久，他就被人骗了200万元人民币的货款。当时普通人的月平均工资才100元人民币，200万元人民币可谓是巨款。作为军官的他，退伍金才3800元人民币。

1987年，43岁的退伍军官任正非最后承担了责任，无奈从国企离职，同时任职南油集团的发妻也与他离婚。他带着一双儿女、年迈的父母和兄弟姐妹，蜗居在蛇口一个铁皮屋下，在艰难中开始自谋生路。他拿出退伍金与其他几个朋友凑了2万多元人民币创办了华为，从此开启了中国企业的传奇之路。

回顾这段历史时，我们常常笑称，任正非得好好感谢当年那个骗子。"艰难困苦，玉汝于成"，如果不是他欺骗任正非，任正非就不会离职，也就没有现在的华为，西方科技企业的巨头，乃至美国政府也就能天天睡好觉了。

人生就是这么突然，当年蝴蝶的翅膀一次不经意的扇动，真的彻底地改变了全球电信行业乃至ICT行业的走向。偶然与必然交织，有时我们很难说得清，到底是时势造英雄还是英雄造时势。反正任正非以及他创办的华为，从此就像他们自己所说，无知无畏地在科技商业史上掀开了属于自己的篇章。

多年后，有记者问任正非和华为的其他高管："为什么取名叫华为？"任正非和其他高管的回答是："当时真没想这么多，反正要取个名字，墙上有个'中华有为'的标语，就随便取了。""华为"是闭口音，听着不响亮。在品牌国际化过程中，老外说"华为"这个名字英语发不出来。因为这个原因，公司管理层一度还认真讨论过是否要换一个名字。后来发现换名字太麻烦，成本也太高，只能作罢。

不管怎样，靠着凑来的微薄的启动资金，任正非和几个合伙人，就开始了华为的逆袭之旅。早年的华为，与联想、四通等企业差不多，基本上都是以贸易或组装起家，走的都是"贸、工、技"的路子，什么赚钱做什么，什么能卖钱就寻找什么货源。华为不像四通或联想，身处北京城，资源多、人脉广。华为在改革开放的前沿深圳起步，当时没有资源，只能靠倒买倒卖，说白了就是个连代理资格都没有的渠道商。

由于曾为军人的任正非，非常负责、认真、勤奋、敬业，客户非常认可他，因此他代理的交换机销量很好，很快公司就赚了一百来万。其他股东就立刻要求分钱，只有想把企业做强做大的任正非不同意。多年以后，任正非说起这段历史，眼里还是闪烁着泪花，回忆说："最后是通过法律，打了官司。法院判定下来，允许其他人退股，我就成了唯一的股东。当年法院的判决书，至今还在公司的档案室里。"后来，很多人说华为股份值钱，任正非心胸宽广，乐于分享。但想想当时的处境，无不让人感到任正非作为一个中年男人和创业者的艰辛。

被迫成为华为唯一老板的任正非，顾不上其他人退出，一心一意做业务。屋漏偏逢连夜雨，当时华为代理的交换机的销售额居然比除自己之外的同级代理商的销售总额还要高，这引起了上级代理商的警觉和防备，最后不卖给华为，导致华为断货。任正非被迫从香港另外一家代理商引进新款的交换机，延续着对自有客户的供货和服务。多年以后，任正非仍十分感激当年给他雪中送炭的香港老板，尊称他为华为的救命恩人。

代理商断货一事给任正非两点教训。一是企业的存活，主要靠客户的信任，只要客户对你信任，对企业有信心，换了品牌，他还会继续从你这儿买；二是企业的命根子不能掌握在别人手上，没有技术，没有产品，企业的生存就没有根基，搞自我研发，可能是唯一的出路。

因此，华为在加强技术服务能力的同时，开始琢磨怎么对代理的产品进行器件替代，之所以如此，一方面是想要积累研发经验；另一方面，自我研发的部件利润比较高。但受限于研发能力，更大的原因是当时中国产业界的普遍水准不高，不可能把产品做得很好，因此在很长一段时间内，华为给客户的印象是，产品质量差，经常出问题，但是产品价格低，态度好，服务好。

对此，任正非心知肚明，他在一次内部讲话中说："在当前产品良莠不齐的情况下，我们承受了较大的价格压力，但我们真诚为客户服务的心一定会感动'上帝'，一定会让'上帝'理解物有所值，逐步地缓解我们的困难。我们一定能生存下去……"

然而，任正非骨子里是军人，是斗士。生存下来，小富即安，从来不是他的目标，"宁为鸡头，不为凤尾"，"不想当将军的兵，不是好兵"，他的目标是星辰大海。1993年，华为销售刚刚过亿，任正非就喊出了"未来全球电信前三强，华为必居其一"的豪言。

1993年华为举全公司之力，宣布搞C&C08数字程控交换机的研发。当时华为千辛万苦才靠关系搞定了银行贷款，给大家发工资。任正非在产品开发启动会上，对大家动情地说："要是研发失败，你们就去找工作，我就从这楼上跳下去。"当时的情形，老员工都历历在目。华为的成功，哪有那么多的高瞻远瞩，初创时的狼狈不堪、彷徨失措，只有当事人最清楚。

终于，华为靠背水一战搞出了C&C08数字程控交换机这个王牌产品，并在市场上大获成功。这标志着华为真正结束了无自有产品、无核心技术的组装倒卖时代，有条件从小溪流或支流进入大江大河与强大对手拼搏一番。

笔者在2015年出差到阿联酋的一个小城，居然发现了近二十年前华为卖出的、早已停止服务的C&C08数字程控交换机仍在高负荷稳定运转，承载着当地繁忙的通信业务。当地客户的领导对我不停地赞叹："华为产品，amazing（太棒了）！"可想这款产品的稳定性和巨大成功。在传统的数字程控交换机领域，经过多个版本迭代，华为C&C08数字程控交换机在功能、性能、成本和可靠性上，基本上做到了打遍全球无敌手。可以说，是华为一手终结了程控交换机这个领域的竞争。

1994年至1997年，凭借C&C08数字程控交换机这个拳头产品，华为在中国市场所向披靡，初步解决了生存危机，也尝到了自主研发的甜头，但是另外的问题很快就出现了。主要问题是管理上没经验、没章法。华为是市场化的科技企业，其人员、业务和客户规模扩大之后，如何对上万名以研发为主的高科技人员进行管理，华为没有经验，也没有头绪，摸着石头过河。

有这么一个段子，也有人说它是真实事件。据说20世纪90年代早期，任正非一行人去北京参加通信展会，同行人问任正非：怎么看待北大方正和联想？这两者总部都在北京，北大方正当时风头正劲，是汉字激光照排技术的发明者；而联想背靠科学院的实力和名声，销售额亦远超华为。比起这两个企业老大哥，当时华为只能是小弟。任正非回答说："方正有技术，无管理。联想有管理，无技术。"感觉到任正非的回答有那么一点点不谦虚的意味，同行人又追问一句："那华为呢？"任正非笑答："华为嘛，既无技术，也无管理。"

在这几年之间，由于中国市场通信需求大爆发，而国外巨头的产品非常贵，服务也不好，华为凭借性价比非常高的C&C08数字程控交换机这个拳头产品，销售额大幅增长，而且实现了较大盈利。

当时华为研发部门信心爆棚，希望能够多点开花。一方面，某些产品的开发战线拉得很长，开发过程中由于缺乏经验，存在很多浪费，产品开发经历了很多失败；另一方面，很多"拍脑袋"做出来的产品，即使成功开发出来，市场上也卖不出去。同时，公司也存在着很多管理上的问题，如人员管理问题、市场管理问题和薪酬管理问题等等。

因此，华为外表看着光鲜，发展迅速，而任正非等高层却认为华为在技术上、产品开发上、运作管理上存在着很多重大的问题，华为可以说是危机重重。华为经历过市场部全体大辞职，采用过人大教授帮助起草的所谓企业"宪法"《华为基本法》，这些运动式的管理办法，对华为管理的规范性和有效性，起到了一些作用，但任正非本人清楚，这些都不是治本的办法。华为要想实现长治久安，必须找到可靠的、系统性的解决办法。

1.1.3　1997 学习：虔诚地向IBM和行业标杆学习，实现全球经营

任正非一直认为，管理才是制约华为向成功的跨国公司演变的瓶颈问题，如果要学管理，那就要选择一家世界级老师，虔诚地拜师学艺。为了取得管理上和技术上的真经，必须寻找业界最佳实践者，而这个最佳实践者，只能从西方发达国家的先行者中去寻找。由此，在第二个十年里，华为开启了痛苦而有效的学习和修炼之旅。

在1997年的圣诞节前后，任正非亲自带队去美国各大企业进行考察。在近距离地与美国当时主流的科技企业（包括微软、休斯、思科和IBM等等）交流之后，经过认真思考，任正非亲自拍板，斥巨资启动管理变革，全面启动与IBM的合作，其实就是选择了向IBM这个美国老师学习。

1998年8月10日，他召集了华为几乎所有的副总裁和总监级干部开会，会上任正非宣布成立以董事长孙亚芳为总指挥、以党务副总郭平为副组长的变革领导小组。同时，任正非在会上宣布了由研发、市场、生产、财务等部门中富有经验的300多名业务骨干组成的管理工程部干部任命名单，并亲自确定了"先僵化，再固化，后优化"的学习原则，全力以赴配合IBM顾问的各项工作。要求华为的干部理解要执行，不理解也要执行，适应不了的、觉得自己比IBM顾问水平高的，可以立即离职。任正非的铁腕和决心，可见一斑。

通过向IBM学习，引进并落地IPD流程，华为的产品研发能力上了一个新台阶，这为华为的全球化竞争初步奠定了基础。

随着国内市场竞争的加剧,任正非预判IT(信息技术)业的冬天即将来临,但与其他选择战略收缩的企业不同,华为一直喜欢反周期运作。华为在卖掉安圣电气换取65亿元人民币这件棉衣的同时,一举在国内聘用了7000余名校招人员,进行人才储备。同时,华为把"小步快跑"的全球化策略,转换为"全速快进"。国内所有的销售经理只要会说英语,或者只要能办签证,一律往海外派。对一些去艰苦国家的员工,华为更是每天发100—200美元补贴,相当于一个月多拿2万—4万多元人民币,这在当时可是一笔巨款。

在这样的背景之下,2001年,华为内部召开了一次誓师大会,任正非亲自在会上提出了一个口号,叫"雄赳赳,气昂昂,跨过太平洋"。这是化用当年抗美援朝战争开始时中国人民志愿军入朝时的口号,意味着华为市场部将士,就是要走出国门,到海外与国际巨头去抢生意。任正非后来总结说:"华为是从很多挫折和教训中跌跌撞撞摔打到今天的。90年代,我们像游击队一样,头上包一个白毛巾,腰里别两个手榴弹,误打误撞就冲到了世界通信市场,根本不知道国际规则。华为的做法就是把未来的预期回报提前透支,发放高工资,在中国人才市场上舀了一瓢油,吸引了一些优秀人才加入公司,并通过持续的高强度激励促进全球人才作用的发挥。"

就这样,华为在90年代中后期,开始两条腿走路。一边把销售队伍派往海外,逐步启动市场国际化战略;另一边,开始全面向IBM和其他巨头学习和对标,坚定走美式管理的道路。一边打仗,一边学习,一边变革,边学边做,训战结合。成为游泳健将的好办法,就是经常下江下海。温室里长不出抗击霜雪的花朵,只有与狼共舞,才能在与竞争对手的搏斗中学习和成长。

多年以后,即使在遭遇美国政府的疯狂打压之际,任正非仍动情地说道:"我是亲美的,华为其实也是一家美式管理风格的企业。美国的老师和同行,教会了我们如何做技术、做产品、做管理,是我们曾经的灯塔。我们不能因为美国政府或一小部分政客的打击,就与美国企业切割了联系。在任何时候,华为都要保持开放和包容。我们还是要一起携手,对人类有所贡献。"

21世纪初的某一天，华为总裁任正非，在法国波尔多专程拜访了阿尔卡特（现为阿尔卡特朗讯集团）的董事长瑟奇·谢瑞克（Serge Tchuruk）。谢瑞克先生是全球备受尊敬的实业家和投资家，他创办了两家世界知名的企业。在当时，阿尔卡特是与爱立信、朗讯、北电相提并论的电信制造业的标杆公司。阿尔卡特更是在中国政府的支持下，在上海成立了上海贝尔阿尔卡特股份有限公司，该公司成为中国通信行业建设的重要力量。

其实，任正非一直强调要与西方友商和谐相处，华为与西方各个巨头的关系都还不错。比较典型的例子是，阿尔卡特在和华为竞争法国电信业务中失败了，正准备灰头土脸地退出，没想到任正非专门让华为驻巴黎代表和法国电信部门接洽，表示华为愿意让出一部分市场，希望法国政府采购部门可以把阿尔卡特列入供应商名册。在激烈的市场竞争中，所有企业都应该奋勇向前，为自己拼出一条血路。阿尔卡特在竞争中落伍，选择与朗讯合并，以应对华为的竞争。当然，这是后话。

出于对客人的尊重，这次瑟奇·谢瑞克选择在自家的葡萄酒庄园接待来访的任正非。一阵礼节性的寒暄和红酒品尝之后，谢瑞克先生用凝重的语气，不失礼貌而又严肃地说："我一生投资了两个企业，一个是阿尔斯通，一个是阿尔卡特。阿尔斯通是做核电的，经营核电企业要稳定得多，无非是煤、电、铀，技术变化不大，竞争也不激烈；阿尔卡特虽然在电信制造业中也有着一定的地位，但说实话，这个行业太残酷了，你根本无法预测明天会发生什么，下个月会发生什么……"

饱受生存之苦、深谙忧患之道的任正非，对此表示非常赞同。21世纪初的华为，正处于战略迷茫期。行业标杆阿尔卡特的掌舵人的困惑和迷茫，使任正非更为警醒和震惊。回国后，他与公司中高层反复讨论谢瑞克先生的提醒和困惑，并提问："华为的明天在哪里？出路在哪里？我们应该选择什么样的发展战略？我们又怎么去应对复杂波动的竞争局势？"

当时华为逐渐领先于国内同行，以优异的营业收入保持高速增长的发展势头。2000年，华为正高歌猛进，年营收220亿元人民币，位居中国电子企业百强之首。在所有华为人欢呼之际，领导人任正非写下了业界的名篇——《华为的冬天》。在文章中，任正非没有提到华为的任何成就，反而大谈危机和失败，追问华为该如何"过冬"，提醒华为上下应有"向死而生"的危机意识。任正非在文中写道："**十年来我天天思考的都是失败，对成功视而不见，也没有什么荣誉感、自豪感，而是危机感**。也许是这样才存活了十年。我们大家要一起来想，怎样才能活下去，也许才能存活得久一些。失败这一天是一定会到来，大家要准备迎接，这是我从不动摇的看法，这是历史规律。"

任正非不但是这么说的，也是这么做的。2001年，他一手操办，把华为旗下最赚钱的安圣电气卖给了美国的艾默生电气，获得了65亿元人民币的"过冬"资金。

他在文中说："现在是春天吧，但冬天已经不远了，我们在春天与夏天要念着冬天的问题。IT业的冬天对别的公司来说不一定是冬天，而对华为可能是冬天。华为的冬天可能来得更冷，更冷一些。我们还太嫩，我们公司经过十年的顺利发展没有经历过挫折，不经过挫折，就不知道如何走向正确道路。磨难是一笔财富，而我们没有经过磨难，这是我们最大的弱点。我们完全没有适应不发展的心理准备与技能准备。

"沉舟侧畔千帆过，病树前头万木春。网络股的暴跌，必将对两三年后的建设预期产生影响，那时制造业就惯性进入了收缩。眼前的繁荣是前几年网络股大涨的惯性结果。记住一句话：'物极必反'，这一场网络设备供应的冬天，也会像它热得人们不理解一样，冷得出奇。没有预见，没有预防，就会冻死。那时，谁有棉衣，谁就活下来了。"

在这十年间，华为通过向IBM学习IPD研发流程和ISCM（集成供应链）管理，在软件开发上向印度学习CMM（软件能力成熟度模型）标准，学习业界咨询公司在改进公司方面的品牌营销管理之道，向思科、爱立信等行业标杆学习市场开拓和全球运营等手段。同时华为坚定地依靠"产品好，服务好，成本低"三大竞争法宝，在国际上逐步打开了局面。统计数据显示，在华为终端崛起之前，其在海外的销售额，最高时占比达75%，是名副其实的全球化企业。就这样，华为看似进展缓慢，但实际上以不疾不徐的节奏，不经意间完成了全球化，而且势不可当。

2006年，时任华为董事长的孙亚芳曾在内部一个大会上公开说过"我们不想成为世界第一，但我们不得不走在成为世界第一的路上"。

这不是矫情或自大，也不是给华为主管和市场部将士洗脑。孙亚芳的这种态度和信念，来源于华为高管对市场、对客户的深刻洞察，来源于对华为战略构想和组织执行力的高度自信。

1.1.4　2007 进化：土狼积极向狮子转变，坚定迈向战略无人区

2002年底，为阻止华为的扩张势头，思科总部派了一位高级副总裁到中国来，跟华为谈有关所谓知识产权侵权的问题。华为并没太在意和重视，也没有派出主要负责人进行接待和会谈，这让思科感到有些愤怒。面对华为几万人通宵达旦搞研发，这位高管心中也知道华为是位强劲而值得重视的对手。

经过多方评估，思科还是毅然成立了"Beat Huawei（击败华为）"项目组，由CEO（首席执行官）钱伯斯亲自挂帅。在很短时间内，即2003年春节前夕，思科提出了针对华为的知识产权诉讼。思科指控华为非法抄袭、盗用包括源代码在内的iOS软件等二十多项罪名，几乎涵盖了知识产权诉讼的所有领域。

华为通过在美国聘请顶级律师，与思科对手结盟，用媒体进行澄清等动作手段，见招拆招，最终思科诉华为产权案以双方和解收场。和解的内容至今是一个谜。那这场诉讼中到底是谁赢了？表面上看，思科撤诉，那赢家自然是华为。但这背后隐藏了太多令人回味的东西。思科利用这一年半的时间间接狙击了华为在北美市场的拓展，而华为以做出巨大牺牲为代价取得了"国际游乐场"的入场券，这场官司可谓是华为进入国际市场的成人洗礼。

2002年，中国一本著名的杂志刊载了一篇分析文章《华为：土狼向狮子的演进》，深度剖析了华为。作者在文中将全球的通信制造企业大致分为三种类型，他以草原上的三种动物来进行比拟：狮子——西方发达国家

的企业，具备技术、产品、服务、品牌、管理的优势，综合实力强，市场地位高；土狼——以华为、中兴为代表的本土企业，缺技术、产品欠佳、品牌知名度低，但在市场上极具侵略性，并以各种非常规手段向狮子的地盘发起攻击；豹子——中外合资企业，介于两者之间。

这篇文章发表于华为和思科的知识产权纠纷案之前，文中的深入分析及对华为的描述，让华为非常被动。据说文章在发表之前，该杂志社想采访一下任正非或其他高管，都被当时视媒体为洪水野兽的华为婉拒了。

虽然这篇文章有一定的深度，对华为的发展战略战术的分析也有可取之处，但其立场和出发点都不太友好，华为领导层也对"土狼"的定义不太认同，甚至有反感之处，因此对媒体有抵触情绪也是可以理解的。虽然华为不认可此文章，但事情的发展乃至结局却如文章预料的一般。

在21世纪初，全球电信市场竞争压力太大，华为的战线拉得很长，又遭遇几个大的决策失误，核心主管和骨干纷纷在资本的引诱下离职创业。任正非本人因此心力交瘁，患上了抑郁症，一度半夜惊醒，感觉公司失控，还多次有过自杀的念头。

2003年前后，在内忧外患之际，华为秘密与摩托罗拉达成协议，以100亿美元的价格把华为绝大部分业务出售给摩托罗拉，而华为自己决定改做房地产生意或者拖拉机的生意。据任正非事后透露，其实双方都已经签署协议，谈判组也换上沙滩服进行庆祝，只等双方董事会批准。谁知一周之内，摩托罗拉董事长高尔文下台，换了一个叫圣德的新董事长，这位新董事长悍然否决了这桩收购案。中国人都得感谢这个叫圣德的美国人，否则中国将多了一家优秀的房地产商或拖拉机生产商，而世界电信舞台上却少了一张东方面孔，西方巨头也少了一个强劲的对手。

世事变幻无常，充满戏剧性。多年之后，摩托罗拉如自由落体般坠落。2010年，华为居然参与了对摩托罗拉的全面收购。爱立信的CEO与任正非在巴塞罗那会面时，向任正非透露摩托罗拉曾经的高管马克与其交谈，流泪惋惜于错失华为这么优质的收购对象。我本将心向明月，奈何明月照沟渠。

不管怎样，经历交易失败之后，华为最高层召开会议进行讨论，最终决定继续做电信老行当，但是表示战略一定要聚焦，华为一定要成功。任正非正告华为的少壮派，与美国同行的冲突，甚至是剧烈的冲突，一定会来到，没有任何侥幸，大家一定要有心理准备。

21世纪的头十年，是世界电信行业风起云涌、大开大合的年代。全球通信设备产业从2G时代的十余家群雄逐鹿，厂商之间高度竞争，演变为阿尔卡特与朗讯合并，诺基亚与西门子合并，逐渐形成3G时代的五雄并立局面。由于在技术标准话语权与新兴市场份额争夺上的双双失利，诺基亚、爱立信、阿尔卡特朗讯等运营商网络收入在4G时代全部出现大幅下滑，而华为、中兴两家中国企业的收入连年上涨，全球设备商市场份额向中国转移成为趋势。到4G时代的末期，以2016年诺基亚成功收购阿尔卡特朗讯为标志，华为、爱立信、诺基亚和中兴通讯这四大全球通信设备商四足鼎立的格局初步形成。

靠着任正非和其治下全体主管和员工的巨大奋斗和牺牲，华为挺过多场大风大浪，熬过了国际金融危机，全球化运作初见成效，并在无线、光网络、电信软件、接入网和核心网等领域，逐步进入了全球领导阵营。2013年华为最终战胜爱立信，成为全球第一大通信设备供应商。

我们可以想象，任正非和华为最高管理层，回想起往昔拼搏的岁月，他们的内心肯定是复杂而激动的。

面对国际政治、金融的动荡局势，2009年华为从IBM引进了BLM战略规划及执行管理方法和框架，并把它与多年来一直在做的SP[①]和BP[②]流程打通，以便对宏观环境和行业变迁进行深入的思考，从而制订周密而细致的计划和措施去落实规划目标，规避公司经营的系统性风险。

依靠上述种种，华为的业务规模、组织建设、品牌形象、客户影响力、技术实力和经营管理能力跃上了一个新的台阶。以任正非为代表的华为高层领导，始终居安思危，没顾得上歇一口气，不断思考下一个战略判

---

① Strategic Plan的缩写，意为战略规划，主要解决3—5年内的战略问题。
② Business Plan的缩写，在本书中指的是年度经营计划，主要聚焦于未来一年内的经营计划。

断和抉择。

2011年10月的一天，在谷歌北京公司，谷歌董事长施密特与任正非会面。施密特开门见山地对任正非说："华为是中国最成功的故事，你们正在改变世界，您是一位伟大的魔术师。"

任正非谦虚地回答："我们还处于十八九世纪工业革命'成本+质量'的时代，我们首先是因为傻，才进入了这个行业。过去20年，中国的劳动力成本低，我们占据了优势，随着中国劳动力成本的快速上升，我们的优势将不复存在。几年之后，华为的销售将达到600亿美元，不能只靠不断扩大规模，摊销变动成本，存活下来。"

施密特说道："我一生的梦想就是将整个世界联结起来。谷歌和好几家公司有紧密合作，相信华为一定是未来的领导者……"

任正非说道："2012年这股洪水只能是越来越猛，不会消退的，当然我指的是信息流量的洪水。谷歌提供洪水，我们提供管道。我们一直相信，这个世界充满了巨大的机会。"

面对着四处泛滥、缺乏管理的滔天信息洪水，面对着昔日如高山般耸立的行业标杆和强大竞争对手在身边一个个倒下，面对着苹果、亚马逊、谷歌、阿里、腾讯，甚至是更后崛起的滴滴、特斯拉、字节跳动[①]这些强大玩家日益明显的ICT融合及跨界竞争，面对着华为冲向愿景的道路上，前面已经没有领跑人，到处是"无人区"，内外部产生焦虑感……任正非及其治下的华为，究竟应该何去何从？究竟应采取什么样的管理战略、战术，选择什么样的管控节奏和路径，才能实现"活得久，活得好"的这个企业目标？

不管自觉与否，当土狼采取以跟随为主的各种战略，战胜并赶跑了狮子，成为草原或荒漠上的主宰之后，面对陌生而危险的前路，面对"领导者"的地位和应起的作用所带来的压力，华为在能力和心理上是否已经做好准备？

欲戴其冠，必受其重。很显然，2011年的华为，还远远没有做好准

---

① 2022年5月，字节跳动（香港）有限公司更名为抖音集团（香港）有限公司。

备，不管是心理上还是实际能力上。华为就像是90年代美国的一部电影《阿甘正传》中的主人公，傻傻地奔跑，但不知道为什么奔跑，直到突然有一天，发现同行者均已落伍，只剩自己，按着惯性继续奔跑。

包括任正非在内的华为管理层，完全没有成为全球第一的那种"会当凌绝顶，一览众山小"的欣喜，反而有那种攀登到山顶，却发现"高处不胜寒"之感。当年远远领先的行业标杆，如今已经提不出创新的研发路标和理念，华为没法借鉴；同样地，亲密的客户也提不出有创意的需求，华为没法按以前的习惯，只需要比竞争对手更快、更好，以更低的成本满足需求即可。

更令人担心的是，电信运营商客户的盈利能力也开始急剧下降，电信行业迅速地转向传统行业，产业链上的玩家赚钱也越来越难，也就是说运营商的生意快要见顶，华为必须尽快找到新的赛道和增长点，否则华为这艘大船将在茫茫大海上迷失方向。华为这个组织里习惯于增长、习惯于打胜仗的将士，就像当年远征的马其顿大军，打遍亚欧大陆无敌手，最后却被阻断在喜马拉雅山脉，因为无仗可打、无功可获而立即涣散。北电、朗讯、摩托罗拉、诺基亚这些厂家的倒下，几乎是毫无征兆的，华为是否也会如此？

面对此情此景，充满着危机感的任正非，在大小会议上警醒大家，他大声疾呼，"过去的成功，不是未来的可靠向导"，甚至专门安排外部咨询顾问写了本书，叫《下一个倒下的会不会是华为》。国外记者曾经问过他，这本书是否代表了他本人或者华为的观点。他的回答很简短，也很明确："是！"

那么，华为的路，究竟在何方？下一阶段又应该如何转型？

1.1.5 2017 领导：欲戴王冠，必受其重，做谦虚的领导者

从有史记载以来，从来没有任何一个时代会像最近这二三十年，人们的生产和生活方式变化这么巨大。互联网、云计算、大数据、即时通信、人工智能、物联网等新一代信息技术此起彼伏。新的巨头不断在短时间内崛起，旧的巨头轰然倒下，无不让所有参与者或旁观者目瞪口呆。人类社

会，从你死我活的战争、暴力式的掠夺，演变为以企业为主体的和平的经济竞赛。形式虽然有所改变，但竞争的残酷性未减，甚至在进入21世纪之后，全球化的电子信息领域的企业竞争更具规模，其惨烈度更胜以往。

在全球无线通信技术领域，我国从1G空白、2G悄悄跟随开始，3G才有了一丝突破，然后到4G与对手并驾齐驱，再到如今以华为、中兴为代表的中国厂家的5G绝对领先。而华为从3G开始，凭借多年的积累，以及从发达国家引进大量的人才（如华为无线的首席科学家，就是从北电破产之后加入华为的，后来成了从技术上突破的绝对贡献力量），悄悄地走到了ICT技术的"无人区"。在新的形势下，主导华为研发路线三十多年的"市场导向"也需要与时俱进。

在进入第四个十年之际，华为发现之前对于未来信息社会的假设出现了一些偏差。华为管理层之前认为，世界的产业分工是高度垂直化的，互联网等厂家和各种应用厂家的崛起，会产生巨大的信息洪水，只要华为能够把通信管道做好，成本压低，只要这个世界还需要有人去建设通信基础设施，华为就一定可以存活下来，并依靠领导者的地位获得定价权，从而实现"活得久，活得好"的战略目标。这就是华为内部坚持很久的、著名的通信"管道战略"，或者主航道战略。

但是，苹果的兴起，通过小小的iPhone手机，凭一己之力把互联网产业带入了移动互联网时代，一举把诺基亚、摩托罗拉等手机终端厂家扫进了历史的垃圾堆。然后是亚马逊云计算模式的兴起，国内的阿里也依靠这个逻辑强势在云计算领域崛起。对应地，华为传统的依靠卖硬件赢利的模式，受到了极大的挑战，甚至华为自身想通过给传统运营商客户提供硬件和方案来支撑他们去做云计算的方式，也受到了很大限制。

2016年，由谷歌开发的阿尔法狗横空出世，在围棋领域横扫人类顶尖高手。这个AI机器人，由谷歌旗下的人工智能公司深度思维的创始人戴密斯·哈萨比斯领衔的团队开发，其主要工作原理是"深度学习"。而2012年成立的中国公司字节跳动更是给了华为很大的启发。在字节跳动闻名天下之前，中国互联网行业一直被BAT（百度Baidu、阿里巴巴Alibaba、腾讯Tencent三大互联网公司英文名首字母缩写）垄断，百度、阿里巴巴、腾讯三大生态系统各自占据了一片领地。而年轻的字节跳动公司，凭借核心的智能推荐算法、快速有效的运营，迅速地形成了欧美国家从来没有过的商业模式。字节跳动成立仅不到八年，悄无声息，其营收超过千亿人民币；而且它的多款产品在全球的占有率和影响力，直压推特、脸书和腾讯等老牌互联网公司。而物联网的技术和应用的兴盛，包括智慧城市、智能制造、智能家居、智能汽车、智慧医疗等等，导致大家对于通信管道的需求不太明显，华为明显感觉到与业界主流在关注点甚至是沟通方式和语言上的脱节。

所有的这一切，让华为感受到这个世界技术和业务发展的不确定性、不可捉摸性，华为在不停地调整自己对于宏观生存环境的假设，"也许建设一个太平洋一样宽广的通信管道，并不是好的愿景和目标"。为此，华为虽然没有对内和对外宣布，但悄悄地开始调整公司整体的战略布局。

2011年，华为最高层在惠州开会，停止终端公司的出售计划，向苹果和三星看齐，决定加大投入，瞄准消费者，做自有品牌的智能终端；2012年成立车联网事业部，研究智能汽车领域的关键技术，为另外的宏伟赛道做准备。同样是2011年和2012年，成立互联网事业部和企业云事业部，小规模研究未来。2015年、2016年及后来的几年，加大对于底层AI芯片、万物互联操作系统、各类AI算法、云计算底层技术等各方面的投入力度。同时，从2013年开始，华为要求公司级战略市场经理（MKT），每年要例行发布对未来的十大预测，并在一定层级的主管中进行讨论。

终于在2017年底，经过长时间的讨论和酝酿，华为公司正式对外发布最新的愿景和使命："华为致力于把数字世界带入每个人、每个家庭、每个组织，构建万物互联的智能世界：让无处不在的联接，成为人人平等的权利，成为智能世界的前提和基础；为世界提供最强算力，让云无处不在，让智能无所不及；所有的行业和组织，因强大的数字平台而变得敏捷、高效、生机勃勃；通过AI重新定义体验，让消费者在家居、出行、办公、影音娱乐、运动健康等全场景获得极致的个性化智慧体验。"

对比2005年发布的愿景和使命，可以发现目前华为的这个愿景和使命，更符合科技行业的发展趋势，更具高度和远见，更具道德和现实的号召力，更能激发组织的使命感和工作潜能。

愿景和使命，立意高，所见远，那么战略管理和执行管理该如何调整？尤其是华为各级管理者，长期以来，习惯对标行业巨头的"跟随战略"，是否有决心、有勇气，攀爬珠穆朗玛的北坡，与世界顶级的巨头相约顶峰，一较高下？而世界顶级的巨头在哪里？其实就是剑指信息技术产业最发达的美国。

在谈到与美国的竞争时，任正非在一次公开讲话中说道："我们提出了新的历史使命，在信息领域里与美国公司正面竞争。我们过去的观点是比较韬光养晦，尽量回避与美国公司正面竞争，能让就让一把，不要去和美国产生直面竞争。那一天是我接到胡厚崑的一个短信，我们Sprint（美国电信公司）项目丢了[①]，在美国商务部直接干预下，我们Sprint项目做不成了，美国三大运营商［的项目］都没有了。胡厚崑说美国的团队在哭，我笑了。为什么笑？我终于放下精神包袱了，终于敢于直面和美国公司正面竞争了，不再顾忌什么了，不再向他们妥协了。以前总一直抱有希望，美国这么优秀的国家，会公正的。我们在西西里岛的会议精神其实已经隐含要全面竞争这个意思了，但我仍然不敢最后决定。但美国的团队在哭的时候，我们最后的希望没有了，美国的傲慢与偏见，反而使我们挺起了胸脯，直面竞争了。所以这个时候我们呼唤大家都要挑起重担，努力改造自己，克己复礼，提升自己的能力，使自己适应这个世界，潜在的能量要发挥出来。我们未来新一届董事会，和未来5—10年的努力，可能我们在信息行业就要全面超越了。这个超越就需要我们大家所有人的共同努力和共同牺牲。"

为此，从2016年开始，随着华为在ICT行业的实力越来越强，想卖萌或者装傻，已经蒙蔽不了竞争对手。而忠实的客户和合作伙伴，需要华为勇敢地站出来，勇挑引领行业转型和前进的重担，带领着人类ICT整个产业链前行。

任正非及华为公司管理层的长期战略意图其实是围绕两个基本问题展开的：怎么成为市场领导者？如何做市场领导者？其实任正非的产业野心，从他在1994年的讲话中就可以看出，他当年就已经提出华为最终的目

---

① 指美国政府对软银集团收购Sprint设限，禁购华为、中兴等中国电信设备厂商的设备。

标是要成为产业的领导者，要从产品创造、技术创造一直走向思想创造。

针对这个战略构想，任正非及华为高层，重点在理念和操作上从内部做了大量的部署。

(1) "一杯咖啡吸收宇宙能量"，华为要更加开放，汲取全球智慧

"一杯咖啡吸收宇宙能量"这句话来自2017年10月4日至6日任正非在加拿大四所高校校长座谈会以及员工座谈会上的讲话。全文在华为总裁办的文件中，以《一杯咖啡吸收宇宙能量，一桶糨糊粘接世界智慧》为题推送给了全员。任正非的本意是，华为是企业，主要承担的是技术商业变现使命，而高校和研究所，承担的是基础研究的重任。应该要让高校和研究所的灯塔照亮华为，共同推动人类社会进步。

他在讲话中指出："信息技术在五年以后是怎么样，我自己也不清楚；未来三十年人类社会会变成什么样子，根本不清楚。信息技术前三十年积累的能量，将在后三十年爆发，这个洪水会不会把华为冲得无影无踪，还不好说。十多年前的人，不可能想象我们今天的生活。庆幸我还在，所以我看到了今天；即使我还在，我也看不清明天。信息社会的发展，这种汹涌澎湃谁也阻挡不了。"

他在多伦多大学对四所大学的校长讲："我在达沃斯有一个全球直播的讲话，记者提问，我说首先**我不懂技术，我不懂管理，也不懂财务，我手里提着一桶'糨糊'**。《华尔街日报》的记者说我卖萌。其实这桶'糨糊'，在西方就是胶水，这黏结人与组织的胶水本质就是哲学。前面三十年我提着这桶'糨糊'，浇在大家脑袋上，把十八万员工团结起来了。**现在我又提着这'糨糊'到加拿大来了，也要浇到加拿大你们这些伟大人物身上**，把全世界的科学家紧密连接成一个群体。这个哲学的核心就是价值创造、价值分享，共有共享，保护每一个贡献者的合理利益，形成一个集群，这个战斗力是很强的，这个就是分享的哲学！这个哲学要黏结全世界优秀的人。"

他在上海交通大学、复旦大学等国内四所大学座谈时讲："求生的欲望使我们振奋起来，寻找自救的道路。无论怎样，我们永远不会忌恨美国，那只是一部分政治家的冲动，不代表美国企业、美国的学校、美国社会。**我们仍然要坚持自强、开放的道路不变。你要真正强大起来，就要向**

一切人学习，包括自己的敌人。

"人类社会的下一个文明是什么？还会不会产生一个类似汽车、信息产业这样的产业？我说的'汽车'是泛指，包括飞机、轮船、火车、拖拉机、自行车；'信息产业'也不仅指电子工业、电信互联网、人工智能。未来技术世界的不可知，就如一片黑暗中，需要灯塔……"

（2）不四面树敌，不与别人产生利益冲突，坚持在"无人区"做引领者

"集中优势兵力打歼灭战""统一战线的本质是团结大多数"，作为退伍军人的任正非，早年就对这些战略战术和决策了然于胸。

在新的发展阶段，华为对之前的压强原则和针尖战略，进行了一些新的调整。以前华为是瞄准大的机遇，实行聚焦战术，集中优势兵力，对竞争对手进行饱和攻击，以实现作战目标。现在要成为众人敬仰的领导者，带领产业前进，那就要为构建一个良好的商业环境而努力，不与大多数人为敌，不打压他人，要给竞争对手留出生存和发展空间。

2014年，他在与华为上海研究所专家座谈时指出："我们收窄战略面，在针尖领域，踩不着别人的脚。我们在主航道上是针尖战略，针尖战略就是冲到最前面，不与别人产生利益冲突。"华为的最新经营智慧是：收缩战略面，向苹果学习，在高端品质上下功夫，与其他企业和平相处。在领先方面，竞争对手相对比较少，这样才会避免在中低端的市场竞争中，挤压整个产品链的生存环境。

2015年，任正非在瑞士达沃斯论坛上进一步阐述他的这个观点。他对媒体表示，华为不会把任何人当作敌人，而是希望与大家共建这个世界。在与其他企业共同创建世界时，华为有自己的分工，现在和将来都只会做一点点事。比如，华为只做数学逻辑，所以日本不必担心华为会与他们竞争材料技术。又比如，对于谷歌，华为永远不会做搜索；对于微软，华为不会做操作系统。这样大家才会坐到一起共商合作，跟大家做朋友，不触碰他们的利益。

任正非认为，华为要有领导者的气质和胸怀，向西方卓越公司学习，要有产业领导者的格局。他在接受媒体采访时说："我们要向苹果学习，把价格做高一点，让所有的竞争对手都有生存空间，而不是通过价格降低来挤压这个市场。尽管我们今天受排挤，我们的价格还是卖得比较高的，来维护良好的市场秩序。"

此外，任正非坚持，一定要投资未来，在"无人区"实现战略牵引，引导整个产业链前进。对于之前的过于保守，他认为今后面对不确定的未来，还是不能过早否定新技术、新业务，要保持开放心态，鼓励先开一枪，再开一炮，确定了方向后，范佛里特弹药量饱和攻击再跟上去，暂时看不清楚的就让子弹多飞一会儿。

他说："其实我们是世界上最穷的高科技公司，比世界上任何一个公司都穷，但是我们的投资比世界任何一个公司都厉害，原因是什么？我们为了理想，为了未来，所以我们的科研投资很大，处在全世界前五名。我们过去的科研投资更多注重工程技术创新，在工程技术上领先了世界；现在我们更多重视理论上的创新，为十年二十年以后大规模的战略布局，在数学、物理、化学、脑神经、脑科学……布局，未来十年二十年我们的竞争能力会更强。"

(3) 深淘滩，低作堰，增强华为全产业链的潜力和竞争力

"深淘滩，低作堰"，是两千多年前李冰父子的治水哲理，也是留给我们的深刻管理理念。同为古代建筑奇迹的巴比伦空中花园、罗马水渠和澡堂，已荡然无存，而都江堰仍然在灌溉成都平原，造福后代子孙。

2012年，当任正非站在都江堰边，他在吸取古人智慧的同时，也在系统地思考华为二十多年的成败得失；在惊叹古人的伟业的同时，也在思考华为该如何进行战略转身。经过认真思索，他认为在迈向领导者之路的过程中，"深淘滩，低作堰"应该成为华为未来经营管理的核心理念之一。

"不谋万世者，不足谋一时；不谋全局者，不足谋一域。"深淘滩，低作堰，实际上就是意指华为在面向未来不确定环境下，通过加强全产业链的建设，以弥补华为单个企业能力不足的问题，是在为华为谋长远的生存和成长之道。

在本书中,我们将会对华为每个阶段的战略及其背后的管理办法进行分析和解密,并把实践改良后的战略规划及执行的整套管理方法——SDBE领先模型分享给大家。

1.1.6 企业战略规划的常见原因和时机选择

从上文我们可以看出,任正非虽然历经千辛万苦,但是基本上在每个发展阶段的瓶颈之处,都能够比较妥当地找到正确的发展方向,而且能够比较好地掌握企业发展的节奏,并处理好发展过程中积累的矛盾和冲突。

一般而言,企业在初创期,最关键、最急迫的任务就是获取投资,寻找客户和订单,进而取得收入和利润。这个阶段,总的来讲,就是要回答如何生存下去这一重大问题。

马云曾说过:"今天很残酷,明天更残酷,后天很美好,但是绝大多数人死在明天晚上,见不到后天的太阳。"他曾经在采访中回忆,在创业初期,真的非常苦,苦闷都不知道找谁说,怎么说,每天想的就是怎么活下来。当成功之后,有人询问小公司的战略发展时,他的回答是:"**小公司的战略就是两个词:挣钱,活下来!** 至少在创业阶段,最重要的是先挣到钱,保证企业活下来,然后再考虑进一步发展壮大的问题。"对无数中小企业来说,这话听着很残酷、很刺耳,但却无比真实。

无独有偶,1992年,当艰难创业5年的华为从2万多元人民币注册资本到年销售收入突破1亿元人民币时,在当年的华为公司年会上,任正非当时只说了一句"我们活下来了!"后,就泪流满面,再也说不下去。到了2001年,华为销售额已经突破200亿元人民币。研发和市场组织能力初步具备,国际化征程开启之际,任正非在《华为的冬天》里仍在强调:"十年来我天天思考的都是失败,对成功视而不见,也没有什么荣誉感、自豪感,而是危机感。也许是这样才存活了十年。"所以,对于历史上靠自己发展起来的企业,在初创期,缺人才、缺资金和缺客户,这是普遍难题;而活下来、生存下去,这是永恒的话题。

一旦度过了企业的初创期,随着企业经营基本面的稳定、业务量的扩大、客户和市场的拓展、组织规模的扩张,产品和服务愈发复杂,自觉或不自觉，企业管理层都要面临一个问题：如何对企业发展壮大的一系列问题进行决策或选择，以便更好地去管理和运作。

如下因素经常触发一个企业进行战略规划或战略调整。

（1）企业生存和发展的宏观环境发生了重大变化

所有企业的经营管理活动，都不是在真空中产生的，宏观大环境的各种因素，包括而不限于政治法律环境、经济环境、技术环境和社会文化环境等等，都会对企业的经营产生重大影响。不论是研发技术类、生产制造类、新型服务类、贸易流转类企业，无不受宏观环境变化的影响。很多企业的兴衰起落，不是企业家和员工不努力，也不是企业的综合能力不强，宏观环境不可抗因素确实在某些时候，对企业的生存和发展起了不以人的意志为转移的决定性作用。

（2）本企业所处行业发生了发展阶段的变迁

所有企业都是在某些特定行业中进行经营，而所有的行业都有特定的发展阶段。一个新行业从出现到完全退出社会经济活动，其生命发展周期有四个阶段：幼稚期、成长期、成熟期、衰退期。在成熟前期，几乎所有行业的生长曲线都类似S形。

在不同的发展阶段，企业所采用的战略、措施和方法也是不一样的。企业要针对自身的产品和服务，精准识别在所处行业的生命周期拐点。如果重大的技术、产品或商业模式的创新出现，改变了行业的拐点，企业就要尽早进行战略调整，以更好地应对即将到来的挑战或抓住机会。

（3）重要的客户群体出现普遍性的、重大的变化

企业是商业性营利组织。企业存在是以营利为目的，从而进行生产经营，通过为客户提供产品和服务，获取收入进而形成盈利。**从这个方面说，企业的本质就是不停地创造并服务好既定客户。**

因此，客户，特别是重要的、具有战略意义的大客户，是企业的衣食父母，是收入、盈利的主要来源。客户的战略、需求、商业模式和经营状

况等发生了重大变化，企业的经营状况肯定会发生连锁反应。因此，企业原有的战略、产品和服务、商业模式和组织形式也要随之而变，以适应客户群体的变化。

秉承以客户为中心的核心价值观的任正非曾说："我们要避免多条战线作战，才能减轻疲于奔命的问题。我们就将重点放在主要客户的方向上，主要客户的方向变了，我们要跟着进行调整。"

（4）主要对手的战略和经营模式发生了根本性调整和变化

市场经济，本质上是以企业间的相互竞争为导向的经济。所有企业，都要面向客户，进行产品、技术、服务和成本上的竞争，通过竞争优胜劣汰，较为优秀、效率更高的企业就存活了下来。这个过程很残酷，但确实是市场规律，不以人的意志为转移。

既然如此，企业就必须针对竞争对手，特别是主要对手的战略、计划、商业设计、组织结构、决策模式、资源投入等方面进行全面分析，目的在于揭示竞争对手正在做什么，能够做什么。通过对竞争对手现行战略的分析，可以帮助公司了解竞争对手目前是如何进行竞争的，如果将来竞争结构发生了变化，竞争对手的战略往往也会随之调整。一旦对手战略的调整会严重影响本企业战略或经营计划的达成，各级管理者就要对本企业的战略进行调整。

（5）本企业自身的愿景和追求发生了重大改变

企业是人类组织的一种具体形态，即以营利为目的的功利性组织。只要是由一个个具体的"人"构成的组织，就不可避免受其精神、意愿、理想和情绪等方面的影响。

我们经常讲，**"定位决定地位，眼界决定境界"**。人如此，企业亦然。组织的创始人或最高管理层的愿景、追求、视野、格局，在很大程度上决定了企业能攀多高，走多远，决定了它的成长极限。

如任正非，在华为刚摆脱生存危机之时，就想在通信行业全球三强，华为居其一；在国内刚站稳脚跟，他就想着全球化，征服全世界；在拿下通信行业桂冠之后，他就切换通信赛道至"云管端"（云计算、网络、终端）三位一体赛道；在面临美国打压之际，他不仅没有退缩，反而展现出要称霸全世界的雄心壮志。

一个又一个宏伟的愿景和目标，将牵引企业不断突破，不断蜕变，最终到达新的境界。愿景和使命的变化，肯定也会引起企业战略的重新设计。

1.1.7 战略规划的本质：打造核心竞争力，获取超额利润

企业为何要制定战略？从本质上来讲，企业就是要采用一切可能的、合法合规的手段和策略，让自身具备长期的、可持续的、不易复制的核心竞争力，进而获得超额利润。

1954年，管理学大师彼得·德鲁克写有一本书，名叫《管理的实践》，他在这本书中讲了企业的使命和本质。**企业的本质就是创造客户，通过满足其需求，或为其创造增值价值，获得自身价值和利润，进而维持生存和发展。**

一个企业的**核心竞争力**一般指的是企业成功创造客户、获取价值的能力。**超额利润**是指超过市场平均正常利润的那部分利润，又称为纯粹利润或经济利润。超额利润的来源有很多，包括产品和技术、品牌和商誉、商业模式、组织和团队能力、垄断或独占性等等。这些强大的壁垒，或单个存在或形成组合，在行业内形成巨大的竞争优势，使同业者难以超越，它便可能获得高于正常水平的利润，即获得超额利润。

这种超额利润存在的原因，一般是企业长期致力于构筑竞争壁垒，或者说打造核心竞争力，久久为功。由于企业成功地建立起了坚固的、不可撼动的竞争壁垒或不可跨越的护城河，所以超额利润是稳定并可持续的。

每个领域都存在着一些龙头企业，如电子消费产品领域的苹果、三星，通信设备领域的华为，芯片制造领域的台积电，操作系统领域的微软，化工领域的巴斯夫，电子商务领域的亚马逊、阿里，搜索领域的谷歌和百度，空调领域的格力……这些龙头企业都存在着超额利润。

从这方面来讲，**企业战略管理的根本任务就是制定发展核心竞争力、获取超额利润的综合策略和措施。**

企业作为营利性功利组织，**制定战略的全部意义在于，构筑长期且可**

持续的核心竞争力，持续获得超额利润。企业如果能长期获取超额利润，则相对同行业的竞争对手而言，自身就能不断发展壮大。如果不能稳定而持续地获取超额利润，或不能扩大市场份额提高利润，也无力对未来进行持续而坚定的投资，那么衰败或消亡的结局自是不言而喻的。

任正非曾说过："不赚钱的产品就关闭压缩。我不会投资非战略性的产品，除了你们滚动投入，又能交高利润。我们整个公司只有把战线变得尖尖的，才能形成突破。否则就把公司的能力拉得平平的，什么城墙都攻不破。"

在这种思路的指引下，华为坚持向战略领域进行投资，"预算必须与贡献关联，与战略关联。是战略领域，我给你钱；不是战略领域，你必须给我钱。战略目标是我们的目的，预算是资源配置支持战略实现的手段"。

华为瞄准自己的高远愿景和追求，坚持不懈地进行技术投资，把竞争力的一个重要支点放在产品和解决方案上。华为轮值董事长徐直军，在2018年于上海举办的华为全联接大会上表示："华为将通过持续投资连接与人工智能，来驱动数字世界与物理世界的整合、释放新潜能和培养更多的智能化，构建万物互联的智能世界。"宏大的愿景和战略目标，将催生深远而强大的动力，推动华为构建战略制高点或者说构建自己的核心竞争力，从而引领华为通往持续获取超额利润的方向。

1.2　战略管理的关键任务和原则

1.2.1　关于战略管理的常见问题和误区

企业的战略，关乎企业发展方向，决定企业发展的路径。稳健发展的成功的企业，都能把握时代潮流、发展趋势等关键因素，制定出切实可行的、适合本企业的企业战略。不成功的企业，在战略管理上，往往会存在这样或那样的问题或误区。

在战略管理上，最常见的问题是对战略管理理念和观念的误解，以及实际规划能力和经验的不足。主要表现在如下几个方面：

老板导向，企业战略的制定始终依靠老板或领导人"拍脑袋"。战略管理，有较高的专业性和复杂度，需要对市场、对技术、对战略有深刻认识的人一起协同探讨确定相关内容。但部分企业，主要依靠创始人或领导人意志制定企业战略，这种战略缺乏稳定性，创始人或领导人往往凭直觉做出判断，容易导致企业战略的盲目性和频繁调整。

理想主义导向，不切实际，无法将战略与自身实际结合。 很多企业没有认识到，好的战略，需要有相应的组织、人才去执行、去实现。很多企业家认为，只要有人、资源，实现企业快速扩张、高速发展就不是难事。这些企业制定的战略足够远大，足够宏伟，但在实际工作中却发现，属于典型的赶鸭子上架，技术能力、产品开发能力、管理能力、市场拓展能力、风险管控能力等远远跟不上。再好的战略，也是花架子，注定没有好的结果。

局部优化导向，用战术替代战略，只见树木，不见森林。 很多企业，只谈问题，不谈主义，忽视对重大的、长期的、全局性的问题的思考。这类企业，喜欢把短期的、具体的经营计划，或具体待实施的行动和措施，作为公司的发展战略。这样将使企业陷于工作的具体细节，每天忙碌于日常工作，而忽略了战略构想。这样的企业，在制定战略时，缺乏敏锐的洞察力和前瞻性，聚焦于短期的结果，而忽略了长期发展目标，其结果是短期的业绩优秀，但逐步迷失方向。

刻舟求剑，把战略作为一次性结果而不是动态过程，僵化执行。 这类企业并不是基于对所处行业的外部机会、威胁，内部优劣势，主要竞争对手优劣势等的分析与论证，总结形成自己的战略，并时刻保持警醒，随时总结复盘，定时刷新。相反，模仿行业标杆的战略，跟随大势，人云亦云。其实，不管制定的战略有多么周详、全面，其源头都是客户和市场需求变化，所以适时的、客观的战略审视和调整是必要的。当战略规划所依赖的前提条件发生变化，如果企业不能及时调整，容易陷入发展困境。

战略定力不足，见异思迁，战略构想始终摇摆不定。 很多企业家或者管理者，喜欢凑热点，也禁不住市场上新的机会点、增长点的诱惑，原先制定的战略搁置一边，或者朝令夕改。这样，企业既定的战略将变成一纸空文，日常经营变成了游击战，其结果必然是企业在市场永不停息的运动和变化中，逐步迷失自我。SDBE领先模型认为，企业的战略构想一旦确定，就应该坚持该构想持续进行企业核心竞争力的构建，对照与业界最佳实践的差距，时刻改进，真正做大做强。

缺乏行之有效的战略方法论，或者规划方法论经常变化。在这种情况下，或者无法将确定的战略目标，分成可执行的阶段性经营计划；或者不能将经营计划科学地分解到部门，并最终分解到具体的个人，战略变得无法落地；或者导致管理层的战略管理能力始终无法持续提升，最后规划和执行脱节。缺乏有效的方法和工具，导致既无法检视战略执行效果，也无法有效发现执行中的问题，无法及时纠偏，最终导致战略执行走样。

1.2.2 如何落实战略管理的关键任务和要求

成功的企业是相似的，失败的企业则各有不同。成功的企业虽然战略千差万别，但战略管理方法却是相似的。战略的制定者，无法对未来的发展方向和发展路线做出准确无误的判断，所以需要拒绝完美主义，能确保方向大致正确的就是好战略。

一个成功的战略管理至少需要完成如下关键任务：

（1）明确企业发展的愿景和使命

清晰的发展愿景和使命，能够激发员工工作的积极性，让员工拥有激情和创造力，由这样的员工组成的企业是非常强大的。所以，明确企业的愿景和使命，是非常重要的。

企业发展的愿景和使命，要得到绝大多数员工的认可；这些员工一般都自愿参与完成这项使命，因此需要让这些员工理解为这个愿景奋斗、努力的意义所在。共同确定的愿景和使命，能够激发团队和个人的使命感和潜能。

（2）制定企业发展的重大策略和措施

也可将此看作发展路线，为实现发展目标而逐步明确要做什么，不做什么，用什么方法做等关乎企业发展的重大事项。

发展策略和措施，需要结合内外部环境及资源因素进行综合性选择，需要企业所有者和经营者直觉判断，更需要策略部门理性、深入的分析。即从客观因素和主观因素两个维度，深入分析并研讨后，审慎制定。

（3）界定企业的阶段目标和业务范围

合理清晰地界定企业阶段目标，是逐步实现企业战略的重要保障。

阶段性目标分为短期目标、中期目标、长期目标。企业所有者和经营者根据发展战略制定阶段性目标，并依据使命、战略举措确定大致的业务范围。

部分企业，如华为，主要采用SP+BP滚动模式，将中长期战略与短期计划有机结合，实现有效迭代。SP主要解决3—5年的战略问题，而BP主要聚焦于未来一年内的经营计划。半年度、年度定期审视内外部环境、目标可实现性及问题等，定期刷新，以确保战略的有效性。

（4）牵引和配置企业的资源分配

任何企业，其拥有的资源总是有限的。企业的资源配置，充足是短暂的，而经常性短缺则是常态。企业需要根据设定的SP和BP，以及确定的阶段性目标和业务范围，审慎地评估所需要的各类资源，在盘点公司现有资源和能力的基础上，制订合理分配现有资源的方案。

1.2.3 尽快跨越战略管理的初级发展阶段

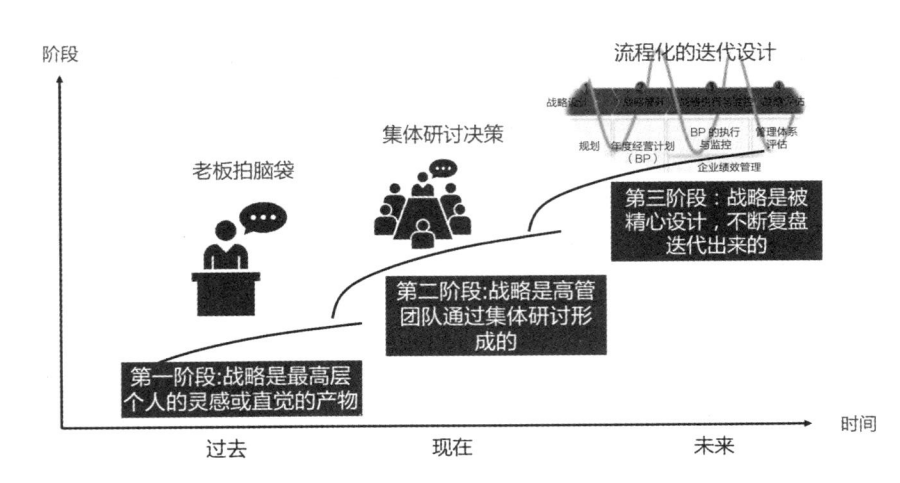

战略管理的发展阶段

第一阶段：战略是最高层个人的灵感或直觉的产物

在企业创业阶段或发展初期，市场及产品的发展方向基本上是创始人或老板直接提出，也亲自指挥大家朝该方向去执行任务。如在华为创业和发展的初期，任正非最了解产品和市场的情况，而且他担负着公司生死存亡的责任。这个时候，华为公司需要朝着一个大致正确的方向不断探索，最高层直接通过"拍脑袋"的方式进行战略决策的做法恰恰是最合适、最有效率的，公司的发展建立在创始人的直觉基础上。

在这个阶段，企业一般没有书面化的战略，而且也不需要繁文缛节，老板亲自带领大家不断进行试错和调整。如果试错后形成的发展模式是可行的，公司可以进一步发展，反之创业失败。当然这个时期，成败系于老板一身，老板的压力是最大的。任正非回忆当年，说患上抑郁症，经常晚上在噩梦中醒来，常常半夜哭，压力大到若干次想自杀，多年之后才走出来。

第二阶段：战略是高管团队通过集体研讨形成的

这种情况，一般出现在企业快速发展期或具备相当规模的时候。企业在管理上一般有如下三个方面的表现：一是组织管理上比较松散，缺乏有效的团队组织方式。企业内部山头林立，个人英雄主义情结浓重，典型的有组织、无纪律状态，组织力量容易耗散。二是在公司制度或者流程管理上，往往只有简要的制度或程序文件，做事缺乏正式的流程，更没有流程来规范公司的战略规划和发展路径。三是通过这种研讨的方式，虽然从结果上通常会形成战略规划文件，但大家还是感觉战略若有若无、不清不楚，左右上下对不齐。一般连公司高层都经常说"公司战略不明确""缺乏战略路径"等，那么中层主管或者普通员工则更不知道公司战略和发展路径为何物。

国内绝大多数规模化企业处于这一阶段，包括各行业里的很多头部企业。笔者去给很多企业授课和提供咨询服务时，问起很多企业的老总或高管关于战略管理的细节，非常惊诧，因为很多企业基本的战略管理环节都是缺失的。

为什么国内很多看起来发展很不错的企业，在战略管理这个重大问题上，还处于比较粗放的阶段？这可能是因为中国很多企业只介入产业链的一个环节，或者是生产，或者是销售，不需要全链条的视野或完整规划。而且在相当长的一段时间里，中国经济处于高速发展阶段，企业只要选择合适的机会，加上先发优势或高强度的战略投入，就能快速发展，所以企业不需要精心设计战略，只需要大方向明确就可以了。

然而，这种粗放的、机会主义的战略管理也会给企业带来损失甚至灾难，很多企业突然宣布倒闭或破产，其背后的原因就是战略上盲目扩张，缺乏管控。典型的案例如贾跃亭的乐视网，由于战略和执行脱节，战线拉得太长，管理失序，资金链断裂，最后轰然倒闭。

另外，很多企业，在战略执行方面，既定的战略方向和目标无法有效转化为行动方案，战略得不到有效落地，运营效率低，经常犯错，甚至要推倒重来，就像1998年IBM顾问在调研诊断后评价华为当时的状况："没有时间一次把事情做对，却有时间一错再错。"当前中国乃至全球经济增速明显放缓，特别是后疫情时代下，各行各业的竞争更趋激烈，我们的企业一定要从机会主义成长模式转变为靠战略进行驱动、靠组织能力进行支撑的精细管理模式。

正如华为在2008年国际金融危机之后，认识到应对全球经营环境的不确定性在于稳健而规范的战略发展道路设计，于是坚定地从IBM引进BLM，该管理框架把华为带上了稳健发展的上升之路。

第三阶段：战略是被精心设计，不断复盘迭代出来的

绝大部分企业在经历了高速发展时期后，面对日趋严峻的经济环境和越来越复杂的竞争状况，赚钱越来越难，发展放缓。在这种情况下，只有精心设计战略规划，精准区分不同业务的价值链，选择良好、高成长性的赛道，并通过良好的业务设计、高效的组织结构、运营和绩效的闭环管理，才能逐步建立新的竞争优势，在众多竞争者中脱颖而出。

这一般要求企业不仅要采用系统的方法进行战略设计，而且需要将战略规划通过逐层逐级解码，转化为年度计划与行动，并通过战略执行系统贯彻落地。这就是战略—解码—计划—执行战略闭环管理的新模式，也是华为目前正在运作的从战略到执行的闭环过程。

1.2.4　SDBE领先模型的基本工作过程

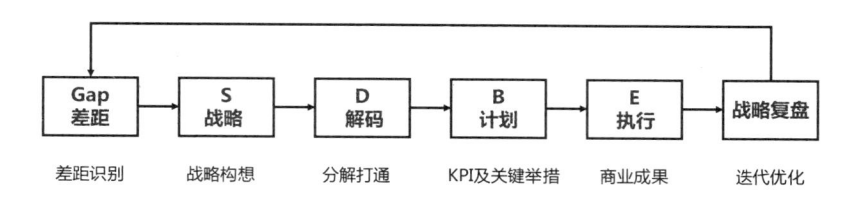

```
┌─────────────────────────────────────────────────────────┐
↓                                                         │
Gap差距 → S战略 → D解码 → B计划 → E执行 → 战略复盘 ──────┘
差距识别  战略构想  分解打通  KPI及关键举措  商业成果  迭代优化
```

SDBE领先模型的基本工作过程

以下是SDBE领先模型的六个基本工作过程：

定标杆，找差距。这是战略管理的起点。只有找到合适的标杆后，所制定的战略才更有针对性和时效性。如果没有行业标杆，也可以自己设立一个理想标杆。

业务设计，制定战略。根据分析出的与标杆之间的差距，以及本企业期望实现的战略目标，审慎地进行业务设计，并制定公司的战略。

战略解码，分解打通。将短期战略与中期战略逐一分解，打通各个关键点，解码成可执行、可衡量的阶段性措施和目标。

确定商业计划，明确KPI和关键举措。开发可有效衡量阶段性措施和目标的指标体系，明确实现阶段性目标的关键举措，并落实到部门。

执行管理，检视阶段性商业成果。对阶段性执行成果的检视，有助于检验战略管理是否得到有效执行。

战略复盘，明确差距，进行迭代改进。定期对战略进行复盘，并结合内外部环境变化及业绩差异，明确目标与成果之间的差距，迭代优化，制定有效的改进措施。

1.2.5 战略管理的若干原则

（1）战略管理，是企业领导人的专属职责，不能授权他人

战略规划，企业的最高层或各部门的一把手必须亲身参与，在其主持或领导下进行这项工作，而其领导力和影响力，必须贯彻战略制定与执行的全过程。**战略规划及执行管理，是企业领导人的专属职责，一定不能授权他人。**

其他具体工作，领导人可以通过授权属下或聘请外部顾问来完成。但很难想象，一个企业的领导，不参与整个企业的战略构想，不关注其发展前途。鉴于战略规划及执行管理，确实需要投入大量的时间精力，也确实需要较高的能力和经验，在实践中，很多企业的老总把这个重要而艰巨的工作，经常授权或委托给职业经理人或外部的咨询顾问。这样做有其合理性，但是战略管理的本质和大量的企业管理实践告诉我们，一个科学、合理、可操作性强的企业战略规划及执行计划，必须是企业领导人亲自带领高层构建的。做不到这一点，企业的战略管理从起点上就可能存在问题。

（2）战略管理，必须确定标杆，并且以差距为规划和执行导向

笔者多次强调过，差距是SDBE领先模型的起点、终点，也是战略规划和执行管理的原因和动力，这是SDBE领先模型的核心和秘诀之所在。

谨慎选择标杆对象（含假想标杆），分析与最佳实践之间的各方面差距，并在后续的业务设计、执行计划和经营管理过程中，瞄准差距，全面改进。**已识别的差距不消失，战略规划和执行动作就不能停止，新规划就不能启动。**企业的经营就像是马拉松，其发展过程中的一个个标杆对象，提示我们要掌握好企业运营节奏和精力分配，提醒我们一定要聚焦，并告知我们不能偏离方向。

SDBE领先模型，要求企业管理层必须集中力量解决关键问题，尽一切力量缩小已知差距，这是赶超所有竞争对手，做行业领导者的必然之路。

（3）战略规划必须与战略执行相结合，其落脚点甚至全部意义在于执行

SDBE领先模型，天然强调规划与执行密切结合。在华为的实践中，它是把战略规划和年度经营计划两个环节紧密结合，极为重视业务过程的监控和结果的落地。具体来讲，就是在年度经营计划的执行过程中，采用一切必要的手段来保证战略规划在当年落地。一年一年接着干，直至战略构想阶段性落地，而后启动下一个阶段的规划。

SDBE领先模型，其全部努力方向是缩小与标杆对象的差距，是以业绩结果为导向的。SDBE领先模型，把企业的商业成功作为一切工作的出发点和目标。不能落地或无法实现的战略规划，是没有任何意义的。

（4）战略管理不是一次性结果，它是持续复盘、迭代优化的动态过程

SDBE领先模型认为，战略规划不是一个结果，也不是一次性行为，它应该是一个周而复始、复盘优化、持续改进的动态管理过程。

企业战略规划及执行管理，应该是在企业愿景和使命的牵引下，根据外部环境和内部条件设定企业的战略目标，为了保证目标的正确落实和使命的实现而进行谋划，并依靠企业内部能力将这种谋划付诸实施，以及在实施过程中进行控制的一个动态过程。

企业根据确定的愿景和使命（中长期努力方向），选定标杆对象（含假想），分析出与其的差距，定下企业经营的战略规划（3—5年）。由于时间跨度大，其间存在着较大的不确定性，战略规划的实现一般需要多年的持续努力。

企业的经营则需要按自然年度进行，在对战略规划进行解码后，需要制订合理的年度经营计划，并分解到下级各层组织，付诸实施。在执行过程中，SDBE领先模型强制规定整个年度经营计划的年初规划、中期审视、年末复盘这些既定的管理动作，以保证年度经营计划具有可操作性、可衡量性、可改进性，从而实现战略管理的闭环。

第二章

SDBE领先模型

2.1 BLM及其局限性

2.1.1 BLM的由来：IBM触底反弹的战略管理理念结晶

BLM（Business Leadership Model），中文名称叫作业务领导力模型，有时也被译为业务领先模型。在咨询行业，IBM的BLM，可以和著名的波士顿矩阵（BCG Matrix）、SWOT分析法（优劣势分析法）以及迈克尔·波特的五力模型相提并论。IBM的全球企业咨询服务部（GBS），重点使用BLM战略框架为各类企业提供服务。

IBM在20世纪90年代发生了深刻危机，其董事会选任了新CEO郭士纳到位，随后IBM实现V型反转，重新焕发生机。为了总结IBM战略调整的成功经验，郭士纳亲自组织IBM的战略管理专家，于2003年联合哈佛商学院的战略管理教授，针对传统战略管理模型的弊端，开发了BLM，用于指导IBM的战略管理实践，并向外进行管理经验输出。

在IBM内部，BLM既是战略管理流程工具，也是帮助经理人发展领导力的工具，还是梳理战略性问题和执行管理的框架。除了BLM之外，IBM在战略管理方面还有其他的流程和工具。

BLM强调战略制定和执行衔接，因而它也是HR（人力资源）领域内组织发展的一个工具，IBM要求所有的经理人将BLM作为思考组织问题、提升领导力的标准框架。

BLM有很多独到之处，反映了IBM这个百年科技企业深厚的管理底蕴。笔者多年研究BLM和其他战略管理理论和实践发现，BLM除了吸收众多战略管理工具和理念之外，它的突出价值在于创造性地提出了很多战略管理理念，我们所开发的SDBE领先模型很好地延续了这些创新理念。

2.1.2　BLM的结构和特点：战略制定与执行联结

IBM很明确地提出来，BLM是一个IBM中高层用于战略制定与执行联结的方法与平台。在战略管理过程中，它给各级管理层提供系统思考和务实分析的框架，以有效地进行资源调配及执行跟踪。

BLM的框架如下图，主要分为战略、执行、领导力和价值观四部分。笔者在华为多年的方法推行和授课中，把BLM形象地称为"1+4+8"模型。"1"指差距，包括业绩差距和机会差距；"4"指"战略、执行、领导力和价值观"4个大模块；"8"代表着"市场洞察、战略意图、创新焦点、业务设计、关键任务、正式组织、人才管理、氛围与文化"8个分模块。

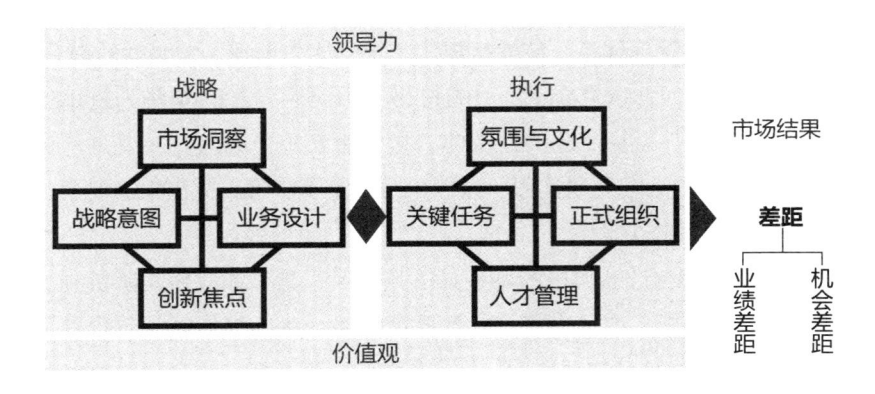

BLM框架图

BLM认为公司的转型和发展归根结底是由企业内部的领导力来驱动的，企业价值观则是企业发展的底盘。阳光之下无新鲜事，事实上，BLM框架中的另外两大核心内容，即战略和执行，并不是IBM发明的，而是来源于战略管理领域和组织行为学领域中两个著名的模型。

BLM模型在战略部分，又分为市场洞察、战略意图、创新焦点、业务设计；在执行部分，又分为关键任务、正式组织、人才管理、氛围与文化。BLM就是依靠这8个模块，协助管理层进行经常性的战略制定、调整及执行跟踪。

华为对IBM的学习一直是深入骨髓的，任正非当年做出决策，真金白银向IBM学习最先进的管理理念和制度，他说："应该要承认IBM是科技行业最好的老师。我们要削足适履，向IBM这个最好的老师学习，先僵化，再固化，后优化。搞不懂IPD，学不会IPD，不换脑袋就换人。"事实上，IBM对华为也是真掏心窝子，基本上是把自己最新、最先进的管理成果第一时间与华为进行分享，包括IPD、ISC等一系列体系和方法。

而IBM在1994年总结IPD研发体系时，不仅关注后端的研发实现过程，而且强调前端的业务规划与产品规划过程，即市场管理（Market Management，缩写为MM）。市场管理是一套系统的方法，用于对广泛的机会进行选择收缩，继而制定出一套以市场为中心、能够带来最佳业务成果的战略与计划。从2003年到2008年，6年间，华为应用MM建立了端到端的从SP到BP的战略管理体系，使战略规划和执行能力得到了大幅度的提升。

正因为如此，2004年前后，IBM推出了BLM后，2009年华为就迅速地引入了这个模型。之后，华为对战略管理体系实施了升级，主要是从流程角度，基于MM的战略规划流程，按照BLM调整了步骤，突出BLM要素，同时继承了MM的操作方法。

然而，IBM没有把MM中的一些具体方法及工具（如战略团队机制、市场细分、组合分析、项目决策、业务要素策略、路标规划等）包含进去，可能因为IBM前面已经按照MM采用了这些方法及工具，或者认为这些基本的方法及工具企业应该已经具备。所以，国内有不少企业应用BLM时，总觉得落地性差了一些，造成BLM在业界有谐音"别乱摸"的称谓。

BLM不仅IBM、华为在使用，国内其他著名企业例如顺丰、TCL、用友、金蝶等也不同程度地采用，而华为对该模型的应用深度与广度，已经远远超过IBM，不仅应用于公司战略层面，还将BLM各个模块融合到企业运营过程中，形成企业各个层级的战略和组织管理的年度循环。

为保证落地效果，华为把BLM各个模块进行拆解，创造性地应用到各级组织的战略规划和年度经营计划中的各个环节。实际上华为所使用的战略管理流程，早就已经实现了对BLM战略框架的扩充和优化，或者可以说IBM原始的BLM已经被改得面目全非。把战略规划变成能够重复循环的业务流程，这也体现了华为超强的学习力、执行力和优化力。

2.1.3 BLM的局限性与SDBE领先模型的提出

发现包括华为在内的一些企业，其中很多是大企业，在应用BLM时，能够按照BLM描述的要素进行战略研讨和战略设计，它们对公司市场和战略执行状况进行了分析和归纳，也明确了相关战略方向和思路，但实际的具体指导和行动方案落不了地。不知如何把其应用于组织及个人的绩效考核、升迁任用环节，不知如何形成闭环。很多企业在实施BLM的过程中，无法把这些要素与现实进行联结，总觉得飘浮在空中。

IBM在发明这个模型的起初，把BLM定位为用于中高层战略制定与执行联结的方法与平台，一个供管理者思维和沟通的平台。BLM既不是华为后来实际在操作的战略规划体系，也不是完整的业务计划执行管理体系，更没有像其他成熟的方法论，提供一些实操的表格或工具。

另外，IBM开发这个模型的时间为2003年，实施时间并不长；IBM的一些咨询顾问本身也没有用此模型参与过IBM自身的战略规划，缺乏规划及管理的实操。

为什么会出现这种情况？按道理，BLM是国际领先企业IBM公司联合全球顶尖的哈佛商学院总结形成的，代表了业界最佳方法及模型。我们应用任何一种管理模型和方法的时候，都要认识到它的范围和边界，需要解决什么样的业务问题，如何与其他管理方法及工具结合起来，建立系统性、可操作性的管理体系，尤其是流程与组织体系。华为虽然长年累月不停地引进先进的管理框架、理念、模型，但它能够创造性地进行改良，不务虚名，只求实用，最后能够青出于蓝而胜于蓝，把BLM真正用到了实处，华为各级管理层的核心能力因此得到提升。

BLM提供了一整套的战略分析和执行思路，但很多具体的战略方法及工具，如细分市场、标杆管理、差距分析、产品和路标规划、营销策略、组织绩效、个人绩效、TOP N[①]、PDCA（计划—执行—检查—处理）循环等等，并没有包含在BLM的框架内。

BLM除了强调领导力是根本、价值观是基础外，并没有提出干部能力保障机制、价值观建设的具体办法和工具。BLM也没有提及如何进行战略解码，即如何连接"战略金字塔"中公司层面、业务单位层面、功能层面的战略规划，以进行上下对齐、左右拉通。BLM执行四要素（关键任务、人才管理、正式组织、氛围与文化）内容中提及战略制定中要覆盖这几个要素，但没有提及年度经营计划中对这些要素的展开，更没有提及如何实施战略执行运营管理。

华为非常强调管理上的稳健性，不盲目创新，不贸然进入不熟悉或看不清的领域，因此华为在管理上无比重视差距分析，无比重视标杆的引领作用。所以标杆管理或事实上的对标管理，是华为一直坚持的战略管理办法。BLM认识到差距和标杆管理的重要性，但没有系统地对此进行论述。

实际上，BLM模型虽然力求战略管理上的闭环，但理论上或实践中，都是很难落地的，只有像IBM或华为这种管理非常强的大公司，才真正有能力去实践改良之后的BLM框架。

实际上，华为在引进BLM的十余年间，结合自身的战略管理实践，特别是**华为之后建立起自己的战略管理流程，命名为DSTE流程**，锲而不舍地对BLM进行改良和优化，并允许各职能部门在统一的框架下，对工作规划管理进行创新，这些都促进了华为战略管理能力的提升。

本书中的SDBE领先模型，就是笔者针对BLM不完善、不易落地、无法闭环、缺少工具，以及蹩脚的翻译等诸多问题，根据在华为多年从事战略管理实践，以及对外研讨、授课及从事管理咨询工作的经验总结，和与业界许多大咖的碰撞中提出的。

SDBE领先模型，有BLM的诸多优点，又通过华为和诸多企业的成功实践，接地气、易实施，这些特点必将促进该模型的发展。

[①] 华为专业术语，中文意为最重要的若干项目。华为的TOP N最早是指自上而下推进的持续改进项目，后来TOP N的含义扩大到包括各级管理层的关键举措、管理变革等在内的重大项目。

2.2 SDBE领先模型及其价值

2.2.1 SDBE领先模型简介及重要概念剖析

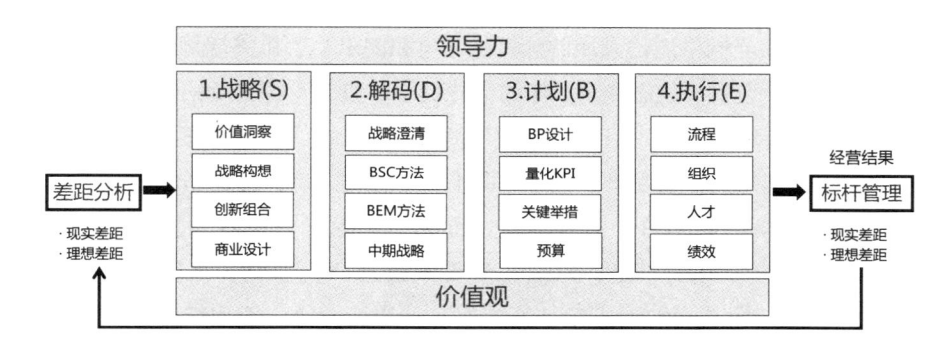

领导力				
	1.战略(S)	2.解码(D)	3.计划(B)	4.执行(E)
	价值洞察	战略澄清	BP设计	流程
差距分析	战略构想	BSC方法	量化KPI	组织
	创新组合	BEM方法	关键举措	人才
·现实差距	商业设计	中期战略	预算	绩效
·理想差距				
		价值观		

经营结果
标杆管理
·现实差距
·理想差距

SDBE领先模型

（1）差距分析和标杆管理

差距是BLM和SDBE领先模型两个框架中非常重要的一个概念，BLM的起点和终点都是差距，而差距一般可以认为是企业目前的经营状况和结果，同期望值或理想值之间差距的量化陈述。两种方法框架，均认为差距是战略管理的起点，同时也认为与标杆对象之间的差距，是战略规划最直接的动力和原因。

华为之所以成为IBM最虔诚的学生，有几个很重要的原因：IBM的规模、体量、经营理念和稳健度都是华为所追求的；IBM从成立之初，始终立足于高科技行业，也符合华为的定位和特质；IBM曾从毁灭边缘复苏，并且持续焕发着生机，符合华为追求做百年老店的理想。

然而，华为选定BLM作为战略管理框架，一个非常重要而直接的原因，是BLM极其重视差距分析，重视稳健度和组织能力的改进。

至今，华为进入任何一个行业，做战略规划、产品预研的第一步，就是谦虚而谨慎地寻找标杆，信奉"三人行，必有我师"，虔诚地寻找自己与领先者在各方面的差距，决不轻言创新和颠覆，坚持学习，做微创新。

华为坚定地信奉，最好的创新就是学习和模仿。企业的本质和最重要的任务不是创新，而是商业盈利，稳健经营，赚到钱持续活下去；创新是大学、研究机构和创业公司的擅长之处，华为不能在无休止的创新中耗费精力。

华为历史上所有成功的产品线，不是几乎，而是全部，无一例外，都有自己的标杆学习对象。 数据通信领域的标杆是思科，无线通信领域的标杆是爱立信，光网络通信领域的标杆是北电和朗讯，手机终端领域的标杆是三星和苹果，营销和生态建设领域的标杆是小米和Ov（OPPO和vivo），操作系统领域的标杆是谷歌，智能汽车领域的标杆是博世，云计算领域的标杆是亚马逊和阿里……不管是谁，被华为盯上作为标杆之后，总是非常痛苦的。

华为的模仿和学习，不是单点，而是全面对标，进行像素级差距分析，找出自己存在的不足，然后再虔诚地秉承"先僵化，再固化，后优化"的理念，耐心而定力十足，循序渐进，持续改进，看似缓慢，但最终总能一步一个脚印，实现对标杆对象的超越。

（2）领导力

一般而言，大家普遍认可，**领导力，是一种影响力，领导力的发挥过程即是一种影响过程，是影响人们心甘情愿和满怀热情为实现企业目标而努力的艺术和过程。** 同时，它有时也特指在管理者的管辖范围内充分利用人力和客观条件以最小的成本办成事，提高整个团体的办事效率和能力。

市场上各种号称打造"企业领袖"或"企业领导力"的培训机构及其课程，已经接近泛滥的程度。形形色色的成功学大师、领导力训练大师，在讲堂上口若悬河，讲述着领导力的真谛，以及如何打造企业的领导力。其中不乏真正的成功者和好的领导者。但是，真正能把企业领导力逻辑讲清晰、讲明白，又能在企业战略管理和日常经营中落实下去的领导者非常少，因为这个工作的难度和挑战非常大。

一个组织或企业的基因和特质，很大程度上是由创始人或创始团队决定的。一个组织、企业所能达到的高度和规模，跟领导人尤其是创始人的胸怀、眼界直接相关。 正如华为的任正非、阿里的马云、腾讯的马化腾，"大海航行靠舵手"，一个优秀的领导者或领导集体，能够在前路迷茫时，用有前瞻性的眼光、丰富的经验，穿透迷雾，避开陷阱，领导大家找到正确的前进方向；能够在损失惨重，士气低迷时，"狭路相逢勇者胜"，以勇气和坚毅带领团队杀出重围；能够在困难重重，一片黑暗之中，牺牲小我，成全大我，燃烧自己，发出微光，照亮队伍前进的道路。

具体企业如何对领导力进行界定和规范，又通过什么方法来构建，并对企业的战略和经营产生重大影响，后面我们再详细展开。

（3）价值观

任何企业的管理大师，肯定同时也是价值观管理大师。乔布斯、任正非、松下幸之助、丰田喜一郎、稻盛和夫、马云、马斯克，这些在各自行业和领域的企业家，无不精于企业价值观的构建和管理。伟大的企业，必有伟大的文化和价值观，这才是一个企业生生不息的核心竞争力之所在。

企业价值观，一般是指企业在追求经营成功过程中，所推崇的基本信念和奉行的目标；是企业绝大多数员工赞同的关于企业存在意义的终极判断。换言之，企业价值观是企业决策者对企业性质、目标、经营方式的取向所做出的选择，是为绝大多数员工所接受和奉行的共同观念。

一个企业，要是没有共同奉行的价值观和行为准则，无法有效团结员工，从长期来看，经营效率会下降。好的价值观，会促使员工孜孜不倦地为着企业的愿景和使命倾力奋斗。价值观就像是企业的灵魂一样，保证其绝大多数员工步调一致，大致整齐地向共同目标前进。一个企业价值观建设得好坏和成败与否，从长期来讲，直接关系到企业的经营成败和生死存亡。

SDBE领先模型，把价值观的构建这一看似比较虚无缥缈的课题，放在特别重要的地位。本书后续将重点讲述价值观的作用，以及如何讨论和构建企业的价值观，又如何在战略管理和日常运营中把企业价值观落实到微观操作层面。

（4）战略

战略，即传统意义上的战略规划。**SDBE领先模型中的战略规划，是指通过完整地执行价值洞察（"五看"，即看宏观、看行业、看客户、看**

对手、看自己)、**战略构想**("三定",即定愿景、定使命、定战略目标)、**创新组合**("四组合",指产品技术、制度流程、商业模式、资源综合利用四个方面的创新)等标准动作之后,落脚点放在商业设计的整个分析过程和结论上。

战略规划在SDBE领先模型中的逻辑和意义在于,通过前述的差距分析和标杆管理活动,通过"五看、三定、四组合"输出商业模式设计,通过科学的战略解码把三至五年的战略构想,转化为当年可供执行、操作和衡量的业务计划,供具体执行和经营使用。战略规划环节,聚焦的是如何根据战略构想和识别的差距分析,决定企业中长期资源分配的方向和重点。

战略规划是纲要,落脚点是业务和商业模式设计,纲举则目张。战略规划是龙头,它是战略解码和业务计划的来源,头抬则身动;战略规划是明灯,它让企业看清自身,大致照亮了企业活动的边界;战略规划也是望远镜,帮助企业看清中长期发展的方向,掌握好节奏。

(5) 解码

解码,即**战略解码**(Strategy Decoding),**把企业战略转化为各级部门、全体员工可理解、可执行的具体目标和行动措施**。拥有强大的战略执行力是企业的理想,但是现实与理想往往有很大的差距!《财富》杂志曾经做过调查,只有10%的企业战略得到了有效的执行!大量的企业战略,即使正确合理,很多被束之高阁,很难得到实施。

提升战略执行力需要从多个方面着手,如强化执行文化、优化资源配置、提升领导能力等,而开展战略解码,无疑是非常关键的一个环节。企业比较典型的做法是,运用平衡计分卡(Balanced Score Card,简称BSC)策略进行战略解码。平衡计分卡策略提出了四个维度(财务、客户、内部运营、学习和成长)的战略实施路径的框架,提供直观的战略地图(Strategy Maps)工具,可以帮助企业识别各个层面的策略目标、KPI指标和战略行动方案。平衡计分卡策略分析得出的战略行动方案往往站在企业自身的角度,有一定的局限性,也缺乏针对客户与竞争对手的分析。对于如何根据战略目标(三至五年)制定出下一年度具体的关键举措,也没有专业的方法和工具。

从华为多年的实践中，我们总结出多种办法来弥补BLM的不足，以便其真正能够在华为落地。例如在战略解码环节，华为采用三星使用的BEM（业务战略执行模型），BEM通过对战略逐层逻辑解码，导出可衡量和管理战略的KPI以及可执行的重点工作和改进项目，并采用系统有效的运营管理方法，确保战略目标达成。在部门级别上，华为则普遍采用简化的BSC战略解码法和指标鱼骨图等，以保证战略目标被正确、高效地解码，据此形成KPI指标体系并制定出关键举措。

（6）计划

此处的计划，指的是年度经营计划，也就是前文提到的BP。**BP明确了供公司或各级组织遵照执行的KPI及关键举措，是落地战略规划的纲要性作战指导。**

在本章之前我们提过，很多管理者有个误区，认为战略规划是个一次性行为。而包括BLM、SDBE领先模型等在内的现代战略规划管理框架，无不认为企业的战略应该是一个持续滚动、逐步复盘和修正的动态过程。不管企业的愿景和战略目标有多宏伟，基础性的事务和日常运营工作都得一步一步来做。不积跬步，无以至千里。企业的战略规划解码之后，BP所聚焦的就是下一年度的商业计划。

年度经营计划应包含过去一年本组织的总体运营情况总结，以及未来一年各部门的具体目标、产品策略、区域销售策略、客户拓展策略、服务策略、品牌策略、交付策略、财务预算、人力预算、人员培养、团队气氛建设等等内容，是跨度为一年的具体作战方案。只有采用这样细致的作战方案，才能把战略构想及其解码后的中长期目标，落到可实际操作的细节中来，形成商业运营闭环。

（7）执行

执行，就是部署并落实战略规划和年度经营计划下的日常经营措施，即传统所述的执行管理（Execution Management）。其中涉及如何排兵布阵和非常细致的工作安排，包括组织的设计与调整、重要岗位的识别和人员任用、工作主流程的优化和调整、组织绩效和个人绩效的过程管理、重大计划的里程碑设置和风险考量等等。这一切都是为了尽最大可能，把战略规划和年度经营计划中的各项内容落到实处。

在执行管理过程中，战略规划是望远镜，供企业管理者执行时把握宏观节奏，不偏离大方向；年度经营计划就是显微镜，帮助管理者了解日常经营状况，让管理者以此为依据带领组织里的每一个人，奋力划桨，全力为实现本年度的经营计划而拼搏。

2.2.2　华为SDBE领先模型的价值和特点

SDBE领先模型集各类战略规划方法之大成，为企业的战略管理提供了平台，为各主管提供了思考框架，具有较好的可裁剪性，方便在实际管理工作中提取运用。本书为SDBE领先模型提供了很多的实际图例，真正使这个从战略规划至执行的闭环管理框架从学术殿堂走向企业，以期对各类企业的战略管理实践起到一定的参考价值。

SDBE领先模型提炼出战略闭环管理的各种要素，包括差距分析、标杆管理、战略、解码、计划、执行、价值观与领导力。SDBE领先模型基于这些要素进行有效管理，以及进行这些要素之间的矛盾协调、分析和促进，为企业的经营和发展提供动力，具有不可估量的价值。

除了以上价值外，SDBE领先模型还有如下特点：

（1）简洁、统一的框架及语言

SDBE领先模型是在战略基础上改良的。它继承并发展了BLM的特点，使用比BLM更为简洁、更统一的框架来描述整个战略—解码—计划—执行的闭环管理。

它提供了一个统一的战略规划和执行的思考框架，为整个企业的高、中、基层管理提供了一个统一的平台。对于每个环节，都使用简洁明了的语言下定义，使得不同层次的管理者可以在同一维度进行讨论，不会失真，也不容易走偏。战略管理的运作在一次次的循环中得到改善和提升，最后整个企业的战略规划与执行管理更为高效、顺畅。

（2）特别注重执行和可操作性

华为从IBM引入BLM时，就是看中它天然地包括了差距分析和执行管理这两个部分。很多流行的战略管理模型，分析到战略规划形成战略目标（构想）就戛然而止，缺乏可执行性。IBM发明BLM时，最开始不是将其用于咨询，而是将其作为战略思考和管理工具来使用的，这就使得BLM在先天上就具备可落地、可执行的基因。

经过华为的实践，SDBE领先模型相对于BLM，又进了一步。它引进了SP和BP两个具体操作流程，为管理者分阶段思考提供了指导；引入了战略解码这个重要环节，运用BSC或BEM指导如何将战略构想和模式设计转化为可量化考核的战略目标；根据华为的实践，把关键任务具体化为可量化的KPI体系和不可量化的关键举措，使整个战略规划更具可操作性；最后，SDBE领先模型把绩效管理和活力曲线管理等具体的绩效管理方法也涵盖进来，使得整个战略管理的闭环真正成为可能。

（3）重视差距，重视标杆的引领作用，实用性强

这个世界很多领域正处于"战略无人区"。所以，很多企业更适宜的做法是谨慎而细致地选择标杆对象，对照行业各方面的最佳实践，在中长期内改进自己在战略管理和日常经营上的短板，缩小与标杆之间的差距，从而实现自己的战略构想。

因此，SDBE领先模型，我们一般也简称其为对标战略管理法。它比BLM更强调差距，更强调标杆管理的指引功能，它的一切都是围绕着如何缩小与标杆（假想标杆或实际存在的标杆）之间的差距，包括各个维度的差距，因此实用性更强，更能指导企业实际的战略管理工作。

（4）极其重视领导力和价值观的作用

IBM的BLM方法框架本来就对领导力和价值观非常重视，而华为更是自认为是理想主义集团，非常信奉精神力量的作用。华为至今没有上市，就是担心资本介入公司管理和运营之后，会过分追逐短期利益，丧失对愿景和使命的追求，抛弃自身的价值观。

所以华为在实际战略规划和执行管理中，特别注意领导力和价值观的关键而独特的作用。在战略执行过程中，特别注重领导力和价值观在日常运营和绩效（组织绩效和个人绩效）考核中的落地，SDBE领先模型在这方面提供了相关的操作方法和手段。这些平易的做法，不喊口号，但润物细无声，静水潜流，行之有效。很多企业，其领导力和价值观的管理流于形式和表面，最后只能沦为摆设。

(5) 逻辑缜密，注意上下左右对齐

SDBE领先模型是基于华为的战略管理实践进行改良和优化的，因此它在BLM的基础上，对于概念的界定和运作的规范，更注意逻辑的缜密性，以及在对战略的闭环管理过程中，注意上下左右对齐。如果在战略管理中，忽视了这一点，在企业日常经营中，就必然会逻辑混乱、思路不清；某些部门主管，在一些战略方向性的判断和事务的性质认定上，会不同程度地产生认识上的不一致，从而导致执行上出现大的问题。

SDBE领先模型，是在华为多年实践中逐步固化、改良、优化的战略框架，通过引入标杆管理、战略解码、KPI及关键举措、人员胜任度评估、组织和个人绩效管理、领导力和价值观的具体落地的方法等，战略规划及执行更加逻辑顺畅，利于多边对齐，以减少组织中战略思考的混乱和执行过程的阻力。

第三章

差距分析、标杆管理、领导力和价值观

在前述SDBE领先模型的框架简介中，以及对重点概念进行剖析的过程中，笔者反复强调过差距分析及标杆管理、领导力和价值观的构建。

这几个重要课题，其管理动作或措施，可能不会直接出现在战略规划及执行的某个具体环节，但其相当于SDBE领先模型的"灵魂"或者是"道"，贯穿于整个战略管理和执行框架的全过程，指导战略规划、解码、计划和执行过程中的各种"枝干"或"术"；它们对战略管理的成功闭环起到至关重要的作用，希望读者朋友重视，并细细用心咀嚼。

3.1 差距分析及标杆管理——SDBE领先模型的核心理念，贯穿始终

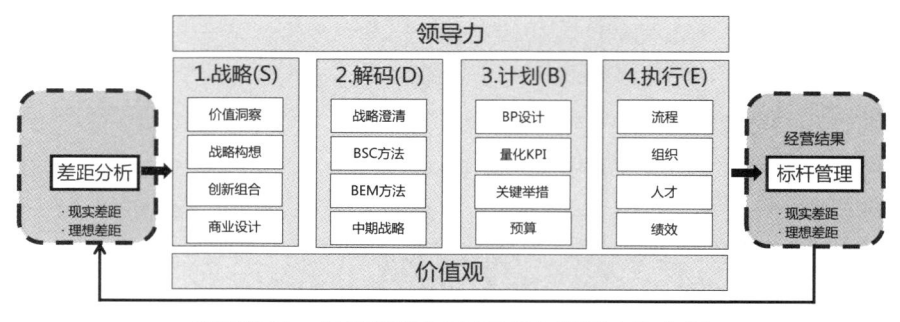

差距分析、标杆管理在SDBE领先模型中的位置

3.1.1　SDBE领先模型中差距分析的重要意义

SDBE领先模型为什么会把差距分析和标杆管理作为方法论的核心，并贯穿始终？华为又为什么这么钟情于"差距"这个核心理念？这个与任正非本人的生活工作经历和理念有很大关系。亲历过"文化大革命"的他，目睹了激进、无序的变革对秩序、规则、日常运营的巨大冲击。因此，他是管理上的悲观者和谨慎者，不主张管理上的激进变革，而是主张渐进式的改良主义，向业界最佳学习，找出差距，循序渐进，直到成功。

我国的电子通信行业，在华为初创的八九十年代，相对发达国家的电信企业来讲，十分落后。朗讯、北电、阿尔卡特、摩托罗拉、思科，这些先进公司，就像一盏盏明灯，让华为看清了自己同它们之间的巨大差距，也照亮了华为前进发展的道路。因此，任正非从来没有把这些对手当作洪水猛兽，而是真诚地向他们学习，与他们尽量友善相处。他说："它们让我们在自己的家门口遇到了国际竞争对手，知道了什么才是世界先进。它们的营销方法、职业修养、商业道德，都给了我们启发。我们是在竞争中学会了竞争的规则，在竞争中学会了如何赢得竞争。"

一个经过精心选择、可供学习的标杆，就像一个好的老师、一座明亮的灯塔，它的成功经验或失败教训、对行业的认知和理解、正确的战略和战术、良好的措施和做法，能够帮企业减少学习的时间，降低失败风险。 精准到位的差距分析，和缩小这些差距的综合措施，能够帮助企业尽快拨开发展的迷雾，避开湍急的险滩，更快速、更低成本地实现自己的商业目标。

早在90年代末，任正非在内部的《华为人报》上写道："**瞄准业界最佳，以远大的目标规划产品的战略发展，立足现实，孜孜不倦地追求，一点一滴地实现**……沿着这个方向我们就不会有大的错误，不会栽大的跟头。所以现在公司在产品发展方向和管理目标上，瞄准的是业界最佳，现在业界最佳是西门子、阿尔卡特、爱立信、诺基亚、朗讯、贝尔实验室等，**我们制定的产品和管理规划都要向它们靠拢，而且要跟随它们并超越它们**……我们只有瞄准业界最佳才有生存的余地。"

对任何企业来讲，产品技术、商业模式、管理上的创新终有一天会放缓或终止，要想持续而长久地活得好，就必须在某些方面有过人之处的同时，没有致命的弱点或短板。而向标杆对象或者业界最佳学习，优化自己，则自然是成本最低、风险最小的选择。

3.1.2 深层次认识差距：理想差距 VS 现实差距

本企业或本部门一旦确定了要学习的标杆，那么差距就自然而然可以通过各个维度的细分，以定性或定量的办法去进行分析识别。

在传统的BLM方法中，IBM曾经把差距分为两种：业绩差距和机会差距。IBM顾问组在讲解中提出，**业绩差距**是现有经营结果和期望值之间差距的一种量化的陈述。业绩差距常常可以通过高效的执行填补，并且不需要改变业务设计。**机会差距**是现有经营结果和新的业务设计所能带来的经营结果之间差距的一种量化的评估，填补一个机会差距需要有新的业务设计。

笔者在华为各级组织的战略管理实践中，以及离开华为之后做企业战略规划咨询工作的过程中，发现这种对差距的定义和二元区分，在理论上很有意义，但很难落地，而且容易造成理解的偏差。主要原因在于，一是在业绩差距的分析中，基本没办法搞清楚所谓期望值的界定是否科学，所以差距是否科学合理，也就不得而知；二是在机会差距的分析中，新业务设计的经营结果，也是一个待定的值，因此，也没办法界定。所以我们认为这两者很难落地，也不实用。因此，笔者经常使用如下两个概念来指导差距分析工作：

①**现实差距**是自身能力或经营现状与现实中存在的标杆之间差距的一种量化的陈述。因为现实标杆，它是真实存在的，通过各种方法和途径，在合法合规的情况下，总有办法能够了解标杆在某方面的具体做法和最佳实践值。如亲自上门向标杆学习取经，或者查询其财报或公开披露的消息，或者聘请顾问公司让其提供咨询服务，或者聘请对方公司曾经的主管和员工（需要合规），等等。

现实差距，由于是真实可靠的，一般来说，就算差距再大，也常常可以通过高效的执行、更有效的激励去填补，一般不需要改变业务设计。华为的所谓像素级学习和对标，一般就是采用这种办法。如当年华为的运营商业务向爱立信全面学习，而后华为的消费者业务全面向苹果对标学习。向比自己厉害和先进的友商和竞争对手学习和对标最佳实践，这是快速成长和成功的不二法门。

②**理想差距是自身能力或经营现状与假想标杆之间差距的一种量化的陈述**。这种情况一般就比较复杂，也就是说，企业或部门面向的是一个创新的领域或行业。在这种情况下，没有现实的标杆可供分析和学习，需要企业或部门在创新组合、模式设计或其他方面多下功夫，甚至是试错，而创新的高昂成本正在于此。

小米的创始人雷军曾经说过："有机会一定要试一试，其实试错的成本并不高，而错过的成本非常高。"当然，互联网产品经理的职业经历，让他即使进入硬件和消费电子行业，依然作风不改，这也是他创办的小米能够充满生机和活力的重要原因。填补现实差距，可能需要提升能力、提高效率、加强组织等等，而缩小和抹平一个机会差距却可能需要大量的探索、创新、试错，还有可能以失败而告终。

因此，一个企业及其下属的各级组织，要认真分析自己的业务，谨慎而谦虚地选择自己的学习标杆。有时选定的这个标杆，有可能在整体业务表现或财务规模上不如本企业，但是其在某方面却有过人之处，那也是值得学习或者争取合作的。如华为在手机业务上，就UI（界面）、ID（工业设计）和美学设计向苹果对标；旗舰店的开设和运作，也向苹果学习。极致硬件的堆砌、线下渠道的品牌建设，向三星学习。线上电商平台以及生态链的建设，则向小米学习。

博采众家之长，以成一家之大。对标的衡量标准十分一致，必须坚持以结果为导向，也就是对标后企业与标杆之间的差距是否缩小，企业整体竞争能力是否增强，企业的经营业绩是否有所提升。

3.1.3 差距的闭环管理：差距既是战略管理的起点，又是终点

华为在20世纪90年代末至21世纪初，经历过电信、IT、互联网企业的

倒闭潮，任正非和华为高层管理团队目睹朗讯、北电、摩托罗拉、贝尔一个个倒掉，而这些企业之前都曾是华为的指路明灯，其技术、人才乃至品牌影响力，无不是华为仰视的。这些企业的倒掉，大多不是创新或技术上落后导致的。

华为内部对此进行了复盘，任正非自己也总结过，这些企业失败的原因各有不同，但主要有两个共同点：**一是过于强调创新，以产品而不是客户需求为中心，这样导致成本比较高，而营收无法提升；二是大部分是上市公司，受股市或资本影响大，管理、运营和研发投入上缺乏稳健性和战略定力。**

因此，任正非领导下的华为最高管理层，在很长一段时间内反对两个事情：一是反对盲目创新，包括产品和管理上的盲目创新，号召要谦虚向一切标杆学习、模仿；二是反对资本运作，认为资本将导致人们头脑发热，追求短期利益，使得企业放弃对长远目标的思考和追求，有时甚至陷入迷失状态。

正是因为目睹了这么多优秀而又拥有巨大创新优势的公司在面前倒下，所以华为包括任正非在内的最高管理层，对盲目的、激进的创新非常警惕。早年的华为，作为民企没有任何资源和人脉，有的只是全体员工的努力和拼搏。华为管理层也早已确定，公司战略经营的最高和最低纲领，均是活下去。在如今很多领域进入"无人区"的时代，华为可以说已经是当之无愧的行业佼佼者。所谓高处不胜寒，在商业世界漫长的赛跑中，一位独自跑在前面的领先者，克服疲惫、寂寞，在随时可能迎面而来的风雪中，蹚过脚下可能出现的泥泞、洼坑，摆脱后来者的追赶，始终保持领先地位，这是很多像华为一样的行业领先企业所面临的困境。

诚然，不断进行底层和基础创新是奋斗在"无人区"的企业的不二法则，尤其对于像华为这一类的科技公司，坚持自主研发和保持技术领先就是企业成功的必由之路以及长远发展的核心动力。譬如，华为一直以来以技术投入著称，从C&C08数字程控交换机到全套移动通信设备，再到光网络设备，从GSM[①]、UMTS[②]、LTE[③]到5G，再到现在云计算、芯片、手机乃至最新进入的汽车行业，无论在任何时期，华为一直以来都对技术创新和产品研发高度重视。现在华为每年拨出预算，向全球知名的大学捐赠数额不菲的资金，捐助给与华为愿景同方向的教授和研究人员，以加强和弥补华为在基础研究方面的不足。

以下是差距能够被闭环管理的几个关键因素：

（1）同一时期，认准一个标杆，深入学习，真正学到精髓

例如，在看待向IBM学习企业管理的问题时，任正非说："世界上还有非常好的管理，但是我们不能什么管理都学，什么管理都学习的结果只能是一个白痴。因为这个往这边管，那个往那边管，综合起来就抵消为零。所以我们只向一个顾问学习，只学一种模型。我们这些年的改革失败就是老有新花样、新东西出来，然后一样都没有用。因此我认为踏踏实实，沉下心来，就穿一双美国鞋。只有虚心向他们学习，我们才能战胜他们。"

华为消费者业务在中国市场上手机的发货量首次超过苹果时，上下一片欢呼。任正非在表扬消费者业务管理层的同时，冷静地告诫道："过去十年，苹果公司就推出了两三款手机，他们投资50亿美金，盈利是2336亿美金。你们说要超越苹果公司，我同意，但我指的是在利润和服务水平上超越苹果，而不是销售台数。"所以，他强调，决不允许说出"灭了三星，灭了苹果"之类的话，无论公开场合，还是私下场合，一次都不能讲。谁讲一次就罚100元人民币！

至今，华为消费者业务在中高端电子消费市场上，系统地向苹果学习，包括产品规划和设计、质量和品质控制、供应链的构建和管理、美学

[①] Global System for Mobile Communications的缩写，中文译为全球移动通信系统，俗称"全球通"，是第二代移动通信技术，其开发目的是让全球各地可以共同使用一个移动电话网络标准，让用户使用一部手机就能行遍全球。

[②] Universal Mobile Telecommunication System的缩写，中文译为通用移动通信业务，是欧洲第三代移动通信系统。

[③] Long Term Evolution的缩写，中文译为长期演进技术，与WiMax（全球微波接入互操作性）一起被称作第四代移动宽带标准。

设计理念、服务流程和质量、商务和定价授权等等，一切向苹果靠齐，以至于消费者惊呼或笑称，"以前是没钱才买华为，现在是没钱买华为"。但消费者用手中的钱包投票，说明了华为在中高端市场的长足进步。华为终端的中高端手机，特别是保时捷版Mate系列和折叠屏手机，在手机行业卖出了最高价，黄牛疯抢，成为手机里的奢侈品和理财品。

(2) 态度要谦虚，要秉承"先僵化，再固化，后优化"的学习理念

学习不能抱着怀疑一切的态度，下车伊始，觉得老子天下第一，东西还没开始学，还没学会，创新就开始了。

任正非在谈到向外部标杆学习时讲道："如果我们不想死，就要向最优秀的人学习；即使对方反对我们，我们也要向他学习，否则怎么能先进呢？科技公司不先进就一定死掉了。因此，不想死就要努力学习。"

即使在美国政府打压华为最厉害的时候，任正非还是坚持，华为生存下来的唯一措施，是向一切先进的老师学习，我们应该认真地向他们学习，将来才会有成为先进的可能性。狭隘的民粹主义、狭隘的民族感情会导致我们落后的。

OPPO、vivo依靠独特的运营模式，在三四线城市线下市场，其目标利润率、销售毛利率、品牌形象一直有不错的提升。为此，任正非特意安排华为消费者业务高层研究学习OPPO、vivo，并要求其写学习纪要。不过，对于他们递交的第一次学习纪要，任正非非常不满意！他批评说："学习优秀之处，不要总拿我们的长处比别人的短处。同事第一次向OPPO、vivo学习的纪要我没转发，因为你们总揭OPPO、vivo的底，把它踩低来证明我们'高'，其实我们同样不高。我们要学习它的'高'的方面，在鞋垫上垫高一点，就成了'帅哥'。"就其之后的学习纪要，任正非评价说："你们第二次写的学习纪要，我认为非常深刻，所以批示'终端真伟大'，那是发自真心的。第三次极端了，我不同意。"

最后，华为nova系列手机，在手机设计、品牌宣传、渠道建设等方面，真诚地以OPPO、vivo为标杆，认真寻找差距，向其学习在既定目标人群中的营销和运作思路，最终nova系列手机大获成功。

（3）要认识到向标杆学习，缩小综合差距的长期性和复杂性

标杆之所以是业界的最佳实践，是因为其要么是先行者有先发优势，要么是经过长期积累形成了端到端的整体优势，因此只有经过较长时间的学习和模仿，甚至是创新，才能有效地拉近与标杆之间的距离。

一般而言，标杆确定领先优势所花费的时间越长、投入的精力越多，缩小差距所需要的努力就越大。商业模式和一些具体措施上的差距，或者一些具体技术或硬件上的差距，是相对容易填补的；而组织能力、运营能力和品牌积淀等软性因素间的差距，则需要长时间积累才能弥补。这也是为何，华为赶超小米、OPPO、vivo，甚至是三星都相对容易，唯独超越苹果很难。

同样，以苹果为例，任正非也非常推崇苹果的服务体系，他表示："我们还要学习苹果公司的服务体系，你们去随便找一个苹果门店，处理方法和华为门店完全不一样。不只是售后服务，我认为是大服务的概念。我们说'以客户为中心'，看到客户口袋里的钱，但是我们取之有道，合理地赚钱。我们要让消费者自动把钱拿出来，服务也是最重要的一个环节。"

在谈到向管理标杆学习的长期性和复杂性时，任正非说："改革不能急于求成，一点点慢慢走，我们提出可以用5—10年时间来逐步实现。如果改革快了，上线和下线都找不到对口，流程关节就断了；而且走快了容易摔跤，再爬起来修复账务、修复业务要花很多精力。希望大家认真付出努力，一年比一年进步，总有一天，我们的管理会赶上西方公司。"

3.1.4　标杆管理的概念和内涵：为差距分析提供业界最佳实践

标杆管理，指不断寻找和研究一流公司的最佳实践，以此为基准与本企业进行比较、分析、判断，从而使自己的企业得到不断改进，并进入赶超一流公司创造优秀业绩的良性循环过程。

本书前面讲述了那么多的差距分析和标杆管理的内容，包括为什么华为会把差距分析和向标杆学习看得那么重要，这本质上与任正非本人喜欢学习，热爱学习，善于学习有很大的关系。在风雨如晦、全民疯狂的日子

里，他始终铭记父亲对他的教导："要多读书，多学习，学点技术总是不错的。别人不学，你要学。"

华为深圳坂田总部园区几乎所有的主干道，都是以著名科学家的名字来命名的，如贝尔路、张衡路、居里夫人大道、隆平路等等。任正非早年曾半开玩笑地说过："我热爱科学，甚至超过爱我老婆。"20世纪90年代带队在美国参观贝尔实验室，得知这里曾诞生过12位诺贝尔奖学者，曾有过晶体管、半导体等影响全球科技史的发明时，他热泪盈眶，久久不愿离去。

正是这种求知若渴、见贤思齐的心态，让他一直非常谦逊，在尊重同行的同时，又能很客观地看待自己，藏锋守拙。

任何科技公司在初创时，肯定是以创新的产品，获得市场或客户的青睐，否则没办法打开局面。然而随着企业规模的扩大，内部管理的规范化带来的效率降低，即所谓官僚化，会使得企业运作的成本越来越高。在传统时代，技术进化相对比较缓慢，这种故步自封、拒绝对外学习和交流的心态尚不致命，但在科技发展一日千里的现代，对科技型公司来说，无疑是致命的。

美国的王安电脑公司，曾是华人企业家在美国的骄傲。20世纪70年代初，王安电脑公司推出了全球最先进的文字处理系统，在70年代末，一度成为全球最大的电子信息产品制造商，当时的苹果和微软都是小字辈，要仰视王安公司。1984年，王安本人更是名列《福布斯》全美富豪榜第八，一时风光无限。可仅仅过了几年，1992年，王安电脑公司就宣布破产，股价从最高时的43美元跌到75美分，不足鼎盛时期的2%。问题何在？主要原因就在于夜郎自大，故步自封，在技术上拒绝对外交流和学习，在企业经营上大搞家族式管理，王安更是安排自家儿子接班当总裁。

有趣的是，这里还有个插曲。1991年王安电脑公司有个年轻人，跳槽去了成立时间与华为相近，但当时还不太有名的思科公司。这个年轻人就是日后声名显赫的钱伯斯，仅仅在三年之后的1994年，也就是华为营收刚过1亿元人民币不久，他就接任思科的执行副总裁，1995年他开始担任思科的总裁兼CEO。思科原CEO给员工们介绍时说，他相信钱伯斯将带领思

第三章　差距分析、标杆管理、领导力和价值观

科在全球无往而不胜。是的，若干年后在由数据通信技术支撑的互联网时代，借助交换机、路由器这些IP互联的基础设施，思科成为全球通信的霸主，其企业实力和市值曾称霸世界。直到2002年左右，它在美国家门口遭遇华为的阻击。华为在美国打广告，宣称华为与思科的唯一差别，就在于价格，这彻底激怒了思科。强势的思科，敏锐地认识到华为将是思科"过去、现在以及未来的唯一真正对手"。在钱伯斯的亲自领导下，思科成立"Beat Huawei"专项小组，在美国及全球发动了猛烈的法律、媒体和市场攻势，对华为进行围剿。2003年，华为一边面对IT行业的冬天，人才流失、决策失误，一边又遭遇思科的突袭战，真是"屋漏偏逢连夜雨"。

华为不得已采取合纵连横策略，一方面，积极聘请世界顶级的律师应诉，证明自身清白，当然打铁还需自身硬；另一方面，通过和以太网技术的发明者3Com合资，以及主动让出美国市场避让思科，最后顺利实现与思科的和解。钱伯斯通过此事，更是与任正非惺惺相惜，不打不相识，结为知己，每隔一段时间就要互相串门。有"钱""任"性，二者的友谊成为佳话。

所以在差距分析和标杆管理这个事情上，任正非的态度是，学习是永远的话题，学习标杆和业界最佳实践永远在路上，没有尽头。市场上向客户宣传华为第一，领先或秒杀所有对手，那是销售策略，任正非不管你；但要是在华为内部，谁敢骄傲自满地声称老子天下第一，任正非肯定要把你骂得狗血淋头。向标杆学习，就意味着对准业界最佳实践，甘当小学生，放低姿态，像乔布斯一样，"Stay hungry, Stay foolish（求知若饥，虚心若愚）"，永怀空杯心态，不停地学习，否则就会走向死路。1999年，在世纪之交，任正非在《答新员工问》中说："华为要活下去就要学习，开放合作，不能关起门来赶超世界。我们所有的拳头产品都是在开放合作中研制出来的……"

在长期的战略管理实践和咨询活动中，笔者总结认为：

①标杆管理就是一个确立具体先进榜样，解剖其各个指标，不断向其学习，发现并解决企业自身的问题，最终赶上和超过它的一个持续、渐进的学习、变革和创新的过程。

②通过树立和分析标杆,向其学习更优方法、更优流程、更优模式,以追求目标、流程、成本、计划、信息、技术、知识、绩效的精细化管理。

任正非说:"公司长远坚持开放的政策,是从来不会动摇的,不管任何情况下,都要坚持开放不动摇。不开放就不能吸收外界的能量,不能使自己壮大。"

因此,差距分析和标杆管理的理念实质就是开放、合作,是指通过与外界的良性互动与交流,避免内部的熵增和活力的丧失,最后僵化、老化、消亡。华为战略管理的最高纲领和最低纲领,既然是活下去,那么就要时刻存有标杆意识,寻找与最佳实践的差距,孜孜不倦地自我改进和提升,以缩小既定的差距。

差距不止,战略不已,学习不停,这就是华为战略管理闭环的关键逻辑。

3.1.5 学习一切先进标杆,反对盲目创新,打造学习型组织

"学而不思则罔,思而不学则殆。"任正非清醒地认识到华为与西方先进公司的巨大差距,特别是公司经营管理能力上的差距是十分巨大的。因此他特别提倡向标杆学习,重视改良,循序渐进。

任正非在2000年与IBM合作时曾说:"在管理上,我不是一个激进主义者,而是一个改良主义者,主张不断地管理进步,一小步一小步地改进,一小步一小步地进步。任何事情不要等到问题成堆,才去做英雄弹指一挥间的'力挽巨澜',而是要不断地疏导。即使别人误认为你没有抓管理的能力,也不能为了个人名声而去'大刀阔斧'。"

之后,在向IBM学习的过程中,任正非对此还有过多次精彩论述:

"我非常反对盲目创新。由于冲动,以及没有严格的认证、试验,会使破坏性的创新纳入使用,造成体系运行的迟滞。我们在变革的过程中,要大力提倡改良,谨慎使用改革。不要为了创新而创新,为了表明自己能干就改一下,一改就是流程运行的高成本。这一点至少在管理体系上要落实下来,成熟的体系为什么不引进使用?为什么要盲目创新?英国人习惯

渐进式的变革，有350年稳定的历史，形成了稳定而优良的发展体系。要是英国人老创新，老革命，就把轨道创到地狱里面去了。一个稳定的体系，才能保证良好的运作和低成本，所以，我们在管理体系上坚决反对盲目创新。"

"我们要变革的量只有5%或者更少，95%情况下都应该是规范的、稳定的，不要盲目去创新。这样对于5%的不规范的部分，允许探索与变革，其目的就是要促进发展。我认为，我们在某个时期会强调这样，在另一个时期我们会强调那样，其实那就是变革那5%。所以，我们的目标方向是很清晰的，就是必须要发展，不发展就是死亡。如果我们说100%都变就会有发展，我认为没有可能性。100%都变了以后未必会有发展。打乱了全局的互联，走向一种新的平衡是极其艰难的，而且混乱中，效益低下，不会有提高的。大刀阔斧变革，是痴人说梦。"

"在管理和流程上要坚决反对盲目创新，要在原有的基础上不断改良和优化。我们要持续百年地不断改良，不要随意地改革，改来改去的。只有历经数年充分认证，才能进行必要的革命。坚持百年，我们不死就是胜利。"

在2013年华为管理体系有小成之后，任正非又在内部警醒大家："华为坚决不能有激进的改革，任何东西都有继承性，要缓慢地改变。存在就是合理。我们不要用理想化的改革，乱变动现实。我一贯是'改良'，而不是'改革'。我们可不要再幻想彻底推倒一切重来，这是口号，不是真正的商业模式。十进制的改革是不会有效果的，我不在乎别人如何改革，我们不能这样做。"

他还在一次讲话中说："西方公司自科学管理运动以来，历经百年锤炼出的现代企业管理体系，凝聚了无数企业盛衰的经验教训，是人类智慧的结晶，是人类的宝贵财富。我们应当用谦虚的态度下大力气把它系统地学过来。只有建立起现代企业管理体系，我们的一切努力才能导向结果，我们的大规模产品创新才能导向商业成功，我们的经验和知识才能得以积累和传承，我们才能真正实现站在巨人肩膀上的进步。"

伟大的企业，或者卓越的企业，也是一样。卓越的企业一般也是起于微末，找到正确的行业和客户，积聚相当规模的人才，采用正确的办法，向成功的先行者或标杆学习，一步步做起来的。

既理想，又务实；既坚持立足自我、大力创新，又坚持汲取一切有益于自身发展的成功经验和好做法。这是任何伟大人物或者卓越组织的共同特点。华为在商业领域的成功，正是验证了这一点。

华为的成功，本质上也是由于任正非将中国人的哲学理念和奋斗精神，与西方的企业管理理念和流程制度相结合。中西合璧，构成了华为的最大特色。

无问西东，只要是好东西，都要学，任正非及其治下的华为，学习力确实惊人。很多熟知任正非的人都说，任正非不仅仅是在向你"学习"，他简直就是"血洗"你的思想和智慧。你的角度和思想他总能很快掌握，马上就能比你阐述得更为深刻，并且能够立刻通过相关方法，在华为具体落地。

任正非多次说，三人行，必有我师，华为必须坚定实行拿来主义，学习一切有益于华为发展的东西，博采众长。他向美国学创新，向英国学改良，向日本学精细运营，向德国学质量文化，向以色列学团结自保；向清教徒学严格自律，向西点军校学强制淘汰，向解放军学如何打胜仗，向美国军队学铁三角运作，向中国共产党学组织管理；向IBM学流程制度，向微软学生态建设，向苹果学极致产品开发，向亚马逊学云计算技术，向丰田学精准生产，向索尼学经营理念，向小米学网络营销，向OPPO、vivo学渠道管理；向李小文学"扫地僧"的坚持，向衡水中学学奋发图强，向都江堰学习"深淘滩，低作堰"的理念……华为通过孜孜不倦、认真虔诚的学习，打造了一个卓越的学习型组织，并时刻完善自己。

这一切，构成了任正非所说的一桶'糨糊'，一桶集各家之所长的'糨糊'，把中国乃至全球都罕见的近20万规模高素质人才，有效地团结在一起，向着共同的愿景和使命努力奋斗。总之，华为通过向标杆学习，汲取一切有益于自己的营养，打造高效的学习型组织，努力发展和壮大自己，弥补宏大愿景与经营现状和组织能力之间的差距。

3.2 领导力——组织执行力的根源的构建和打造

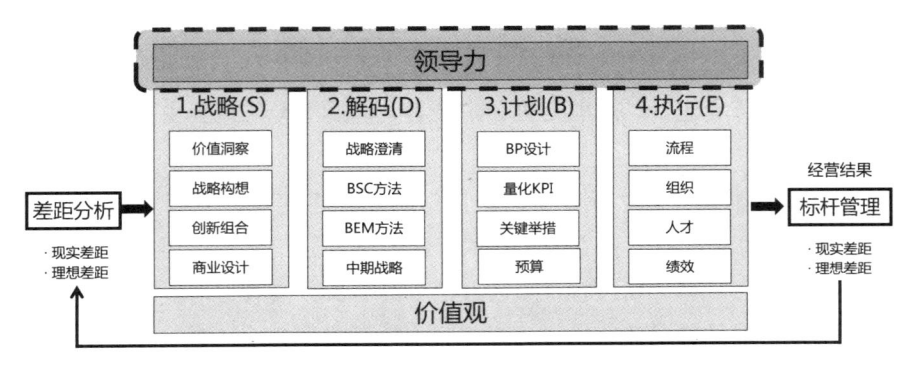

领导力在SDBE领先模型中的位置

3.2.1 火车快，靠火车头带：领导力对企业的关键作用

"领导力"这个词听着高大上，但更多人感觉有些虚幻，让人捉摸不透。到底什么是领导力？有许多人给领导力下定义，见仁见智，都有道理；讲述领导力的书籍，更是浩如烟海。

前文已经介绍过，领导力就是一种影响力。领导是影响人们心甘情愿和满怀热情为实现企业目标而努力的艺术或过程。

"曾经沧海难为水"，"此中有真意，欲辨已忘言"，领导力这个领域或课题，真正的成功者、领导者，不愿意说，也不想说，因为过程太苦、太难。领导力不是在课堂上吹着空调，喝着咖啡，通过培训就可以获得的，而是在企业大量日常具体事务的处理中，在一次又一次具体困难的解决过程中积累的。让人啼笑皆非的是，热衷于领导力的传道、布道者，大多是在领导力建设和实操领域的失意者。真正成功的领导人，哪有那么多时间来谈如何建设领导力？

领导就是各级组织的领导作用发挥的过程。任正非非常重视"业务主官"。"抢占上甘岭，主官首先要'剃头宣誓'，誓死奋斗。我们的主官剃个头，嗷嗷叫，枪一响，上战场，谁会不跟你冲。'跟我冲''给我冲'，是两种不同的领导方式。以后要先找到领头人，再立项，没有合适的人，也别立项。我找一个主官说你来干这个项目，主官一上来先讨价还价，这样是不能做出世界一流的产品的。为什么我们很多的改革是半途而废的？除了IFS（集成财务转型），财经从头打到尾以外，很多改革都是改到一半，改革者跑了，这就是机会主义者，以后不允许机会主义者在我们公司担责。"

放眼全球电子信息行业，在21世纪的群雄逐鹿式的激烈竞争中，朗讯、北电、摩托罗拉、爱立信、阿尔卡特、西门子、3Com、诺基亚、思科等等这些声名显赫，仍在打拼或已经消失的巨头，没有任何一家公司能够保持十年以上的绝对竞争优势，鲜花和欢呼不能常伴，"剩"者为王才是企业经营的真谛。

这些都注定，"错误而痛苦地选择了ICT行业"的任正非及其领导下的华为军团，要作为中国乃至全球科技企业的领头羊，走向"战略无人区"。在这个"无人区"里，没有前行的标杆和领导者领路，沿途伴随的是孤独寂寞，以及随处可见的危险和陷阱。

任正非作为华为的领导人，在描述未来智能世界发展的宏大愿景，号称"华为的目标是星辰大海，要对人类有所贡献"的同时，也在不断声嘶力竭地喊出"华为的冬天""过去的成功，不是未来的可靠向导""下一个倒下的会不会是华为"，不断焦虑，不断告诫，不断纠偏，不断寻找到达愿景的最佳路径，这反映了他的战略迷茫、焦虑孤独、敏锐直觉。

一定要找到既能够带领华为看清方向，又能够引导华为排除万难不断前进的领路人。其实早在2010年，任正非就已经在内部谈到了这个问题。他说："现在我们已经走在通信业的前沿，要决定下一步该怎么走，其实是很难的。正如一个人在茫茫的草原上，也没有北斗七星的指引，如何走出去。这二十年，我们占了很大的便宜，有人领路，阿尔卡特、爱立信、诺基亚、思科等都是我们的领路人。现在没有领路人了，就得靠我们自己来领路。领路是什么概念？就是'丹柯'。丹柯是一个神话人物，他把自己的心掏出来，用火点燃，为后人照亮前进的路。我们也要像丹柯一样，引领通信领域前进的路。这是一个探索的过程，在这过程中，因为对未来不清晰，可能会付出极大的代价。但我们肯定可以找到方向的，找到照亮这个世界的路，这条路就是'以客户为中心'，而不是'以技术为中心'。"

任正非曾多次表现出对做企业界领袖和背成功包袱的反感，他说："不要总想到做领袖的光荣，不要去背上这个沉重的口号和包袱，荣誉对我们来说是没有用的。"

在他眼里，华为没有成功，只有成长。有人问他："华为何时将停止增长？"他的回答是："我不知道。但华为衰败、死亡的那天肯定会到来，我们所有努力只是尽量迟缓这个时间。"

因此，为实现"活下去"这一最低纲领，同时也是最高纲领，华为一定要寻找属于自己的"丹柯"和"罗文"群体，把他们吸收进华为的接班群体，将其塑造为各级业务主官，从而为华为的长久发展打下领导力的基础。

任正非说："我们要欢迎那些胸怀大志、一贫如洗的人进入华为公司。他们将是华为公司一支很强的生力军。在这种情况下，华为公司会有更强的战斗力，有更强的战斗力我们就可以抢到更多的粮食，有更多的粮食我们就更大地投入，有更大的投入我们就有更大的实力，我们这几个'更'，就成了良性循环。在通信行业上我们要追赶超过他们，我们在信息领域上为什么不能全面超越美国呢？"

这就是领导力对于企业的最重要甚至是全部的意义。

3.2.2 领导力是战略规划和最终执行落地的决定因素

火车要想跑得快，全靠火车头带；大海航行，若不想偏离方向，就得有个可靠的船长或舵手。一个好的领导人，或者说一个坚强、称职的领导团队，将带领一个组织走出黑茫茫的迷雾，穿过充满危险的沼泽，攀上雄峻的险峰，从成功走向成功。

一个坚强、睿智、有经验的管理团队对企业的意义，怎么强调也不为过。作为曾经的军人和学毛标兵，任正非把华为人力资源部命名为"干部部"，把人力资源部部长这个岗位命名为"干部部部长"。

由于干部所承载的领导力,是所有战略落地和经营计划实现的决定性因素,所以任正非在干部选拔和任用方面有两个很强的理念和导向:

(1) **猛将必发于卒伍:所提拔的干部,要有基层成功实践经验**

任正非说:"我们要坚持从成功的实践中选拔干部,坚持'猛将必发于卒伍,宰相必取于州郡'[①]的理念,引导优秀儿女不畏艰险、不谋私利,走上最需要的地方,并长期保持艰苦奋斗的牺牲精神,永远坚持艰苦朴素的工作作风,在不同的岗位、不同的地点加速成长,接受公司的选择。"

"没有实践支持,不能理解这些理论;没有理论基础,不可能深刻感受实践。""只有当过排长,才会当连长。只有成功指挥一个团,才能指挥一个师。没有基层成功经验,职位越高,对事业的危害越大。"看似平淡无奇的话,确实是一个久经风霜的老人其毕生经验总结。

"我们公司在干部选拔中,第一,一定要强调责任结果导向,在责任结果导向的基础上,再按能力来选拔干部。第二,强调要有基层实践经验,没有基层实践经验的机关人员,应叫职员,不能直接选拔为管理干部。"

(2) **以结果为导向,以胜利为导向,不承认败军之勇**

华为的干部管理是"选拔制"和"淘汰制",不是"培养制"。华为强调要从有成功实践经验的人中选拔干部。

任正非在华为内部第一期高管研讨班上讲:"我们要从过去的培养制和苦口婆心的培育方式,转变成你爱学就学,不学我们也不会给你穿小鞋,关键是看你工作干得好不好来确定你的去留,而不是看你爱不爱学习。历史上不好好学习最后成了伟大人物的例子很多,学习不要强求。我们不搞培养制,我们没有责任培养你,我们是选拔制,选拔更优秀的人上来,在全公司和全世界范围内选拔优秀者,落后者我们就淘汰。我们不会派一批老专家苦口婆心地与落后者沟通,迁就落后者,在这个问题上我们

---

① 出自战国时期韩非的《韩非子》,原文为"宰相必起于州部,猛将必发于卒伍"。任正非引用时与原文稍有出入。

要改变过去的一些做法。"

华为普通员工对于实际的末位淘汰率，没有外界感受得那么高。华为的做法是喊得凶，真正执行时却很柔。多年来统计数据显示，华为员工的自然离职率约为3%，真正的末位淘汰率（包括合同到期不予续签）只有约3%，合计6%左右。只是华为员工规模大，6%意味着有约1万人从华为离职，所以给人的印象淘汰率比较高。

华为对中高层干部的淘汰则是刚性的。要求各级管理团队主管的淘汰率在10%—15%，而且不允许打折扣。当然，这个淘汰是指从主管的岗位上下来，不是指开除或解聘。

任正非曾在后备干部培训班上说："我们坚定不移地在代表处代表和地区部总裁中贯彻末位淘汰制，经营不好的干部要下台，否则都不改进，都来讲故事，讲故事的钱从哪儿来？"

正因知晓领导力之关键，所以，任正非十分重视"主将"的作用。任正非很明确地认为"先有鸡，后有蛋"。他指示说："**每个新业务要立项，首先要找到合适的业务领袖，一把手是最重要的。**因为领袖是天然产生的，不容易找得到。对于一把手，关键看带领业务成功的潜力，资历、年龄不是最重要的选拔因素。"

3.2.3 领导力在组织中的三大具体作用

（1）在组织集体迷茫时，指明组织前进方向

作为领导者，必须有长远的眼光，只有如此，组织或企业才能走得更长远。在组织迷茫时，通过预见力，指明组织前进的方向，这是对领导的重要要求，也是对其最基本的素质要求。

领导者应该努力探索并掌握科学预测的客观规律，要做到高瞻远瞩，科学地预见未来。既面对现实，又想到将来；既看到今天，又不忘明天；既重视眼前利益，又注意长远利益。这是衡量一个领导者有没有远见卓识的首要标准，也是他不断带领团队开拓前进的一个重要保证。

"领导"一词，由"领"与"导"两个字组成："领"是指带领，率领；"导"是指引导，向导。这个词本身就意味着方向性、目标性。任何

组织都有愿景和使命，这就是组织存在的意义和本质。在组织实现愿景和目标的过程中，肯定存在各种可能性，其中包括利好或者风险。"群雁高飞头雁领，大海航行靠舵手"，这就要求作为组织的领头人必须目光远大，对组织的发展方向、发展阶段、行动节奏等等胸中有数，能做出正确的预见，并加以相应的引导、把握，当好"头雁"和"舵手"，洞察先机，使组织朝着好的方向发展，趋利避害，从而保证整个组织不断走向成功与胜利。

作为组织的领导者，最重要的是能够指明方向。员工跟着你，是因为你知道的比他多，你更有方向感，所以他才跟着你。如果在一片黑茫茫中，你自己都不知道干什么，应该去哪里，那别人又怎么能跟着你呢？所以，领导者需要比其他人更具远见卓识，要知道发展方向在哪里。

领导干部要有预见力，也就是要有对事物发展变化的趋势做出推断和预测的能力。知道企业究竟该怎么管理，如何在竞争异常激烈的商战中获得先机，企业战略如何规划，下一步该怎么走。

（2）给组织注入灵魂和活力，决定组织的气质和作风

管理能力和领导力不是一回事。领导力是领导者或领导集体拥有的能量或影响力，这种能量可以影响他人的行为，引领他们朝着特定目标努力。如果没有领导力的指引，组织没有动力也没有能力达成该目标。

任何一个组织，包括企业、大学、公益组织，甚至是军队，都有其独特气质。有人曾经说过，一支军队的气质和军事主官有关，他的性格强悍，这支部队就强悍，就嗷嗷叫，部队就有了灵魂。此后，无论这支部队换了多少茬人，它的灵魂仍在。

企业也一样，创始人或者领导人的气质，在很大程度上决定了这个企业的气质。正如任正非是军人，华为的作风中就有很多军队的风格。中兴的老总侯为贵，是技术科研人员出身，因此中兴相对就比较内敛温和。马云是武侠迷，阿里的风格就天马行空，内部盛行花名和武侠文化。

企业的气质在每个阶段都不太一样，但同样受创始人或领导人的影响比较大。一个组织或企业的成长，或者突破，特别依赖于创始人或领导人

本身的成长、自我突破，所以有很多人说企业创始人或领导人的胸怀和格局，决定了企业的成长天花板或成长极限。一个企业的创始人或领导人，如果天天蝇营狗苟、精于计算，很难想象这个企业能够成长为行业的领导者。

定位决定地位，眼界决定境界，度量决定规模。企业的创始人或领导人，能够始终聚焦公司的战略图景，能够带领大家一往无前朝着共同的目标出发，能打能冲，既能高瞻远瞩又能脚踏实地，既有战略定力又有执行力，既胆大包天又心细如发，既能用兵狠又能爱兵切……企业想不成功都很难。

（3）在组织面临巨大困难时，指引队伍前进

任何企业，战略蓝图不可能一蹴而就，梦想不可能一夜成真。在征途上，企业肯定会经历许多艰辛和波折，遇到许多困难和险阻。而企业各级主管，作为实施企业战略和经营计划的责任人，要直面困难，带领员工一起解决问题，攻坚克难。企业主管，一定要始终抱着不怕难、敢负责的态度，以强烈的使命感和责任感，积极主动地解决难题。要深入业务场景中去搞调研，把问题摸清楚，把原因分析透，把症结找准确，在实践中提高攻坚克难的能力。

任正非经常对主官提出非常高的要求。因为主官作为决策者，如果没有坚定的意志，没有解决困难的能力，没有必成的决心，企业的愿景或者战略目标很难达成。

越是困难的时候，越考验企业家或企业主管的定力和能力。企业各级主管，一定要既善于把握战略发展机遇，又善于解决本身业务领域中的困难，专注持久，苦练内功，持续锻造领导力，使企业在整体上具备不断成功、不断胜利的风格。

任正非针对这一点，有非常精彩的论述。他说要"打造一支嗷嗷叫的作战队伍，千军万马上战场，攻下上甘岭"。"主官要有主动求战、求胜的欲望，要有坚如磐石的信念，具备坚强的意志和自我牺牲精神。美国的两个主力作战师，101师和82师，为了争夺荣誉，士兵甚至会打架。如果大

家平稳成一碗水，看似很理性，但是没有活力，这样的主官就要淘汰。主官一定要有自豪感、荣誉感，一定要胜利。"

3.2.4 华为"干部四力"打造坚不可摧的领导力

中国企业界和全球ICT行业，对以任正非为首的华为中高级管理层的战斗力是非常推崇的。任正非和同时代的很多企业家都非常推崇毛泽东的一个论断："政治路线确定之后，干部就是决定的因素。"

2009年，任正非在《人力资源政策要导向冲锋，不能教条和僵化》一文中，说明了重点抓干部，尤其是狠抓中高层干部管理的原因。他说："我为什么对这个公司有信心，我说这公司垮不了，因为我们确定了制度和机制——我只抓前头那批人，后面的我根本不管。只要前头这批人是冲锋的，对他们的激励到位了，剩下的人就前赴后继去跟上，我们就会越打越强，越战越强，我们怎么会输掉呢？我强调必须往前。人力资源管理体系就是要做到如何让队伍去奋斗。"

商场如战场。企业能否做强、做大，不能只看战略是否正确，关键要看战略能否真正地落实，能否真正执行到位。企业干部，尤其是高层管理干部是维持企业有效运转的动力源之一，在很大程度上决定了企业对环境的应变和适应能力、决策能力和管理能力。**企业的健康发展，干部及对其的有效管理是关键因素。**

任正非治下的华为，其干部的管理机制让华为越发展越有人才，以强有力的人才队伍来支撑业务的发展。那么，华为的干部管理机制究竟是什么样的？华为管理着近20万名员工，它一直坚守着让人才在最佳的岗位上，在最佳的时间段，做出最佳的贡献并得到合理的回报这一理念。

出于历史的经验和深邃的思考，任正非认为应该把对干部的管理和对专业人才的管理区分开，把负责作战的主官和行政主管区分开。他说："高层是委员会集体决策制，基层是主官负责制，如果主官拿不出意见来，怎么让你当主官？**历史上打胜仗的军队，主官脑袋中都有一盘棋。胜利就是主官，胜利的标志是多产粮食，主官要承担起责任。**"

作为一家以市场为导向的公司，华为主张业务干部"正副搭档计划",同时对正职和副职又有着完全不同的能力要求。对于业务正职干部,也就是主官,要强调"决断力";对于业务副职干部,也就是主管,要强调"执行力";后端机关干部要做好为一线服务的工作,所以要强调"理解力"。所有这些能力都是以"人际连接力"为基石,要善于互相团结,和而不同,形成组织合力。

任正非说,"正职必须要有战略洞察能力与战斗的决断力,要敢于进攻。文质彬彬、温良恭俭让、事无巨细、眉毛胡子一把抓,而且越抓越细的人是不适合做正职的,关键在行动","副职一定通过精细化管理,撕开口子后,要能精耕细作,守得住,具备正确的执行力,来实施组织意图"。

决断力、执行力、理解力、人际连接力,就是华为的"干部四力",是华为持续取得高绩效的关键要素,也是华为对企业领导力的期望和要求。

以下是对华为"干部四力"的简单剖析和介绍:

(1) 决断力

① 战略思维:洞察市场,掌握商业规律,善于抓住主要矛盾及矛盾的主要方面;② 战略风险承担:在风险可控范围内,抓住机会勇于开拓,敢于决策和承担责任。

(2) 执行力

① 目标结果导向:有强烈的目标感,有计划,有策略,有监控,在问题和障碍面前不放弃,不断挑战并超越自我,在资源和时间的约束下,出色地完成工作任务;② 组织发展:组织运作、能力建设与持续改进,通过流程建设(一致性)、方法建设(有效性)和资源建设(人、平台),构建可持续性,强调组织能力建设;③ 激励与发展团队:激励团队斗志,能够帮助他人成长,对人才充满热情;④ 跨部门协作:跨部门协调与推动。

(3) 理解力

① 商业敏感/技术理解:对商业敏感,理解业务的本质,洞悉支撑业务的技术;② 跨文化融合:理解文化,认识和尊重文化差异,积极融合不同文

化，求同存异，让不同文化背景的人成为同路人；③ 横向思维：理解环境。

(4) 人际连接力

① 开放性：人际连接方面，具有开放性，光明磊落；② 建立客户伙伴关系：善于与客户打成一片，始终保持谦虚的态度，积极探索，及时响应、牵引，满足客户与伙伴的需求，建立基于信任的双赢关系；③ 妥协、灰度：避免"非黑即白"，出现问题时，在讲方向和原则的前提下，顾全大局，合理退让，寻求在迂回中前进。

任正非说："人才不是华为的核心竞争力，对人才进行管理的能力才是华为的核心竞争力。""二十多年来，我最重要的工作就是选人用人、分钱分权。把人才用好了，把干部管好了，把钱和权分好了，很多管理问题就都解决了。"

华为会参照以上"干部四力"的要素，对干部进行能力滚动评估，之后会记录在例行评议信息表中。同时，成功实践经验是对干部能力的验证，华为会对干部的实际经验做评估，包括人员管理、培育客户关系、跨职能跨业务经验、海外业务经验、担当盈亏、担当重任、营造外部环境、业务整合、开创性经验、合作伙伴关系建立及维护、项目管理、技术岗位工作经验等内容。

"认真负责，管理有效""忠诚可靠，英勇善战"的干部和人才队伍，是华为的宝贵财富，也是华为在全球高科技市场所向披靡的法宝。经过滚动提拔和严格淘汰，华为实现了人才全球管理、全球调度的目标，以出色的、高密度的干部和人才储备支撑起了其全球作战任务。

2010年，任正非在新年致辞中鼓励大家："我们已经听得到新年的炮声，炮火震动着我们的心，胜利鼓舞着我们，我们只要坚持自我批判不动摇，我们就会从胜利走向胜利。**我们走在大路上，意气风发，斗志昂扬，没有什么能阻挡我们前进，唯有我们内部的腐败。**"

坚持从成功的团队中选拔主官、主管，从胜利的队伍中选拔主将，让"敢打胜仗、能打胜仗"的主将来领导组织和队伍前进，华为就能从一个胜利走向另一个胜利！

这就是华为在领导力管理方面最重要的，或者说，全部的秘诀所在。

3.3 价值观的管理和塑造

3.3.1 价值观对企业"长治久安"的作用

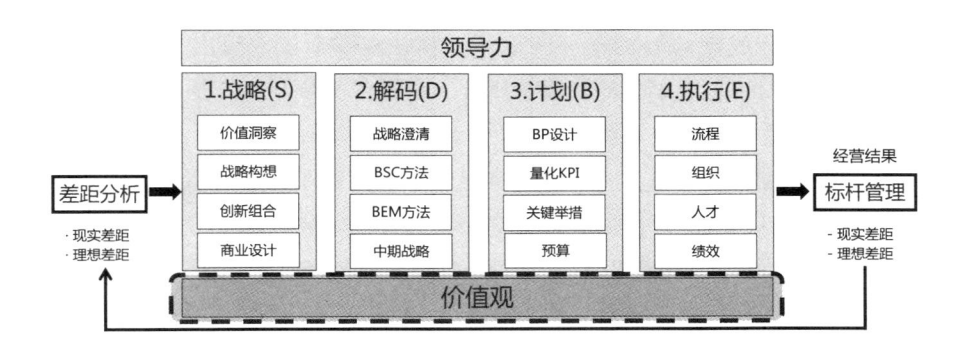

```
                          领导力
  ┌─────────────────────────────────────────────────┐
  │ 1.战略(S)   2.解码(D)   3.计划(B)   4.执行(E)    │
  │ 价值洞察    战略澄清    BP设计      流程         │
  │ 战略构想    BSC方法     量化KPI     组织         │
  │ 创新组合    BEM方法     关键举措    人才         │
  │ 商业设计    中期战略    预算        绩效         │
  └─────────────────────────────────────────────────┘
                          价值观
```

差距分析　　　　　　　　　　　　　　　　　　　经营结果
·现实差距　　　　　　　　　　　　　　　　　　　标杆管理
·理想差距　　　　　　　　　　　　　　　　　　　·现实差距
　　　　　　　　　　　　　　　　　　　　　　　　·理想差距

价值观在SDBE领先模型中的位置

如本书前文所述，企业价值观是企业决策者对企业性质、目标、经营方式的取向所做出的选择，是为绝大多数员工所接受和奉行的共同观念。

1998年，任正非在内部的《华为人报》上提出："一个企业'长治久安'的基础是接班人承认公司的核心价值观，并具有自我批判的能力。"他说："一个企业怎样才能'长治久安'，这是古往今来最大的问题。华为的旗帜还能打多久？华为在研究这个问题时，主要研究了推动华为前进的主要动力是什么，怎么使这些动力能长期稳定运行，而又不断自我优化。……这些核心价值观要被接班人所确认，同时接班人要有自我批判能力。接班人是用核心价值观约束、塑造出来的，这样才能使企业'长治久安'。"

毋庸置疑，技术创新决定了产品的核心竞争力，推动着华为蒸蒸日上。但是，真正的冠军，在我们看到的这些表象背后，一定还有强大的精神内核支撑，比如不抛弃不放弃、永不言败的精神。

一家企业也不外如是，技术创新往往道阻且长，并且普遍的规律是发展到一定阶段必然遭遇瓶颈，研发难度不断加大，而外部竞争环境也可能进一步拉长研发周期。这时候，理想信念成为一个团队奋进的精神旗帜。技术永远在更迭，资源也终会枯竭，唯有文化能够生生不息，这才是保持行业领先最根本的内在逻辑。

早在华为成立的第二年，任正非就曾在内部会议上提出"狼性"一词，后来又归纳总结了狼的三大特性：一是敏锐的嗅觉，二是不屈不挠、奋不顾身的进攻精神，三是群体奋斗的意识。

有记者曾问任正非："市面上有很多写华为管理的书，您认为华为存在管理秘籍吗？"任正非回答："华为没有哲学，我本人也不学哲学，我认为华为所有的哲学就是以客户为中心，就是为客户创造价值。"

任正非认为，**只要华为在长期经营中，能够坚持"以客户为中心，以奋斗者为本"——华为成立三十多年以来形成的两条最核心的价值观**，就能持续地服务客户、创造客户、协助客户商业成功；同时只有持续善待为客户创造价值的奋斗者，把大家团结到"为客户服务"这个旗帜下，华为才能越走越远，实现"活得久，活得好"的战略目标。

3.3.2　价值观是员工行为的基本准则和指引

企业价值观一旦确立，它就为企业的生存与发展确立了精神支柱和基本的行为指引。它应作为企业各层领导者和管理者与员工据以判断事物的标准，一经确立并成为全体成员的共识，就会产生长期的稳定性，应该为所有主管和员工共同信奉。因此，所有的企业，发展到一定规模，摆脱了初创期之后，都会根据企业的性质、追求和业务的匹配，来构建自己独特的价值观。

任何企业的管理制度和流程不可能事无巨细，面面俱到，总有例外的情况发生，在这种情况下，员工应该如何行动？即使企业的管理制度非常完善，对各种情况和场景下员工的行为规范进行了指引，但不同部门、不同工种的员工能否全部记住？如果所有的制度和流程都要以正式的书面形式体现出来，且不说后期培训、宣传（即使全部IT化）的成本，光规章制度的讨论和制定的成本就非常高。

事实上，即使遍历管理上所有可能的情况，让主管和员工在任何作业场景下，都能够有操作指引，可一旦外部环境、客户需求或竞争态势发生变化，相关的操作流程和制度也要做相应变化和刷新。一切都讲流程、讲制度，不允许权变，随之而来的是企业运作效率会大大降低，大企业病或组织的官僚化就是这样产生的。大家只对流程和制度负责，而流程、制度所依赖的外部环境一旦发生变化，工作流程产生的结果也可能南辕北辙。

就像前文所列举的诺基亚和摩托罗拉的例子，当手机终端产业已经从CT（通信技术）转向ICT，并将迈入以软件定义的云、生态和服务时代，出现了与传统竞争对手完全不一样的苹果公司，诺基亚和摩托罗拉过去积累的所有优势（包括品牌、制度和文化）都成了负担，最终像恐龙一样消亡了。

所以，任正非在目睹了世界上竞争最激烈、"剩者为王"的电子信息产业中，无数巨头瞬间在眼前灰飞烟灭的场景后，做出了"过去的成功，不是未来的可靠向导"的著名论断。

随着华为业务和人员规模的日益扩大，他无时无刻不在警惕华为踏上这些巨头的老路，走向迟钝，走向僵化，失去活力，走向故步自封，像恐龙一样，无法适应环境的变化，最终灭亡。

企业不能朝令夕改，左右摇摆，这样会让员工无所适从，结果肯定也不会令人满意。经过长时间的思索，他给出的答案是：一个企业只有在坚持方向大致正确的情况下，通过价值观的牵引，同时尽可能简化管理，让整个组织充满生机勃勃的活力，以"服务客户的确定性"来应对"时代、环境和行业的不确定性"，才能在长期竞争中存活下来，而存活下来就是胜利。

3.3.3 构建企业价值观的基本原则

构建或塑造价值观，对于很多公司在多数时候都是困难的。初创公司整天忙于生存和发展，无暇构建价值观这种看似遥远的事情；等公司壮大了，整理或讨论出来的价值观，又可能不符合公司面向未来的需要。

但对于真正想要重塑价值观的公司，则必须采用初创公司的运营做法，从根本上思考和萃取出真正内在的文化基因，并将其有效传递出去和形成认同。

以下若干构建和落地价值观的基本原则，是笔者在咨询和授课实践中总结出来的：

（1）根据公司历史、业务特点和客户特性，提取文化基因

基于公司发展阶段和经营现状萃取出最需要的文化基因。通常可以从两个方面着手：以公司发展战略为出发点，思考所需的经营准则和员工行为准则，以及为了实现战略发展所需具备的文化基因；以公司现存核心问题为着力点，思考解决最大问题所需坚持的原则和希望员工改变的方向，以此提取出核心文化基因。

（2）尽量用最简洁的语言定义价值观，以便易于理解和传播

尽量用最简洁、无歧义的文字来定义价值观。

尽量避免专业术语，要容易被相关人员理解，易于传播。

尽量避免使用具有不同含义的词语，或无法转化成其他语言的词语。

（3）要对价值观做详尽诠释，如有可能，编写案例

尽管经过努力，企业所构建的价值观，已经做到了足够简单清晰，可是仍然需要对价值观做尽可能详尽的诠释，以避免引起误解。尤其是对于业务模式复杂的公司，同样的表述在不同的领域会存在极大的差异化理解。

此外，应该用讲案例的方式，来细化价值观的引导。

（4）持续引导传递价值观，且需要多维度全方面进行

通过各种途径持续引导和传递价值观，而不仅仅是将其挂在墙上。要构建所有人接受和认同的价值观，可能需要如下几点努力：以身作则、充分信任和持久的关注。

公司领导层是核心价值观的承载者和推广者，管理团队必须将价值观融入他们的工作中，以及与各层级的沟通中。

（5）要把价值观贯穿人才"选、育、用、留、管"的全过程

在人才管理过程中，尤其是干部和骨干，要重点招募和保留接受、践行这些价值观的个人。在具备工作技能之外，个人与公司价值观的契合度，十分重要。

"寻找并珍惜同路人"，应该成为价值观管理的重点。

（6）把价值观纳入考核体系

打造企业文化，贵在坚持，最强有力的做法就是把遵循企业价值观和个人绩效、薪酬、发展机会直接挂钩。企业的价值观一定要具有可衡量性。在华为，价值观的可衡量性体现在人力资源管理体系中，就是华为劳动态度的考核。华为的劳动态度考核从90年代中期就开始了，这是华为最早的考核，与后来阿里巴巴搞的价值观考核类似。通过劳动态度的考核，能够给以建议，表彰那些认同文化的。

按价值观的评估和评级来区分一般贡献者和长期同路人，进而对员工的长期薪酬待遇和发展机会产生重大影响。这种方法很古老，但很有效，是同为中共党员的任正非和马云的共同选择。

3.3.4 "嗅觉灵敏、集体奋斗和作风顽强"的华为"狼文化"

一直以来，华为的企业文化在中国企业文化中是比较特殊的。由于创始人任正非曾是军人，因此华为也带有较强的军事色彩，具有一些军队文化特色。公司各级管理者的讲话中，甚至是公司的正式文件中，充满了军事用语，如"冲山头""打粮食""炸城墙""冲锋""集结号"等等，

就连公司的会议室，都被命名为作战室。

华为对于竞争，对于生存，有清醒的认识。企业的生存要适应弱肉强食的法则，适者生存，强者上，弱者下，这样才可以促进企业的长足发展。他治下的华为，具有强烈的开疆拓土的欲望，其员工也具有一贯遵从的军人风格，因此公司整体具备高昂的战斗精神、顽强的战斗意志和高超的战斗力。

在2008年的一次大会上，他表示，铁军是打出来的，兵是爱出来的。古往今来凡能打仗的部队，无一例外，都是长官爱惜士兵，不然就不会有"士为知己者死"。

他说："最近网上曲解了华为的'狼文化''床垫文化'。床垫不是文化，文化是可以传承的，床垫只是一个睡午觉的工具，它不能传承。其他公司睡午觉也许不用床垫，因此'床垫文化'没有推广的价值，也不一定需要批判。我们没有提出过'狼文化'，我们最早提出的是一个'狼狈组织计划'，是针对办事处的组织建设的，是从狼与狈的生理行为归纳出来的。狼有敏锐的嗅觉，团队合作的精神，以及不屈不挠的坚持。而狈非常聪明，因为个子小，前腿短，在进攻时是不能独立作战的，因而它跳跃时是抱紧狼的后部，一起跳跃，就像舵一样地操控狼的进攻方向。狈很聪明，很有策划能力，以及很细心，它就是市场的后方平台，帮助做标书、网规、行政服务……我们做市场一定要有方向感，这就是嗅觉，大家一起干，这就是狼群的团队合作。要不屈不挠，不要一遇到困难就打退堂鼓，世界上的事情没有这么容易，否则就会有千亿个Cisco（思科）。狼与狈是对立统一的案例，单提'狼文化'，也许会曲解了狼狈的合作精神。而且不要一提这种合作精神，就理解为加班加点，拼大力，出苦命。那样太笨，不聪明，怎么可以与狼狈相比。"

任正非认为狼性不是与人性相对立的。企业如果拥有一支优秀的"狼群"队伍，那么企业的成功不在于百战百胜，而在于能打胜仗、敢打胜仗，在战局不利的情况下，依然能挺住压力，成功突围。因此，在任正非看来，企业要培养一批顽强不屈且战斗能力强劲的头狼，带领组织走向成功。

2020年，在美国动用国家力量进一步打压华为的发展，加大制裁力度的当口，外媒记者在采访任正非时，专门谈到华为的企业文化，包括所谓的"狼文化"和"加班文化"。

任正非在回答该记者提问时，重点回应了外界对于华为"狼文化"的曲解，以及"996""007"等热门话题。他的讲话，网络上有全文，这里摘抄如下：

我们没有"996"的说法，不知道是哪个公司的说法，更没有"007"。我们在劳动合同方面高于中国标准，因为要接受欧盟调查，如果我们加班过多，他们（欧盟）没有加班那么多，这是对欧盟劳动者不公平，会制约。

…………

我们认为狼有三个特点：敏感性、团队性、不屈不挠性。

一、狼最大特点是鼻子很敏感，能知道客户的需求在哪儿，能知道十年二十年后科学技术的方向在哪儿。狼的敏感程度很重要，狼很远能闻到肉，冰天雪地也要找到那块肉。这就是对市场的敏感、对客户需求的敏感、对新技术的敏感，代表一种敏锐的认识。

二、狼不是单独出击，而是群体作战，代表了团队精神。一定要有团队精神，做得好的是谷歌军团，我们现在也学这个东西，当然我们也把批判谷歌军团的文章同时放在网上，一边支持，一边接受批判，也是组成团体。这个世界单打独斗是不会成功的……

三、狼还有一个特点是不屈不挠，拼死拼活也要做成这件事。干部不能发现有困难就要求换岗位。为什么要换岗位？换到别的区，即使从高职位换到低职位岗位，也会压制了那儿的年轻人成长。不能换，死也要死在这个战场上，不行就去给这个团队煮饭，也要在那里，战役打下来，你也是有功的……

"狼文化"可能是被外界曲解了，其实就是三个精神：敏感性、团队性、不屈不挠性。我们既没有"996"，也没有"007"。

3.3.5 选拔李云龙式干部，打造领导力，让组织充满"亮剑"精神

2019年5月16日，华为被美国列入"实体清单"。未经相关机构许可，美国企业不能向华为提供产品和技术。华为内部称之为"5·16"事件。后来，这一条款，适用于其他使用美国技术的非美国企业。

在名列"实体清单"之后，华为迅速启动了多年前的备胎计划，产品研发体系也在迅速"去美国化"，保证了华为的日常运转以及对客户的持续产品供应和服务，经营未见大的影响。与此同时，华为在加拿大积极应诉，在美国起诉美国政府违宪，动用国家力量非法打击民营企业，破坏自由市场体制。然而在2020年5月，美国又悍然修改相关规定，意图切断华为赖以生存的全球供应链，以求彻底打垮华为。

在被美国制裁一周年之际，华为在内部网站"心声社区"中发文："回头看，崎岖坎坷；向前看，永不言弃。"配图则为一架二战中被打得像筛子一样，浑身弹孔累累仍坚持飞行的伊尔-2飞机，其最终安全返回。同日晚间，华为中国官方微博发文称："除了胜利，我们已经无路可走。"

早在美国通过抓捕孟晚舟胁迫华为屈服的时候，任正非就表示：华为绝对不会拿公司的利益，甚至是全国人民的利益去换取个人的利益，华为永不会向美国妥协！华为不接受城下之盟！

任正非在接受加拿大《环球邮报》记者的采访时表示，在尊重事实的基础上，华为愿意和美方谈判。面对记者提出的是否会考虑接受认罪协议，以换回女儿孟晚舟释放回国的问题，任正非斩钉截铁地回答道："不可能。"他说，这是原则问题，要搞清楚事实和证据以后再讨论和解。美国采用扣押人质的这种方法，来打击华为管理层和他本人的意志，很不光彩。为表示自己的坚定决心，任正非眼含泪光表示："已做好此生再也见不到女儿的准备！"

这起事件典型地反映了任正非以及华为各级干部，面对巨大挑战时的"亮剑"精神。央视巨作《亮剑》开播以来好评如潮，深受观众喜爱。

第三章　差距分析、标杆管理、领导力和价值观

《亮剑》主要讲述了在抗日战争和解放战争期间我军某干部李云龙带兵打仗的故事，为我们塑造了一个极具个性的有血有肉的军人形象。华为公司内部，曾多次向全体员工推荐《亮剑》这部电视连续剧，笔者也看过好几遍。

李云龙作为军事主官，没啥文化，性格粗暴，爱说脏话。然而，此人又极为豪迈，有勇有谋，善于管理队伍，善于指挥，拥有天马行空般的作战想象力。他的部队在他的带领下，在与强大对手的拼杀中，悍不畏死，勇往直前，打了一个又一个胜仗，表现了铁血军人舍我其谁、用我必胜的豪气。

李云龙在长期艰苦的军事生涯中，在战争中努力学习战术，在一个个胜利中逐步走向了成熟。在不断以小胜大、以弱胜强的实战中，他和他的部队形成了独具一格、鲜明无比的"亮剑"精神："面对强大的对手，明知不敌也要毅然亮剑。即使倒下，也要成为一座山、一道岭！"

"亮剑"精神，就是指一个队伍英勇顽强，不怕牺牲，勇往直前，敢于胜利，敢于压倒一切敌人的精神。**"亮剑"精神不仅仅是战争时期军人的军魂，在新时代也是成功企业家和管理者应具备的精神气质之一。**

首先，**"亮剑"精神体现了勇气和魄力，华为认为这是各级管理者必备的精神品质。**人们常说："狭路相逢勇者胜。"何谓勇者？勇者不仅是指那些敢于直面敌人炮火的战斗英雄，同时也是指那些在企业经营中，敢于应对困难，在困境中也能够求生存、求发展的人。商场如战场，战场上争夺的是阵地，商场上争夺的则是市场、客户和利润。企业家也应具备这种"亮剑"精神，敢于直面困难，敢于竞争，不把自己的任何市场和客户轻易拱手让给强大的竞争对手，勇往直前，化不能为可能。

其次，**"亮剑"是在强大对手或困难面前，各级管理者应该具备的一种态度和智慧。**其实做任何事情都是有困难的，关键看我们如何去看待和处理。其实，有的时候困难或竞争对手，并没有想象中那么可怕，只要我们敢于"亮剑"拼搏，必能砍开一个缺口，冲出重围。"只要思想不滑坡，办法总比困难多"，这是华为干部经常念叨的一句话。在企业经营中，不能总绕开困难做被动的适应者，而是要在攻坚克难中奋勇前进，并

锻炼组织能力。成功的企业家需要拿出自己的勇气和智慧，才能与狼共舞，大有作为。

最后，"亮剑"精神意味着，各级管理者的威信不是上级赋予的，而是打出来的。 李云龙在部队中威信极大，即使在被撤销职务后，威信仍然存在。威信是各级领导或管理者所必须树立的，如果一个企业家在其领域内毫无威信，那么根本就谈不上成功。尽管李云龙是一个没有受过任何正规教育的粗人，但士兵们都愿意跟随他出生入死。这是因为他带领大家不停地打胜仗。他用胜利成功地树立起自己的威信，让队伍坚定地跟随他。

总而言之，"亮剑"，亮的不仅是能力，亮的是合格干部他的勇气和魄力，他的态度和智慧，他的威信和气概。

一个企业要想充满活力，要想从一个胜利走向另一个胜利，要想从一座高峰攀到另一座高峰，那么李云龙式敢于"亮剑"的主官，多多益善。

第四章

战略规划

华为闭环战略管理

4.1 战略规划的价值和意义：企业经营的望远镜

战略规划是指依据企业外部环境和自身条件的状况及其变化来制定和实施战略，是指对企业重大的、全局性的、基本的、面向未来的目标、方针、任务的谋划。

一般而言，战略规划的范围涉及大方向、总目标及其主要步骤、重大措施等方面，这就要求在战略规划的制定中必须注意到对宏观环境及总体趋势的判断，行业和市场价值的洞察，战略意图体系（含具体指标）的构建和面向未来业务的总体设计，等等。

各级主管，特别是中高层主管，要善于登高望远，高瞻远瞩，要发挥"望远镜"的作用；在"脚踏实地，埋头走路"的同时，要有"仰望星空，抬头看路"的工作习惯，保证自己领导下的组织和部门做对的事情，不要走错大方向。大方向走错，走得越快，死得越快。

BLM的战略计划部分，其实来源于美世公司的VDBD（Value Driven Business Design，中文译为基于价值驱动的业务设计）模型；其年度经营计划部分，则来源于组织行为学领域的纳德尔-塔什曼（Nadler-Tushman）的组织变革模型。IBM其实是集大成者。

如果大家对战略管理模型的各种论述有兴趣，可以去读明茨伯格的《战略历程》，本书不再详述。

在SDBE领先模型框架下，战略规划环节，与BLM大致相同，需要回答价值洞察、战略构想、创新组合和商业设计这四大板块的二十个左右的关键问题。

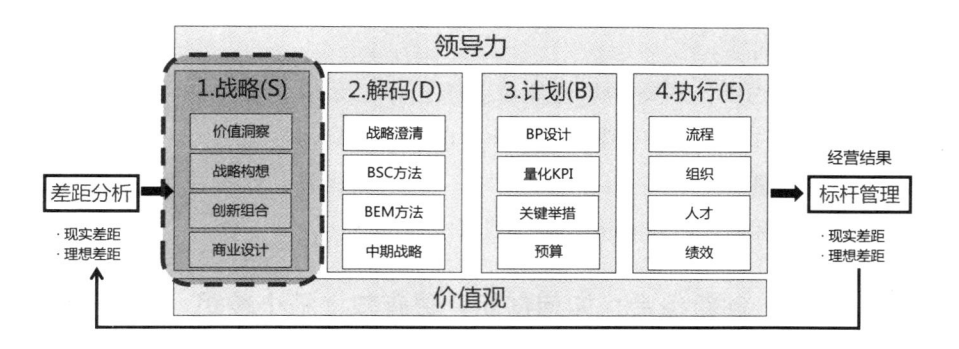

SDBE领先模型中的战略规划模块

4.1.1 价值洞察：如何选择行业赛道，加大战略规划的成功率

价值洞察，在BLM方法中，也称市场洞察，主要是分析宏观环境的变迁，识别本行业所处的阶段和特点，洞察主要客户的需求及特征，判别竞争对手的战略及动向以及认识企业自身的综合情况，以期识别重大机遇和提前判别主要风险。

价值洞察的主要作用是识别既定行业或产品线的市场价值的变迁和发展阶段，用来判断企业是否进入、加大投入或退出既定行业或赛道；还包括在执行既定任务时，对原来战略规划所依赖的前提进行重新思考，以判断是否要对之前形成的战略规划进行重新定义和大规模刷新。

4.1.2 战略构想：怎样科学地分层分级定义您的战略意图

SDBE领先模型框架图中的战略构想，就是BLM中的战略意图。一般而言，它是指企业战略经营活动预期取得的主要期望结果体系。这个体系下的目标一般是相互依赖，有逻辑关系的。

简而言之，主要就是确定企业战略目标体系，华为内部称之为"三定"，即"定愿景、定使命、定战略目标"。

一个好的战略构想，一般要包含以下三个方面的内容和价值：

①**指明方向**：它是企业对于未来的看法，能够为企业提供统一的、深入人心的方向感。

②**边界约束**：战略构想要能够提炼出主要矛盾，界定能力和业务边界，着眼于自身的独特竞争力，聚焦才能产生力量。

③**构建使命**：战略构想还要有一定的情感成分，要形成强烈的感召力，能够让客户、伙伴和员工感知到其内在价值。

4.1.3　创新组合：如何创新，更有效地缩小差距，实现战略目标

之前我们讲述过，SDBE领先模型与BLM一样，其始末点均为差距，整个模型是围绕着缩小、填补差距而展开的。

在BLM中，人们把创新组合这个阶段叫作创新焦点，英文称作Innovation Focus，或Innovation Point。根据BLM顾问组当时给的中文翻译，创新焦点是指进行与市场同步的探索与试验。它从广泛的资源中过滤想法，通过试点和深入市场的试验探索新想法，谨慎地进行投资和处理资源，以应对行业的变化。

实话讲，当年华为内部推行组在理解和推行创新焦点这个概念时，也有些不得要领。其中文翻译很拗口，不太好理解和宣传，也不太好落地。虽然约定一直用这个称呼，但创新焦点一直未能像差距、标杆、市场洞察、战略意图、业务设计、"五看三定"等概念一样，顺利地在内部推行开来。

根据多年的实践，我们决定在SDBE领先模型的框架中使用"创新组合"这个词。我们认为**创新组合，是指在战略目标实现过程中，采用与之前不同的创新手段及其组合**，涉及产品技术、制度流程、商业模式、资源综合利用四方面，目的是更快、更有效地缩小与标杆（理想）对象之间的既定差距，实现战略构想。

4.1.4 商业设计：指导如何详细进行有效、可行的商业模式设计

商业设计，即业务设计，或者说是商业模式设计，这是战略规划环节的落脚点，又是战略解码的出发点。它通过完整地执行某些关键动作，包括客户定位和细分、目标客户的需求识别、主要业务边界的界定、盈利模式的设计、战略控制点的把控、战略风险的管理等，来形成完整的商业模式设计。

企业后续再通过战略解码的动作，把商业设计的结果转化为可衡量、可执行、可管理监控的KPI和关键任务，确保战略构想能最终闭环实现。

4.2 价值洞察：执行"五看"动作，识别价值变化及发展方向

洞察，一般指观察得很透彻，看穿、发现内在的内容或意义。企业选择的这个行业、赛道或产品前景如何？未来能否赢利，能赢利多久，能为企业带来多大财富？也就是说进行市场、行业预测，以及产品生命周期等收益预测。

任何产品和行业都会经历价值发现、价值塑造、价值传播、价值交换、价值转移等过程。价值洞察，顾名思义，是看穿、发现价值创造的机会点和发展方向，让企业有机会参与到高价值的创造中去。

经过长时间的实践，**华为内部把价值洞察的方法总结为"五看"：看宏观、看行业、看客户、看对手、看自己**。"五看"各有侧重点，从不同的维度识别企业能参与的社会价值创造，精准地识别企业自身能够抓住的商业机会和市场空间，并为后续的战略构想、模式设计和战略解码提供一定的分析基础。

4.2.1 价值洞察的本质：确保企业经营不出现方向性问题

价值洞察，其实质就是揭示价值创造链上既定行业以及供需双方最核心的冲突和痛点。只有精准地描述这些核心冲突和痛点，给出相对准

确的市场空间预测，供给方的产品或服务又能有针对性地去满足需求方的核心诉求，才能准确地识别和判断相关赛道，确保企业前进的方向没有大问题。

从这个方面来说，**价值洞察的本质，是企业通过审慎、细致的洞察分析，确定或刷新企业发展战略，以确保企业发展战略的连续性、正确性和可实现性，确保企业经营不出现方向性的选择问题。**

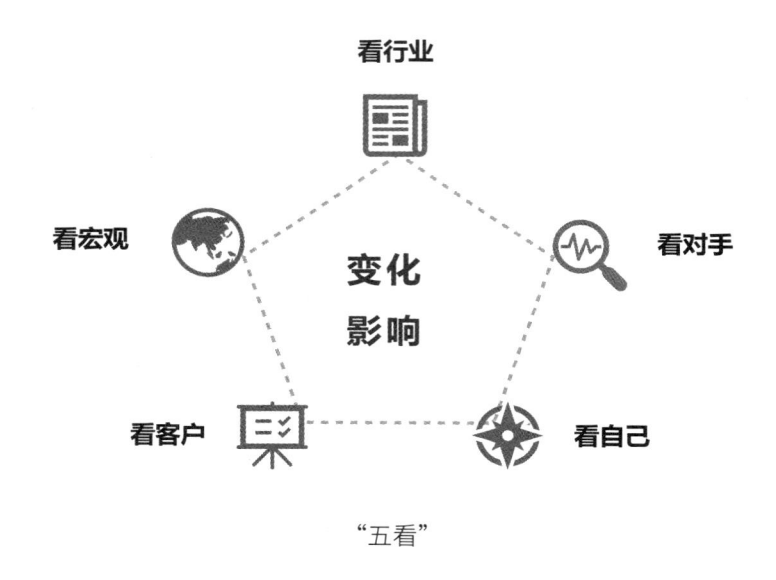

看行业

看宏观　　变化影响　　看对手

看客户　　　　　看自己

"五看"

价值洞察主要从如图所示的五个方面着手，从宏观到微观，从粗到细，从外向内，最后落脚点在自身，找出外部环境给公司带来的机遇和挑战，识别所从事的行业是否存在重大机遇或系统性的风险，进而为战略规划和执行提供宏观判断。

4.2.2 看宏观：企业生存发展的环境或大气候判断

在这个环节，人们一般借助的思维和工作工具是PEST宏观环境分析框架。它被用于分析宏观环境对企业战略的综合影响。PEST是影响企业战略的四个外部因素英文单词首字母的合写，这四个外部因素分别是政治环境（Political）、经济环境（Economical）、社会环境（Social）、技术环境（Technological）。借助PEST宏观环境分析框架，从宏观的角度分析企业生存发展的环境，包括怎么看待国家层面的政治、经济、文化、社会等等方面的变化与发展趋势，这些趋势将会为行业带来什么样的影响与变化；宏观环境的变化，会给既定产业造成何种影响；未来的技术发展趋势是怎样的，会发生哪些变化，这些变化对企业是利好还是威胁。通过这样的系统性分析，给出具有强烈倾向的判断。

PEST 宏观环境分析框架

P 政治环境	E 经济环境	S 社会环境	T 技术环境
政府稳定性	经济周期	人口结构比例	重大技术突破
劳动法	GNP[①]趋势	人口出生、死亡率	技术壁垒
贸易法	利率/汇率	生活方式	新技术的发明进展
税收政策	货币供给	教育水平	技术传播的速度
经济刺激方案	通货膨胀	消费方式/水平	代替技术出现
行业性法规	失业率	区域特性	
……	可支配收入		
	经济环境		
	成本		

PEST宏观环境分析框架

企业的生存和发展，需要特定的宏观环境。宏观环境对特定行业及所处行业之中企业的影响非常大，在某些情况下，这些影响足以决定一个企业的生死存亡。在诸如地缘政治、军事、经济金融、社会和技术变迁的巨大旋涡里，相关的企业和个人注定只能顺势而为，在宏观环境所创造的有限舞台中，利用时代所创造的机会窗口，发展壮大自己。而不能适应这些宏观环境变化的企业，哪怕强大如恐龙，也只能是慢慢消亡，历史上的例子比比皆是，这里不再赘述。

如近年发生的中美贸易战，中美互相对进出口贸易实施了加税措施，

---

① Gross National Product的缩写，意为国民生产总值。

其本质是重大的国际地缘政治事件。从事外贸、跨境电商的企业，生产销售在全球布局的企业，进口、出口来源地是中美两国的企业，针对这一重大国际政治经济事件，必然要迅速做出相应的重大战略调整，否则企业经营将出现问题。

再如，华为很早就为公司全球供应链的可持续性、健壮性做了大量准备，要求所有核心部件的技术如果是来源于美国的，必须在内部启动自研。尽管断供的概率比较小，但一旦发生，对华为将是灭顶之灾。为了这个可能永远不会发生的"黑天鹅"事件[①]，华为投入了巨大的人力和物力，但这一切准备都为华为公司的极限生存提供了最可靠的支撑。

自2018年起，美国政府及企业精英，逐步把贸易战升级为技术战，悍然发动了对以华为公司为首的中国科技企业的技术限制。特别是针对华为，美国政府举全国之力，在全球打压华为的生产、研发和市场拓展。2019年5月以后，美国政府更是把华为及其遍布的子公司和研究机构列入出口管制"实体清单"，并逐步加大限制力度，直到最后最先进的芯片制程全部不可获取，直接扼杀了华为手机有望摘得全球桂冠的势头。

华为子公司海思总裁何庭波在美国发布"实体清单"后，在《海思总裁致员工的一封信》中说道："多年前，还是云淡风轻的季节，公司做出了极限生存的假设，预计有一天，所有美国的先进芯片和技术将不可获得，而华为仍将持续为客户服务。为了这个以为永远不会发生的假设，数千海思儿女，走上了科技史上最为悲壮的长征，为公司的生存打造'备胎'。"何庭波在信中表示："今天，是历史的选择，所有我们曾经打造的备胎，一夜之间全部转'正'！多年心血，在一夜之间兑现为公司对于客户持续服务的承诺。"她表示："今后的路，不会再有另一个十年来打造备胎然后再换胎了，缓冲区已经消失，每一个新产品一出生，将必须同步'科技自立'的方案。"

随着美国制裁的加剧，华为迅速而积极地进行战略调整，果断采取应对措施。从不会见媒体的任正非，开始密集接触全球各大媒体，利用自己

---

① 指极其罕见的、出乎人们意料的风险事件。

个人的巨大影响力为华为营造更好的生存环境。同时，他第一时间在公司内部启动战时机制，要求全体员工，特别是中高层主管，要稳定军心。产品研发体系要全力调整，打造"去美国化"产品和解决方案；市场销售体系要聚焦业务和客户，全力冲刺销量，力保销售额不下滑。他多次谈到，要把产品技术和供应链的稳定放到公司发展的第一位，"只有加紧把自己内部的结构性调整做好，使产品开发体系适应制裁环境，坚决让公司生存下来，才能有解决问题的方案"。

在全体主管和员工的共同拼搏下，2019年全年销售收入仍同比增长18%左右，2020年全年实现业务微增。华为除苦练内功之外，还采取了各种组合措施，以应对这一重大"黑天鹅"事件。如打破常规，设立专业投资公司，加大力度加速扶持国内技术供应链，特别是在芯片领域；自建芯片工厂，出售终端子品牌荣耀公司，消除市场萎缩导致的人员冗余；针对销售规模的下滑，急速加大汽车领域的投入，期望在智能汽车领域再创一个华为；等等。

2021年4月12日，华为轮值董事长徐直军在对媒体谈及美国对其的制裁时表示："华为对从'实体清单'中摘出来不抱任何幻想，将长期在'实体清单'之下工作和生活，现在所有战略都是为了确保华为在长期'实体清单'之下生存发展。"

华为背靠广阔的国内市场和核心客户的支持，暂时没有生存危机，但未雨绸缪，在2021年初，华为开启了"南泥湾计划"，以应对美国芯片禁运造成的手机业务下滑。任正非作为CEO正式对媒体宣布了这一计划，通过一系列转型，开辟新的收入来源，寻求在煤炭、钢铁、音乐、智慧屏、PC电脑、平板电脑、云计算、智慧城市乃至智能汽车等领域的突破。对此，任正非提道："不依靠手机，华为也能存活。"

没有悲情，没有抱怨，华为的"南泥湾计划"将大家带到了那段艰苦的岁月。曾经，八路军三五九旅进驻南泥湾，实行屯垦生产自救：没有吃的，就自己种；没有住的，就自己建房；没有穿的，就自己纺线、织布、制衣。条件太简陋，苦难太多，但是英勇的人们硬是将艰苦奋斗、自力更生的精神发挥到了极致。绝处逢生，美国的封锁限制不住华为，核心技术的发展更是靠不得别人。华为的路，还需要自己走，华为决不会坐以待毙，"南泥湾计划"或许就是最好的诠释。

4.2.3 看行业：判断行业吸引力和价值链的转移趋势

看行业，即行业分析，是指从行业技术趋势、行业价值链、竞争态势等方面，客观评价和分析企业所处的行业竞争环境，以及行业价值链的转移趋势，以此判断既定行业市场空间的未来走向、价值分布的变化趋势及企业对应的产品策略的有效性。下图以手机游戏行业为例进行分析，来说明如何"看行业"：

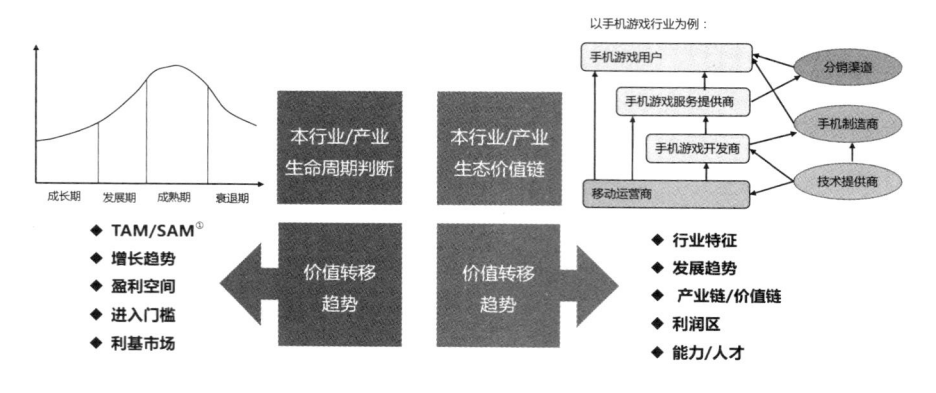

"看行业"分析示例

企业一定要识别行业的发展阶段，以决定是否进入此行业，以及进入的时机、节奏和强度等等重大的问题。进入太早，可能会成为行业开拓者，但也有很大可能成为"炮灰"。

华为发展史上经历了2000—2003年IT泡沫破灭的艰难时期，但华为生存了下来。每每谈及，任正非认为："华为之所以能生存下来，是因为华为当时在技术和管理上太落后，而这种落后让公司没有能力盲目地追赶技术驱动的潮流。"华为早期交换机研发成功并在市场上获得认可后，就

---

① TAM，即总有效市场；SAM，即可服务市场。

有人主张采取凭借技术超前来战胜竞争对手的战略，但当时任正非就曾提醒，华为在技术上"不要做先烈，要做先驱"。领先一步是先驱，领先三步成先烈。

以下是"看行业"的三个重点：

（1）看行业技术趋势，利用行业技术演进曲线，看清楚未来技术走势

技术的发展往往遵循一个可预期的模式，即先是萌芽，然后与之相关的技术呈井喷式发展，无节制膨胀，而后泡沫幻灭，接着才是技术成熟后的稳步爬升，最后到达应用高峰。

通过对行业技术趋势的分析，可以确定这个行业或产品发展所处的阶段，确定公司技术投资的进入时机，继而确定何时采用预研、小规模试错、跟随及大规模压强投入等不同的产业对策。

（2）看行业价值链，通过洞察行业价值链，确定公司产品定位，提升竞争力

1985年，迈克尔·波特首次提出了**价值链**的概念，指出它**是对增加一个企业的产品或服务的实用性或价值的一系列作业活动的描述，主要包括企业内部价值链、竞争对手价值链和行业价值链三部分。**

通过系统的行业价值链分析，发现新的价值增长机会点。将价值链逐层分解，可以逐步锁定企业的核心竞争力。企业依此制定核心竞争力策略，再参与到行业价值链的价值创造中。只有周而复始地优化，企业的竞争力才能稳步提升。

（3）看行业竞争态势，以波特五力模型为主要分析工具，分析行业竞争态势

前面我们讲过，很多企业使用波特五力模型来对行业进行结构性的分析，尤其是完成行业竞争度和成熟度的相关判断。一般来讲，行业中存在着决定竞争规模和程度的五种力量，这五种力量影响着产业的吸引力，而决定企业盈利能力首要的和根本的因素是产业的吸引力。

价值洞察的目的，其实就是帮助企业进行整个行业、细分市场及价值链的选取，也就是具体赛道和客户的筛选。华为公司在市场管理和产品规划过程中，在初步选定细分市场后，要对其进行进一步分析。在战略规划和执行管理过程中，常借用IPD流程中的SPAN（Strategy Positioning Analysis，即战略定位分析）法来对市场空间进行分析和预测。

SPAN法是从细分市场的吸引力和公司的竞争力这两个核心点出发，对各个细分市场进行深入分析，为公司最终选定细分市场并在此基础上进行产品规划提供决策依据。

SPAN法的分析步骤如下：

（1）对市场和客户进行细分

细分市场（Segment Market）是市场管理和产品规划流程的重要步骤。首先要根据一定标准对公司要进入的市场进行细分，并做初步的定性选择。

华为一般从以下常见的五个方面进行考虑：

独特性：该细分市场是否要求成本优势、高的资本投入、满足客户独特的需要，或者提供的产品要有足够的差异化，并且为了满足这些独特性是否需要较高的进入门槛。

重要性：这个细分市场要能达到一定的规模，这个规模能产生足够的利润来进行产品差异化、从事大型市场活动或提供售后服务。

可衡量性：衡量这个细分市场的市场销量与增长率，这样能够为后续研发、服务、流程等投入进行定量分析。

持久性：市场及需求不是短期的，最基本的要求是细分市场的存在至少要能够持续到公司产生利润。

可识别性：能够通过在这个细分市场中目标明确的销售与宣传，高效覆盖客户群体。

（2）评估细分市场的吸引力

对既定细分市场吸引力的评估，主要从市场规模、市场战略价值、市场增长率和市场利润潜力四个维度入手。

市场规模：细分市场的收入机会规模。如果有历史数据，可以用上一年度的统计数据；如果是全新市场，则要进行预测。

市场战略价值：这一细分市场对公司的战略价值或重要性。

市场增长率：细分市场未来三年的销售额或者销售量年增长率。

市场利润潜力：细分市场的利润潜力主要受竞争激烈程度的影响，这个环节可以借鉴波特五力竞争模型分析框架，从以下几个方面考虑：

①直接或间接竞争的激烈程度。②进入的威胁。新对手进入某个市场，可能会减少这个细分市场的利润。如果你的产品不具备不可替代性，进入的威胁就会大大削减你的潜在利润。③来自客户和供应商的压力，即客户和供应商从该细分市场中赢利的压力。

对于以上的每个评价要素，企业可以根据自己的行业特点来确定评价规则。接下来，确定每个要素的权重系数。量化评分和权重系数相乘的结果就是每个细分市场的吸引力得分。

市场吸引力评分表

	关键因素	分析描述	权重	评分	加权分	总得分
市场吸引力	市场规模		20%			
	市场战略价值		30%			
	市场增长率		10%			
	市场利润潜力		20%			
	……		……			

(3) 评估本企业在既定细分市场的竞争地位

任何一个公司在细分市场上的地位主要取决于产品和服务的差异化、成本优势、资本优势、响应速度等，而对于某些行业，可能还存在各种垄断性的竞争优势。通过细致的定性甚至是定量，来估计本企业在既定市场上的竞争力。一般可从如下四个方面，对本企业在既定市场上的竞争地位进行评估：

市场份额：亦称市场占有率，指某企业某产品（或品类）的销售量（或金额）在市场同类产品（或品类）中所占的比重，反映企业在市场上和客户侧的地位。通常市场份额越高，竞争力越强，在市场上和客户侧的话语权越大。

企业能力：是指企业在生产、技术、销售、管理和资金等方面力量的总和，体现在战略管理和执行过程中。一般而言，我们主要通过分析本行业最看重的一些能力要素，如研发、服务和运营，来评估当前自身的能力水平。

品牌形象： 是指企业或其某个品牌在市场上、客户侧及社会公众心中所表现出的个性特征，它体现公众特别是消费者对品牌的评价和认知。形象与品牌不可分割，形象是品牌表现出来的特征，反映了品牌的实力与本质。

成本结构： 也称成本构成，是指产品成本中各项费用，包括而不限于研发、服务、生产、供应、原材料、管理、财务等所占的比例及分布结构。

竞争地位评分表

	关键因素	分析描述	权重	评分	加权分	总得分
竞争地位	市场份额		20%			
	企业能力		20%			
	品牌形象		10%			
	成本结构		30%			
	……		……			

（4）利用SPAN法的分析结果，进行市场的细分

通过前述三个步骤，基本可以判定既定细分市场对本企业的价值。据此，可以把初步选定的细分市场大致纳入四个象限，如下图所示。

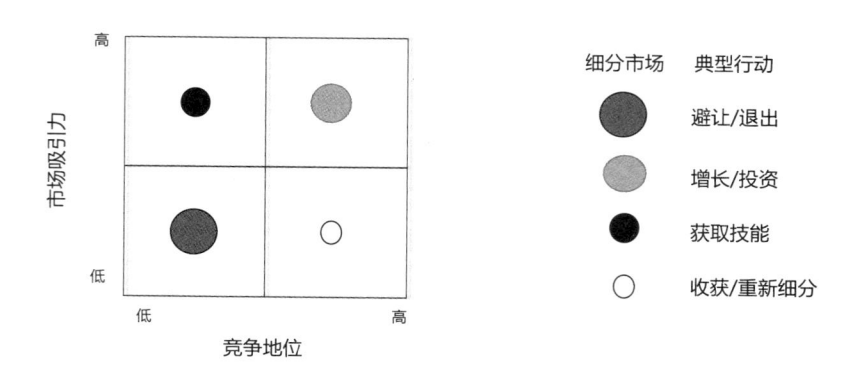

利用SPAN工具区分四类细分市场

这四个象限的特点描述如下：

避让/退出 处在这一态势下的细分市场几乎总是亏损的。这些细分市

场不但没有吸引力，而且公司的竞争优势较弱，准备择机退出。

增长/投资 处在这一态势下的细分市场是赢利的。这些细分市场具有吸引力，而且公司有很强的竞争优势，需要加大投入力度。

获取技能 处在这一态势下的细分市场通常还未赢利。这些细分市场虽然有足够的吸引力，但是公司的竞争优势较弱，需要谨慎投资。

收获/重新细分 处在这一态势下的细分市场通常仍然是赢利的。这些细分市场没有吸引力，但是公司有很强的竞争优势，需要做好经营和风险防范。

(5) 根据分析结果，针对不同产品或业务进行策略的制定

根据分析结果，采取不同的行动措施，考虑因素包括但是不局限于分销、成本控制、生产、研发、市场份额、产品、定价、促销、人力、运营资本。

从上述可以看出，SPAN法在分析既定细分市场和具体业务方面，与波士顿矩阵分析法有相似之处，不过SPAN法更具操作性和实用指导性。

4.2.4 看客户：细分市场和客户，知晓客户需求、痛点及特点

企业是营利性功利组织，如果缺乏对市场和客户的了解，则根本没有办法生存和发展。因此，企业必须清楚自己的市场在哪里，客户在哪里，客户需要什么产品，谁有购买决定权，通过什么渠道购买，等等。

要想将上述问题研究透彻，就需要借助"市场地图"和"客户画像"。

市场地图：企业基于战略定位和行业定位，对客户进行细分，以了解**目标客户在市场的分布情况，并依此进行市场空间的估算**。这是后续制作市场作战沙盘的重要依据。通过市场地图，产品经理可以清晰地看到客户在地理、行业，甚至每个具体产品的价值分布，为企业的商业变现指明方向，确保做正确的事。

企业需要讲清楚自己的市场地图，必须清楚客户是谁，他在哪里，他的购买潜力如何这些问题。企业一般要基于客户的购买行为，描述每个细

分市场的特征、客户需求、市场规模、盈利性、竞争情况。

对于一个企业，如果不清楚谁是潜在的客户群体，不知道客户的市场分布，正如哲学家塞涅卡所说："如果不知道要航行到哪个港口，那么任何风向都将是无用的。"

客户画像：根据既定细分市场上的典型客户群体的综合状况，对其进行画像。如针对B2B市场，要分析客户的投资策略、总体需求、核心痛点、组织架构、决策模式、采购风格等等。针对B2C客户，一般要回答顾客为什么买，准备买什么，准备花多少钱买，谁决定买，通过什么方式或什么渠道买等关键性的问题。

基于客户的购买动机和购买需求，进而识别战略机会点和现实销售机会点。不同的购买诉求，会产生不同的购买动力，这对企业产品的开发、制造、营销和供应都提出了不同的要求。

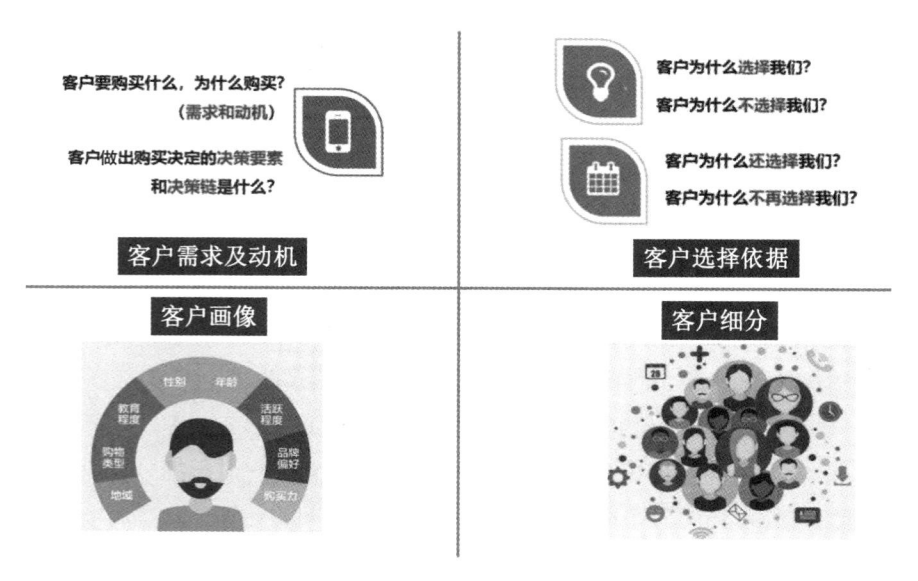

通过客户画像了解客户

在华为一般是使用IPD中的MM方法，来对行业、客户进行价值的洞察。

MM是一套面向市场的战略管理及产品规划方法论。企业可以参照MM流程的六个逻辑步骤，制定公司级、事业部级的产品战略规划和解决方案。MM流程的六个逻辑步骤如下图所示：

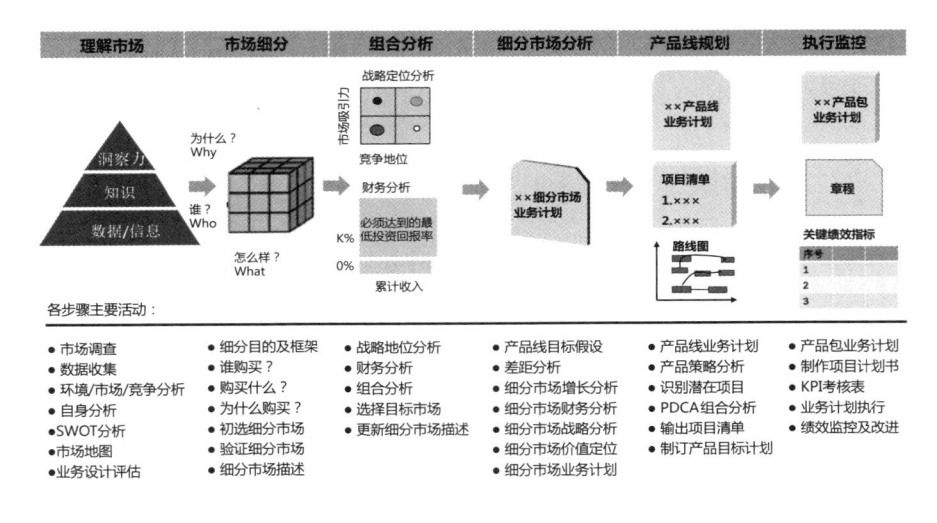

MM逻辑步骤

受篇幅限制，笔者就不在此书中展开，有兴趣的读者，可以参考关于IPD流程的书籍，相信能够找到很细致的阐述。

4.2.5 看对手：选定竞争标杆，对主要竞争对手进行画像

看对手，即竞争分析，是指选定各竞争标杆，对主要竞争对手进行画像，通过系统分析，总结竞争对手的优势、劣势，进而刷新企业战略，使企业战略持续保持总体有效性和对实际工作的指导性。

竞争对手的强大，不仅仅表现在其产品具有强大的竞争力，还表现在其有许多核心影响要素，如较强的管理能力、营销能力、服务满意度、渠道建设、成本优势、较快的响应速度等。在对竞争对手进行分析时，企业需要从上述的核心影响要素中，挑选三到五个关键竞争要素进行深入分析和研判。

以下是竞争分析过程中需要重点考虑的因素和步骤：

（1）通过既定参考因素，确定主要竞争对手

选择竞争对手的参考因素包括竞争对手的技术和研发实力、客户和市场重合度、发展阶段、企业经营效率等等。竞争对手数量不宜选太多，可分别从各代表类型中选一个，如选择一个领先型对手（标杆）、一个直接竞争对手（包括恶性竞争对手）以及一个模仿者，一般要做详细分析的对手不超过三个。

（2）挖掘并汇总竞争对手的主要信息，对主要竞争对手进行画像

基本信息：经营信息、员工人数、销售额、市场份额等。

深入信息：关键客户、主要产品或服务质量、产品定价、形象、渠道、促销/公关、供应链等。

未来目标：财务目标、市场目标、品牌目标、产品规划目标等。

此外，还包括近期发展状态、重大动向和关键行动等等。

（3）对照主要竞争对手，一般利用SWOT分析法选择主要的竞争战略

客观总结出企业内部优势、劣势，以及外部的机会与威胁，进而审慎选择主要的竞争战略，分别如下：

优势–机会（S-O）战略：利用机会，发挥优势。

劣势–机会（W-O）战略：利用机会，规避劣势。

优势–威胁（S-T）战略：利用优势，减免威胁。

劣势–威胁（W-T）战略：规避劣势，减免威胁。

（4）深入分析，进而为公司制定新的竞争战略

对竞争对手的范围等进行合理性假设，比如：竞争对手范围扩大或缩小，产品竞争力扩大或缩小后会如何。分析竞争对手的战略意图是持续扩大优势还是稳步巩固，其战略姿态是进攻型还是防守型，其竞争战略是技术领先型还是成本领先型或者其他，等等。

根据以上对竞争对手关键因素的分析，明确提出企业未来目标，未来采取的关键、核心战略步骤，以及大概实现计划等。

我们一般使用SWOT分析法和竞争雷达图来分析竞争对手。竞争其实都是在对对手的分析和与之逐项对比中实现的。以下将对竞争雷达图做一下简略的介绍。

一般而言，除SWOT分析法之外，我们较多地使用竞争雷达图来进行竞争对手分析。雷达图是以二维图表的形式显示多变量数据的图形。**我们从所有影响企业经营能力和结果的维度，如研发、销售、品牌、质量、服务、成本以及决定企业自身发展的其他维度等，与行业标杆以及竞争企业逐项做出有效比较，而后绘制成竞争雷达图。**

在企业经营方面，竞争雷达图分析法是对本企业经营能力与现状进行系统分析和比较的一种有效方法，可以一目了然地找出企业经营上的薄弱环节，为下一步企业工作的改进和核心能力的提升打下基础。

"看自己"一般是从比较中得到的，而比较的参照物可能是行业标杆，或领先于自己的竞争对手。这是一个识别和评估标杆（对手）产品、服务、管理能力的过程。评估使企业对自身和竞争对手有更好的了解，从而更好地帮助企业进行市场的洞察、价值链的判断、具体市场和客户的细分，以更好地发挥自己的优势，规避自身的劣势或改进自己的弱点。竞争雷达图是一个比较好且实用的工具，可以将自身经营现状和能力，与行业标杆或主要竞争对手进行比较，并得到直观的差距呈现：

①它可以对企业选定的多个维度进行定量或定性的直观比较；

②在差距分析中，"期望状态"和"当前状态"的数据可以在同一张图表上呈现，并以图形的方式显示企业经营状况及自己的长处和弱点。

以下是竞争雷达图的绘制步骤示例：

A. 将竞争雷达图的轴分配给既定的维度或变量，如产品、服务、品牌、质量、成本等等；这些轴应该围绕着中心点径向分布并等距展开。

B. 把每个轴代表的值做成表格，沿每个轴绘制本企业的实际值，并将其连接以形成多边形。

C. 绘制行业标杆企业（或主要竞争对手）在每个维度的实际值，并将其也连接成多边形。

D. 检查本企业与行业标杆（或主要竞争对手）变量之间的差距或差异。

竞争维度	企业A	企业B	企业C
产品	9	7	7
服务	7	5	5
品牌	7	5	7
质量	9	5	3
成本	7	5	3

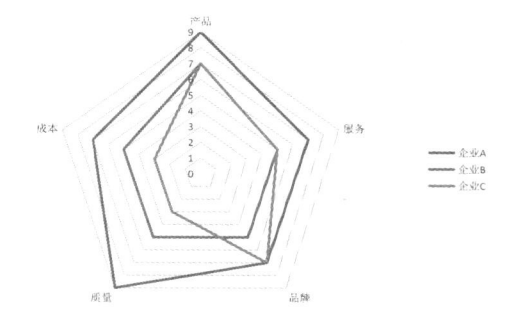

竞争雷达图

4.2.6 看自己：准确定位自己，虚心学习，扬长避短，逐个超越

看自己，即深入分析企业自身的优势、劣势和与行业标杆的差距，在关键竞争要素上进行客观画像，准确定位自己。

知人者智，自知者明，清醒地认识企业自身，冷静客观地借助各种方法，甚至是客观地借助竞争对手对自己进行优劣势分析是最难的。

很多企业采用商业模式画布来分析企业自身经营能力与现状，当然还有其他办法，如麦肯锡"7S"模型及本书介绍过的SWOT分析法、竞争雷达图等，具体选用哪种或综合哪些方法来对自身进行评估，企业可以自行决定。

商业模式画布是一种理解、描述、思考、构建商业模式的可视化语言。它描述了怎么创建价值，怎样把价值传递到客户那里，以及最后怎样把价值传递完以后获取价值的整个过程。商业模式的设计或描述工具，其实在BLM或SDBE领先模型的业务设计中，会一再重复。

在"看自己"这个环节中，我们将把商业模式画布作为一个基本的思考和分析工具来使用，审慎地看待自身商业运作中的关键因素。

商业模式画布的九大要素及其阐述如下：

关键伙伴	关键活动	价值主张	客户关系	客户细分
企业为了让商业模式有效运作所需要的供应商和合作伙伴	企业为了让商业模式有效运作所需要执行的关键业务活动	企业为客户创造价值的产品或服务，能否为客户带来好处	企业和客户建立的关系以及如何维系关系	企业所服务的客户群体的细化分类
	关键资源		渠道通路	
	企业为了让商业模式有效运作所需要的核心资源		企业服务流程中的客户接触点	

成本结构	收入来源
商业模式运作所需要的成本	企业向客户提供价值所获得的收入

商业模式画布九大要素

①**关键伙伴**：企业为了让商业模式有效运作所需要的供应商和合作伙伴，指的就是你可以跟谁一起合作赚钱，这样可以确定企业的经营边界。

②**关键活动**：企业为了让商业模式有效运作所需要执行的关键业务活动，需要采取什么样的举措才能赚钱，而且一般指的是一再重复出现、大量需要的活动，一般企业也称为主业务流程。

③**关键资源**：企业为了让商业模式有效运作所需要的核心资源。为了销售产品你需要用到哪些资源，或者说企业手上有哪些关键的资源能保证你具备核心竞争力，比如资金、技术、人才、渠道等等。

④**价值主张**：企业为客户创造价值的产品或服务，能否为客户带来好处。也就是说企业的目标客户，最看重的是企业哪个方面的价值。

⑤**客户关系**：企业和客户建立的关系以及如何维系关系。当客户开始接触企业的产品之后，企业要与客户建立一个长期的联系，以能够和客户

达成长期合作，这样企业的经营和收入才能稳定。

⑥**渠道通路**：企业服务流程中的客户接触点。企业通过什么样的渠道和方式，为客户创造价值，是线上还是线下，或者其他渠道。

⑦**客户细分**：企业所服务的客户群体的细化分类。每个企业和每个机构都会特定地服务某部分或某几部分客户，客户细分指的是根据一定的原则把企业具体的目标用户进行细化和定位，有条件的要进行画像。

⑧**成本结构**：商业模式运作所需要的成本，为了获取利润收益，企业需要在哪些重要的客户身上及流程、项目、组织、渠道上付出对应的成本。

⑨**收入来源**：企业向客户提供价值所获得的收入，说白一点就是企业通过什么样的方式来赚钱。有些商业模式的模型中，也将其称为盈利模型。

4.2.7　价值洞察结果：评估市场空间和业务前景，输出业务策略

在SDBE领先模型中，价值洞察的最后落脚点，一定是要把企业战略放到既定的市场或客户身上，以此决定是否进入、如何进入某个行业或领域。其中，对市场空间或市场容量的判断非常重要。

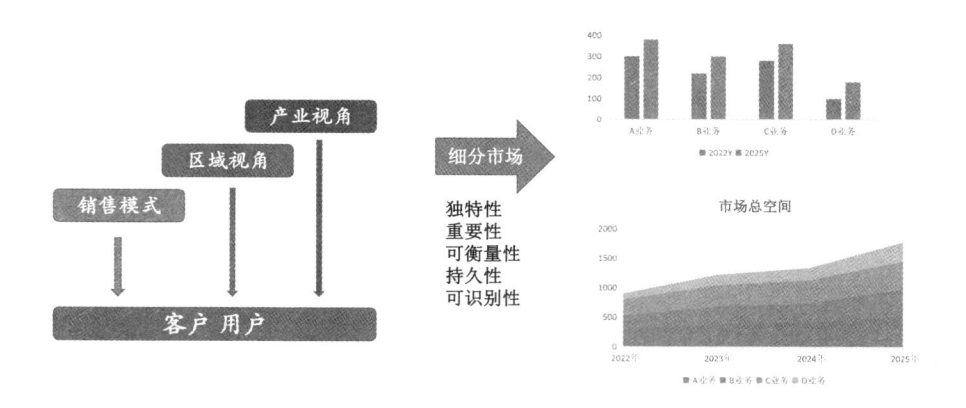

从客户、用户下手洞察市场空间

市场空间，是指客户在一定的地区、一定的时间、一定的**市场营销环境和一定的市场营销计划下**，购买某种商品或服务意愿的总数量，或**市场容量的上限**。市场空间，一般也指在特定的市场中，客户（或消费者）有购买力支撑的，对某种商品的现实和潜在的市场的总需求量。市场空间分析和预测，即是对这种市场总需求量进行科学的调研与预测的一项研究。

市场空间一般是用使用价值需求总量（数量规模）和可支配货币总量（金额）来进行描述。但是某些领域或市场，由于各种原因，如产品价值太低或成本太高，导致无法进行变现，或者不具备现实可参与性，使得我们无法对其市场空间进行分析和预测。对于这些领域或市场，很多如华为这样的企业，一般会给出既定细分市场的可参与市场空间，因为一个企业只有掌握这些信息，那些领域或市场才能算得上有具备现实意义的市场价值。

如华为经过认真讨论，早在2012年就成立了汽车项目组，当时汽车项目组在华为内部连部门编码都没有，是个秘密的、面向未来的项目，华为是把它作为未来业务增长点来打造和储备的。

但是在经过了美国对华为多番打压，当先进制程的芯片已经不可获得，手机终端等产品线无法继续发展，公司营收即将触到"天花板"时，华为最高领导层适时启动了智能汽车产业的商业化进展。

华为认为，随着ICT技术的发展，汽车作为智能化的一个重要场景，是新一代ICT技术变现的理想赛道。传统汽车时代，一辆车的价值构成中，电子和软件等信息部分的占比很低，在5%—10%之间，甚至更低。而在未来，一辆智能汽车的价值，60%以上体现在ICT部件上。而汽车产业的营收市场空间是巨大的，一旦华为能够成为行业龙头，则能支撑起巨大的发展空间，这是华为公司的理想赛道。于是，华为于2019年适时成立了智能汽车事业部，并迅速投入大量资源，派遣最得力的干部和骨干去发展这个产业，并形成了短期内不进行整车制造，而是专注于核心技术和汽车增量零部件的定位，以避免投资和业务风险。这就是价值洞察最明显的体现。

如上面的这些例子所示，基于某个技术方案，对既定业务（产品线）在不同客户或市场的前景分析，包括定性或定量的分析，我们才能得到企业既定的产品线或产品族在各目标客户群中最佳的发展战略,从而采取不同的资源投入强度和投入方法,来取得相应的结果。

4.3 战略构想:决定企业战略目标、使命、路径和节奏

4.3.1 战略构想:通过阶段化、里程碑式规划来实现宏大的追求

前文中已经论述过,**战略构想**就是要确定企业战略目标体系,华为内部称之为"三定",即"定愿景、定使命、定战略目标"。当然,在SDBE领先模型中,针对中小企业,也有把中短期目标拿出来进行量化管理的。但习惯上,我们仍然把战略构想称为"三定",因为主流战略管理也是这么界定的。

愿景、使命和战略目标之间的关系是:使命要有驱动力,而驱动力来自愿景;为了达成愿景,需要设定与各阶段相关联的战略目标。为了完成各阶段的战略目标,则需要拟定策略,具体行动,修正调整,渐进达成!

在企业战略规划管理当中,愿景、使命和战略目标的关系是战略规划管理的核心,有了明确的组织目标,企业战略规划管理的方向和目的也就豁然开朗。这三者之间的具体关系如下:

企业愿景:企业长期的发展方向、目标、目的,企业自我设定的社会责任和义务。通过企业愿景,我们可以明确描绘出公司在未来社会会是什么样子,其"样子"可以从企业对社会的影响力、贡献力,在市场或行业中的排位,与企业关联群体之间的经济关系等方面来表述。企业愿景可能是变化的,其稳定的时间跨度一般为15—20年。

企业使命:在明确描绘出企业愿景的基础上,把企业使命具体地根植在企业在社会经济领域的经营活动中,也就是说,企业使命只具体表述企业在社会中的经济身份或角色,在社会中,该企业是做什么的,在哪些经济领域里为社会做贡献。企业使命一般与愿景相关联,其时间跨度一般为10年左右。

战略目标：愿景和使命的具体化。战略目标可以通过努力实现。愿景能够指引员工前进的方向，有助于企业确定战略目标，战略目标为实现愿景和使命服务。战略目标的时间跨度一般为5—8年。

案例：华为与阿里巴巴的战略构想

先分享阿里巴巴的战略构想。马云曾多次讲过阿里巴巴的愿景和使命。其愿景是"让客户相会、工作和生活在阿里巴巴，并持续发展最少102年"，使命是"让天下没有难做的生意"。战略目标则是有一定的时间约束，有具体指向和定性定量内容的，一般时间在5年左右。

如2016年6月14日，阿里巴巴集团在杭州总部举行投资者日大会，包括集团董事局主席马云在内的公司高管团队集体亮相，向逾200名全球机构投资人和分析师介绍公司最新的业务发展情况和战略目标。马云表示，阿里巴巴不仅仅是一家电子商务公司，为所有行业打造商业基础设施才是其核心战略，而一个健康商业的基础设施，电商、物流、金融、数据计算、跨境五大元素不可或缺。

阿里巴巴集团当时新任的CEO张勇在同一场合表示，阿里巴巴集团为自己定下服务全球1000万盈利企业和20亿消费者的长期战略目标，确定了全球化、农村、大数据和云计算三大战略，并以此形成电商、金融、物流、云计算、全球化、物联网和消费者媒体七大核心业务板块。同时，还在影业、健康、体育、音乐等方面进行了布局。

而在阿里巴巴2019年度全球投资者大会上，张勇压轴演讲，分享了阿里巴巴数字经济体下一个五年的战略意图和未来目标，宣布集中发力推进全球化、扩大内需、大数据云计算三大最新战略。不难看出，阿里的战略目标会根据宏观环境的变化适时做出调整。

再来谈华为的战略构想。

2005年，任正非在"广东学习论坛"报告会上指出：**华为公司的愿景是丰富人们的沟通和生活。使命是聚焦客户关注的挑战和压力，提供有竞争力的通信解决方案和服务，持续为客户创造最大价值。**

为了实现上述愿景和使命，华为制定了相应的战略目标：

①为客户服务是华为存在的唯一理由，客户需求是华为发展的原动力。

②质量好，服务好，运作成本低，优先满足客户需求，提升客户竞争力和盈利能力。

③持续管理变革，实现高效的流程化运作，确保端到端的优质交付。

④与友商共同发展，既是竞争对手，也是合作伙伴，共同创造良好的生存空间，共享价值链的利益。

公司的愿景也会根据时代的发展、技术的更新做出相应的调整，如华为的最新愿景是"华为致力于把数字世界带入每个人、每个家庭、每个组织，构建万物互联的智能世界"。

另外，值得注意的是，一个企业的各层组织，除了坚持上级的愿景和使命之外，根据本部门定位的不同，也可以有自己部门级的愿景、使命。

愿景是远方的，是企业的理想，比较"高大上"；使命是肩上的，是企业的责任，是通往愿景的路径，比较"接地气"；战略目标则是阶段性的、定性或定量的、具体化的，是为了逐步实现前两者而提出的。这三者一起构成一个企业的"战略构想"，推动着企业总体目标的实现。

4.3.2 定愿景：对企业长期、可持续、纲领性的盈利前景做出判断

美国著名管理学家柯林斯在1994年出版的《基业长青》一书中讨论过世界十余家卓越公司基业长青的理由，得出的结论是：那些能够长期维持竞争优势的企业，都有一个基本的经营理念，基本的理念是这些公司发展史的最重要的成分。柯林斯将这种核心理念定义为"愿景"。

企业愿景牵引着企业的长期发展方向，规范着企业使命和中长期战略的定位。从这个意义上来说，企业愿景代表着一个企业长期的、可持续的、纲领性的盈利前景判断。

企业愿景同时也是企业最高管理者头脑中的一种概念，代表着这些最高管理者对企业未来的设想，包括希望企业将来发展成什么样子，希望企业未来在哪些领域有什么样的成就，企业未来的终极梦想是什么。

愿景是解决"企业是什么,最终往哪里去",是对企业未来发展的一种期望和描述。愿景是企业在大海远航的灯塔,只有清晰地描述企业的愿景,公司员工、合作伙伴和社会公众才能对企业有更为清晰的认识。一个美好的愿景有强大的感召力,能激发企业的凝聚力和向心力。

任何一个较大规模或较为规范的企业,一般都会制定本企业的愿景。企业愿景对于一个企业的长期发展,有着不可忽视的意义。其存在意义主要是:提升企业的存在价值,协调内外部的利害关系,整合个人与组织之间的愿景,从容应对企业危机,累积企业中长期的努力,以及在总体上增强企业的核心竞争力。

在华为发展比较快、比较好的时候,任正非很清醒,他说:"现在外界过分夸大了华为公司,这也有可能是灾难,因为他们不知道我们今天处在高度的痛苦之中。"任正非强调:"华为要敲响警钟,避免泡沫化,如果只是表面的繁荣而带来内心的自豪,就会导致惰怠。"

在美国政府的打压下,华为的下一步该往哪里走?任正非对此胸有成竹,他说:"我不知道美国的动机是什么,美国(市场)我们暂时不做也没多大关系,至于美国市场我们有没有可能进去,对我们来说并不重要,因为没有美国市场我也是世界第一,我们没有迫切需要美国市场这个概念。""在最高点上,我们和美国有冲突,但最终还是要为人类做贡献。"任正非接着表示,"华为立志以数字世界面向客户,把数字世界带入每个人、每个家庭、每个组织,构建万物互联的智能世界。"

企业管理者的战略定力和耐性,当然最主要是来源于企业本身拥有的核心能力和由此而来的竞争力,但很多时候,更来源于最高管理层根植于内心的信念,即对企业目标的终极追求。

那么什么才是一个好的、科学有效的企业愿景?一般说来,一个企业的愿景,必须涉及如下三个方面:

①**存在理由** 愿景必须表明一个企业存在的理由以及为什么要从事相关活动。愿景是使命感形成的重要依据,不管企业承认与否,或正视与否,企业各级管理者、员工,都可能在努力争取解答如下问题:我们这个企业为什么存在?我们所做的这些努力都是为了谁的利益?我们给世界、

行业或客户带来了什么影响？

②**战略方向**　愿景必须能够帮助明确战略性方向问题。而这个战略并不是简简单单的业务计划或传统的战略规划，它是指必须能帮助企业形成个性化的标志和特征，从而为整个企业及所有员工指明道路和前进的方向。

③**价值判断**　愿景要有使命感，也就是说要有价值判断。这个价值判断，需要不断向"存在理由"靠拢，支持组织的战略，它是贯穿于日常工作中的主要观念、态度和信念。

企业管理组织学专家马克·利普顿在《愿景引领成长》中令人信服地解释了一个强大的愿景规划，如何把CEO头脑中的理念转变为组织的愿景，进而成为牵引企业或组织走向成功的引擎和动力来源。

这里我们把其中的某些建议和原则分享给大家，供企业在进行愿景构建或梳理时进行参考。

（1）成立专职规划小组

针对企业愿景的构建，一般要成立一个愿景规划小组，这个小组一般由公司一定层级的管理者组成，在创始人或最高管理层的亲自主持下开展工作。企业愿景的倡导者、支持者不能只是某个人，企业愿景应该是被中高层管理者共同认可的，这样人们对企业愿景才有自我认同感，在具体执行时才有力量，才能形成使命感。

企业中高级管理层，扮演着愿景构建的领导者角色；同时，他们也是实施愿景的责任人，时刻密切监督企业的发展是否与愿景保持一致，边监督边处理企业在成长的过程中随时出现的阵痛。他们是愿景及其所蕴含的创新需求的启蒙者。

（2）讨论并确定愿景的核心要素

首先，规划小组成员必须明白，愿景必须包含存在理由、战略方向和价值判断。此外，愿景也必须考虑企业文化因素，因为每个企业的文化是独特的，它强化企业愿景，使之难以被模仿。当一个企业的文化与其声明的价值观以及愿景等其他要素相一致时，它对企业成长与革新的影响将是巨大而深远的。

其次，根据以上原则，要求规划小组内的成员说出各自心目中对企业愿景的期望和判断，包括自身以及所在部门的抱负志向是什么，期望是什么，并把各自的观点看法压缩为简短的句子或词组，为愿景的构建和形成提供语言的支撑。

最后，每个成员要针对这些观点和看法进行陈述，本小组以及关于整个组织的具体目标、价值观和观念是什么。通过规划小组的激烈讨论和头脑风暴，形成组成愿景的可能要素的清单，并经过梳理，使之简洁、明确，有较好的号召力。

(3) 选定一个典型部门进行试点

在企业愿景定稿之前，应该选定一个部门来测试。对愿景的测试可以从以下几个方面入手：该部门主管和员工对这个愿景的反应积极吗？愿景是否具备足够的号召力，能够让员工产生较好的使命感，并与公司的文化和价值观吻合？如果存在抵制情绪，那么这种抵制情绪的产生原因是什么，怎么改进？

(4) 经试点，校准成稿后，在组织中进行推广

经过充分试点和酝酿后，企业愿景定稿。然后，规划小组制订相关措施，在组织和个人绩效考核中，进行固化或强化。

一般来讲，我们建议企业的愿景、使命和价值观，同步形成和下发。在实践中，一些企业会聘请外部咨询或顾问公司，来帮助企业的管理层讨论和构建愿景、使命和价值观。

在实践中，经常会有这样的疑问：企业的各层组织或事业部，能否有自己的愿景、使命和战略目标？答案是肯定的，不同的下级组织或事业部，都有自己的独特价值和追求，因此，下级组织或事业部，可以有自己区别于上级的单独愿景、使命和战略目标。

比如，华为公司在2017年的愿景是"华为致力于把数字世界带入每个人、每个家庭、每个组织，构建万物互联的智能世界"，而华为智能汽车

业务单元（BU）的愿景是"把数字世界带入每一辆车"，为此华为智能汽车业务单元发布了HI华为全栈智能汽车解决方案。这个方案包括一个全新的计算与通信架构和五大智能系统——智能驾驶、智能座舱、智能电动、智能网联和智能车云，以及激光雷达、AR-HUD[①]等全套的智能化部件。

4.3.3 定使命：判定业务边界、客户和优势

企业战略管理的一般理论认为，"愿景"和"使命"不是一个概念，也不应该是一个概念。"使命是陈述我们企业做了什么，而愿景则界定了为什么我们组织在这个行业存在。"简单说，企业使命界定的是企业存在的理由和目的，反映的是企业的业务范围、生存和发展目标、主要顾客、经营原则、社会责任等。

愿景一般阐述的是，我们追求什么，我们的终极目标是什么。**企业使命则是阐述企业将以何种形态、何种途径或何种身份实现我们的终极目标**。即你的企业能为谁解决哪些问题？你的企业成立并运行的意义在哪里？使命就是企业必须做的事、一定要完成的任务。由于企业的使命一般涉及多方利益，各方利益的主次轻重必须在使命陈述中明确。如果不明确，当各方利益发生冲突时，就会无所适从。

确定企业使命的意义是：保持整个企业经营目的的统一性，为企业资源配置提供标准，营造统一的企业氛围和环境，明确发展方向与核心业务，协调内外部各种矛盾，树立以用户为导向的思想，表明企业的社会政策和为企业提供持续稳健向上的框架。

用科技行业几个著名公司作为例子说明愿景和使命的区别和联系：

华为（2005—2017年）

愿景：丰富人们的沟通和生活。

使命：聚焦客户关注的挑战和压力，提供有竞争力的通信解决方案和

---

① AR为Augmented Reality的缩写，意为增强现实。HUD为Head-Up Display的缩写，意为抬头显示设备。AR-HUD在原汽车风挡玻璃显示器的基础上增加了AR功能，成像区域更大，投射距离更远，清晰度更高，大大提高了驾驶时的安全性。

服务，持续为客户创造最大价值。

百度
愿景：成为最懂用户，并能帮助人们成长的全球顶级高科技公司。
使命：用科技让复杂的世界更简单。

阿里巴巴
愿景：让客户相会、工作和生活在阿里巴巴，并持续发展最少102年。
使命：让天下没有难做的生意。

腾讯
愿景：用户为本，科技向善。
使命：一切以用户价值为依归，将社会责任融入产品及服务之中；推动科技创新与文化传承，助力各行各业升级，促进社会的可持续发展。

小米
愿景：和用户交朋友，做用户心中最酷的公司。
使命：始终坚持做"感动人心，价格厚道"的好产品，让全球每个人都能享受科技带来的美好生活。

再如最近笔者在一个企业做管理咨询，我协助创始人以及最高管理层梳理的愿景和使命如下：

愿景：做×××领域的全球领导者和标杆。
使命：致力于在电子消费领域，通过持续改善技术水平和管理能力，高效、专业地为客户提供端到端解决方案，成为价值客户在×××领域的最佳合作伙伴。

从上述可以看出，企业使命为企业确立了一个经营的基本指导思想、原则、方向等。它不是企业具体的战略目标，但也不是抽象的存在，它会影响经营者的决策和思维。这中间包含了企业经营的哲学定位、价值观、形象定位、经营管理的指导思想，企业正在进行的事业，以及如何看待和评价市场、顾客、员工、伙伴和对手，等等。

科学而合理的愿景是企业发展战略规划的重要支撑点，是企业做强、做大的不竭动力。而一个企业最终要实现愿景目标，核心的一条，就是全体主管和员工的使命感不衰，自发努力，奋斗不息。同时，通过对企业使命的提炼，企业能够在较长时间内，界定企业的业务边界，对目标客户进行定义，从而围绕着使命进行企业核心竞争力的构建。

4.3.4 定战略目标：通过有效、合理、灵活的运营模式，赢得现有细分市场的增长机会

SDBE领先模型，在战略构想环节中，大致分为愿景、使命和战略目标三部分。**企业愿景**所表述的是作为一个企业，其存在是为了什么，即对未来的追求与向往；**企业使命**确定的是企业是什么，即公司的生存理由与价值；而**企业的战略目标**，需要界定的是本企业应该如何做，即公司实现愿景和完成使命的途径。

愿景、使命和战略目标，这三者结合在一起，构成了战略管理"灵魂三问"——"我是谁？""我要去哪里？""我怎么去？"

战略目标界定的是公司在实现愿景，完成使命的过程中，对未来道路所做出的一种智慧的选择和持之以恒的承诺。正如管理大师彼得·德鲁克所说："**一个企业不是由它的名字、章程和条例来定义的。企业只有具备了明确的使命与愿景，才可能制定明确而现实的战略目标。**"

所有成功的战略，其实都是有限资源下的取舍之道，即聚焦之道。迈克尔·波特给战略下的定义是，以竞争定位为核心，对经营活动进行取舍，建立符合本企业的独特适配。

当企业在已经确定的愿景和使命牵引下，制定的战略目标包括了未来五年的行动路径，并且对这五年的关键任务做出了定性或定量的规划时，甚至能够通过一定的办法，把当前任务解码到各组织的KPI和关键举措当中去，分解到各组织负责人的个人业绩承诺当中去的时候，当这家公司未来战略目标的实现完全取决于这些关键任务的达成的时候，那么可以认为，

这一战略目标是切合实际的。

同时，在战略目标正确且切合实际的情况下，精准的战术加上严格的执行，能够使一个企业的发展达到事半功倍的效果。反之，当战略目标存在失误之处，战术越成功，执行越有效，其最终的结果可能会越糟糕，企业不但不能够达成所期望的目标，而且会为客户带来重大的负面影响，更严重者则会全军覆没。

那究竟什么样的战略目标才是好的，或者说是科学有效的？怎么去制定定性或定量的战略目标？要回答这个问题，我们又要来看两个关键点及其相关分析。

一个关键点是，愿景和使命的牵引，像在SDBE领先模型和BLM这两个模型中，我们强调战略目标一般只在五年左右的时间跨度中有效，并且要不间断地每年滚动刷新。而愿景和使命则需要有十至十五年，甚至更长时间的有效性。如何消弭这两者的时间差异，需要进一步的分析研究和规划。

另一个关键点是，标杆管理和差距分析的指引。本企业在方方面面想要追赶行业标杆（或假想对象），则需要花费一定的时间和精力。企业各级管理者，需要对着行业标杆，认真分析在各方面的差距，并给出大致的追赶或超越时间。

2005年，华为刷新愿景和使命时，制定了四大战略目标与之相配套，旨在通过有效、合理、灵活的运营，赢得现有细分市场或客户侧的增长机会，为在长期中实现愿景奠定基础。

华为消费者业务的CEO余承东，在2012年刚接手华为终端业务时，在内部宣称："宁为鸡头，不为凤尾；要么不做，要做就要做第一！"为此，他曾于2012年9月，发过如下一条微博，对外宣布了华为终端业务的如下7个战略目标：

"自从负责华为终端的业务后，我们做了几个大调整：1.从ODM[①]白牌

---

① Original Design Manufacturer的缩写，意为原始设计制造商，指由采购方委托制造方提供从研发、设计到生产、后期维护的全部服务，而由采购方负责销售的生产方式。

运营商定制，向OEM①华为自有品牌转型。2. 从低端向中高端智能终端提升。3.放弃销量很大但并不赚钱的超低端功能手机。4.启用华为海思四核处理器和Balong（巴龙）芯片。5.开启华为电商之路。6.启动用户体验Emotion UI（华为基于安卓系统开发的情感化操作系统）设计。7.确定硬件世界第一之目标。"

余承东曾回顾那段不堪诉说的过去："那时候华为终端还很弱小也不赚钱，没有人看得起我们，因此也不担心发这些东西会泄密。来自内外的、各种不断的批评与挑战、压力与痛苦，让我的内心近乎绝望，但我们始终坚持！"

因为如上这条微博所宣称的7个不可能完成的战略目标，内外部曾经多少人笑他为"余疯子"，他也被网友戏称为"余大嘴"。然而，华为终端业务在他的带领下，逐步走向世界之巅，成为苹果、三星的最有力挑战者，人们逐步开始称他为"余诚实"，因为他把吹过的牛一个个都实现了。

余承东在致员工2019年新年信中骄傲地宣布了如下消息：

华为手机发货量破2亿台，相比2010年增长约66倍；

华为手机销量成功晋级全球第二；

2018年，华为终端销售收入突破500亿美元；

2018年，华为海外终端销量增长超70%；

2018年，无疑成为华为手机崛起的元年！

这个例子，对于理解战略目标的制定及相关过程，具有很好的参考价值。

4.3.5 定发展阶段里程碑：战略构想的落脚点，由战略规划迈向年度经营计划的关键

任何的战略构想，共时间跨度都超过一年，典型的如BLM框架，明确

---

① Original Equipment Manufacturer的缩写，意为原始设备制造商，俗称代工（生产），指品牌生产者不直接生产产品，而是利用自己掌握的核心技术负责设计和开发新产品，控制销售渠道。

要求每次规划都要滚动看五年时间，而一般企业的经营和管理周期，都是以年度为单位进行的。这也就意味着，不管是愿景、使命还是战略目标，天生不具备目前企业运营和管理框架的可衡量、可管理、可执行的操作要求。

任何企业都需要有战略规划，也需要有战略目标。但是愿景、使命、战略目标太宏大、太久远，短时间是难以实现的。从这个角度来看，这是业界普遍反馈传统的战略管理理论难以落地的原因。很多战略方法、模型本身，缺少战略规划和执行计划的有效联结，特别是缺少针对近期工作的具体牵引方法，无法有效指导下一年度BP的开展。有鉴于此，我们建议将战略目标分解为中短期目标，给企业下一年度的BP开展提供依据。

阿里巴巴的传奇经理人彭蕾说过这样一句话，大意是：无论马云做的决定是什么，我都确保这个决定是最正确的决定。所以阿里、华为等很多企业，与其说是战略规划上的成功，不如说是具体战略执行措施上的成功。

企业的发展需要有战略规划，需要在不同时期制定不同的目标，根据不同的情况来实现自己的短期与中期目标，最终实现自己的愿景。制定好了不同阶段的战略目标，企业便可以依据规划的进度、节奏与时间表，和实际进度比照，以充分了解自己是否偏离了正轨，并预测未来的走向。

因此，在战略构想环节，SDBE领先模型开创性地提出了发展阶段里程碑这个概念，也就是说在明确战略目标管理五至八年这个时间跨度的同时，引入中短期目标，对三至五年的企业目标进行描述和管理。因为五至八年的目标，时间跨度比较长，其最终能否实现，存在较大的不确定性，但三至五年的目标，企业一般是有能力进行定性或定量的预测的。

对战略目标进行深入思考和推敲，结合后续的业务设计和战略解码环节，制定中短期、定量或定性的企业目标，有助于更好地实现企业的战略目标。

4.3.6 华为在不同时期的战略构想：愿景、使命的变迁

企业的愿景和使命都不是固定的，会随着企业在不同时期的宏观环境的变化和企业自身追求的变化，而发生相应变化。

本节我们将以华为多个时期的愿景和使命的制定为例，来说明SDBE领先模型中，愿景和使命制定和变迁的逻辑和规律。

华为从1987年初创，一直到1994年，一直是挣扎于生存边缘的4000万家民企中的一员，毫不起眼，也说不上多有成就。任正非事后回忆说，他80年代从退伍走向打工，又因打工不顺利而走向创业。是无知者无畏让他踏上了一条"不归路"。最初，他认为通信市场是非常大的，随便做点什么都会有机会。但真正一头扎进去之后，才知道"通信市场是如此之狭窄，技术要求非常严苛，竞争又非常之激烈"。如果重新来过，他肯定不会选择做通信行业。他认为，华为的成功应该是机遇大于其素质和本领。

在这个阶段，任正非治下的华为，天天思考的就是如何活下去，根本无暇系统化地去构建企业愿景和使命，当时企业愿景和使命都是零散的，不具备号召力。

1992年，华为提出企业的目标是超越四通。当年四通是中国高科技企业的代表，有一句话叫"北四通，南巨人"。而有意思的是，当年闻名全国的四通公司最终只在中国人民大学旁边留下了一座四通桥，正所谓"此地空留四通桥，四通遍地找不着"。更神奇的是，后来行将倒闭的巨人公司，也从科技行业转向以营销"脑白金"等产品为主的保健品行业，重获新生。

1994年，华为开发出C&C08数字程控交换机之后，**任正非提出"十年之后，世界通信制造业三分天下，必有华为一席"的观点，很朴素，也很有感染力，对员工也有激发力**。然而在当时所起的作用，主要还是提振员工士气，其实连主管和员工都不太相信。在宣传上，还是如同当时的联想、方正一样，打着"产业报国，科教兴国"的口号。所以，华为这一阶段的愿景和使命是零散的，也没有逻辑关系，但是很有感染力。

随着国家电信行业的消费潜力的释放，1994年至1997年，华为进入快速发展期，生存的压力暂时没有，如何发展、向哪个方向发展，则成为任正非战略思考的重点。从1995年开始，任正非集全公司之共识，请中国人民大学几位管理学教授帮助起草了一个纲领性的文件《华为基本法》来指导公司的发展，以贯彻任正非对华为的管理理念和公司未来的发展方向。《华为基本法》是华为发展过程中的一个里程碑，在华为成长过程中发挥了重要作用。它将企业家个人的思维转化成组织的思维，任正非个人对华为未来的前途、使命等思想在企业内部达成共识。在其从萌芽到出台的3年间，参与起草的每一个人都经历了一次无与伦比的理念创新的文化洗礼，都得到了成长。

《华为基本法》的出台，意味着华为完成了对其企业文化的系统思考，它是一个里程碑，是任正非和管理层思考成果的汇总，构建了华为企业文化的基本假设系统。

在这部业界著名的、充满中国特色的《华为基本法》里，开篇第一条就提到"华为的追求"——第一次系统性地提出了华为作为一个企业的"愿景和追求"：

"华为的追求是在电子信息领域实现顾客的梦想，并依靠点点滴滴、锲而不舍的艰苦追求，使我们成为世界级领先企业。为了使华为成为世界一流的设备供应商，我们将永不进入信息服务业。通过无依赖的市场压力传递，使内部机制永远处于激活状态。"

虽然这个愿景和使命从现在的角度来看，有很多值得改进的地方，但它在当时，帮助华为凝聚共识，度过了"IT的冬天"，摆脱了思科的"围剿"，抵住了资本的"挖墙脚"，经受了几次重大决策失误的考验，并且通过全体主管和员工的可歌可泣的努力，在2004年左右华为初步在海外市场站稳了脚跟，具备了与世界巨头扳手腕的实力。

为了系统性、全方位地对接全球客户，特别是与习惯于西方企业市场文化的全球通信客户打交道，使用同一种语言和框架进行思维和沟通，与世界接轨，2005年，华为请来世界著名的咨询公司，帮助自己刷新公司级愿景和使命。此外，华为决定给企业换商标，把早年像"红太阳"、具备冲击力的旧商标，换为更加美观、国际化的"菊花"新商标，这也是如今华为被称为"菊花厂"的由来。

旧版商标　　　　　　新版商标

2005年，华为正式向全球员工、所有客户和合作伙伴发布了愿景和使命。

华为愿景：丰富人们的沟通和生活。

华为使命：聚焦客户关注的挑战和压力，提供有竞争力的通信解决方案和服务，持续为客户创造最大价值。

与此同时，华为给出有关愿景和使命的很清晰的阐述和定义。沟通，就是意指为人们提供电子通信业务服务；生活，就是意指为人们提供互联网设备的业务服务。也就是说，**华为这个时期的愿景和使命，就是聚焦人类的电话通信和数据通信业务，为消除人类的数字鸿沟而奋斗**。

至此，华为使用西方世界熟悉的语言和框架，阐述了华为作为企业所追求的愿景，以及为实现愿景而界定的企业使命，其中包括"业务边界、实现方法、追求的价值目标、长期竞争力"等关键内容，为后续战略目标的提出设定了前提条件，也使得华为中高层主管能够很清晰地知道拼搏的目标和实现的可能性。2006年，当时华为董事长孙亚芳，很具战略自信地说："我们不想成为世界第一，但我们不得不走在成为世界第一的路上。"

为了实现帮助世界各国解决通信问题，为人类消除数字鸿沟这一远大愿景，无数华为人奋斗在全球每一个角落。雨林、高山、荒漠等恶劣的自然环境，地震、海啸、空难、战争这些灾难和危险都没能吓倒华为，只要那里有通信需求，华为人总是充满着使命感出现在当地，为实现具有巨大感召力的企业愿景而奋斗。

一位从西方外企辞职后来到华为的资深员工曾感慨："华为在很长时间里管理很乱，部门之间到处打乱仗，看不出章法。但它有西方公司所缺乏的精神，只要有人对客户拍了胸脯，就会有一堆不要命的顶着上。有条件上，没条件创造条件也上，结果它就成功了……乱拳打死老师傅，西方公司败就败在华为这股劲……"

大家知道华为电信遍布全球的基站设施工程的背后是什么吗？是不计其数无法想象的艰难困苦，是无数华为人的汗水、泪水，甚至是鲜血。以任正非为代表的管理层，以身作则，践行愿景和使命，率先垂范，这使得华为全体员工激发出令外界望而生畏的使命感、奋斗精神和自我牺牲精神。

任正非在员工座谈中讲过："我鼓励你们奋斗，我自己会践行。谢谢在叙利亚、也门……奋斗的员工，至今我、徐直军、陈黎芳、彭中阳……都认为也门饭是世界上最好吃的饭。""利比亚开战前两天，我在利比亚，我飞到伊拉克时，利比亚就开战了。……我承诺，只要我还飞得动，就会到艰苦地区来看你们，到战乱、瘟疫……地区来陪你们。我若贪生怕死，何来让你们去英勇奋斗。在阿富汗战乱时，我去看望过员工。……"

任正非曾说过："华为不轻易允许资本进来，因为资本贪婪的本性会破坏我们理想的实现。"早在这之前，任正非也表达过类似的观点，他说，资本是最没有温度的动物，资本是最没有耐心的魔兽。我们只为理想而奋斗，不为金钱而奋斗。任正非在谈及华为上市问题时也曾表示："因为我们把利益看得不重，就是为理想和目标而奋斗。守住'上甘岭'是很难的，还有好多牺牲。如果上市，'股东们'看着股市那儿可赚几十亿元、几百亿元，逼我们横向发展，我们就攻不进'无人区'了。"

时间到了2012年左右，这时候的华为已经安然度过了金融危机，并在时代危局中，抓住行业赋予的机遇，大力发展自己，弯道超车，一举超过西方众巨头，在全球通信行业成功登顶。居安思危，面对着国外的苹果、亚马逊，国内的BAT、小米、滴滴乃至后来的今日头条等，华为重新审视了2005年制定的愿景和目标，发现前期对于ICT行业的管道战略假设，已经悄然而又迅速地发生了变化。如果仍坚持把核心竞争力的构建放在"通信管道"领域，华为则有可能被时代所抛弃。

有鉴于此，华为一直在做调研和讨论，每年都发布ICT行业洞察和战略思考报告，最终于2017年底，华为发布新的"云、管、端"三位一体的数字智能世界新愿景。为此，华为重新构建了华为终端业务，对标苹果和三星；华为新成立了云计算业务单元，对标亚马逊和阿里；华为还新设了智能汽车业务单元，进入智能汽车领域。同时为应对美国的制裁，华为进入了由智能算法、芯片、操作系统、数据库、材料等许多面向未来核心竞争力构建的"战略无人区"。

如下是华为2017年底正式发布的愿景和使命，掐指一算，距离华为上次制定愿景和使命，已经过去十二年了。

愿景：华为致力于把数字世界带入每个人、每个家庭、每个组织，构建万物互联的智能世界。

使命：让无处不在的联接，成为人人平等的权利，成为智能世界的前提和基础；为世界提供最强算力，让云无处不在，让智能无所不及；所有的行业和组织，因强大的数字平台而变得敏捷、高效、生机勃勃；通过AI重新定义体验，让消费者在家居、出行、办公、影音娱乐、运动健康等全场景获得极致的个性化智慧体验。

华为轮值CEO胡厚崑在2018年与研发体系的谈话中，针对最新的愿景和使命，做出如下的表述："未来二三十年，人类将进入智能社会。面向新的时代，华为立志：把数字世界带入每个人、每个家庭、每个组织，构建万物互联的智能世界。这既是激发我们不懈奋斗的远大愿景，也是我们所肩负的神圣使命。"

公司要成为智能社会的使能者和推动者，这将是一个持久的、充满挑战的历史过程，也是我们长期发展的机会。在这一过程中，研发要扛起重任，成为公司走向未来的发动机。研发要坚持客户需求和技术创新双轮驱动，打造强大的"基础平台"，这个基础平台就像东北的黑土地。传输和交换不是平台，但它是平台的基础，华为联接全世界170多个国家、1万亿多美元网络存量的传输交换，把它转换成平台，让所有的"庄稼"成长，带给客户更好的产品和服务，这是我们的一个理想。

未来是赢家通吃的时代，我们主航道的所有产业都要有远大理想，要么就不做，要做就要做到全球第一。为此，我们要打造一支胸怀梦想、充满活力、团结奋进的研发队伍，团结一切可以团结的力量，全营一杆枪，持续打造最具竞争力的产品和解决方案。

2019年5月以来，面对美国政府举国之力没有底线的疯狂打压，华为进入"战时状态"，提出新时代的"南泥湾精神"，无数华为人坚守着岗位，努力拼搏、奋斗着，期望新时代ICT领域的"上甘岭"战役取得胜利。

4.4　创新组合：如何有效缩小与标杆间的差距，提升实力

4.4.1　创新组合的概念和本质：防止盲目创新，"小改进，大奖励"

华为从IBM引进的BLM中，与创新组合类似的提法是"创新焦点"。IBM顾问给出的解释是，**创新焦点**是指企业要进行与市场同步的探索与试验；此外，从广泛的资源中过滤想法，通过试点和深入市场的实验探索新想法，谨慎地进行投资和处理资源，以应对行业的变化。

针对这个概念，IBM在BLM中提出了三个方面的创新：

①**产品、服务和市场创新：用于聚焦客户和进入市场领域**

- 发展和推行创新产品和服务
- 进入新市场，寻找新客户
- 推行新的渠道和交付路径

②**业务模式创新：多用于重建和企业扩展**

- 发展业务运营的新方式
- 建立伙伴关系，快速响应市场
- 提升业务灵活性

③**运营创新：用以改善核心职能领域的效能和效率**

- 发展的最佳成本结构
- 优化流程以改进生产力
- 核心职能再造（改组）以提高效率

经过长时间对BLM的实践和落地，我们发现"创新焦点"这个概念很不好理解，与整个框架在逻辑上也有些脱节。我们发现如果用**创新组合**这个概念来替代创新焦点，可能在战略管理的整体逻辑框架上会更自洽一些。

经过较大规模的实践，我们认为**创新组合，就是为了尽快弥补与标杆（现实或理想）之间的差距，企业应该采用的创新性策略、办法和工具的组合。从这个角度来看，任何能够有效、快速地填补与已经识别差距的、与以前不一样的产品、服务、方法、工具，都能归结为创新组合。**

任正非在很早的时候，就在华为内部就企业创新给出了一条原则："小改进，大奖励；大建议，只鼓励"，宁愿小步快跑，也不能大开大合，警惕盲目创新给企业经营带来风险。华为内部流传着这样一个故事：一位新员工，刚进华为不久，就针对公司的经营战略问题写了一封"万言书"给任正非。任正非批复："此人如果有精神病，建议送医院治疗；如果没病，建议辞退。"任正非认为员工最重要的是做好本职工作，不要把主要精力放在构思"宏伟蓝图"做"天下大事"上面。作为一名新员工，对企业没有任何的了解，怎么可能提出合乎实际的建议呢？

任正非说："能提大建议的人已不是一般的员工了，也不用奖励；一般员工提大建议，我们不提倡，因为每个员工要做好本职工作。大的经营决策要有阶段的稳定性，不能每个阶段大家都不停地提意见。我们鼓励员工做小改进，将每个缺憾都弥补起来，公司也就有了进步。所以我们提出'小改进，大奖励'的制度，就是提倡大家做实。不断做实会不会使公司产生沉淀呢？**我们有务虚和务实两套领导班子，只有少数高层才是务虚的班子，基层都是务实的，不能务虚。**"

任正非在其著名的《华为的冬天》一文中也写道：我们要坚持"小改进，大奖励"。"小改进，大奖励"是我们长期坚持不懈的改良方针。应在小改进的基础上，不断归纳，综合分析。要简化，优化，再固化。这个流程是否先进，要以贡献率的提高来评价。"治大国如烹小鲜"，我们做任何小事情都要小心谨慎，不要随意把流程破坏了，发生连锁错误。

从以上言论可以看出任正非治下的华为对于企业创新的态度。

创新组合在SDBE领先模型整个框架上，可以被看作承接战略目标和价值洞察的下一个环节，并且为差距的填补提供了方法和途径。同时，它也是后续关键任务中需要持续跟踪的非量化工作内容的来源。

创新组合的本质是通过企业提供的产品和服务、经营管理上的变化，改变企业价值创造的载体本身，或者改变价值创造的逻辑和路径。

4.4.2 创新组合的原则及框架：指向差距改善和规模增长

企业经营的一切手段，都是为了实现其愿景服务的。企业创新也不例外，弥补与行业标杆（或假想标杆）之间的差距，也是为了实现企业愿景。因此，不能缩小与标杆之间的差距，对实现企业的战略目标没有贡献，都不是SDBE领先模型中的企业创新。

企业创新能实践成功，主要得益于明确的目标、周密的分析、严密的系统以及辛勤的工作。与学术机构、研究机构不同，企业是功利性的商业组织，必须聚焦于市场和客户，也就是说，一切无益于市场扩大、利润增加、客户满意度提升的创新，都是伪创新。

华为内部在进行创新组合环节经常遵循的几个原则如下：

（1）创新手段必须聚焦市场和客户，服务于华为营收或利润的增长

彼得·德鲁克认为创新的焦点是市场，而不能单纯是产品或服务！企业的创新必须永远以市场和客户为焦点。不能实现收入或利润增长的创新，是伪创新，这一点也与华为始终强调的"以客户为中心"紧密契合。

如果只是把焦点放在产品或者内部管理、流程和制度上，虽然能创造出"技术的奇迹"或把内部管理搞得花团锦簇，但最后可能得到令人失望的回报。

很多时候，企业的创新会导致企业经营上的不稳定，甚至是失败，就是因为很多企业为创新而创新，把创新作为目的而不是手段。一项创新手

段如果不能对企业的效率提升起作用，或者说无法实现企业效益的有效增长，则是失败的。

(2) 创新应该谨慎，步步为营，先试点再推广

首先，需要对创新来源进行思考。创新一般是来自行业和市场结构的变化，技术和产品的突破，思维认知的变化，意外的事件或灵感，管理和运营新知识的出现，或者其他标杆企业所采用的好办法。先确定创新手段大致来源于其中的哪一种，然后进行有组织、有系统和规律性的分析和研究。

其次，创新切忌闭门造车，一定要把创新背后的原因、需求搞清楚，把创新的各个方面及应用推广端到端都研究透彻，避免仓促上马，最后流于形式，或干脆失败。

再次，只要是创新，就会存在风险，就有失败的可能性。在开始时，用少量资金、少量人手，在较小范围内、针对小规模的市场开展创新。船小好掉头，也有利于日后进行必要的调整。因此，在组织内大规模推广之前，最好在小范围内进行试点，取得一定的经验后再推广，取得迭代经验后再优化改进。

最后，创新组合中的具体手段和方法，最主要应该来源于对行业标杆和主要对手的研究和对比。**最有效、风险最低的创新手段是研究、模仿和学习行业标杆或主要对手。**"泰山不让土壤，故能成其高；河海不择细流，故能成其大。"企业一定要采用拿来主义，对一切好的方法，包括企业内部其他部门，行业内外部标杆企业，甚至是主要竞争对手的好做法、好工具，在认真分析、理解、辨别的基础上进行吸收和优化，最后内化为本组织的能力。

(3) 创新手段要简单明了，目标明确，且需要在统一管治构架下自洽展开

首先，在SDBE领先模型中，我们不提倡大范围或复杂的创新，而是提倡能够满足特定需求的创新，或能够达到预期结果的创新。一次只做一件

事情，由易到难。这易于操作，易于管理，易于衡量其效果。

其次，创新的目标应该非常明确，包括创新的原因、具体方法、过程管控、责任部门等等，因此华为在战略规划和执行管控构架中，经常把创新组合中的各种手段，直接列为年度经营计划中的关键举措，采用项目化的方式对创新手段进行管理和监控。

最后，任何一个企业，其成长有自己的基因和文化，其经营管理有自身的特点和逻辑。因此，任何创新手段的采用，不能与企业既有的管治构架冲突，不能造成企业当前经营上的混乱，不能干扰企业既定战略构想的达成。

创新组合，必须为差距的改善服务，为提升企业的综合实力服务，为取得客户侧或市场上的领导地位而服务。唯有这样的创新，才能对企业愿景和战略的实现有所建树，否则只能走偏，其结果只能是空耗时间和精力。

在大量的落地实践中，华为在内部，通过SDBE领先模型归纳总结了如下四种低风险、高效率、成果显著的创新途径：

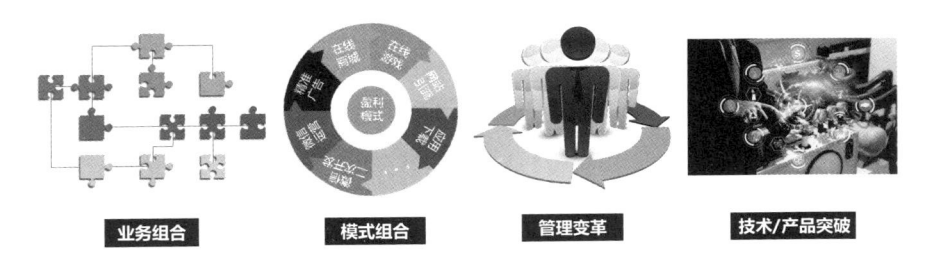

业务组合　　模式组合　　管理变革　　技术/产品突破

创新途径

4.4.3 业务组合：审视不同阶段和性质的业务，兼顾市场及格局

业务组合，是指企业所经营的有相对明确边界的不同业务组成的集合，也是指组成企业或部门的业务和产品的集合。最佳业务组合（Optimal

Business Portfolio）是指能使企业的强项和弱项更好地适应环境所提供的机会的业务组合。

业务组合，是一种非常实用又非常重要的创新手段。华为基本上每年都会审视本业务或者业务单元，并进行重新定位，采用不同方法或投入不同密度的资源进行区分管理，以保证华为始终聚焦于高价值客户或业务。

业务组合是SDBE领先模型中创新焦点环节的重要组成部分。基本上，华为每年均会例行审视现有和未来的业务组合，这是华为公司层面战略的例行任务之一，也是衔接企业战略构想和后续战略解码与执行关键的一环，是华为始终坚持"正确方向"或者说"做正确的事"的关键环节。

业务组合的创新，与华为各级组织的财务目标的实现有着最直接的关系，它实际上是对整个企业未来的业务进行评估与规划，它也决定了华为集团战略的"有所为而有所不为"。

业务组合分析工具目前已经发展得比较成熟，比较常见的如本书前文提到过的SWOT分析法、波士顿矩阵，另外还有通用（GE）矩阵、SPAN法、IE分析矩阵图、战略地位与行动评价矩阵图（SPACE）等。

下面我们简单介绍几种常见的业务组合的判断和分析办法。

SWOT分析法

SWOT分析法，又称为优劣势分析法，是针对具体业务的分析方法。即对企业自身既定的内在条件进行分析，找出企业的优势、劣势及核心竞争力之所在。其中，S代表strength（优势），W代表weakness（弱势），O代表opportunity（机会），T代表threat（威胁）。优势、弱势是内部因素，机会、威胁是外部因素。按照企业竞争战略的完整概念，业务组合应是一个企业"能够做的"（即组织的强项和弱项）和"可能做的"（即外部机会和威胁）之间的有机组合。

波士顿矩阵

长期以来，人们习惯于用波士顿矩阵（市场增长和市场份额矩阵）来解决业务组合的平衡问题。波士顿矩阵工具可将一个公司的业务分成以下四种类型：

①问题型业务（Question Marks，指高增长、低市场份额）；

②明星型业务（Stars，指高增长、高市场份额）；

③现金牛型业务（Cash Cows，指低增长、高市场份额）；

④瘦狗型业务（Dogs，指低增长、低市场份额）。

这一工具通过市场份额和市场增长速度（市场生命周期）对业务单元进行分析，考虑组织发展和业务平衡。如果一个公司没有现金牛型业务，说明它当前的发展缺乏现金来源；如果没有明星型业务，说明在未来的发展中缺乏希望。

利用波士顿矩阵工具，可以将企业的各项业务进行大概归类。不能简单地说这四类业务谁好谁坏，关键是要针对不同类型的业务进行不同的分析，制定不同的竞争战略。比如瘦狗型业务，一般被认为是最坏的业务组合，但可能在充实产品序列或为公司在某市场中保持一个可靠的形象方面仍然有其存在价值。另外，更为重要的是，要保持不同业务组合之间的平衡，找出符合公司自身情况的组合逻辑，并据此合理分配资源。

如果公司确定的目标是取得收入的增长，那么相应的资源配置可能需要向明星型业务和问题型业务倾斜，如果公司以追求稳定的现金流为目标，就应该维持和发展现金牛型业务。

通用矩阵

为了克服波士顿矩阵的明显缺陷，通用电气于20世纪70年代开发了通用矩阵，即市场吸引力—竞争能力矩阵，也称GE矩阵。

它采用由市场（行业）吸引力和企业竞争能力构成的九宫图，根据业务单元在所处的相关市场上的吸引力和竞争能力这两个方面来对业务单元进行分析。其中，市场吸引力因素通常被视为外生变量，企业无法控制。市场吸引力程度主要考虑市场规模、市场增长率、周期性、竞争结构、进入壁垒、行业利润率、技术等指标；企业竞争能力可视为内生变量，企业可加以控制。竞争能力优势主要考虑市场份额、营销、研发、制造、管理层能力、财务资源等指标。通用矩阵将市场吸引力的三种标准战略对策细化为九种对策，然后对企业的每项业务就盈利能力、市场增长率、市场质量和法规形势等行业因素，以及市场地位、生产能力、研究开发能力等企业实力因素做定量化分析，最后综合确定其在矩阵中的位置，既而分别采取相应的对策。

对于那些具有很大增长潜力和竞争优势的业务单元，公司应该继续投资；对于那些最不具备竞争力或没有市场吸引力的业务单元，则应退出。对于处于中间位置的单位，可能较难做出进或退的决策，但这一工具也可以帮我们识别出这些业务单元在矩阵中定位形成的原因，业务今后的走向，并制订出切合自身实际的战略措施。

我们之前介绍过，华为各业务或业务单元，是通过IPD流程中的SPAN法，来进行业务的排列组合。

20世纪80—90年代，闻名世界的通用公司，推行"数一数二"的业务聚焦战略，获得了巨大的成功。无独有偶，华为在各个事业部或产品线的业务选择指导上，也追求数一数二。任正非经常讲，没有追求、不想成为行业领导者的业务，就没必要做了。他的爱将余承东，更是提出"要做就做世界第一，没人能记住第二名"，从而一手造就了"圣无线，神终端"的业务奇迹。

不管是华为的"冠军业务战略"，还是通用的"数一数二"业务战略，其本质上都追求的是企业长期的竞争力。在市场竞争越来越激烈的今天，企业只有把资源集中在最具有竞争力的领域，才能拥有更强的竞争优势。

如果过度分散自身的资源和精力，在多个不擅长的市场中应对竞争，即使公司的整体实力很强大，要想在所有战场上都取得胜利是相当困难的。只有在战略规划和执行上，有明确的战略控制点，在客户、技术、产品、服务的某一点上远远领先对手，或综合实力远在对手之上的企业，才能在市场上立于不败之地。

应当指出，我们必须谨慎选择业务组合的分析工具，因为任何一个管理工具都有其假设的前提与不足之处。我们应当规避这些工具的不足，将多种工具分析结果组合起来综合考虑。

企业对业务组合的策略审定之后，企业的各项业务发展规划，也就是本企业的重点业务（包括产品、服务、研发等端到端内容），包括推进策略、时间节奏安排、资源配置的规划也就随之可以大致定下来了。

业务组合的调整，反映了企业对于不同业务价值洞察的变化。优先对发展前景好、盈利能力强、有利于公司核心竞争力构建的业务给予重点投入；逐步减少甚至淘汰处于生命周期尾期、盈利能力差的业务，减少企业的资源消耗。通过这种重要而常规的创新，企业将始终保证自身在"做正确的事"，从而让整个企业的运作保持方向上的正确性。

4.4.4　模式创新：改变价值创造的方式和逻辑，以提升企业竞争力

模式，即商业模式。商业模式已经成为挂在企业家和投资者嘴边的一个名词。几乎每一个人都确信，只要有了好的商业模式，成功就有了保障。但什么是商业模式，如何进行构建和创新，很多人都言不甚详。

商业模式，是一种包含了一系列要素及其关系的概念性工具，用以阐明某个特定实体的商业逻辑。**商业模式**描述了公司所能为客户提供的价值的循环过程，即价值创造、传递和持续获取盈利的全过程，后面我们会在商业设计这个环节再详细展开和论述。

从1998年到2007年，入选《财富》500强的多家企业都认为它们的成功关键在于商业模式的创新。

一个完整的商业模式由四个密切相关的要素构成：客户价值、盈利模式、关键资源和关键流程。其中，客户价值是指你能为客户带来什么不可替代的价值；盈利模式是指你如何从为客户创造价值的过程中获得利润；关键资源是指企业内部如何汇聚资源来为客户提供价值；关键流程则是指企业如何在内部以制度和文化确保客户价值的实现。客户价值和盈利模式分别明确了客户价值和公司价值，关键资源和关键流程则描述了如何实现客户价值和公司价值。

从上述定义上看，商业模式重点阐述的是企业价值创造、传送、分配

的过程和逻辑。这些定义都有些抽象，不太好理解，而且有些管理学者把它过分学术化，甚至是故意复杂化，这反而让我们对商业模式的内涵不甚明了。

就一般意义而言，我们可以从两个角度给商业模式下定义。一方面，从通俗意义上来讲，商业模式就是指企业是如何赚钱的。这个问题是商业的本质，也是商业模式的本质。另一方面，从价值循环的角度来讲，商业模式描述了企业如何创造价值、传递价值和获取价值的过程。

华为十分重视价值循环这个定义，因为这个定义抓住了企业经营核心的、本质的东西。一般来说，它包含着如下三个环节：

①**创造价值**：商业存在的基础是企业通过生产产品或提供服务，为用户提供某种价值。

②**传递价值**：把创造出来的价值传递给用户，也就是产品或服务通过何种定位、何种渠道、何种方式到达用户，让用户知晓、感受、使用。

③**获取价值**：在向用户创造和传递价值的过程中获取属于自己的价值。作为一个商业组织，企业必须考虑如何优化成本结构、如何定价、如何获取利润等问题，也就是为自己获取价值，进而继续为客户提供产品和服务，以实现价值循环。

企业要先为用户创造价值，才可能获得价值回报；而获得价值回报又是优化成本结构的前提。换言之，为用户创造的价值其实是对商业模式的一种投资，当其中的部分价值转化为营业收入的时候，投资就获得了回报。传统上，一个企业在初创和稳定后，它就产生了自己独一无二的商业模式，就像企业的DNA。因此，商业模式是一个企业在发展过程中的合理产物，而不是一个静态的东西，从这个意义上来看，其他企业是很难模仿的。

企业生存和发展，在经营过程中有一些必然要素——资本、品牌、人力、产品、市场、技术、贸易等，但能够联结和组合这些要素，实现企业价值的顺利闭环，最终推动企业走向成功的关键环节，一定是商业模式的顺畅运转。

模式创新，指的就是改变价值创造的方式或者逻辑。商业模式勾勒了一家公司的核心经营要素，设计了一个公司如何创造价值、传递价值以及获取价值的全过程。创新地改变商业模式，并将想法和蓝图变为现实的过程，正是企业经营管理过程中最为艰辛的部分。

4.4.5　管理变革：本质是运营管理创新，提升核心领域的效率或效能

管理变革，其本质是运营管理创新，是对企业本身管理体系、经验、流程等创造性的突破和改变，以让企业适应不同的竞争环境，提升在核心业务领域的效率或效能。

从初步摆脱生存危机的1996年起，华为用了三年时间来设想和规划其第一个管理体系，其体现就是在这个时期推出了《华为基本法》，并且在1998年做出决策，虔诚而全面地与IBM进行合作。此后，任正非治下的华为就习惯了通过管理变革来加强企业运作的效率，提升企业的核心竞争力。

华为从20世纪90年代开始，邀请IBM等多家世界著名顾问公司，先后开展了IT S&P[①]、IPD、ISC、IFS、CRM[②]、铁三角、LTC、BLM等管理变革项目，经过十几年的持续努力，取得了显著的成效，基本上建立起了一个集中统一的管理平台和较完整的流程体系。这些运营管理领域的持续创新和变革，支撑了华为的全球化高效运营，让其进入了ICT这个最高科技领域的领导者行列。

任正非认为，管理变革本身是不可能停止的，但是变革也不是永久的，企业要强调一个相对稳定的状态，而不是不断地打破这个状态。优中选优是不正确的，因为不知最优在什么地方。企业管理需要的是实用，从哲学上来说，就是任何平衡的东西都会被打破，这样企业在新的平衡上进行运营，管理水平就前进了。

华为的管理变革之所以比较成功有效，是因为有华为一直坚持的、外

---

① Internet Technology Strategy and Plan的缩写，意为信息化战略规划。
② Customer Relationship Management的缩写，意为客户关系管理。

界看起来矛盾而实质上又统一的几个理念做支撑。

(1) "先僵化，再固化，后优化"

任正非提倡管理变革不能盲目进行，多学习、少创新。严格按照咨询专家或行业标杆的建议来做，只有在熟悉掌握引进的方法之后，再进行固化和优化，否则一定要不打折扣遵照行业标杆和学习对象的做法执行。

任正非在与Hay（合益）咨询公司高级顾问谈话时明确指出："我们引入Hay公司的薪酬和绩效管理的目的，就是因为我们已经看到沿用过去的土办法，尽管眼前还能活着，但是不能保证我们今后继续活下去。现在我们需要脱下'草鞋'，换上一双'美国的鞋'，但穿新鞋走老路照样不行。换鞋以后，我们要走的是世界上领先企业走过的路。这些企业已经活了很长时间，他们走过的路被证明是一条企业生存之路，这就是我们先僵化和机械引入Hay系统的唯一理由。"

他认为，华为员工很聪明，容易产生很多思想和见解，认识不统一，就容易分散精力。另外，一个新的管理方法的引进，一定会触及一部分人的利益，戳痛个别人。这些人在"优化"的时候，自然会千方百计地找出理由，坚持不懈地抵触，越民主，越容易形成重重阻力，最后导致新管理改革的流产。这是一切软弱的改革者的软肋。"现阶段还不具备条件搞中国版本，要先僵化，现阶段的核心是教条、机械地落实Hay体系。""我们向西方学习过程中，要防止东方人好幻想的习惯，否则不可能真正学习到管理的真谛。"

因此，在华为IT S&P、IPD、ISC、IFS、铁三角、CRM和LTC等重大的管理变革项目中，任正非提出："先僵化，再固化，后优化。僵化是让流程先跑起来，固化是在跑的过程中理解和学习流程，优化则是在理解的基础上持续优化。"这是一种非常实用的方法。如果一上来就民主地让大家进行"优化"，一定会意见不一，因为每个人都有自己的经验，单凭过去的经验来套新的规则，会陷入形而上学。何况，华为又是高级知识分子云集之地。任正非深知这一点。1998年，从IBM引进IPD体系时，研发部门和销售部门不断有人提出反对意见。面对困难，任正非没有放弃，而是表明了态度，"IPD关系到公司未来的生存与发展，各级组织、各级部门都要充分认识其重要性，用'削足适履'来穿好'美国鞋'的痛苦，换来系统顺畅运行的喜悦"。

(2) "开放、妥协、灰度"的变革理念

在华为管理变革的早期，任正非就要求华为"削足适履"，不折不扣地遵照执行。但到了变革中期，他就会允许华为因地制宜做出调整。有的变革内容，实践时已经撞到南墙上了，就应该进行妥协和优化，不能朝着南墙一直撞。

任正非说："管理上的灰色，是我们的生命之树。"可以说灰度管理是华为管理哲学的基础，也让他做到了"从心所欲而不逾矩"。任正非强调，华为各级管理者，要学一点哲学。作为领导人，一个重要的素质，就是对所管辖部门的方向和节奏的把握，就是对灰度的把握。聪明的管理者会在妥协中审时度势，为了达到主要目标，在次要目标上做适当让步，以退为进。相反，领导愚昧妥协就会事与愿违，让公司遭受不必要的损失。

"**开放、妥协、灰度。这句话我是几年前对美国一个政治家说的**，主要不太赞同美国的单边主义，太强势、太霸权。也许它弱势一点，不仅世界和平，而且拥护它的人更多。大家都往后退一些，才能够形成稳定的结构。"任正非表示："开放、妥协、灰度，是华为文化的精髓，也是一个领导者的风范。"他认为，一个清晰的方向，并不是非黑即白、非此即彼，而是从混沌中产生的。即使再好的企业，在周围大环境的影响下，方向也会变得模糊和不确定，只有随着时间和空间不断改变方向，掌握灰度，才能从灰色中脱颖而出。

他在一个内部场合深情地说道："当我走向社会，多少年后才知道，（让）我碰到头破血流的，就是这种不知事的人生哲学。我大学没入了团，当兵多年没入了党，处处都在人生逆境，个人很孤立，当我明白团结就是力量这句话的政治内涵时，已过了不惑之年。想起蹉跎了的岁月，才觉得，怎么会这么幼稚可笑，一点都不明白开放、妥协、灰度呢？"

坚持正确的方向，与妥协并不矛盾，相反，妥协是对正确方向的坚持。当然，方向是不可以妥协的，原则也是不可妥协的。但是，实现目标

的过程中的一切都可以妥协，只要它有利于目标的实现，为什么不能妥协一下？当目标方向清楚了，如果此路不通，我们妥协一下，绕个弯，总比原地踏步要好，干吗要一头撞到南墙上呢？

妥协并不意味着放弃原则，一味地让步。**明智的妥协是一种适当的交换。为了达到主要的目标，可以在次要的目标上做适当的让步。**这种妥协并不是完全放弃原则，而是以退为进，通过适当的交换来确保目标的实现。

相反，不明智的妥协，就是缺乏适当的权衡，或是坚持次要目标而放弃了主要目标，或是妥协的代价过高而遭受不必要的损失。明智的妥协是一种让步的艺术，妥协也是一种美德，而掌握这种高超的艺术，是管理者的必备素质。

作为企业领导人，一方面，要认准管理变革的方向和目标，坚定不移，要有战略耐性；另一方面，学会宽容，保持开放的心态，不断磨炼，就会真正达到灰度的境界。这样就能够在正确的道路上，不断提升企业的管理和运营水平，从而让企业走得更远，走得更扎实。

(3) 坚持以创造价值为最终目的

任正非要求，华为一定要推行以自我批判为中心的组织改造和优化活动。自我批判不是为批判而批判，也不是为全面否定而批判，而是为优化和建设而批判。总的目标是要提升公司整体核心竞争力。

企业对于过去的规章制度，持"祖宗之法不可变"的态度是错误的，但"变法"一定要保证科学性，要保持不断地协调，要先"立"后"破"，这样才能避免旧的已经废除，新的还未产生，出现制度上的真空地带，引起混乱。因此，对于学习行业标杆管理和运营经验，必须保持适度的灰度，以提升企业的运营水平为最基本的出发点，用任正非的话讲，就是企业要多打粮食，多产出，除此之外，没有任何别的衡量标准。

"流程是为作战服务，是为多产粮食服务。不可持续的就不能永恒，烦琐的管理哲学要简化。当然，不能简单直接减掉一个流程，因为可能会产生断裂带，引发矛盾冲突，这样就不会成功。"这一句话，充分表明了任正非是把企业管理变革当作提高作战效率的重要工具。企业管理中过多的审批、处理流程，必然会浪费更多的时间，因此需要简化管理流程，让企业有更多的时间和精力专注于业务，专注于产品及服务的品质，最后提升企业的综合产出。

在2000年的时候，当时作为华为的一名普通管理人员的殷志峰，曾写了一篇名为《无为而治》的文章，发表在华为内部的《管理优化报》上。文章讲述企业对管理的问题应该像扁鹊一样，防患于未然，"治未病"。这个观点引起了任正非的重视，他对文中所表达的"管理的最高境界就是无为而治"大加赞赏。最后殷志峰凭借踏实勤恳、高超深远的管理协调技能，成为任正非本人乃至华为最高管理机构EMT[①]的执行秘书，这是后话。

任正非谈到组织和管理变革时，他认为要始终围绕为客户创造价值，不能为客户直接和间接创造价值的部门为多余部门，流程为多余的流程，人为多余的人。企业要紧紧围绕价值创造，来简化相应的组织与流程。

企业管理变革不是为了变革而变革，管理变革是手段而非目标，其本质是为企业创造更大的价值。 任正非认为，公司管理变革的方向就是更高效、更及时、更准确地提供服务。管理不是要创新，而是要创造价值，就是多产粮食，减少人员，这样企业增加的价值就可以分享给组织中的每一个人。

任正非认为华为要想实现"活得久，活得好"的长期目标，必须紧紧依靠两个东西，一是**"以客户为中心，以奋斗者为本"的核心价值观**；二**是要不断提升公司的运营管理水平，形成流程化、制度化的组织**。在早年的《华为的红旗到底能打多久》这篇文章中，任正非就曾说过，即使我们睡着了，长江水照样不断地流，不断地优化，再不断地流，再不断地优化，循环不止，不断升华。这就是最好的无为而治，这种无为而治的企业运营状况就是华为要追求的目标。

[①] Executive Management Team的缩写，指企业内部的高级管理者团队，成员包括董事长、总裁、总经理等。

4.4.6　创新的技术、产品和服务：改变市场格局，产生高额利润

　　一般而言，企业的本质是通过满足客户的需求，通过价值的创造和交换，实现价值的循环。所以企业存在的目的就是创造价值，而创造价值必须创造顾客。企业本身要承担一定的社会责任。给客户提供有竞争力的产品（实物形式）和服务（活动形式），去满足客户并获取收益的过程中，企业就在承担着其社会和经济责任。赚钱只是企业为顾客创造价值之后的一个必然结果，它是结果而不是目的。

　　技术是解决问题的方法及原理，是指人们利用现有事物形成新事物，或是改变现有事物功能、性能的方法。人们习惯于把科学和技术统称为科学技术，简称科技。但二者实际上既有密切联系，又有重要区别。科学解决理论问题，属于基础研究领域，它主要是和未知的领域打交道；技术解决实际问题，属于工程实践领域，它是在相对成熟的领域内，因此可以应用到实际的产品和服务中。

　　多年前高科技企业界，有一句非常著名的俗语："一流企业做标准，二流企业做技术，三流企业做产品。"大多数人的理解是三流企业做产品，说明是技术壁垒不高，是生产企业。二流企业做技术，是指该企业主要做技术指导，通过技术和专利可以进行收费，就像收税一样。一流企业做标准，是因为一流企业是行业的标杆、行业标准的制定者。谁的产品标准一旦为世界或行业所认同，谁就会引领整个产业的发展潮流。

　　其实不同类型的企业，其愿景和商业模式的不同，会导致其盈利模式也不太一样。价值创造的主要载体，是标准、技术，还是产品和服务，不同企业有不同的追求，其实没有本质区分或高低之分。高通的主要盈利模式是通过参与标准制定和收取专利授权费用来赢利，高通在芯片销售中强制规定要基于手机整机价格收取专利费用，人称高通税。苹果则主要是通过硬件产品和互联网服务来进行收费，由于其产品和服务较好地满足了目标客户的核心需求，其市场份额、盈利规模和客户的满意度，都达到行业标杆水平。谷歌则主要依靠互联网广告服务来赢利，其客户规模和盈利额也非常惊人。如果按上文的划分，我们能说高通是一流企业，而苹果和谷

歌则是三流企业吗？

所以，判断一个企业是否优秀，最主要的是看它是否具备核心竞争力，即是否具备通过为客户创造高价值的产品和服务以获取超额利润的能力，也就是我们前文所述的是否具备在长时间内生存和发展的能力。

从这个角度来看，技术、产品或服务，都是企业为客户创造价值的载体；从更大意义上来讲，**创新的技术、产品和服务，是改变市场格局和产生高额利润的主要来源。**

企业如果要想扩大市场和营收的规模，最主要的途径就是要围绕自己的核心经营范围，围绕客户的需求和痛点，创造更多有竞争力的产品和服务，赢得客户有价值的订单。因此，创新的技术、产品和服务的开发，其目标必然是瞄准客户，重心必须放到客户身上，企业要通过对产品和服务的价值创造、价值传递和价值获取的完整循环，实现商业逻辑的闭环。

然而，这里有个巨大的问题：不同的产品和服务，其价值截然不同。例如，20世纪80—90年代，我们中国工人花数亿工时生产的数亿件衬衫，只能换取一架美国的波音飞机。美国高科技企业，制造一架波音飞机只花费了一百多万工时而已，相当于中美人力价值差了几百倍。这就是产业从事低端和做低端产品与从事高端产业和高端产品的巨大差别，也是中国产业界一直努力向上，争做高价值产品的原因。

通过系统的办法，识别客户的核心需求和关键痛点，在一定时间内以合适的成本，开发出高价值的产品或服务，继而卖出它们把钱赚回来，并且获得很高的客户满意度，这是所有企业梦寐以求的目标。

20世纪90年代末，任正非一行带着太多有关企业发展的困惑、迷失感，去美国学习和取经，最后从IBM处学来IPD流程，其最主要的目的就是学会如何开发出符合客户需求和期望的产品和服务。

从外界来看，IPD是一个产品研发流程，任正非却认为IPD是一个商业变现的流程。"我们如何变革，使我们自己更加适应这个时代，存活下来？在未来的变革过程中，产品开发不能站在自己的角度，一定要站在客户的视角，构筑自动检测、自动排除故障等能力，就能把质量提升上去，把成本降下来。"任正非说："从一个技术人员的角度来看，IPD让我们从技术驱动型转向了市场驱动型，它改变了我们的做事方法。"

在华为没有引入IPD之前，所谓创新的产品和解决方案的开发，全部依赖于研发人员或主管"拍脑袋"，研发或产品项目遍地开花，而产品和技术的市场成功，却具有极大的偶然性。根据华为管理层的估计，由此产生的研发浪费中有90%以上，原因不是产品开发不出来，而是产品被开发出来却卖不出去。华为的产品和服务的成功，依靠的是"个人英雄主义"。

正是这种偶然和个人英雄主义式的产品和服务开发的方式，可能给公司带来不确定性，让任正非痛下决心。华为在1998年引入IBM的管理流程，开始了管理体系的建设和变革，经历了削足适履、"穿美国鞋"的痛苦，从"以产品或技术为中心"向"以客户需求和痛点为中心"转变，实现了从依赖个人偶然推出成功产品，到可以制度化可持续地推出满足客户需求、有竞争力的成功产品的转变。

同时，华为在产品和服务开发上，始终坚持"碗里有饭、锅里有米、田里有稻"的理念，平时做好产品和技术储备，视客户的需求和痛点进行梯次开发，确保公司的经营形势稳定，业绩快速增长。华为某高管曾经说过这样一句不谦虚的话："华为是一家技术过剩的企业。"任正非早年在参观美国的贝尔实验室之时，对其在技术开发和储备方面的能力艳羡不已。如今，在遍布全球的华为各大专业研究所中，无数高端研发人员从事着前沿技术的预研和商业变现探索工作。

任正非强调，以前华为缺少战略家和思想家，因为大家都来自"上甘岭"，是从艰苦岁月和残酷的市场竞争中拼搏出来的。华为的主管都喜欢一手拿枪，一手拿镐，亲自上阵杀敌；喜欢手里有权，指挥千军万马，眼睛总向下看，不喜欢当思想家。但在企业实际经营中，不但需要坚持脚踏实地，走好自己的路，也要不时仰望星空，看清自己部门要走的路。**华为需要有一部分主管和专家专门务虚，通过仰望星空、喝一杯咖啡吸收宇宙能量，站在公司的角度，去思考创新性的东西，挖掘客户潜在需求，引领行业的发展，这样公司才能有未来。**

创新性的产品和服务的开发，不能以技术为中心，而应该以客户需求为中心，适时兼顾技术的领先性。华为各个部门一定不能闭门造车或孤芳自赏。客户需要什么，华为就做什么，最终做出客户喜欢的产品和服务，这样才能有人买，有钱赚，从而实现商业价值的闭环。

创新的技术、产品和服务，是超额利润的来源，是科技公司打造核心竞争力、构建战略控制点的关键。 企业必须紧紧围绕客户核心需求和关键痛点，不断推陈出新，打造一个又一个有竞争力的产品和服务，实现业绩有效及高质量的增长，推动企业经营从一个高峰走向另一个高峰。

4.4.7 华为无线研发打造领先的产品，规模化突破欧洲市场

自现代通信技术诞生以来的几十年时间里，欧美市场一直占据着行业的制高点，规模巨大，客户要求高，相应地，利润也非常丰厚，而这个市场就一直被欧美通信设备厂家所占据。

欧洲是无线通信技术的主要发源地，当时有阿尔卡特、爱立信、西门子、诺基亚4家电信设备巨头虎踞龙盘，在通信标准制定、技术产品开发、生产制造、交付服务和市场拓展等方面，综合实力非常强。这个市场，就连美国和加拿大等的厂家，如朗讯、摩托罗拉、北电等都很难进入，属于最难突破的市场。

下文就讲述了华为如何靠具有创新性的无线通信产品，在西欧这个全球最发达、要求最严苛的市场上，与全球最强的巨头——爱立信搏杀，在其老家撕破口子，大规模打开欧洲市场的故事。

20世纪90年代末，凭借中国通信市场的蓬勃发展，华为和中兴在外国巨头的夹缝中，通过各种策略崛起，占据了国内的一定市场份额。但是21世纪初，国内市场迟迟未能下发3G牌照，导致国内对通信的需求不足。华为庞大的研发和生产能力，需要寻找广袤的市场。因此，在无奈的情况下，华为开始规模出海，"雄赳赳，气昂昂"，销售大军转战全球市场。

面对全球市场，华为刚开始定的策略是主攻亚非拉各洲不发达国家和地区的市场，期望用"农村包围城市"的传统方法，逐步在全球市场获取主导地位。经过多年努力，这个策略取得了一定的效果，华为初步在全球

站稳了脚跟。但是，核心问题没解决，由于只在不发达和落后的市场上折腾，产品和服务的质量无法得到提升，只能靠低价、服务和人海战术去打消耗战，最后利润不高，品牌价值和组织能力也得不到提升，无法构筑起可靠的核心竞争力和战略控制点。友商吃肉，华为喝汤，这不应该是华为的追求，现状必须改变。

任正非等高管经过研讨，一致认为华为必须规模突破欧洲市场，特别是西欧市场，只有与最强大的西方通信巨头贴身肉搏，才能强大起来，才能实现进一步的发展和综合能力的提升。

国难思良将。既然已经定下来攻克欧洲市场这个战略目标，路线方针也定了下来，那接下来，按照思路，就是挑选主将。任正非经过反复思索，选定余承东去欧洲市场做总裁，肩负大规模打开欧洲市场的重担。

余承东，当时是华为无线产品线总裁，意志坚强，作风勇猛，善于攻坚克难。公司内部都亲切地称他为"老余"。他的口头禅是"要搞就搞大的，小打小闹没意思"，"没有人能够记住世界第二，人们只会记住世界第一"。

华为进入欧洲市场的初期，欧洲人对中国缺乏了解。很多客户将华为当作一家骗子公司，不给华为半点机会，那时的欧洲竞争对手像大山一样，压得华为喘不过气来。华为欧洲地区部，只能靠低价和快速响应，在小客户和边缘市场求生存。欧洲风景很好，但给华为一线将士的印象却是无边的绝望。

余承东就位欧洲地区总部后，敏锐地认识到，在这片全球最发达的市场上，门槛很高，客户看重的是产品和服务的品质，靠低价竞争，很难有起色。唯有质量超过西方巨头，产品和服务比它们更具独创性，华为才有机会叩开欧洲市场的大门。余承东深知，如果你不把自己的产品做到最好，做到最具独创性，那么你就不可能和巨头们硬碰硬！

很快，余承东和他的欧洲同事就找到了战略突破口。2006年，当时世界第一大运营商沃达丰谋求跨国发展，但是在西班牙竞争不过当地龙头老大西班牙电话公司（Telefonica）。这时，沃达丰想到了华为多年前在欧洲做的分布式基站解决方案，分布式基站方案可以显著地降低建网成本，提升建网效率。沃达丰找到了华为，想借助华为的分布式基站方案绝地反击。它告诉华为，欧洲市场很关键，只能给华为一次机会，没有退路。华为也知道，一旦沃达丰最终否决华为的分布式基站方案，那便是灾难性的后果！退一步就是万丈深渊！

以余承东为首的华为团队，既然想要最强，那么靠抄爱立信及其他友商的现成作业，肯定是不可行的。余承东想用与爱立信完全不一致的架构，去做革命性的产品升级换代，但这条路之前没有人走过。当时华为内部几乎所有人都在质疑余承东的决定，如此大规模的投入，一旦达不到客户的要求，可能无线产品线几年都缓不过气。

据事后有同事回忆，余承东为此事打了无数通电话，做过无数讨论。他与一线同事和无线研发部门反复商谈，所有人都反馈技术难度大、成本高、综合风险高，但余承东豪气万丈，决定大赌一把，背水一战。"要不做大，要不做没。"他说，"必须做，不做就永远超不过爱立信。"由于曾经做过无线产品线总裁，他要求无线产品线成立三个目标相同的产品组，进行"赛马"。谁的质量最好，进度最快，就用谁的，其余两个项目组就地淘汰。

在极限重压之下，华为第四代基站在2007年横空出世。2008年在客户侧实地建设后，震惊业界：相对于主要对手，如爱立信，华为第四代基站在技术上和成本上的优势非常明显！当时的基站要插板，部署一个基站，爱立信需要插12块板，华为只需要插3块！

这次技术和产品上的突破，就如C&C08数字程控交换机一样，一举奠定了华为在无线通信领域的领导地位！沃达丰采用华为的分布式基站后，由于华为解决方案的功能、性能和成本等核心指标远超爱立信，直接保证了沃达丰的各项运营数据超过了竞争对手西班牙电话公司，市场大获成功。沃达丰把整个西班牙网络30%以上的份额给了华为，华为逐步成为沃达丰这个世界电信运营商老大的主要合作伙伴。

余承东同时又要求，要选择最大最强的客户，不搞小打小闹。华为要向最高端市场看齐，瞄准欧洲最发达大国的顶级客户。为此，他亲自确定了"压强原则"，选定强国高价值客户——"五大国前三"运营商，进行战略性投入，杀进这15个重点客户的网络。这些运营商都是全球或欧洲最有影响力的客户，对产品、技术的要求也是最苛刻的。余承东喊出"要爬就爬最高的山峰"，让大家挑战市场最高目标。所有相关主管要立军令状，不敢接目标的就地下课换人，达不到目标的也要换人。最后在三年之内，华为拿下了这15个运营商中的12个，在欧洲的市场份额、盈利数据和品牌形象大幅提升。

依靠创新的、拥有巨大技术和成本优势的解决方案，仅仅不到三年，华为无线基站在欧洲的市场份额从9%飙升到33%，高居市场第一。这次在欧洲的规模突破，一举奠定了华为在全球通信市场的地位。

在创新上，华为的分布式基站解决方案更是获得了2008年度中国国家科技进步二等奖，这是2008年度中国通信领域的最高奖项，同时也是继智能网、下一代网络（NGN）、智能光网络等解决方案之后，华为再次获得的国家级大奖。而鲜有人知的是，余承东是这个解决方案的第一发明人。余承东本身一直就不是纯粹的市场人员，而是当年单枪匹马就敢成立无线产品线的研发工程师，华为最成功的产品经理。

可以说，如果不是余承东的研发团队创新性的第四代基站研发成功，华为在无线通信领域就不可能打败爱立信、诺基亚，占领欧洲市场，也就没法在2013年超越世界通信霸主爱立信，成为全球最大的电信设备服务供应商。通过打造最好的产品，锻造最能打的团队，华为无线产品线在余承东的带领下，也史无前例地在华为内部获得了"圣终端"的光荣称号。

4.5　商业设计：构建企业价值创造、传递和获取的全过程

商业设计，就是商业模式设计，即企业要回答在企业现有的情况下，如何赚钱，赚多少钱，以及如何持续性赚钱这三大企业经营的根本问题。

商业设计是SDBE领先模型中比较关键的环节，要与前述的标杆管理及差距分析、价值洞察、战略构想和创新组合等部分保持前后一致。具体来讲，就是要基于差距分析和价值洞察，在战略构想的指引下，通过新问题

和新变化来定义创新组合。然后从客户选择出发，关注客户价值主张，结合内部能力，对企业活动范围进行界定，寻求独特的战略控制点，以实现价值获取，并提升长期的盈利能力。

BLM刚被引入华为时，一开始是被应用到销服体系，用来提升中高层管理者领导力和思考力，后来被应用到了研发体系，与IPD体系中的MM工具相结合，逐步发展为华为公司在整体层面上的战略规划和执行管理工具。

对中小型企业而言，公司商业模式设计不要搞得太复杂，围绕以下的基本逻辑设计：客户是谁（企业内外部）？客户的核心需求或痛点是什么？我用什么产品和服务去满足这个需求？产品和服务的交付路径是怎样的？怎么从客户那里收钱，获取利润？与竞争对手相比，怎么确保更好地实现目标？

大中型企业的商业设计则复杂些，因为可能涉及各事业部、多产品线的细分市场的业务策略和业务计划的制订，而这些工作是需要技术、研发、销售、交付、客服、财经、人力资源等各级部门主管一同参与的。

4.5.1 客户选择：以客户为中心，是华为整个商业设计的起点

一切企业经营艺术的起点是客户选择，即如何识别企业的目标客户，对其进行分类，并为其提供有针对性的产品和服务。

目标客户，对特定企业而言，是指对本企业的产品或服务有显性或隐性需求，并且有购买能力和意愿的客户。目标客户是市场营销工作的前端，企业只有确立了消费群体中的某类目标客户，才能展开有效且具有针对性的营销事务。

客户选择，一般是指企业在明确的业务模式和市场组合中，根据客户的需求偏好、痛点排序、组织特征、决策特点、价值等因素对其进行分类，确定目标客户，并确定相应的销售模式，为其提供有针对性的产品或服务。

在企业经营实践中，如果不按一定标准对目标客户进行识别和区分，试图对所有客户用同一标准、同一模式进行产品开发和提供服务，就会极

大地降低企业经营的效率。客户选择，实际上就是按企业事先确定的相关标准，将既定市场的所有客户进行分类，以更好、更有效率地对其服务的过程。由于企业的资源和精力是有限的，根据客户需求、痛点和购买意愿及能力的不同，对客户进行差异化的、更精准到位的服务，将使企业具备更强的竞争能力。

传统观念认为，所有客户都同等重要，客户越多越好，因而盲目扩大客户的数量以追求销售规模的扩大。但是，企业每增加一个客户都需要占用一定量的资源，而边际效应则是大幅递减的。同时，企业的资源是有限的，这就决定了企业不可能什么都做或者什么客户都争取。竞争者的存在，也决定了任何一家企业不可能"通吃"所有的购买者。企业只能选择那些支付能力强，信用好，与企业的产品、服务和能力相匹配的客户。

一般而言，经过之前的"五看、三定"，我们将能够识别一些战略性、全局性的客户，他们对本企业的长期发展具备战略性的意义，这样的客户也就是所谓战略客户。

战略客户就是对本企业的长期发展至关重要，对全局起决定性作用的客户，这里包括销售规模大、盈利多的客户，也包括经过市场调查、预测、分析，被判定具有较好的发展潜力，会成为竞争对手重点突破对象的客户。

如果某些客户，虽然在当期或中短期情况下，企业在该客户群体中实现销售的可能性不大，但是从长期来看，这些客户对于企业的核心竞争力的构建，对于研发、品牌、服务、运营等综合能力的提升，有着重要的引领意义，那么也需要聚焦该客户群体去进行服务。

高质量、高效率地确定企业的目标客户，这是商业模式设计的起点。**我们一般就客户购买意愿、销售实现难易程度、客户支付能力以及战略匹配度，对客户群体进行定性或定量排序。**

经过分析和汇总，得到如下的表格，我们可以把如上四个维度，每个维度以1—5分进行量化，最后得到客户群体的排序。

客户群体排序表

客户名称	购买意愿	销售难易	支付能力	战略匹配度	总分	客户排序
A客户						
B客户						
C客户						
D客户						
E客户						

客户选择之所以是商业模式设计的起点，是因为不同的客户群体，对于企业所提供产品和服务的要求不同，对产品和服务的购买意愿和购买能力也不同，企业接触该客户的渠道和方式不同，企业在该客户身上的盈利诉求也不一样。也就是说，客户的选择，将决定后续价值主张、活动范围、盈利模式、战略控制和风险管理方式。

以华为为例，其在客户选择上也经历了三次重大的战略转型。在初涉通信领域的时候，诺基亚、爱立信、摩托罗拉等国际巨头几乎垄断了整个通信市场。同时，任何一个产品从研发到占领市场，都会经历一个非常漫长的过程，站在客户的角度，出于产品稳定性和品牌公信力的考虑，也不敢轻易使用一家小公司的交换机。依当时的能力，华为也根本成为不了省市一级的电信运营商的选择，此时，华为只能选择农村市场的电信客户，也就是县一级的邮电局。这些客户对产品的价格要求比较苛刻，而且定制需求多，以及对供应商的快速服务响应要求比较高，因此华为在技术、产品实力不足的情况下，依靠低成本的设备和良好的服务，较好地支撑了自己各方面的原始积累。

经过十年左右的艰苦奋斗，奋发图强，华为已经有了良好的产品体系、人才储备和管理体系，并有了一定的品牌知名度，于是开始从电信领域进入包括程控交换机、光网络骨干网、智能商业网、无线基站等在内的多解决方案领域，并初步选择国际化乃至全球化的电信运营商作为其客户。这一时期华为通过向IBM和西方行业标杆学习，逐步积累起自己全球化商业运作的能力，并初步实现了国际版本"农村包围城市"的战略目标。

在华为公司成立二十年左右的时候，华为产品线、解决方案进一步健全，管理体系、品牌影响力、渠道能力、供应链能力再次大幅提升，于是开始选择电信运营商以外的客户，包括企业客户和消费者客户。华为针对这些不同的客户，后续进行了一系列不同的商业模式设计，包括战略解码、经营计划、执行措施管理等，保障了华为在不同客户侧战略目标的实现。

在华为公司成立三十周年的时候，由于通信管道战略的宏观及产业环境发生了较大的变化，2017年底，华为刷新公司的愿景，宣称公司致力于"云、管、端"三位一体的建设，并开始了全场景的商业运作，要把数字世界带到每个人、每个家庭、每个组织，致力于构建万物互联的智能世界。通过芯片、操作系统的研发及产业链生态的构建，华为将客户选择的范围进一步扩大。

华为拥有的ICT领域核心技术和同行并无太大差别，只是通过不同的事业部，在不同的客户群体中，通过不同的途径进行变现而已。华为每次战略转型都取得成功，与其准确的客户定位与选择是分不开的，这也是华为的核心理念"以客户为中心"在实际工作结果中的体现。

4.5.2 价值主张：聚焦产生力量，识别客户核心、关键的需求和痛点

价值主张，就是企业要为目标客户提供和传递什么样的独特价值，或者企业的产品或服务帮助客户实现了什么价值。客户选择本企业的主要原因是什么。我们一定要深入分析客户最核心的、关键的需求，从而尽最大努力确保企业所提供的产品和服务是最符合客户所需的。

应该从客户的角度，而不是企业自己的角度陈述价值主张。在SDBE领先模型中，我们在对价值主张进行分析时，一贯提倡的是倾听客户真实的声音。倾听客户、分析客户、聚焦客户，对行业、市场和客户进行全方位的价值洞察，在此基础上制定合适的价值主张、战略构想，进而形成正确的商业设计。

华为多年以来，坚持以客户为中心，认为该价值主张是企业核心竞争力的根本来源。华为认为只有围绕目标客户的核心需求和痛点来构建自己的产品和服务，协助客户实现商业成功，自身才能持续地获取利润。

任正非对满足客户需求、解决客户痛点、实现客户价值有着极其深厚的理解。

他说："我们要搞清楚客户的痛点在哪里，我们怎么帮助客户解决他们的痛点。抓住客户的痛点进行表达，才能打动客户，让客户认可我们。我们要让客户认识到华为才是他们真正的盟友。当然除了技术，未来的商业模式……也是我们要表达的内容。

"我们现在应该给客户展示未来，我们不展示历史。客户天天跟我们打交道，早就对我们很了解了，为什么还要叫客户复习一遍呢？客户只是不知道未来会是什么样子，我们也不知道客户的未来是什么样子。在苹果公司推出 iPhone 之前，大家根本想不到移动互联网会大大地超过固定互联网。所以我们要知道客户到这个地方来他关心什么？人家是来研究自己看不到的未来。

"我们从一开始和客户的沟通，就是共同去探讨我们共同的痛点，探讨未来会是什么样子。一上来就要让客户感知到这个就是他想找的，让客户看到他的未来，认同这个未来，然后和我们一起去找解，看我们能给客户提供什么服务，帮助他走向未来。这样的沟通和探讨才能引人入胜，客户才会关注我们解决这一问题的措施和方案。只有当客户深刻地认识和理解了我们，他才知道我们这个战略伙伴和别人有什么不一样，才知道我们能提供给他的是什么样的未来，才会买我们的设备，我们才能活下来。"

在我们多年的实践中，我们认为客户的价值主张主要分为两类，一类是客户的需求，包括隐性和显性需求；另一类是客户的痛点，即客户的困难和问题。只要牢牢抓住客户的这两类价值主张，企业基本上就能保证经营方向不走偏。

关于客户需求和痛点，曾经有一个很有名的段子。大致意思就是说在汽车尚未出现的时代，你去做消费者调研，绝对看不到人们对汽车的需求。福特的一句名言——"如果当初我去问顾客到底想要什么，他们会回答说要一匹跑得更快的马",能够很好地说明这种情况。

客户真实的需求或痛点,同他所陈述的其实并不一致。在这个例子里,"我需要一匹跑得更快的马"其实是一个客户所认为的需求,他的真实需求事实上是更快更好的交通运输方式,把他从一个地点安全、顺利、舒适地带到另一个地点。因为对客户来讲,他从来没有看到过汽车,怎么可能回答你需要汽车呢?汽车对他来讲,是一个不可想象的东西。

再如华为手机产品线,曾经大规模开展过对消费者的需求调研,绝大部分客户的反馈,是需要更好的外观、更大的屏幕、更长的电池续航时间、更大的内存空间、更好的拍照质量等等。但是,如何去理解并实现客户的需求,这是复杂的问题,需要高超的技能。

如要想呈现更好的外观,就需要有指纹解锁、AI识别、TOF[①]景深处理,乃至万物协同的操作系统方面的技术作为支撑,这些需求是超出普通消费者想象的。因此只有深刻地理解和洞察客户,理解客户陈述现象的背后逻辑,挖掘客户核心需求,我们才能真正开发出符合客户综合需求的产品和服务,从而保证企业商业变现逻辑实现闭环。

真正卓越的企业,无一不是在客户需求和痛点洞察方面有着独特的眼光。靠亦步亦趋去拷贝和模仿,是不可能成为行业领导者的。在古代没有汽车、飞机的时候,用户出行的需求可能仅仅是想要更加便捷快速,但是那时候客户不会提出我想要汽车或飞机这样的出行工具的想法,甚至大多数人觉得想要汽车或飞机这样的出行工具的想法简直是异想天开。所以这样的产品不是用户自己想到的,而是企业要在深刻洞察客户的需求基础上,依靠领先的技术和研发能力,提供创新的解决方案。

一旦企业识别并确定既定的目标客户,就要详细分析客户的需求和痛点,并对客户进行综合画像,确定其价值主张的优先排序。在实际工作当中,我们推荐使用量化表格的方式来进行,如下表所示:

---

① Time of Flight的缩写,意为飞行时间,工作原理是通过不断向被摄物体发射光信号,然后通过摄像头接收到的反射时间来判断距离,通过距离信息获取物体之间丰富的位置,捕捉更多细节,得到很好的景深反馈。

客户价值主张排序表

客户价值	价值主张描述	优先级	责任部门
价值主张 1			
价值主张 2			
价值主张 3			
价值主张 4			
……			

在此基础之上，企业必须投入相关资源，保障已经识别出来的这些需求或痛点能够优先被满足或解决。这样才能保证为客户所开发出来的产品和服务能够被客户所认可，并最终变成企业的收入，实现商业闭环。

这些关键的、量化的、有优先排序的价值主张，结合前述价值洞察、战略构想和创新组合，作为重要的馈入参数，将会在战略解码环节，通过一定的方法分解到年度经营计划（包括KPI和关键举措）当中。**这样的机制确保企业保持着对客户价值主张的响应，确保企业走在正确的道路上，做正确的事，不偏离方向。**

4.5.3 活动范围：取舍之道，有所为，有所不为，聚焦产生力量

活动范围（Scope of Activity）是个不太好理解的术语，我们在BLM的推行过程中，发现如果把这个环节改名叫"价值链参与"则可能更好理解。但为了保持名词和沟通的一致性，SDBE领先模型则沿用了"活动范围"这个术语。

在企业管理学概念中，企业边界（Enterprise Boundary）与活动范围的定义极为接近。明确的企业边界是企业组织结构的基本特征，是一个非常重要的管理概念。**企业边界**是指企业以其核心能力为基础，在与市场的相互作用过程中形成的纵向边界和横向边界，其决定因素是企业经营的效率。企业的纵向边界，确定了企业和市场的界限，决定了哪些经营活动由企业自身来完成，哪些经营活动应该通过市场手段来完成；企业的横向边界是指在企业纵向边界确定的情况下，企业能以多大的规模进行生产

经营。

活动范围一般是指企业的纵向边界，企业自己从事活动的范围以及它从市场上购买的活动范围，也就是说企业决定做什么，不做什么。在企业识别和确定目标客户之后，为了更好地去匹配客户的需求和痛点，企业既可以从所在行业的单一或少数价值链环节开展垂直整合或横向整合，也可以只重点参与少数环节。

传统上，在确定企业的活动范围时，可以从产品与服务层面定义，也可以从市场需求层面定义。

从产品与服务层面定义意味着选择能够最有效地发挥企业产品的优势与特征的领域开展业务，例如，按照企业"6+1"的微笑曲线，华为始终聚焦于产品研发和市场营销，而把生产、行政等辅助性部门进行弱化，或者通过外包采购来解决问题。这是企业针对价值链的垂直整合的体现，也是本章节所讲述的重点。

所谓从市场需求层面定义，就是将具有共同点的顾客归纳到一起，以这些顾客群为受众确定业务领域。如华为始终坚持ICT核心竞争力的打造，始终坚持以ICT领域为中心来定义业务领域，不为房地产、金融等行业所诱惑，在计算、通信、终端、通信电源等相关领域展开经营。这种横向整合价值链，在本管理框架的价值洞察中，通过SPAN和业务组合等方法进行界定，不是本章节的讨论重点。

所有的企业，都有自己独特的竞争优势。这种竞争优势，有可能是企业从创立之初在经营中自然而然形成的；也有可能是企业创始团队通过精准分析，不断加强投入，刻意构建出来的。最终，在市场上参与竞争的各类企业，具有不同的能力和资源。有的擅长市场营销，有的擅长资源筹措，有的擅长技术和研发，有的擅长生产制造，有的擅长成本控制……要求企业在所有领域、所有环节都擅长，这既不合理，也不现实。这就是华为所深刻领悟的"针尖战略"或"压强原则"。

华为在20世纪90年代末，开始向IBM、微软、摩托罗拉等高科技企业学习，逐步专注于市场和研发，并持续加强这两大部门的建设，即打造"哑铃形"的高科技研发组织。而把其他辅助性的职能，如行政、后勤、法务、生产制造等等，以社会化专业采购的方式，进行活动范围的划分。

华为一直把市场和研发放在经营和管理的首要位置。每年研发投入占销售收入的12%左右，市场投入占销售收入的9%左右。正是靠这种持续高强度的投入，加上采购和供应、生产计划、财务等各方面管理，使得这种投入能变成更大的产出，产生良好的经济效益。

因此，各种企业必须根据客户选择及其价值主张的分析结论，妥善地根据自身的能力，有选择性地参与价值链环节，有取有舍，也就是说合理地确定企业经营的能力和活动边界。对于自己能力不强或客户价值小的领域，要果断放弃或通过合作伙伴来弥补自己的短板；对于自身能力很强，或者客户价值主张强烈的关键领域，一定要加强长处的发挥或持续投入资源去构建能力，以保障商业设计的成功落地。

即使是完全相同的产品和服务，针对不同的目标客户，因其价值主张的不同，企业的活动范围或商业设计也有可能大不相同。相反，不同产品和服务，如果其目标客户是相同的，则商业设计可能也是相同的。

根据以上的分析，目标客户不同，其价值主张也不同，这很大程度上决定了企业活动范围或能力边界的不同，也就是说商业设计将不一样。

4.5.4 盈利模式：华为通过独特的业务设计发现持续而合理的利润区

盈利模式，就是企业在市场竞争中逐步形成的、特有的商务结构及其对应的业务结构，是企业的一种获利方式。或者说，**盈利模式就是对企业经营要素进行价值识别和管理，在经营要素中找到盈利机会**，即探求企业利润来源、生产过程以及产出方式的系统方法。

前面已经讲过有关企业商业模式设计的大致过程，应该是根据客户选择的结果，关注他们的核心需求和痛点，然后通过分析自身的能力、发展现状和发展前景，谨慎地选择企业的经营边界，以持续、高效地获取客户价值。

那么企业应该怎样通过满足客户需求和解决客户的痛点赚钱？是通过传统的方式，即销售产品和提供服务，还是通过技术许可，抑或是通过收取专利使用费赚钱？主要竞争对手有哪些？企业在其中扮演什么角色？

在过去以产品和服务为中心的商业模式中，利润是结果。公司只关注一个目标，即愿意购买又有支付能力的客户越多越好，产品卖得越多越好，卖得越贵越好。但是随着全球化和ICT技术的持续演进，各种新商业模式层出不穷，很多利润已经不仅仅来自产品的销售，如很多互联网的巨头，真正使用企业产品和服务的用户和享受给企业付费的客户，完全是分离的，即所谓"羊毛出在狗身上"。

盈利模式设计，或者说价值获取问题，即"如何让客户满意，持续花钱"，是企业业务设计中最关键的要素，超额利润可以通过许多不同的途径来实现。对企业来说，清晰地了解自己的盈利模式十分重要。

企业作为营利性组织，逐利是所有企业的本能。弄清楚利润目前来自哪里，未来会来自哪里，是企业最终获取利润的前提。常规的利润观念认为"只要获得了市场份额，利润就会随之而来"，在这种观念的驱使下，企业依靠自身的资产与核心能力，以产品为中心，抢占市场份额，进而获取利润。这构成了常规的价值链模式。

如华为，最初的商业模式与传统高科技企业一样，是以销售产品为主，逐步也引入了服务、咨询、融资、网络运维、网络托管等模式。

在最近几年，华为持续打造高价值的盈利模式，自"管道战略"转向"云、管、端"三者合一的战略之后，更是借助云计算服务、专利授权、生态费用等新型盈利模式，实现自身与合作伙伴及客户的共赢。

盈利模式有很多种，这里给大家大致介绍一下各种模式：

(1) 产品盈利模式

绝大部分企业都是采用这种模式，即通过生产优良的产品来满足客户的需求，盈利就是客户愿意支付的价格与产品成本的差价。因此市场份额和规模越大，盈利就越高。

这种传统的模式，是最流行的商业模式。只要能够做出世界上最好、最便宜、最流行的产品，企业就会赚大钱。世界上赚钱的企业，例如大家熟知的沃尔玛、苹果、优衣库、宜家家居，基本上都采用的是这种商业模式。

(2) 服务盈利模式

传统服务型企业、现代服务型企业及一些互联网新贵多采用该模式。其盈利模式的核心，不是靠提供有形的产品，而是靠提供各类服务来进行价值的获取。

如律师事务所、咨询顾问公司、家教机构、人力外包公司、家政行政服务公司等等，这些机构式企业以提供各种传统的人力服务来盈利。

而像电力公司、电信运营商等等则是通过电网、通信网络等给客户提供服务进行盈利。

再如阿里、京东等，提供电商服务，抽取佣金；滴滴进行平台运营，从第三方提取佣金；谷歌、百度提供搜索服务，收取广告业主的佣金；今日头条通过推送广告给其用户获取收益。互联网行业的各种新型服务层出不穷，盈利方式千奇百怪，免费服务更是数不胜数，"羊毛出在狗身上"，这已然成为一种常态。

(3) 品牌盈利模式

采用品牌盈利模式的企业，其经营的全部核心在于打造企业的品牌形象，以期在目标客户心目中营造高品质、高价格的心智认知模型，所以我们也称这种模式为高价盈利法。

这种盈利方式要求企业有很强的设计能力、品牌营销能力和定价能力。基本上，所有的奢侈品企业、高端消费品企业走的就是这条路线，如路易威登、普拉达、爱马仕等，其产品的零售定价一般是成本的十倍以上。

(4) 垄断盈利模式

采用垄断盈利模式的企业往往在某一细分领域、某类资质、某种资源上做到垄断。中国烟草、中石油、中石化、中海油、国家电网、中国铁路总公司、中国移动等央企，属于行政垄断经营。微软、英特尔、高通、甲骨文、三星、台积电等企业，在某些技术领域，由于技术实力非常强，市场份额非常大，造成事实上的垄断，因此可以获取高额的利润。还有国内的BAT，后来的京东、滴滴、美团、今日头条，都在互联网运营领域有事实上的垄断份额，通过这种市场地位，也能获取高额利润。

在很多自然竞争行业，如果没有国家主权壁垒、行政限制等，垄断基本上是不可避免的。因此，这种盈利模式在运营初期，追求的就是用户规模，然后再使用规模化的办法进行价值获取。但是，这种盈利方式要注意规避垄断带来的风险。

（5）专利授权模式

一流的企业做标准，二流的企业做技术，三流的企业做产品。很多技术强大的企业，专门制定标准和申请大量的专利，其核心是通过专利授权盈利。

一般企业为获得与保持市场竞争优势，利用专利授权制度提供的专利保护手段及专利信息，谋求最佳经济效益。

这个说法看起来有点别扭，简单说，专利运营，是以专利申请、专利授权为运营对象，以市场化运作为手段，将专利的创造、布局、运筹、经营嵌入企业的产业链、价值链和创新链的运作过程中，促进企业创新资源的整合和资源配置结构的优化，从而实现专利市场经济价值最大化的行为。

采用该模式的企业最典型的是通信领域的高通，医药领域的辉瑞、拜耳，农业领域的孟山都，化工领域的杜邦，芯片制造设备领域的阿斯麦尔，这些企业不但有强大的产品，而且由于其技术强大，甚至是处于事实上的垄断地位，因此有巨大的超额利润存在。

以上是企业界比较常见的盈利模式。在21世纪初，企业界有一本非常著名的书，叫《发现利润区》。在华为管理工程部及商业模式设计部，基本上所有同事人手一本，笔者当时也做了详细的研读。

什么是利润区？《发现利润区》一书中明确指出，**利润区**是指为企业带来高额利润的经济活动领域。利润区中的利润，不是平均利润，不是周期变化的利润，也不是短期的利润，而是持续的和高额的利润。企业处于利润区的话，将获得巨大的价值。任何有志于成为百年老店的企业都需要关注利润区。

《发现利润区》这本经典的商业模式设计著作中，讨论了12家当时最成功的企业及其领导者的利润策略，总结了这些公司成功的商业模式。它通过实例讲解了如何使企业始终处于利润区内，明确地阐述了如何把控企业商业设计，最终帮助企业探寻不断变幻的利润模式。

暴利时代已经一去不复返了，在微利时代甚至无利时代，单纯靠产品和服务价差赚取利润已经很难支持企业的运转。企业必须突破传统产品盈利方式，通过商业模式设计和系统架构的整合实现企业的盈利。

为追求企业的长期稳健发展，必须时时刻刻警醒本企业的盈利模式是否过时？企业的商业设计所依赖的环境是否已经发生变化？如果答案是"是"，那么企业就需要启动新的商业设计，以确保战略构想的达成。

总之，一定要让企业盈利成为自觉设计的结果，而不是靠偶然因素来决定。

4.5.5 战略控制：华为把技术作为战略支点，打造长期发展根基

在本书的开篇，我们就论述过，企业战略规划的本质，是在市场竞争中，让企业拥有长期的核心竞争力，目标是长期、稳定地获取超额利润。因此，战略规划的重要目标就是要构建自己的核心竞争能力，保持企业的盈利能力，能够在长期的市场竞争中保持优势地位。从这里，我们就引出了战略控制点的概念。

战略控制点，就是一个企业不易构建、不易被模仿、不易被超越、独特的中长期竞争优势。

巴菲特曾说："一家真正称得上伟大的企业，必须拥有一条能够持久不衰的'护城河'，从而保护企业享有很高的投入资本收益率。市场经济的竞争机制导致竞争对手们必定持续不断地攻击任何一家收益率很高的企业'城堡'。因此，企业要想持续取得成功，至关重要的是要拥有一个让竞争对手非常畏惧的难以攻克的竞争堡垒。""我们喜欢持有这样的'企

业城堡'：有很宽的护城河，河里游满了很多鲨鱼和鳄鱼，足以抵挡外来闯入者。"

巴菲特所言的"护城河"，也就是通常意义上我们所说的竞争壁垒，它是指企业在市场竞争中，基于自身的资源与市场环境约束，构建的针对竞争对手的有效"竞争门槛"以达到维护自身在市场中的优势地位的市场竞争活动。我们一般用战略控制点来对此进行描述。

为确保企业竞争优势和持续发展，在价值链和生态圈中企业必须拥有独特的价值定位。战略控制点通常是支撑价值定位和实现长期可持续发展的关键要素，如果一个企业或大型公司的各事业部，没有找到清晰而明确的战略控制点，则其商业设计大体上是失败的。

在《发现利润区》一书中，作者系统地提出了为企业创造战略控制点的方法。书中介绍的战略控制点的类型多种多样：品牌、专利、版权、产品开发领先、成本优势、分销渠道控制、供应控制、拥有客户信息流、独特的企业文化、价值链控制等。

企业有许多战略控制手段：行业标准、专利、品牌、版权、产品开发提前量、明显的成本优势、价值链控制、客户关系等。一般性地，产品和解决方案领域的战略控制点，主要是在产品规划和研发环节；成本领先领域的战略控制点主要是在采购、生产和物流环节；市场营销领域的战略控制点主要是在营销、渠道和门店等环节。

《发现利润区》这本书，创造性地提出要对战略控制点进行分级管理的理念，我们经过大量的实践和研讨，得到如下的战略控制点：

（1）综合成本控制点

相应的企业的战略核心是做产品，做市场，通过成本领先、提升产品质量、扩大市场等方式来获得优势，具体办法有供应商管理、供应链协同、内部全价值链成本控制，目标是降低产品和服务的综合成本，扩大市场份额，加强企业竞争能力。

这类企业有很多典型，如富士康、宜家家居、沃尔玛等以生产和营销为主要竞争力的公司，实际上规模化的企业管理是其核心优势。富士康等企业的战略控制点不仅仅只有成本优势，但是10%—20%的成本优势是富士康一个很强大的战略控制点，而且在很长的时间内能够得以维系，很多企业都无法和它竞争。

当然，富士康等企业所构建的战略控制点肯定不止这些，肯定还包括供应商合作管理、营销能力管理、政府沟通能力、海量产品和工人管理等等，所以富士康等企业，虽然具体做的事情比较辛苦，赚的也是辛苦钱，但是应该说是构建了一个相当健康的商业模式，对其上下游企业而言，都是强有力的支持，因此这个商业模式相当于有一个很强的战略控制点。

（2）综合能力的控制点

一般是通过做解决方案、做品牌营销，构筑其在功能、性能和品质上的综合领先优势，具体方法有做好产品及解决方案，提升公司形象，提升质量标准，等等。

相应的公司其实有很多，如空调行业的格力、早期的华为、早期的日本家电企业等等。每个行业的龙头公司基本上都拥有综合能力的控制点。由于在综合能力上领先其他竞争对手，因此相比同行，拥有事实上的领导地位和定价权，相比竞争对手就有长期的超额利润存在。同竞争对手相比，这类公司没有压倒性的优势，靠的就是综合实力的领先，但这种战略控制点不是特别稳固。

（3）技术、品牌、客户关系上的控制点

由于技术积累、品牌影响力和客户关系的构建都需要耗费较长的时间和较多的精力，因此这种控制点一旦形成，其竞争优势也是相对稳定的。

技术上的控制点，如现在的三星和台积电，其在芯片制程上，比所有对手要领先一年甚至更长的时间。在材料领域、工艺领域和设备领域都需要很强的积累，只要没有如政治或行业之外的因素干扰，在技术军备竞赛上，它就能够掌握话语权，从而控制产业的发展趋势。而且由于技术上领先其他的竞争对手，它的单价明显会比别人高很多，因此其超额利润的存在是持续的。这种情况下，控制点的风险因素来自它本身的管理以及技术

的极限点。

以品牌作为控制点的典型企业有很多，如前面所提到的那些奢侈品公司、日用品中的宝洁、饮料行业中的可口可乐、B2B领域中的IBM，甚至现在的华为，而且对客户来说，由于长期的心智模型认知，他们愿意付出一定的溢价来选择一个信誉卓越的企业。特别是在消费者领域，品牌是个很强的战略控制点。

从本质上来讲，客户关系就是你的客户对你的忠诚和依赖的关系。其实严格意义上来讲，立体的、组织型的客户关系是一个深层次的战略控制点。简单一点来讲，好的客户关系表现在客户和你接触的每一个细节，要让客户得到非常好的感受和体验。此外还具体表现在日常业务往来的普遍客户关系、双方中高层联结的关键联系人之间的关系都维护得很好，双方组织间的战略客户关系，保持着密切而顺畅的对接。

像IBM、华为、甲骨文、惠普、联想，都非常重视客户关系。这种良好的立体型客户关系构建出来的战略控制点，它的效率，或者说运营效率和管理效率是非常高的。

（4）垄断市场和价值链上的控制点

之前我们讲述过，垄断地位的形成有很多原因，有行政的原因，有资质的原因，也有自然竞争的原因，但不管怎样，一旦垄断市场地位形成，企业就能凭借其无比庞大的市场规模，很容易形成盈利控制能力。

对做技术、做标准、做价值生态链的企业而言，具体办法有维护媒体和政府公共关系，打造国际标准和平台，持续保有标准和专利的拥有权，打造生态合作伙伴联盟，开创协同创新平台，以维持企业在行业中的领导地位甚至是垄断地位，获取长期竞争力。

典型的代表有腾讯旗下的QQ和微信，阿里巴巴旗下的淘宝和支付宝，字节跳动旗下的今日头条和抖音，等等。这种状况是典型的赢家通吃，一旦你构建出来绝对的市场份额，就可以把和客户的联结搞得很牢固，成本控制得很低，能够迅速把其他竞争对手消灭掉。

如果在绝对的市场地位之上，还有技术、标准以及生态链上的控制点，那么典型的企业就是苹果、微软、英特尔、亚马逊、辉瑞、高通等等。如微软和英特尔构建了Wintel联盟[①]，基本上把价值链牢牢地控制在自己手里。如英特尔，它控制了服务器和PC（个人计算机）产业链，英特尔只卖核心的芯片，其他的部分让合作伙伴来做。但整个服务器发布的节奏、性能、规格、功能，大部分都被英特尔控制在自己手上，是一种典型的价值链控制。再如高通，即使到现在，绝大部分做手机的公司（除了中国部分公司以外）每年都需要向高通交高额的专利授权费，业界称为"高通税"。

华为由于手机终端业务受损，也在向高通学习如何通过庞大的专利授权进行利益获取。最新的消息，苹果从现在开始每年要向华为交纳数额不菲的通信专利费用，因为只要使用通信方面的专利，就绕不过华为的专利授权，就要按相关法规缴纳知识产权费用。

企业战略控制点的规划过程中，外部专家和内部管理人员不断研讨和碰撞。我们一般采用分维度打分的方式评估现状和未来目标，找到其中的差距，并逐步改进。然后对企业的价值链布局进行分析，找到每个环节的可改进方面，并给出优先级区分，最后落实到战略执行的关键任务中。

在产品和技术的研发领域，华为已经取得长足进步。以下仅从技术标准打造和专利储备方面，对华为的战略控制点进行阐释。在这两方面，华为对齐西方巨头和行业标杆的努力是不遗余力的。

华为在成立之初，就把自己的核心竞争力放在产品和技术上。华为只要赚了钱，第一个想法就是加强技术实力。与联想的"贸工技"策略不同，华为是真真切切地把产品技术放在与客户和市场同等重要的位置，坚决不做技术的组装工和搬运工。

自2019年5月起，面对美国政府全球范围的疯狂打压，华为岿然不动，任正非更是放言："没有美国市场，华为仍旧可以做到全球第一。我们也不怕美国的制裁，因为华为的技术更为先进。这个世界只有先进制裁落后的道理，西方不亮东方亮，华为现在无非就是市场收缩一些。"

---

① Windows操作系统和Intel微处理器的联盟。

在国际标准制定方面，华为2018年报显示，华为累计加入400多个国际重量级标准组织、产业联盟、开源社区，担任超过400个重要职位。仅2018年，华为提交标准提案超过5000篇，累计提交近60000篇，是全球范围内标准制定方面极具分量的科技企业之一。以5G领域为例，目前华为的核心标准提案和专利授权数量均排名第一，成功地在这个领域替代了2G/3G时代爱立信和高通的支配地位。可以说离开华为，5G这个产业标准将无法运转。

在专利授权和储备方面，根据世界知识产权组织（WIPO）的数据，2018年华为向WIPO提交了5405件专利申请，远远高于其他公司，名列首位。同时，华为创下WIPO历史上由一家公司提交国际专利申请量的最高纪录。在这5405件国际专利中，有三成是5G专利，这奠定了华为在5G领域不可动摇的领军地位。在新闻发布会上，WIPO还特别罗列出全球其他一些公司的国际专利申请量。华为国际专利申请量是第二名三菱电机株式会社申请量的近两倍，可谓建立了绝对的技术优势。

另以无线通信领域为例，华为在国际标准中拥有2000多件基本专利。其中2G领域所拥有的基本专利量占全球总数的3%，3G领域所拥有的基本专利量占全球总数的6%，4G领域拥有超过800件基本专利，占全球4G领域的15%，已经位列全球第一。而在5G领域，华为更是领先于业界的所有竞争对手，从而在5G无线通信领域构建了不可动摇的战略控制点。

我们经常在华为内部研讨，战略控制的极致是哪怕对手看清我的底牌，甚至拿到我的整个战略规划，却依然没有办法阻止我前进的步伐，因为战略控制点的成功构建，从来就不是朝夕之功，需要长远而坚持不懈的努力。在绝对的实力，或绝对的核心竞争力面前，所有的阴谋诡计都是浮云。从这一点来看，战略控制点可以说是整个战略规划和执行的根基所在。

4.5.6　风险管理：识别战略规划中的主要不确认性并设置预案

这个世界唯一不变的就是变化，变化就是不确定性，就是风险。有的变化是好的，我们要积极拥抱；有的变化可能是我们不希望看到的，因为会给企业的经营带来风险和危机。

如何对影响战略成败的不确定因素进行深度的识别、理解与管理？

战略规划中的风险管理，是指对企业发展战略目标、重要资源、核心竞争力、企业效益产生重要影响的各种不确定因素，进行预先识别和预案处理。

企业经营过程中的各种风险无处不在，企业必须从战略的角度来规划和管理危机、风险，"如果你没有关注风险，那你就没有关注正确的事情"。

2019年，75岁的任正非在深圳坂田华为总部会见了一位日本人，他的名字叫井出博正。你不一定听过井出博正的名字，但他写的歌《北国之春》，你肯定听过。任正非通过他人，把一生中最熟悉、最喜爱的歌曲的作者请到了华为，亲自与之交流。

任正非曾说过："我曾数百次听过《北国之春》，每一次都热泪盈眶，都为其朴实无华的歌词所震撼。"任正非说他幼时在贫穷的贵州，这首歌可谓伴随了他的成长，对他个人和华为公司的经营都有很大影响。

早在2001年，任正非曾经写过一篇同名文章。在这篇文章中，他说："华为经过的太平时间太长了，在和平时期升的官太多了，这也许会构成我们的灾难。**泰坦尼克号也是在一片欢呼声中出的海……从来就没有什么救世主，也没有神仙皇帝，要创造美好的明天，全靠我们自己**……高科技企业以往的成功，往往是失败之母，在这瞬息万变的信息社会，唯有惶者才能生存。"

只有企业的各级主管始终充满着危机意识，时刻提防战略规划和执行过程中的"黑天鹅"事件，为可能到来的风险做准备，企业才可能在长期竞争中存活下来，实现"活得久，活得好"的战略目标。

那么，在战略管理中所识别的风险是独立的，还是系统的？我们究竟如何通过更好的风险管理增加成功的可能性，同时降低失败的风险？我们如何使用系统性的办法，同公司的其他业务单元或职能部门配合，以便更好地进行风险管理？风险预案应该怎么做，怎么执行？这些风险管理领域中的重大问题，必须在商业设计中予以重点考虑。

风险管理的前提是准确识别风险。"风险"不同于"问题",一是风险的存在和发生,有一定的偶然性;二是风险存在客观性,只能通过制订预案来减少影响,而不能阻止。风险管理就是要针对识别出来的主要风险制订预案,减少甚至消除风险发生可能造成的影响。

一个企业,其发展各阶段都伴随着风险与危机。无论是初创企业,还是发展中的企业,乃至行业巨头,都会遇到生存和发展的风险,甚至会遭受突然死亡的威胁。

华为对于企业经营过程中的风险和危机的识别,最主要的来源就是之前我们在价值洞察环节分析的五大方面——宏观、行业、客户、对手和自己,企业可以从这些维度进行分类判别:

宏观环境风险:包括全球政治、经济环境的变化,如新冠肺炎疫情蔓延,美国对华为的制裁,大的国际金融、军事等地缘政治问题的影响,等等。

行业变化风险:行业技术的演变、行业趋势的发展、竞争对手的整合等,可能带来整个行业格局的变化。

客户变动风险:客户的核心需求、主要痛点、客户高层组织、决策模式和投资重点的变化,都会给企业的经营带来不确定的风险。

竞争对手风险:主要竞争对手,或者不在视野范围内的恶性竞争对手,进入企业形成营收的主要市场,给企业所带来的不确定性影响。

自身经营风险:包括组织能力风险、组织老化风险、接班人风险、财务风险、安全风险、公共关系风险、供应风险等等。

当然还有其他的风险,这里就不再一一列举。尽管我们都不喜欢风险和危机,但是风险和危机总是不断衍生,我们无法避免,我们只能积极面对,提前做好规划和风险应对计划,将风险和危机带来的影响降到最低,甚至"转危为机",使得危机成为企业发展过程中的一个个催化剂。

那么,企业究竟应该如何来做战略风险管理,从而减少战略失败的可能性呢?以下是我们常见的处理步骤:

①风险辨识:发现、识别并描述可能影响战略或其结果的风险,包括风险的严重性、可能性、出现时间、持续时间等。

②**风险分析**：明确每种风险发生的可能性和后果，并对风险进行定性的分析，如有可能，制作战略风险管理图。

③**风险定量**：企业要通过定量分析，来确定风险大小，并对各种风险进行排序，风险大小是可能性和后果的组合。定量排序需要采取一定的量度标准，如经济资本风险、市场价值风险。

④**风险预案**：通常所说的风险应对计划。在此步骤中，评估最高级别的若干风险，并制订计划来明确这些风险发生时的处理方式，在可接受的条件下，把风险造成的影响降到最低。风险预案至少应该包括风险缓解策略、预防计划和应急计划，以及相应的责任部门或责任人。

⑤**风险监控**：对重大风险进行造册登记，并使用它来监视、跟踪和审查风险。其中还包括风险机会的辨识，即企业是否能够将风险转变为机会。

4.5.7　华为终端各品牌：独立商业设计，对标各巨头大获成功

当2004年华为决定成立终端公司，并于2005年获得了生产资质时，华为并没有想过要把手机做大。手机或终端业务，只是华为向运营商客户提供端到端解决方案时的一个配套。很长的一段时间内，华为只是向运营商客户提供定制机型，不直接以华为的自有品牌面向个人消费者，也没有自己的销售渠道，主要还是依靠传统的B2B模式进行产量的消化。

由于这个原因，终端业务在华为内部非常尴尬，爷爷不疼，姐姐不爱。贡献不大不小，既不属于所谓主航道业务，也贡献不了很高的利润。也是因为如此，华为管理层对终端业务投入不足，导致终端部门的士气比较低，出的干部也非常少，整个组织和业务都比较迷茫。以至于华为在2008年甚至想把手机业务卖掉，只是遇上了金融危机，买家并没有报出华为心仪的价格，没有卖成，于是华为决定继续定制白牌机的生意。所以，外界所盛传的华为从2003年就决定大举投入做手机，这个说法其实不太准确。

以下案例就讲述了华为终端业务，特别是手机业务，包括荣耀品牌、Mate系列、P系列以及nova系列各品牌的商业设计和竞争过程，供大家

参考。

随着智能手机的兴起,特别是苹果和三星的成功转型,让以任正非为首的华为最高管理层慢慢开始思考手机业务乃至于华为整体战略转型问题。在2009年,随着iOS和安卓系统的争斗,华为也跟上步伐在西班牙的"世界移动通信大会"上首次展示了其首款安卓智能手机。据说,华为也是首批与谷歌接洽的重量级厂家。但2010年华为智能手机的销量只有300万台,而且是价格非常低廉的中低端定制手机,基本是在运营商门店通过"充话费送手机"方式销售出去的。

华为初步决定终端业务转型的时间是2010年底,当iPhone和安卓系统都大获成功,手机终端也从通信功能终端转型为移动智能信息处理终端时,华为终于意识到终端市场可能是一个前所未有的海量市场,如果再坚持以前的做法,有可能会错失一个巨大的战略机会点。

于是2011年在三亚会议上,任正非等高层决定举公司之力,把终端业务作为一项战略投入来做,即把公司的"管道战略"调整为"云、管、端"三位一体的战略,向三星和苹果看齐,做自有品牌手机,争取用十年甚至更长时间,成为终端行业的领导者。

为此,任正非亲自点将余承东,让其担任新成立的消费者业务CEO。据说,当时任正非给余承东提出的要求是,"在终端行业中再造一个华为"。2011年,华为集团的营收是2000亿元人民币左右,而在2017年华为终端公司的营收达到2370亿元人民币。余承东带领华为消费者业务团队,用了不到六年的时间,实现了当年任正非点将时所提的要求。

余承东更是于2018年向华为最高管理层承诺,在五年之内,向苹果看齐,把华为终端的营收提升至惊人的2000亿美元。只是余承东的这个承诺和规划,以及华为终端的发展势头,随着美国政府把华为列入"实体清单",对华为进行全面技术断供,暂时被打断。

虽然2011年任正非等华为最高管理层确定要对标三星和苹果,大举进入消费品领域,坚定走将自有品牌做强做大的道路,但是与三星和苹果相比,差距实在太大。那余承东又是怎么带领团队,对华为终端,特别是手机业务进行商业设计的呢?

2012年，当时的华为，不要说挑战三星和苹果，就连新成立的小米，对华为来说，都是一座不可企及的高山。小米公司自决定做手机以来，保持了令世界惊讶的增长速度。

小米公司在2011年8月发布第一台手机，当年就售出智能手机30万台，2012年售出智能手机719万台，2013年售出智能手机1870万台，2014年更是实现数倍的增长，售出智能手机6112万台。小米的营销方式、手机设计思路、极致性价比，以及连年攀升的手机销量，都让当时的余承东深深羡慕。

当时，可以说国内手机市场刮起了一阵小米风。那个时候，华为的余承东和小米的雷军还处于"蜜月期"，余承东在其数条微博中都提到了华为和小米之间的差距，可以说当时的小米确实是余承东治下的华为终端业务所学习的对象。

我们可以从余承东2012年所发的数条微博中看出他对小米在销售渠道管理和产品设计等方面的欣赏，甚至是羡慕之情。余承东在2012年3月一条微博上直斥华为的一些销售主管"很不开放，水平很低，却很自负"。

高不成，向三星和苹果，甚至是小米学习他们的长处，补齐能力和短板需要时间；低不就，再走原来"中华酷联"（中兴、华为、酷派和联想）的定制白牌机的老路也不行。那么，华为手机之路，究竟应该怎么走？

临渊羡鱼，不如退而结网。目标再远大，赶超的道路也得一步一步来走。华为消费者业务在余承东的带领下，还是准备按照行业的规律，按照华为的风格和打法，按照华为战略管理的套路，从标杆管理和差距分析做起，踏踏实实向三星、苹果，甚至是小米学习。甘当小学生，把通信领域的成绩和骄傲收起，放低姿态，学习友商和竞争对手的一切长处，默默积攒实力。

由于三星、苹果与小米的差异性太大，为了切实对标小米，向小米学习并与之竞争，华为于2013年成立了荣耀（Honor）品牌，是聚焦互联网营销方式的手机品牌。荣耀品牌定位：年轻时尚人群。该品牌追求更快变化来适应移动互联网时代，准确认知互联网的本质——平等，开放，去中心化，具有高性价比。

荣耀品牌的商业设计，完全对标小米。用雷军的话来讲，荣耀对小米的学习，是像素级的拷贝，包括产品的设计理念和思路、销售渠道的运作方法、电商的运作、定价，甚至广告用词都非常接近。这种贴身肉搏的打法，让小米很不适应，但对华为来讲，非常有效。在2014年，荣耀正式公布品牌成立一年来的骄人业绩：2000万台手机销售量，近30亿美元销售额，近30倍的增长，成为手机行业成长最快的品牌。现在荣耀单品牌的销量，已经超过小米和红米的销售总和，成为世界知名的互联网品牌手机。其实，早从2017年或者2018年起，荣耀品牌已经不把小米作为对标学习对象，而是像其老大哥华为品牌一样，转身对标苹果手机。当然，由于遭遇美国芯片断供，2020年华为将荣耀整体打包出售，荣耀被迫单飞。荣耀在成立之后的八年时间里，同华为其他品牌一样，创造了骄傲的成绩。据说荣耀出售的价格高达数百亿美元，给华为多年对荣耀的投资带来丰厚的回报。

超越小米相对比较容易，因为小米的战略控制点在于营销手法和性价比。根据我们本章的分析，这些战略控制点层次相对比较低，营销、性价比，比拼的是执行力和组织能力，这些其实都是华为的强项。

比较艰难的是如何对标三星和苹果，而且三星和苹果，其商业模式也不尽相同。三星和苹果的战略控制点，都是接近产品生态链控制级别的。一个是全球手机销售巨头，拥有芯片、内存和屏幕等核心部件的控制；一个是拥有狂热粉丝影响力的厂家，拥有芯片、操作系统、强大的供应链以及强大的品牌影响力。超越它们，不但需要实力，也需要一点点运气。

运气一般留给有准备的人。2014年下半年，华为发布了一款名为Mate7的大屏智能手机。该手机屏幕大，续航时间长，再加上拥有指纹解锁等功能，深受商务人士喜欢。Mate7推出后，一度出现一机难求的断货状态，每台Mate7手机甚至需要加价1000—1500元人民币。有业内声音质疑华为在玩饥饿营销，质疑华为的手机供应链不过硬。手机产品线总裁何刚直言华为确实没有预料到Mate7这么受欢迎。"当时Mate7规划的时候，觉得卖100万到200万台之间就是成功了，备货当时按那个来备的。没想到这么火热，这样一来就出现了产能不足。"

华为在手机产品上，本来就是要在硬件和参数上全面对标三星。做硬件，这是华为的传统优势，业界有意无意就拿华为Mate7与三星Galaxy Note4相比。Note4无愧为新一代安卓机皇，在各方面都保持了自己的领先优势，是一款综合性能领跑市场同行的手机。而华为Ascend Mate7在硬件规格上虽然逊色一些，但有着更加考究的外观设计，全金属机身，并且还有类似iPhone5s的按压式指纹识别系统，4100mAh（毫安时）的电池也有着较大的续航优势，最主要的是定价仅为三星的65%左右，性价比非常高。

Mate7的意外大获成功，让华为坚定了以Mate系列对标三星旗舰手机的想法。此后，华为坚定走硬件创新之路，牺牲了时尚和纤薄，全身心做商务旗舰手机。同时，在品牌营销、线下渠道、产品设计、硬件创新、供应链整合、公共关系等一系列商业设计上，与三星手机展开激烈对攻。Mate7是华为手机进军高端手机市场的第一发冲锋弹，随后的Mate8、Mate9、Mate10都表现不俗，销量很高。

到了2017年，三星又爆出了个丑闻，全球连续发生多起其Note7手机电池爆炸事故，而且在事故发生后，其傲慢的公关态度，连连失误的应对措施，导致三星在中国手机市场上节节败退。截至2018年底，三星虽然依然占据全球手机销量冠军的位置，但在世界最大的手机市场——中国市场上，其市场占有率最低时不足1%。而且三星手机在功能、性能、品质和体验方面，全面被华为赶超。华为的Mate系列手机，针对高端商务需求不断打磨，精益求精，最终Mate20、Mate30、Mate40手机，均取得了较好的市场销售成绩以及品牌美誉度，基本达到了对标并超越三星的目标。

而华为的P系列旗舰手机，就是为对标苹果而打造的。2013年，在华为P6手机发布时，外界曾问过余承东，为何华为手机在命名上从P2直接跳到P6？余承东霸气地回答，就是为了PK iPhone6而命名的。在当时，P6手机与苹果手机存在着巨大的差距，但华为依然敢于摆出与苹果对决的姿态。

P系列作为华为终端产品中的高端旗舰系列，定位时尚精致。不同于和小米拼营销、性价比，也不同于与三星比拼硬件和性能参数，与苹果竞争，不仅注重以科技为本，同时兼顾产品的外观审美，跟随甚至走在时尚潮流的前沿。P系列的每一代产品均会搭载性能强劲的高端硬件，此外，在外观ID设计方面也坚持进行革新，并辅以特殊工艺，视觉层面愈加注重艺术细节美。同时，在客户体验、操作界面优化、品牌营销等各方面，华为尽全力落地P系列时尚手机精品的战略。

根据国外权威调研机构Counterpoint Research（对位研究）发布的报告，2019年中国内地的智能手机高端市场中，华为高端智能手机份额首次超过了苹果。该报告显示，在600—800美元区间的高端机领域，华为在中国已经占据了绝对的份额，市场占有率为48%，超过了苹果（市场占有率为37%）。报告还表明，之前三星的高端用户也都转向华为了，从数据来看，这一趋势将会继续下去。2019年，华为在全球最大也是竞争最激烈的中国市场上首次打败了苹果和三星。而且在全球多个市场中，这一景象也在逐步呈现，毕竟全球消费者的共性是大于个性的。

在成功地找到与小米、三星和苹果竞争的方法的同时，华为发现有两个竞争对手，与前三者截然不同，它们就是人们印象中以所谓"低配高价"著称的Oppo和vivo两大厂家，合称Ov。Ov两个手机公司，均脱胎于做初级电子产品的步步高公司，这两家公司的风格也与其他所谓主流手机厂家有很大不同。

Ov两个厂家的产品风格时尚，外观设计精美，注重拍照、音乐、游戏等时尚类产品的差异化设计，不过度追求硬件性能，注重三四线城市的线下市场，注重给销售渠道较大让利，其广告策略也是选择目标客户进行投放，不盲目跟风。这些独特的商业设计，使得两者的销售毛利润率一直比较高，而且目标客户的忠诚度相对也比较高。在年轻人扎堆的某些三四线城市，华为使尽浑身解数，也干不过Ov。很多华为终端市场人员只能用无可奈何表达他们当时的心情。

而任正非却不这么看，他认为应该谦虚地学习一切可以学习的对手，真正汲取人家的长处，因为比你强的竞争对手就是你的老师。痛定思痛，华为放下身段，拿出当年学习小米的劲头，分离出nova这一品牌，全面对标Ov，向其学习产品设计、品牌营销、广告投放、明星选择和渠道建设等端到端的商业设计。

效果是明显的。作为华为旗下最年轻的产品系列，nova虽然成立较晚，却始终保持着稳健增长的态势，销量和人气激增，精准地定位于Ov的目标客户——三四线城市的年轻人。

2020年4月23日，华为nova7系列全球首发，和以往一样延续了一贯的设计理念，新潮靓丽的外观设计、出色的美颜自拍功能以及价位适中的定价，使得华为nova7系列一经推出即成为当时的热销爆款，深受年轻用户的喜爱。伴随着华为在国内市场份额屡创新高，华为再传捷报，nova7系列手机位居2020年第三季度全国手机单品销量第一。根据内部披露的数字，2018年华为定位中档的nova系列手机，截至2018年12月累计销量超过6500万台，nova成为华为销量最大的手机品牌，为华为冲击世界销量第一立下了赫赫功劳。

就这样，华为依靠SDBE领先模型，对每一个竞争对手进行分开对标，针对不同的目标客户，分离出不同的产品品牌，采取不同的战略构想和商业设计，并成立独立团队进行运作，在运营和能力上，拉近与竞争对手的差距，最终实现赶超，以此成就了华为在电子消费类产品商业史上的追赶奇迹。

第五章

战略解码

5.1 战略解码的概念和作用

5.1.1 战略解码：把企业战略通过可视化方式分解的过程

从本章起，我们开始讲解战略解码（Strategy Decoding）环节，它在SDBE管理框架中，是联系战略规划与执行的一个重点且不可或缺的环节。

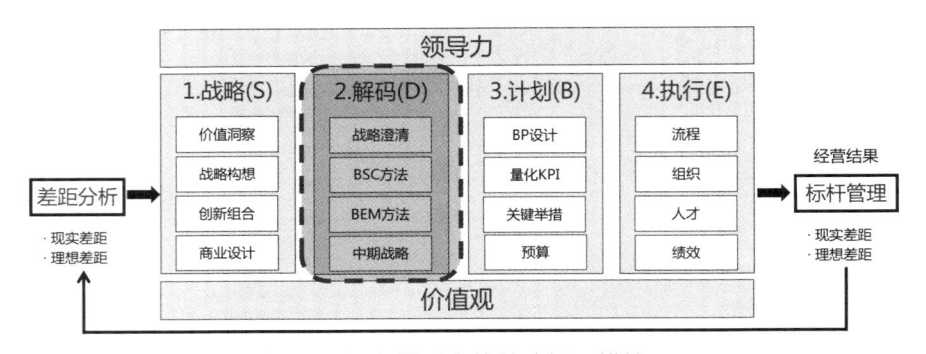

SDBE领先模型中的战略解码模块

这也是SDBE领先模型与BLM最大的一个不同。对战略规划如何进行解码，从而形成可管理、可衡量、可操作的计划和措施，BLM战略框架在这部分上是完全缺失的。

华为通过自己的摸索，借助外部咨询公司的力量，最后固定下来BEM和BSC两种经典的方法，在华为各级组织战略解码时进行使用。

战略解码就是通过可视化的方式，将企业的战略转化为全体员工可理解、可执行的行为的过程。它通过从企业的价值洞察到商业设计一系列环节，把战略目标分解到指标体系，确定各个组织可量化的KPI和不可量化的关键举措，以确保公司的战略能够被细分到组织中的每个人，确保组织合力的产生。

本章实操性和理论性都非常强，但我们不准备把相关理论讲得过于复杂，而是聚焦于如何实际操作。在我们的实际授课或咨询作业中，我们一般都是采用研讨或演练的方式，来让企业高管清楚，如何根据企业或组织的实际情况进行战略解码，以保证组织战略目标的分解和最终达成。

战略解码是一种工具，它将公司战略重点进行清晰的描述，并转化为具体行动，是"化战略为行动"的有效工具。它的有效工具包一般包括平衡计分卡、战略澄清图、指标鱼骨图等等。

战略解码是一种工作方法，它集高层团队的智慧，采用集体研讨的形式，就公司的远景目标和战略举措达成共识，以员工能够理解的形式将其清晰地描述出来，同时制订出相应的具体行动计划，然后逐层分解，责任到人，并在后面的执行过程中反复对照、质询和提升。

战略规划涉及企业未来三到五年的业务方向和具体业务设计的问题；战略解码是把对价值洞察、差距分析、战略构想、创新组合和商业设计这些环节的分析作为基础，将企业的战略转化成一系列有定性、有定量，也可操作的计划和措施的过程。

战略解码的目标，就是要系统破译公司战略，确保自上而下的战略目标的落地，和自下而上的战略目标逐项达成。

战略解码在实际操作中有两个维度：

(1) **垂直维度**

垂直维度就是指组织的上下各级要将战略任务逐级分解对齐。因此，从直观上理解战略解码就是战略破译，在上下各级间达成能理解、可落地、可追踪的计划和措施。

这个维度的解码，就是让组织中的每个员工理解自己的日常工作与战略之间的联系，确保每一个管理者有意愿和技能根据战略来管理并辅导员工，最终确保整个组织形成合力，组织的战略得到有效执行和落地。

(2) 水平维度

水平维度就是指组织的同一层级要拉通，各部门所承接的目标交叉汇总后，能够无遗漏、无偏差地覆盖上一级组织所承接的战略目标。

要想实现水平维度的战略解码，就需要对各个下级组织的独特价值进行审视，使同级组织间保持交叉和依赖关系，并且要保留一定的冗余度，以确保组织的战略能够完整无遗漏地被分解到下层各组织；或者说，当下级各组织完成各自的任务之后，能够确保整个组织战略目标的达成。

因此，战略解码，就是通过一定的程序、工具和方法，把组织的战略目标在整个组织中上下分解对齐和水平拉通的过程。

换言之，战略解码就是按企业组织结构自上而下地对任务进行逐级垂直分解，以及按业务流程结构在各部门间对任务进行水平分解，将公司的战略意图和战略目标落实到各组织单元甚至个人的过程。**战略解码是保证全体员工对公司战略的理解的一致性，保证全体员工行为一致性的关键环节。**

5.1.2 战略解码的作用：承上启下，联结规划和执行两大环节

必须在公司的文化和价值观的牵引下，瞄准企业的愿景和使命去持续努力，这样才能大致保证正确的发展方向，从而做正确的事，这是企业成功的前提。

SDBE领先模型中，在完成价值洞察之后，根据标杆分析（包括现实标杆和理想标杆），我们会形成对本组织的战略构想，最后的落脚点在于公司的战略目标（三至五年）或中短期目标。而这些目标中不能只有空泛的描述性内容，必须有一些定性，甚至是定量的内容。如下图，企业必须结合创新组合和商业设计，对比较重要的策略、阶段性目标甚至是一些重要的里程碑，做出一定的书面确认。

第五章 战略解码

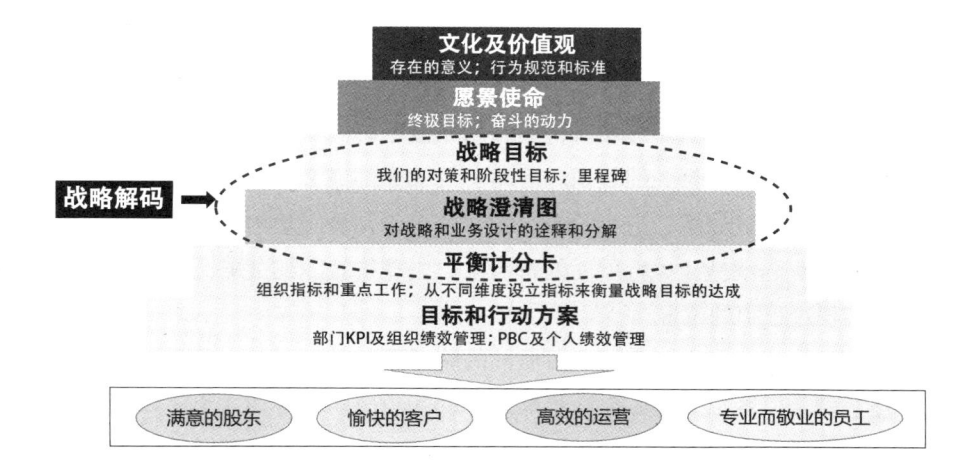

战略解码示意图

如上图所示，整个战略解码的环节，就是明确战略目标，通过战略澄清图来对战略和商业设计进行诠释和分解，然后使用平衡计分卡和采用抓重点工作的办法，从不同维度，把宏大的、中长期的战略目标转化为具体可衡量、可操作的组织KPI和个人绩效承诺。

战略解码能有效地提升战略执行力。通过战略解码，帮助企业划分职责边界，并根据企业战略确定绩效考核指标，可以促使企业绩效管理以战略目标为导向，解决战略实施中的管理障碍。战略解码会议的重要产出是基于对战略重点的分析，拟定行动计划，并将责任落实到个人，签订PBC，也就是个人绩效承诺。PBC是上下级之间沟通的有效工具，也是双方达成一致并明确工作优先级的方法。它体现了所有人员对组织的承诺，有利于创造高绩效的企业文化。

通过召开战略解码的扩大会议，将企业中高层召集在一起，就企业发展的战略性问题进行充分的讨论，本身即是对现有战略落地的过程。它所营造的集思广益、畅所欲言、头脑风暴的氛围，使身处其中的管理者备受激励，也在无形中实现了从企业发展压力到对企业未来的信心的传导。

引入战略解码、战略执行管理等环节，有助于向外界展现并突出企业关注战略执行、关注绩效结果的形象，有利于增强合作伙伴和投资者的信心。

企业中所有积极向上的员工，都想做与企业愿景和使命强相关的事情，他们都希望自己对公司有价值，**所以战略解码就是让大家产生企业战略跟每个人都息息相关的共识**。战略解码的全部意义就在于，企业制定战略后，需要经过分解，进行解码，让每个主管和员工理解，并且自愿去执行。战略解码就是让执行层面的每个人，去理解企业的战略并找到自己在战略实现过程中的位置。

这么多年，华为各级组织所做的战略解码，其过程其实很简单，也很具体，就是以客户为中心，在上层组织的各项战略目标馈入下，以满足目标客户的需求为导向，坚持做正确的事，制定正确的发展目标，不偏离方向。

战略解码的目标也非常明确，就是要把公司级的战略目标分解到产品线、行业线或客户销售线。相关目标，也一定要分解到各职能部门，以确保整个组织战略目标的达成。这个过程就是战略解码的过程，即把战略目标分解成不同的目标，落地到各个组织，努力实现整体战略目标。

5.1.3 战略解码对于执行的重要意义及四大原则

战略解码不只是公司高层的事情，也不只是战略部门的事情，而是公司各部门、全体员工的事情。各级部门、团队和员工参与战略解码的过程越深入，战略解码的效果越好，则将来战略执行的结果就会越好。

企业是功利性商业组织，其战略设计的终极目标，就是通过长期为客户创造价值，从而从客户侧获取价值。因此，战略解码的核心原则是，价值创造决定价值分配。

价值创造的逻辑很明显：帮助企业创造更多收入的行为，一定是价值创造行为，分解下去就是影响驱动因素的战略和行动计划。要把战略里面所有的行动计划都分解成相应的价值创造行为，或者称之为运营驱动的因素，每个价值创造行为都有相应的KPI。这个KPI的集合就变成后面整个组织KPI的核心输入。

管理大师罗伯特·卡普兰（Robert Kaplan）曾说过，如果战略不能被

第五章 战略解码

清晰描述，就不能被具体衡量；不能被衡量，就不能被有效管理；不能被有效管理，那么战略意图就会落空。

战略解码通过战略澄清、指标和重点工作分解、责任落实等一系列活动，实现战略目标的制定、分解和落实，只有战略解码与企业的绩效管理体系、预算管理体系、薪酬管理体系有效结合，才能确保企业战略目标的实现；而企业的绩效管理体系，就是企业战略执行管理的手段，组织绩效管理须从企业的战略目标出发，根据战略目标制订绩效计划，紧密围绕绩效计划开展绩效管理，通过对战略目标的分解落实情况的监督及评价，从而保证企业战略目标的实现。

战略解码是联结战略规划和经营计划两大环节的关键纽带。很多企业的战略之所以会落空，很大程度上就是缺少这一关键纽带，从而无法把宏大的、中长期的战略目标转化为每年的、可具体操作执行的、可衡量的具体措施，最终导致所有宏伟的战略构想和精妙的商业设计沦为空中楼阁，无法实现。

一个管理优良的企业，不仅需要做好战略规划，还需要大力提升战略执行能力。战略执行能力的具体表现：一是能够通过战略解码将战略转化为行动方案；二是通过执行运营及绩效监控真正把行动方案贯彻落地。

SDBE领先模型，在战略解码阶段，我们要坚持以下核心原则：

（1）垂直一致性原则：确保组织战略目标上下对齐

对公司战略和业务目标的支持：以公司战略和部门业务目标为基础，自上而下垂直分解，从公司到部门再到岗位，保证纵向承接的一致性。

企业通过平衡计分卡的四个维度从战略目标、关键战略举措中提取KPI，在对KPI进行有效评估后确定KPI指标体系，为了实现KPI指标的目标值，还需要确定实际KPI的重点工作，并将KPI和重要工作纵向分解落实到相关部门。

（2）水平一致性原则：从主业务流程上保障同级组织间水平拉通

水平一致性原则，体现的是对企业主要业务流程的支撑。以公司端到端流程为基础，建立起部门间的连带责任和协作关系，保证横向一致性。

企业通过战略澄清，明确关键性战略目标，运用战略地图或指标鱼骨图等工具，在下级不同部门进行交叉分解和落地，这实际上也是端到端业务流程对于战略目标的保障。

水平一致性原则，从主业务流程上为战略目标的实现提供了保障。只有包含了战略规划、战略解码和战略执行的管理体系，才是完善的战略管理体系。

（3）均衡性和结果导向性原则：体现不同部门的均衡发展和独特价值

企业需要从愿景、使命出发，通过对企业战略的澄清，确定企业的战略目标，上下达成共识。同时，用画战略地图的方式描述战略，从平衡计分卡的四个维度——财务、客户、内部运营及学习与成长，展现企业的战略目标，以及各目标之间的关系。

此外，所有业务部门或职能部门，都具备独一无二、不可或缺的价值，都是为了战略目标和商业设计的实现而设置的。因此，KPI具体指标的设置，必须体现部门的独特的责任结果导向。

（4）责任导向有效性原则：确保KPI和重点工作的落实，保证战略目标的落地

KPI指标责任分解矩阵，是为了落实部门对上级目标的承接和责任，同时为PBC的确定提供依据。企业需要将确定的KPI和重点工作形成目标责任状，与相关责任部门负责人签署部门级KPI目标责任状，落实目标责任。

企业通过绩效管理体系，落实战略执行，在执行的过程中，通过企业日常运营管理体系进行监控管理与流程跟踪。通过对KPI数据的有效分析、对未完成项的跟进和及时改善、对资源的适当倾斜、对责任人的明确等方法实施动态的战略管理，是战略执行与目标实现的重要保证。

5.1.4　战略解码的常用工具简介

那么，究竟应该如何进行有效的战略解码？本章节我们简单介绍几种常用的战略解码工具。

（1）平衡计分卡：战略管理的利器，保证企业长期均衡发展

平衡计分卡，是由哈佛商学院罗伯特·卡普兰等教授发明的一种绩效管理和考核工具，它是从财务、客户、内部运营、学习与成长四个角度，将组织的战略落实为可操作的衡量指标和目标值的一种新型绩效管理体系。

平衡计分卡被誉为"75年来最伟大的管理工具"，已被广泛应用于各类企业的实践当中。利用平衡计分卡可以把商业活动和企业的愿景、战略联系在一起，并全方面地考察企业的成绩和发展。

平衡计分卡最主要的特点是和公司的战略、远景相结合，强调短期目标与长期目标间的平衡、内部因素与外部因素间的平衡，也强调结果的驱动因素。利用平衡计分卡可以分析哪些是完成企业使命的关键成功因素以及评价含有这些关键成功因素的项目，并不断检查审核这一过程，以把握绩效评价，促使企业完成目标。

平衡计分卡作为战略管理工具，它以战略目标为核心，通过四个层面——财务、客户、内部运营及学习与成长，来实施策略管理。这四个方面分别用一系列指标来描述，四个方面的指标通过因果关系联系在一起，并结合企业的信息集成系统，构成一个完整的评价考核的整体。平衡计分卡把公司的长期战略与公司的短期行动联系起来，把远景目标层层解码，转化为一套系统的绩效考核指标。

（2）KPI管理体系：把战略目标转化为可量化的指标体系

KPI是与平衡计分卡强关联的一个概念。它把对绩效的评估简化为对几个关键指标的考核，将关键指标当作评估标准，把员工的绩效与关键指标加以比较的评估方法，在一定程度上可以说是目标管理法与帕累托定律的有效结合。关键指标必须符合SMART原则：具体性（Specific）、可衡量性（Measurable）、可达成性（Attainable）、相关性（Realistic）、时限性（Time-based）。

KPI必须是衡量企业战略实施效果的关键指标，其考核的目的是建立一种机制，将企业战略转化为企业的内部过程和活动，以不断增强企业的核

心竞争力和持续取得高效益。

现在很多科技企业越来越厌烦KPI化，因为KPI如果应用得不好，会导致组织僵化和活力丧失。但这是工具应用过程中造成的问题，而不是工具本身的问题。应用平衡计分卡或KPI管理体系成功的巨头很多是著名的科技公司，在海外包括苹果公司、美国超威半导体公司，在国内包括华为、阿里巴巴等，从目前应用的情况来看，企业对四项维度各有偏重，并不是简单地求"平"，比如苹果公司就更注重财务维度。

KPI考核体现了量化和突出主要矛盾的管理思想。KPI考核的一个重要的管理假设就是："如果你不能度量它，你就不能管理它。"所以，KPI一定要抓住那些能有效量化的指标或者将之有效量化。而且，在实践中，可以"要什么，考什么"，应抓住那些亟须改进的指标，提高绩效考核的灵活性。KPI考核一定要抓住关键而不能片面与空泛。当然，KPI关键指标并不是越少越好，而是应抓住绩效特征的根本。

与平衡计分卡一样，KPI同样是基于战略的，它的根本出发点也应该是企业战略的达成。在公司高层领导就企业战略达成共识之后，利用价值树或者任务树或者鱼骨分析图将战略分解成关键成功因素，再分解为KPI，再把KPI按部门和岗位向下分解，是自上而下的。

可以说，KPI指标体系能够很好地突出公司发展的要点，并且实施成果导向的考核。但是在部门之间的平衡作用上效果不明显，忽视了部门间的关系与权重。而平衡计分卡是以总体战略为核心，分层次、分部门设置。

(3) 战略地图：分析企业价值创造的具体场景，并落实战略的过程

战略地图大家应该不陌生，它是由平衡计分卡的创始人罗伯特·卡普兰和戴维·诺顿（David P. Norton）提出的。

战略地图是在平衡计分卡的基础上发展而来的，以平衡计分卡的四个层面（财务层面、客户层面、内部运营层面、学习与成长层面）目标为核心，通过分析这四个层面目标的相互关系而绘制的企业战略因果关系图。

在对实行平衡计分卡的企业进行长期指导和研究的过程中，两位大师发现，企业由于无法全面地描述战略，管理者之间及管理者与员工之间无

法沟通，无法就战略达成共识。平衡计分卡只建立了一个战略框架，而缺乏对战略具体而系统、全面的描述。2004年，两位创始人的第三部著作《战略地图——化无形资产为有形成果》出版。目前很多企业都在借助战略地图这项工具，用它澄清战略或者用它分解关键绩效指标。

企业的战略地图绘制、战略规划及实施首先是一个自上而下的过程，这也就要求高级管理层具备相关的能力及素养。与平衡计分卡相比，战略地图增加了两个层次的东西，一个是颗粒层面，每一个层面下都可以分解出很多要素；另一个是动态的层面，也就是说战略地图是动态的，可以结合战略规划过程来绘制。

战略地图的核心内容：企业通过运用人力资本、信息资本和组织资本等无形资产（学习与成长），创新和形成战略优势及提高效率（内部运营流程），进而使公司把特定价值带给市场（客户），从而实现股东价值（财务）。

（4）KPI指标鱼骨图：详细阐述组织KPI之间的有机联系

鱼骨图，因其形状类似鱼骨，故名鱼骨图，它是由日本管理大师石川馨先生创制的，故又名石川图。

鱼骨图分析法是一种通过头脑风暴在组织中集思广益，发挥团队的智慧，从不同角度找出事物（问题）的所有相关影响因素，并能够帮助我们发现问题潜在的根本原因的方法。

头脑风暴会议有四大活动原则：自由想象，禁止批判，以量求质，鼓励借鉴。

战略目标的实现，总是受到一些关键因素的影响。我们通过头脑风暴找出这些关键因素，并将它们与特性值一起，按相互关联性整理成层次分明、条理清楚，并标出重要因素的图形就叫KPI指标鱼骨图。

以上是战略解码时常用的一些工具，限于篇幅，我们不再展开，如果读者有兴趣，请自行查阅相关专业书籍。

根据华为内部各大业务组织的实践，目前战略解码有两种主要的方法：

一种是基于业务战略执行模型的BEM战略解码方法，这种方法结构比较好，比较严谨，一般适用于比较大型的组织，进行长期、复杂的分解操作。

另一种是经典的基于平衡计分卡的BSC战略解码方法，通过短期研讨快速得到组织的战略解码结果。

下面将对BEM和BSC这两种战略解码方法进行介绍和分析。

5.2 BEM战略解码方法及其步骤

5.2.1 BEM战略解码方法的来源和核心理念

BEM，也叫业务战略执行模型，是华为公司通过多年实践，结合六西格玛质量管理方法总结形成的战略解码管理方法。

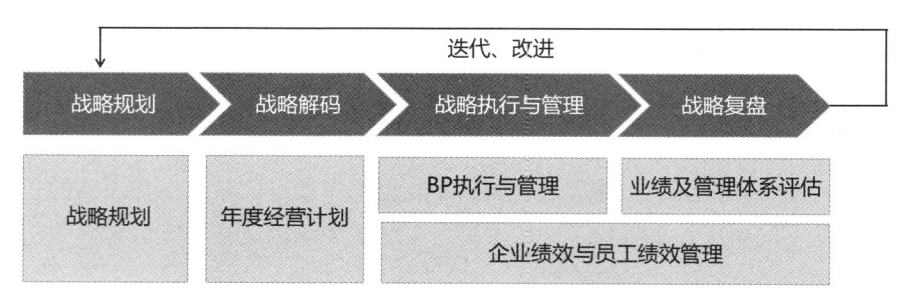

战略解码方法框架：BEM业务战略执行管理模型

BEM通过对战略逐层逻辑解码，用数据说话，导出可衡量和管理战略的KPI以及可执行的重点工作和改进项目，并采用系统有效的运营管理方法，确保战略目标达成。BEM的持续推行，保证了战略被有效分解到组织与个人，促进了公司业务的中长期稳定增长。

BEM方法的框架如下图：

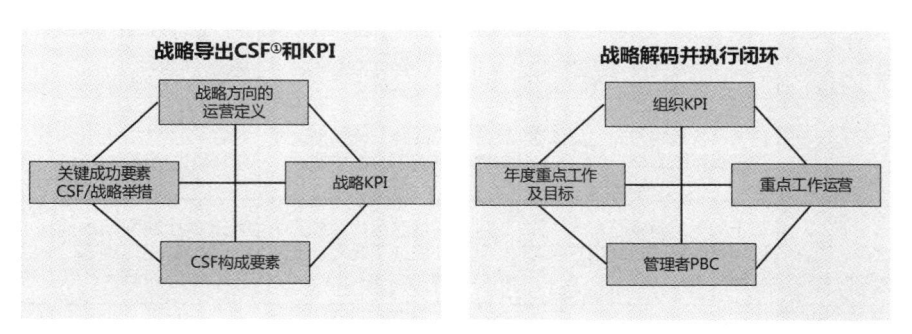

战略导出CSF①和KPI
- 战略方向的运营定义
- 关键成功要素 CSF/战略举措
- 战略KPI
- CSF构成要素

战略解码并执行闭环
- 组织KPI
- 年度重点工作及目标
- 重点工作运营
- 管理者PBC

BEM业务管理模型

BEM将六西格玛质量管理方法融入战略执行体系，用数据说话，将战略解码为操作落地的行动并通过规范的改进达成目标。

六西格玛质量管理方法是一种改善企业质量流程管理的方法，以"零缺陷"的完美商业追求，带动质量成本的大幅度降低，最终实现财务成效的提升与企业竞争力的突破。华为作为规模型研发制造企业，多年以来在生产制造系统积极实施六西格玛的质量改进活动。

华为创新性地将六西格玛质量管理方法融入战略执行领域，形成BEM方法。它的本质就是，通过对战略逐层逻辑解码，将战略愿景分解成可量化、可执行的策略，战略规划解码之后落地到组织KPI，甚至到主管的PBC。

5.2.2 通过BEM方法解码战略并导出KPI的关键步骤

华为的BEM战略解码方法，非常强调目标行动计划和组织KPI的挂钩，强调怎么把目标行动计划最后分解成组织的KPI。设计和确认KPI的集合，是使用BEM方法的战略解码团队最核心和最关键的工作。

通过BEM战略解码方法，把组织的整体战略导出成KPI，如下表所示，有三个非常重要的步骤：

---

① Critical Success Factor的缩写，意为关键成功因素。

通过BEM战略解码方法导出KPI的步骤

步骤	第一步	第二步	第三步
步骤名称	明确战略方向及其运营定义	导出CSF，绘制战略地图	导出战略KPI
目的	强调符合战略方向的具体活动和其可衡量性	清晰解码战略，明确为达成战略方向的核心成功要素	对CSF匹配显示量化指标，以评价达成情况
具体描述	基于战略明确战略方向，并用简短的句子对战略方向进行描述	识别促使战略目标达成的中长期的关键成功要素，绘制战略地图	确定本战略周期中对应的CSF的内容和范围，识别CSF对应的战略KPI
输出	战略方向	CSF、战略地图	CSF构成要素、战略KPI

（1）明确组织的战略方向及其运营定义

组织的战略方向，一般非常粗泛，只有定性的战略描述，而其运营定义则是在相关语境下，对这个战略方向的实体化、场景化、具体化。这一步的重点工作，实际上是重复了SDBE领先模型中的SP、BP制定的过程，意在进一步理解和澄清组织的战略方向和目标。

（2）导出CSF，绘制战略地图

CSF，中文意为关键成功因素，是指为达成企业愿景和战略目标，需要组织重点管理的核心因素。CSF，一般通过IPOOC方法来进行定义。IPOOC方法从Input（输入，一般指各类资源）、Process（流程，指从战略的视角看，影响CSF达成的关键活动、过程和流程）、Output（输出，指基于流程视角的直接输出，如产品、制度、客户、目标市场等非财务输出）和Outcome（成果，指从内外部客户视角看收益）四个维度对CSF进行详细分解，并根据战略的相关性、可测量性、可控性、可激发性四个评价标准，通过打分筛选出KPI指标。

在CSF可以明确导出KPI的情况下，直接导出战略级KPI。CSF不明确时，分析构成CSF的流程后用IPOOC方法导出CSF构成要素，根据CSF构成要素导出战略备选指标。

(3) 导出本部门的战略级KPI

通过如上步骤，最终将得到本部门的战略级KPI，而这些战略级KPI考核指标每一年都要刷新。第2步、第3步中的CSF、战略地图和战略级KPI，基本是根据平衡计分卡导出的，因此，我们后面会对BSC战略解码方法进行更详细的论述。

如果上级或本级组织有客户需求的变化，有商业设计的变更，有战略目标的调整，则核心KPI的设置一定会有所变化。战略解码这个过程是比较艰难的，针对不同的部门、不同的组织，确定本组织的KPI和关键举措，是企业级战略管理部门每年的重要工作之一。这里的战略管理部门，包括战略运营部、人力资源部，及各个业务部门相应的团队。

下表是一个从战略方向推导出战略级KPI的实例。

从战略方向推导出战略级KPI

战略方向	战略方向的运营定义	CSF	IPOOC	CSF提炼分解结果	备选KPI
有效增长	中国、中东、非洲、南太、西欧等国家和地区服务格局的形成	提升价值市场价值	Input	匹配客户需求的解决方案	客户需求包满足
					技术标排名
				专业的服务拓展人员到位	专家到位率
			Process	规范项目运作管理	流程符合度
				改善客户关系，提高客户满意度	客户满意度
					公关完成率
			Output	获取的价值客户合同	签单率
				竞争项目的胜利	战略目标完成率
			Outcome	市场份额提升	价值市场份额比例
				订货增加	订货
				利润改善	毛利率

5.2.3　从组织KPI导出关键举措的关键步骤

如前文所述，CSF就是为达成企业愿景和战略目标而需要组织重点管理的，以确保竞争优势的差别化的核心因素。

一般而言，这些CSF全部是按照BSC从财务、客户、内部运营和学习与成长四个维度进行的提炼分解。而从CSF中提炼出来的结果，则又按年度分解成年度关键举措，并且有明确的考核度量指标。这里又引入了CTQ[①]的概念，其实就是要求战略目标SMART化。

其实CTQ的主要目的是输出SMART化的年度关键举措工作。为此，引入了亲和图法（也称KJ法）、归纳法、任务树等方法，以及TPM[②]、BPM[③]、CPM[④]等辅助工具。

- TPM通过全量分析，对综合目标进行全面解构，确保分解目标能支撑全量目标。上下分解指标的量纲要保持一致，通常针对的是财经类事项，如收入、成本等。
- BPM以客户为中心，遵循业务流程，对目标和措施进行分解和导出，通常针对效率、周期类事项。
- CPM意在寻找系统内部的关键影响参数，通过对关键参数的改善来支撑系统特征的改善，通常针对研发产品类事项或原因、结果性事项。

由此可以看出，BEM的优点是结构化比较好，而其关键解码逻辑还是基于平衡计分卡，只是增加了一些新的辅助工具，用以适当提升解码结果（即重点工作和考核指标）的质量。

因此，下一章节，我们将重点介绍基于平衡计分卡的BSC战略解码方法。

5.3 BSC战略解码方法及其步骤

5.3.1 平衡计分卡已成为战略管理的核心理念

实际上，BSC战略解码方法是优化BP和导出KPI的最重要的方法。

很多企业号称不想KPI化，但实际上任何企业都在自觉或不自觉地使用

---

① Critical-to-Quality的缩写，意为质量关键点。
② Total Productivity Management的缩写，意为综合生产力经营管理。
③ Business Process Management的缩写，意为业务流程管理。
④ Critical Parameter Management的缩写，意为关键参数管理。

平衡计分卡。

平衡计分卡有很强的实用性，其重大作用列举如下：

·平衡计分卡的出现，使得KPI从传统的绩效管理、人员考核和评估的工具转变成为战略实施的工具。

·平衡计分卡的出现，使得领导者拥有了全面的统筹战略、人员、流程和执行四个关键因素的管理工具。

·平衡计分卡的出现，使得领导者拥有了可以平衡长期和短期目标、内部和外部，确保持续发展的管理工具。

平衡计分卡的引入弥补了企业以往只关注财务指标的考核体系的缺陷，仅关注财务指标会使企业过分关注短期利益而牺牲长期利益。

平衡计分卡最大的优点在于，它从企业的四个方面来建立衡量体系。这四个方面是财务、客户、内部运营和学习与成长，四者相互联系、相互影响。其他三类指标的完成，最终保证了财务指标的完成。

BSC战略解码方法的工作流程架构大致如下图所示：

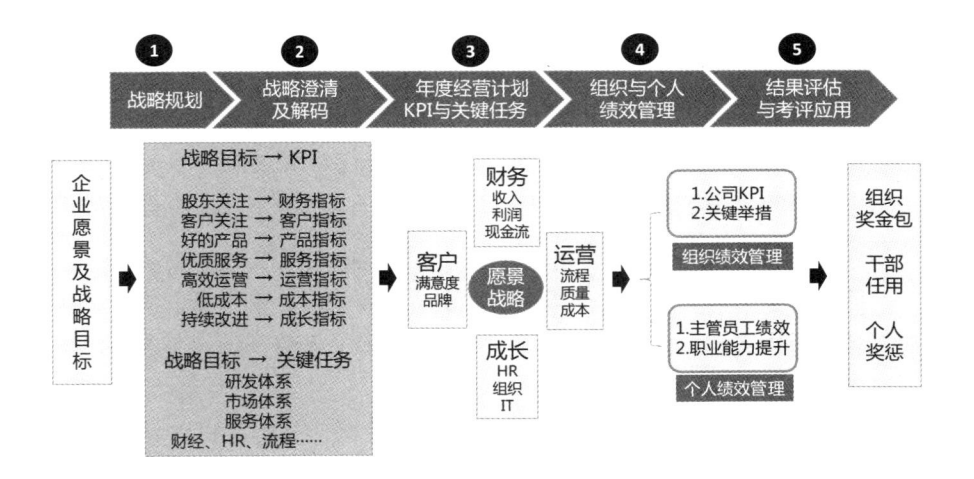

BSC战略解码方法的工作流程架构

5.3.2　BSC战略解码方法打造四大层面的均衡牵引目标

BSC战略解码方法，就是在战略目标的牵引下，从财务、客户、内部运营以及学习与成长四个层面对战略进行基于组织结构的自上而下的垂直分解。

从公司到部门，再到岗位，保证责任层层落实，落实部门对上级目标的承接和责任，为个人绩效承诺的确定提供依据，从而保证纵向承接的一致性。

同时，以公司"端到端"流程为基础，建立起部门间的连带责任和协作关系，对流程上下游的部门进行水平分解，保证横向的一致性。

对于指标的选取，应均衡考虑，并体现部门的责任特色。指标选取应结合平衡计分卡的四个维度和公司当前发展阶段的战略导向，均衡考虑部门责任。

BSC战略解码最核心的思想是要建立各大战略层面解码的逻辑关系。以华为实施多年的大客户战略为例，下面对这个大客户战略管理的解码过程进行详细说明。

财务层面：大客户战略属于企业增长战略的重要组成部分，一般而言，企业拥有的高价值大客户越多，业务收入和增长就越具有可持续性和稳定性。

客户层面：为了达到该财务目标，必须关注大客户需求，并通过提供创新的产品和解决方案来落实。

内部运营层面：为了全面了解客户需求和客户中长期发展战略，从而更好地服务大客户，必须建立大客户关系管理流程和IT系统，与大客户建立稳固的组织型客户关系。

学习与成长层面：为此，必须有合格的大客户经理，以及适于大客户拓展的"一线铁三角"营销组织和快速响应一线需求的平台支撑组织体系。

从华为大客户战略管理的解码过程中，我们了解到BSC战略解码四大层面，一环扣一环，具有很强的逻辑关系。接下来，对一般企业BSC战略解码的四大层面展开讲解。

①财务层面

该层面描述了企业战略要实现的财务目标，其结果指标是实现股东价值，提高投资回报率。对应的驱动战略和指标包含两个方向：其一是通过改善成本结构和提高资产利用率，实现提升生产率的战略；其二是通过实现客户价值和增加收入，实现企业的增长战略。

②客户层面

为了实现财务目标，必须"以客户为中心"，通过树立公司品牌，建立客户关系，提供有竞争力的产品、服务或解决方案来实现。企业提供的产品和服务要么为客户创造价值，要么为客户降低成本。而不同的客户对产品价格、质量、功能、营销模式、交付时间等都有着不同的要求。直接面向外部客户的部门要积极主动地接收觉察客户的不同要求，做好服务工作。对内要清晰准确地传达客户需要，做好公司与客户之间的桥梁。

对于不直接面向外部客户的支撑部门，则要根据流程的上下游关系或组织设置原则，将内部客户作为自己的服务客户。这就要梳理清楚流程内部的上下游关系，特别是流程和流程之间的交接关系，定义清楚以上各环节之间的交付任务，并将之作为关键措施制定和相互考核的重要依据。

③内部运营层面

内部运营主要由流程支撑，而流程是通过总结最佳业务实践而形成的工作步骤，是企业内部运营的灵魂。内部运作描述企业如何联结客户价值主张，如何保障企业具备长期的财务能力并获得短期财务成果，如何构建专业运作体系，如何整合专业服务资源，如何快速孕育、培养、发展企业的核心竞争力。内部运营是整个组织战略实施的内驱核心动力，并承上启下，使组织和人才真正创造价值，是企业最具个性的关键层面。

④学习与成长层面

描述了企业应如何围绕内部运营构建竞争者无法复制的核心竞争能力。其与企业内部流程层面进行密切配合，使无形资产与关键有形资产能够为企业和客户提供最大的价值，这也是衡量战略准备是否充分的最关键要素。

由此可见，任何战略都是由一套有严格因果假设、逻辑性强的发展路径组成的，管理系统必须把各个层面指标（或目标）之间的关系（假设）阐述得一清二楚，这样才能被管理和验证。

平衡计分卡不但要求各层面之间的战略目标和战略举措有着良好的内在逻辑关系，以便于优化BP中的关键任务，而且，在指标（结果指标和内驱指标）之间也要有良好的内在逻辑关系，以便于导出KPI指标。

5.3.3　BSC战略解码的关键步骤和指引

平衡计分卡是一种很实用、很便利的战略解码工具，它从四大层面对一个企业发展的基本战略关键因素进行分解，使整个企业的战略目标能够分层分级，有重点、有次序地分解到下级组织，并形成对应的关键措施。

下面和大家分享我们在多年实践过程中总结出的下级各部门使用平衡计分卡方法进行战略解码的基本过程。

（1）BSC战略解码的重要输入参数

- 公司整体战略，包括愿景、使命和价值观等；
- 上级部门的战略和年度业务规划；
- 上级部门的年度重点工作；
- 本部门的组织架构及职责；
- 公司及上级部门对本部门（领域）的要求；
- 客户（含内部客户）对部门的要求；
- 本部门的建设短板；
- 其他。

战略解码的前提是企业已经制定了清晰的整体战略，其包含战略目标、公司级的关键业务和管理措施，以及资源的规划等。下属部门需要根据组织设计的部门长期核心职责、公司的整体战略、上级部门的业务规划、流程上下游的要求，按照解码流程，形成清晰的解码结果。

（2）BSC战略解码的基本流程

BSC战略解码的主要步骤如下图所示，业务部门和支持部门略微有些差异，特别是在财务层面和客户层面。

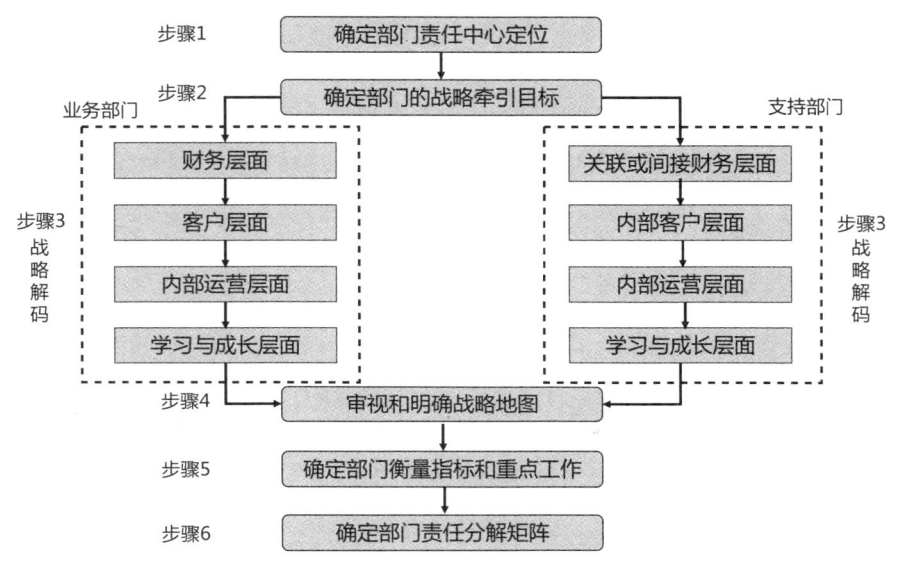

```
                    步骤1 ┌─────────────────────┐
                         │  确定部门责任中心定位  │
                         └──────────┬──────────┘
                    步骤2 ┌─────────▼──────────┐
         业务部门          │  确定部门的战略牵引目标  │          支持部门
                         └──┬───────────────┬──┘
              ┌─────────────▼─┐           ┌─▼─────────────┐
              │    财务层面    │           │ 关联或间接财务层面 │
              └───────┬───────┘           └───────┬───────┘
  步骤3         ┌─────▼──────┐             ┌─────▼──────┐         步骤3
  战略          │  客户层面   │             │ 内部客户层面 │         战略
  解码          └─────┬──────┘             └─────┬──────┘         解码
              ┌─────▼──────┐             ┌─────▼──────┐
              │ 内部运营层面 │             │ 内部运营层面 │
              └─────┬──────┘             └─────┬──────┘
              ┌─────▼──────┐             ┌─────▼──────┐
              │学习与成长层面│             │学习与成长层面│
              └─────┬──────┘             └─────┬──────┘
                    │   ┌─────────────────┐   │
                    └──▶│ 审视和明确战略地图 │◀──┘
               步骤4    └─────────┬───────┘
                       ┌─────────▼─────────┐
               步骤5    │ 确定部门衡量指标和重点工作 │
                       └─────────┬─────────┘
                       ┌─────────▼─────────┐
               步骤6    │  确定部门责任分解矩阵  │
                       └───────────────────┘
```

BSC战略解码的主要步骤

第一步，确定部门责任中心定位。根据部门职责、部门对组织的贡献及投入资源的控制或影响程度来确定相对责任归属。不同的部门责任中心定位直接影响到组织对上级和流程目标的承接方式与范围，进而影响考核要素的设计模式。明晰的责任中心定位是组织进行战略解码的前提。

· 业务部门是通过创造收入和控制相应的成本，来对公司利润做出直接贡献的部门，一般被称为利润中心，如区域销售、产品线等。

· 支持部门是以最佳成本提供最佳服务或产品，来对主业务部门提供支持和服务的部门，一般被称为成本中心或费用中心，如人力资源部、财务部等。

各类责任中心的定位并无等级差别，只是责任和分工不同。明确部门的主要职责类型，可以更准确地设计财务考核指标，从而更好地进行评估和激励。基于部门业务管理模式的变化，其责任中心定位也有可能发生变化。例如，华为早期的技术支持部是成本中心，后来转变成了利润中心。每一个责任中心内部的具体子部门的定位可能与上级部门并不相同，具体与其应负职责相关。例如，华为财务系统中既有费用中心，又有利润中心。华为的市场财经部是典型的利润中心，因此融资销售额成为该部门的重要考核指标之一，融资销售解决方案设计也就成了该部门的重点工作。

第二步，确定部门的战略牵引目标。根据本部门责任中心的定位、公司年度目标、上级或流程目标及重点工作，确定本部门业务实施的核心目标。其重点应体现本部门的独特价值，以支持公司战略目标、上级或流程目标的有效达成，并为下一步战略澄清图的绘制指明方向。

第三步，战略解码。从财务、客户、内部运营、学习与成长四个层面分解上层组织的各项战略目标，进行具有高度逻辑性的战略解码。

第四步，审视和明确战略地图。审视财务、客户、内部运营、学习与成长这四个层面的逻辑性，以及与战略牵引目标、业务规划、组织的短板建设、流程要求是否具有一致性。战略地图的四个维度既要层层支撑，又要支撑战略牵引目标的实现；战略地图各项要素应包含业务规划最核心的内容，并体现对上级和流程目标的承接。

第五步，确定部门衡量指标和重点工作。战略解码的过程和形成的战略地图之间具有很强的逻辑性，能够很好地确定部门衡量指标与重点工作任务，并在后续工作中更好地进行闭环管理和监督落实。

第六步，确定部门责任分解矩阵。要确保上级的目标和重点工作能够在下级部门得到层层落实，而有些指标可能由多个部门承接，因此还需要考虑横向部门的责任分配。个别指标有时甚至是跨部门的，因此需要根据流程关系确定责任分工和矩阵。责任承接情况不同，相关考核的权重也不同。

下表所示的责任分解矩阵，在各部门的KPI指标中体现出了相关责任权重，用考核的方式促进了相关工作的进一步落地。

责任分解矩阵

KPI	部门1	部门2	部门3
KPI 1	○	X	*
KPI 2	*	X	○
KPI n	X	X	○

注：○表示完全接受，X表示直接部分承接，*表示间接部分承接。

至此，战略解码工作全部完成，其核心输出包括以下内容：

・输出本企业的战略地图，按BSC战略解码方法列出四大层面KPI；

・输出短中期或年度经营计划的关键举措，为进一步优化BP做准备；

・建立组织的关键考核指标库，明确各部门的考核指标，并按责任分配考核权重。

其中，根据不同方向和部门情况，可能输出多个战略地图，以便于战略的宣传贯彻。以上内容不必教条地作为正式交付文件输出。这是一种结构性强、逻辑性强的思维方式，对于优化工作重点、提炼关键考核指标非常重要。

总之，为客户创造价值是战略制定和解码的出发点和原则，因此要基于客户需求确定产品投资计划和开发计划，以确保客户需求能够驱动公司战略的实施。只有这样，才能保证企业的战略方向大致正确。战略的制定和执行强调的是"谋定而后动"，一旦战略机会来临，就要坚定地执行，并构筑持续领先的优势，争夺战略高地。

华为坚持压强原则，即在成功的关键因素和选定的战略点上，以超过主要竞争对手的强度配置资源，要么不做，要做就极大地集中人力、物力和财力，实现重点突破。但战略又不是一成不变的，需要建立一套战略纠偏和管理机制，伺机而动，量力而行，逐步发展。同时，组织必须充满活力，并通过考核战略落脚点，实现战略目标的闭环管理。考核是以客户价值和战略为导向的。

5.4 华为核心战略组合解密

5.4.1 核心战略一：产品好，服务好，成本低

在产业不同的发展阶段，因竞争态势的不同，波特的五力模型也给出三个常见的战略思考方向：成本领先、差异化、专业化。

传统的企业管理理论认为，成本领先战略、差异化战略和专业化战略在多数情况下是有冲突的，甚至是矛盾的。但华为从实用主义出发，信奉拿来主义，"甭管白猫、黑猫，能抓到老鼠的就是好猫"。

华为将这三个战略很好地糅合在一起。2005年左右，全公司拥有了竞争制胜的三大法宝——产品好，服务好，成本低，其在全公司主管和员工达成共识并最终在全球通信行业占有一席之地方面，发挥了非常关键的作用。

（1）成本领先战略

要求企业面对主要竞争对手，必须具备规模化、高效率的端到端供应能力，全力以赴地降低研发、供应、营销、销售及服务等各方面的成本与费用。为了实现这些目标，企业管理者要对成本控制给予高度重视，保证自己的TCO[①]低于竞争对手。

在2008年国际金融危机爆发之前，华为虽然没有向外宣传，但内部一直是主要采用这个战略来与主要对手进行竞争，电子通信行业的其他巨头或合并，或倒闭，都与华为这种成本领先的战略构建有直接的关系。

（2）差异化战略

差异化就是要在客户侧建立与众不同的品牌和心智认知。实现差异化战略有许多方式，如树立高端品牌形象，保持技术和性能的领先，依靠良好的客户服务，当然最理想的是企业能在几个主要方面实现显著差异化。

---

① Total Cost of Ownership的缩写，意为总拥有成本，指一个产品或系统的直接和间接成本的总和。

如果能成功实施差异化战略，企业将有可能在既定行业中形成自己独特的竞争优势，从而取得超额利润。

华为在技术没有大幅领先之前，依靠独特的"以客户为中心，以奋斗者为本"企业价值观，凭借价格和服务（满意度和速度）两个方面的优势，在战略客户侧成功建立起了自己的差异化品牌形象。

在打入国际市场的中前期，华为的价格比西方主要厂商（如爱立信和诺基亚）略低，而比其他中国企业（如中兴通讯）略高，这个价格也是当时主要客户可以接受的价格，在各方面均衡的情况下，客户选择华为成为核心供应商的可能性非常大。他们选择华为实质上就是这个差异化战略起了作用。

（3）专业化战略

专业化战略是指企业聚焦某个特殊的客户群体、某个细分产品线或某一细分区域，为其提供产品与服务。成本领先战略和差异化战略，都是强调要在全行业范围内竞争，**专业化战略却是围绕"如何很好地为某一特殊目标客户服务"制定的，企业所制定与执行的每一项核心策略都要紧紧地围绕这一核心思想。**

华为很早就认识到，聚焦才能产生力量，才能更好地为既定的客户提供产品和服务，尤其是对通信行业而言。专业化战略能够使企业以更高的效率、更好的效果为某一细分客户群体服务，可以使企业通过满足特殊对象的需要实现差异化。通过采用这样的方式，也可以在为细分客户服务时实现差异化与低成本二者兼得，从而可以使企业的盈利能力超过行业平均水平，获得的成本优势或差异化优势也能保护企业抵御各种竞争力量的威胁。但采取专业化战略也意味着企业要放弃一部分市场。获取高利润率，必定以牺牲客户数量为代价。

作为杰出的企业家，任正非善于思考，更善于以弱胜强。那么怎么才能打败比自己强大的对手呢？就是要在有限的时间、空间和客户群上进行聚焦，在局部形成压倒性的优势。他在《华为基本法》中指出："我们坚持压强原则，在成功的关键因素和选定的战略点上，以超过主要竞争对手的强度配置资源，要么不做，要做就极大地集中人力、物力和财力，实现重点突破。"

为此，华为坚持信奉压强原则。压强原则就是将有限的资源集中于一点，在资源配置强度上大大超过竞争对手，以求重点突破，然后迅速扩大战果，最终达到系统领先。在一个时间段，从战略高度上聚焦通信管道这个主航道，放弃其他支流，"力出一孔，利出一孔"。市场和客户策略上体现为前期只专注电信战略大客户，研发策略上体现为聚焦核心电信领域的设备研发和持续积累。

华为认为自己是一个能力有限的公司，只能在有限的宽度赶超西方公司。若不收窄作用面，压强就不会增大，就不可能有所突破。任正非曾说："华为只可能在针尖大的领域里领先美国的那些超强公司，如果扩展到火柴头或小木棒那么大，就绝不可能实现这种超越。"因此，华为只允许员工在主航道发挥主观能动性与创造性，不能盲目创新，分散公司的投资与力量。

5.4.2 核心战略二：坚持客户导向，协助客户商业成功

任正非当时在内部说，"我们公司过去的成功，是因为我们没有关注自己，而是长期关注客户利益的最大化，关注运营商利益的最大化，千方百计地做到这一点"，"华为聚焦的是客户，而不主要是对手"。

仅仅十年间，朗讯、北电、摩托罗拉等西方巨头轰然倒下，而华为也如预言的一样，在国内、海外市场的残酷竞争中脱颖而出。

任正非早年曾经在一次向政府的汇报中讲过，要以客户为师，当时很多人觉得他只是夸夸其谈。他在报告中指出："三人行，必有我师。我觉得华为有三个最好的老师。第一个是我们的客户，他天天给我们提需求，教我们做正确的事情，并给我们钱，是老师，也是衣食父母。第二个是我们的竞争对手，他每天都与我们同场竞技，就像我们的一面镜子，促使我们不能懈怠，全力做好对客户的服务。第三个是不听话的下属和员工，指出我们工作中存在的失误，才能使我们改进工作。"

任正非的讲话没有华丽的辞藻，很朴实，但同时也很深刻，他毕生都

在践行他在报告中谈到的这三点。重视客户的声音和需求，重视向同行标杆学习，重视下属的声音和建议。

他说："做任何事，都要因时因地而改变，不能教条，关键是满足客户需求。""我们一定要做商人。科学家可以什么都不管，一辈子只研究蜘蛛腿上的一根毛。对科学家来说，这是可以的。但是对我们呢？我们只研究蜘蛛腿，谁给我们饭吃？因此，不能光研究蜘蛛腿，要研究客户的需求。"

任正非的讲话，意有所指，本质上是指明企业活动的重心，是以自我为主，还是以客户为主，华为应该非常坚定地以客户为中心。这里的针对自我或客户的活动，指的是包括产品、技术、服务和管理在内的一切活动。2002年，ICT行业处于躁动期，有点像小米的雷军所说，"只要处于风口上，猪也能飞起来"。所以在资本的刺激下，业界的巨头都在斥巨资搞创新，不以客户需求为导向，而是以技术、产品、创新为导向。比较典型的如拥有贝尔实验室的朗讯，热衷于铱星系统研发的摩托罗拉。这两家公司都是业界广受尊敬的巨头，是"狮子"中的领导者，但都败在过分以自我为中心，都被资本和技术盛名所累，对自己的尖端技术过于自信而忽视了客户的需求，特别是客户当下核心的需求。正如任正非所说，这些同行，没有成为行业的先驱，而是成了先烈。对于他们，我们固然要给予尊敬，但重点是要汲取他们的教训，毕竟企业经营，一旦踏空，就可能万劫不复。

因为，华为从资源极度缺乏的饥饿状态，依靠市场残酷竞争成长起来，基本上没有像后来的BAT有过资本输血的经历，一切都得靠自己，所以它的基因里有一种"惶者生存"的本能。这种本能让华为时刻保持着危机感，提醒自己，万事皆轻，一身为重。同时，在任正非时时刻刻的呐喊中，华为形成了一条铁律："以客户需求为导向，产品好，服务好，成本低！"

他说："从企业活下去的根本来看，企业要有利润，但利润只能从客户那里来。华为的生存本身是靠满足客户需求，提供客户所需的产品和服务并获得合理的回报来支撑。员工是要给工资的，股东是要给回报的。天底下唯一给华为钱的，只有客户。我们不为客户服务，还能为谁服务？"

哪怕是华为在多年后超越爱立信，成为全球通信行业举足轻重的传奇公司，拥有了相对充裕的资源，也有了一些资本、人才、技术，以及管理能力，任正非也没忘记初心。此外，同向而行的行业标杆，一个个在身边倒下，也时时刻刻提醒着他不要忘记"以客户为中心"的初心。

华为管理层内部曾有过讨论，大家分析得出结论："为客户服务是华为存在的重要理由！"任正非看到这结论后，大笔一挥改为：**"为客户服务是华为存在的唯一理由。"** 在美国政府最新一轮打压华为之际，国外媒体有一次在公开采访中不怀好意地问他："如果有一天，华为面临要侵害客户的利益的时候，该怎么办？"任正非斩钉截铁地回答：**"如果我们面临要侵害客户的利益的时候，宁可关闭公司，也不会被利益所驱使，而去做不应该做的事。"**

5.4.3 核心战略三：坚持技术驱动，敢于做行业领导者

华为在很长一段时间内，一直在内部强调以客户为中心，反对盲目创新，导致很多外界的人认为华为特别僵化，不喜欢创新。其实，这里存在着巨大的误解。华为在内部，一直非常强调对技术研发的投入，而且始终坚持把战略控制点放在技术和产品上，坚持"客户+技术"的双轮驱动。

以手机为例，时间回到2010年，苹果iPhone在2007年面世，曾经的手机霸主诺基亚轰然倒下，而此时的华为终端，虽然早早地成为安卓手机开放联盟的公司之一，但是华为智能手机出货量仅300多万台，市场份额几乎可以忽略不计。

华为手机终端的销售渠道单一，几乎全部通过运营商定制渠道销售，同时还得面临运营商不断砍价。由于华为终端竞争力不强，毛利不高，品牌影响力也不足，而且影响主业的发展，任正非曾一度想把终端事业部在世界范围内出售。2008年世界金融危机爆发，两次出售均因为买家出价太低而未成行。

食之无味，弃之可惜，应该是当时华为管理层对于终端业务的感受。然而，手机终端行业的巨变以及三星、苹果等厂商的成功转型，引起了华

为高层的求变之心。

2010年12月，任正非亲自召开了"高级座谈会"，徐直军、郭平、余承东等高管以及华为终端的核心骨干参加了此次会议。在这次会议上，任正非对终端业务进行了重新定位，明确了终端公司在手机终端领域做全球第一的长远目标，明确了华为终端与运营商管道业务、企业网并列成为公司三大核心业务。

任正非同时给华为终端公司松绑，要求终端事业部要勇于按消费品行业的规律办事，改变了华为过去不做品牌的策略，花大价钱做品牌管理，研究消费者心理，进行产品规划。任正非提醒华为高层和终端公司的主管，华为如果要在手机终端领域做全球第一，需要漫长的时间积累，要准备奋斗十年甚至更长时间。因此，各级主管应认清自己，做好阶段性的目标定位，同时应大幅提升在手机终端上的研发和品牌建设投入，至少在预算和投入上胜过竞争对手。

"高级座谈会"后不久，华为将旗下所有面向消费者的业务，如手机、其他终端设备、互联网以及芯片业务整合在一起，组成了消费者业务。紧接着，2011年，华为在"三亚会议"上提出"华为终端产业竞争力的起点和终点，都是源自最终消费者"，由此果断决定不再做运营商定制手机，而是向苹果和三星学习，全面转向消费者品牌业务。

战略方向已定，按传统思路，就要选拔主将。"三亚会议"结束后，任正非亲自点将余承东，让其担当新成立的消费者业务CEO。任正非为在迷茫中初生的华为消费者业务，选择了一位长跑耐力型、愿啃最硬骨头、擅打最硬仗的统帅。任正非深知，当下的消费者业务的被动局面非偏执狂不可。

当时的智能手机市场，确切地说，牌桌上只有来自美韩的几个顶级玩家，三星、苹果和高通。这几个玩家无一例外拥有自己的绝活。作为芯片和技术的供应商，一边卖芯片，一边收着"高通税"，高通算大半个"流氓"；三星多年来一直在屏幕和存储芯片供货上"耍流氓"，卡其他整机厂商的脖子；而苹果则依靠iOS操作系统、芯片、iTunes商店以及强大的研发能力和品牌实力，自成体系。

从这个角度看，只有以多年研发的垄断技术作为底气，才有资格入局智能手机市场。这三家牢牢地把持全球手机市场，是市场对技术研发胜利者的奖赏。华为的终端之路应该怎么走？战略控制点在哪里？

余承东在华为公司内部，素以偏执、好打硬仗、功绩卓著著称，他在华为内部一直强调研发和技术才是科技行业的核心竞争力。

余承东在华为最突出的业绩，是从零开始坚持研发无线通信，直到华为无线产品线走在世界前列。1997年的无线产品线还是余承东光杆司令一个人，余承东主导华为无线从无到有，再到最强盛的整个过程，而且"圣无线"的称号不是靠低价，而是靠技术领先、高盈利获得的。

余承东带领着新成立的消费者业务管理团队，对标三星和苹果，经过认真分析，得到的结果让所有人绝望。望着巍巍高山般的苹果和三星，每一个人被无力感侵蚀着。管理团队内部的分歧，也使得余承东头如斗大，以至于他通过微博发出了堂吉诃德般可笑的呐喊。

他与团队研讨后，形成了华为终端的"七大战略"，绝大部分涉及技术领域，特别是芯片领域。他选择将这些战略史无前例地在微博上公开，以期在外部形成压力后倒逼内部改革。事后，他半开玩笑地说，那时华为终端过于弱小，反正也没有人相信，微博发就发了。别人不信，但华为人信就好。

由此，华为终端通过七大战略目标的确立，走上核心竞争力，或者说是以技术为战略控制点的构建之路，走上了向三星和苹果学习的漫长之路。

围绕手机终端，为了尽力缩小与苹果和三星的差距，华为已经在全球建立了数十个专项研发中心。如在时尚之都巴黎设有美学研究中心，在全球设计中心伦敦设有设计研究所，在数学强国俄罗斯设有算法研究中心，在日本设有小型化设计和质量控制研究中心。美国研究所则以射频、操作系统、芯片、软件、大数据为主要研究方向，欧洲研究所则主要以5G为研究方向。

手机芯片是集成电路（IC）的一个分类，是一种在硅板上集合多种电子元器件实现某种特定功能的电路模块。它是电子设备中最重要的部分，承担着运算和存储的功能。手机芯片通常是指应用于手机通信功能的芯片，包括基带芯片（BP）、处理器、协处理器、模拟射频（RF）、触摸屏控制器芯片、存储芯片、蓝牙Wi-Fi芯片和电源管理芯片（PMU）等。

手机的芯片之于手机，就像大脑之于身体，手机所有操作的命令都是通过芯片来进行处理，没有芯片，手机就如同一块废铁。正是因为手机的芯片如此重要，华为把自主研发的SoC手机芯片作为重要的战略控制点，认为它是未来制胜的重要武器。

苹果和三星均具有自主设计芯片的能力。除此之外，三星在内存和屏幕上有优势，苹果有自己的iOS系统和iTunes服务，他们都拥有对手机产品链核心要素的控制能力。

自主高性能系统级芯片是顶级玩家的入场券，而基带芯片也极其重要。华为、三星有自主基带芯片，苹果用英特尔或者高通的基带芯片。基带芯片直接影响手机信号，信号不好，消费者体验严重"瘸腿"，苹果和高通撕破脸后就有传言说苹果要搞自研基带。核心芯片搞不定，是无法作为顶级玩家上牌桌的。

在绝对的实力面前，一切营销技巧都是浮云。基于此，有人开玩笑说，大军一旦开战，有哪个是拿着别人家的武器上战场的？靠供应链搞定核心技术，无异于把小命交到别人手上。

认清了现实，余承东和他的团队决定，再难也要搞自家的核心芯片，哪怕再难，也要坚定地走下去。自2012年起华为的旗舰机型均配备自家研发的海思芯片，对华为高端机的差异化战略起到有力的支撑作用。用余承东的话说，自家的芯片自己不用，谁用？要想在客户体验、售价和品牌形象上实现对苹果和三星的超越，光靠营销或打价格仗是不行的。

就像当年在无线领域赶超诺基亚和爱立信一样，只有在技术上、创新上，在手机产品的重点性能指标和差异化特性上，实现实质性的超越，华为才有机会成为消费电子领域中真正的王者。

从2016年起，华为的海思芯片为华为旗舰手机提供了独一无二的差异化竞争优势。华为每一款高端精品手机，其后面都有海思芯片的身影。2016年2月，美国芯片权威杂志最新评定，华为海思芯片超越苹果名列全球芯片设计第六名。

海思的麒麟930，这款芯片采用8核CPU，是业界首款支持安卓平台64位生态的处理器，是手机芯片迈入64位时代的开端。2015年，海思大胆地选择了最先进的16 nm FF+工艺降低功耗，成为全球首个16 nm的手机系统级芯片。麒麟950是全球首个采用16 nmFF+工艺的商用手机SoC（系统级芯片），海思第一次在工艺方面站在业界最前沿。

由此，在后续的先进工艺演进路标中，麒麟芯片工艺一直处于业界最领先的地位，麒麟960在16 nm基础上持续改进，麒麟970和麒麟980都实现了10 nm和7 nm的全球首次商用。工艺的领先，有效保障了麒麟系统级芯片的最优性能，为更加复杂的芯片设计打下了基础。

2017年9月发布的麒麟970，则首次在SoC中集成了人工智能计算平台NPU（神经网络处理器），开创了端侧AI行业先河。据了解，一开始在AI拍照的场景研发过程中，当NPU和ISP（网络业务提供商）并发时，功耗非常高，内部曾一度打算放弃NPU，后来海思团队想到了解决方案，为广大用户的AI拍照体验提供技术保障。不仅如此，麒麟970还创新设计了HiAI（华为推出的人工智能引擎）移动计算架构，这是业界终端侧第一个继承全功能AI业务的架构，将NPU、GPU（图形处理器）、DSP（数字信号处理器）的能效得到最大限度的释放。正是从麒麟970开始，海思正式开启AI探索前进之路，为华为的全场景智慧战略打下坚实的技术基础。麒麟980的推出，更是在AI智慧手机的进化道路上迈出了重要的一步，在逼近硅基半导体工艺物理极限的7 nm尺寸上实现最强性能，海思让业界看到了芯片在性能上广阔的发展空间。

通过芯片每年的技术升级和军备竞赛，到华为麒麟990时代，华为5G手机更是傲视群雄，而彼时的苹果公司，由于基带搞不定，也要依靠Intel的协助。如果不是美国政府在2019年动用行政力量在全球打压华为，华为在终端领域压倒苹果，只是时间问题。

手机终端行业的研发竞赛，可以说就是十项全能竞赛。一枚小小的海思麒麟980芯片，研发成本远超3亿美元，生产成本另算。花了二三十亿人民币研发一枚芯片，生命周期不过一年，到第二年新芯片上市的时候，就过气了。售价数千元的手机才是工业时代真正的奢侈品，相比之下，箱包、手表等奢侈品技术含量和投入均弱爆了。在手机终端行业搞研发，资金、技术、经验、人才、时间、耐心、意志、坚持、运气缺一不可，缺一样就是"瘸子"，分分钟躺平，死给你看。

智能手机现在只有极少数厂商，如苹果、华为具备了芯片、终端和云端的三重协同能力，大部分手机厂商只有云和端这两支军队，甚至只有终端这一支。在电子消费终端这个领域，靠采购第三方芯片和技术，很难实现深度整合，进而带给客户一致性的完美体验，而且很可能会受制于人。例如哪怕强大如苹果，一旦基带搞不定，第一波5G手机推不出来，市场和客户就要受制于人。

因此，华为、三星、苹果在手机终端领域的强大，正是因为多年前的战略控制点的设计，如乔布斯下定决心研发A系列处理器，再如华为团队决定做自有的麒麟处理器。正是因为有多年来的算法、数据、专利、芯片、云服务、系统等"芯+端+云"的整合，强化了在行业中的控制力，才有了今天华为和苹果的厚积薄发。

第六章

经营计划

6.1 制订经营计划的意义和作用

6.1.1 经营计划：显微镜的作用

就一般意义而言，BP是指商业计划书，是一个企业或一个项目单位为了达到招商融资和其他发展目标，根据一定的格式和内容要求而编辑整理的全面展示公司或项目状况、未来发展潜力的书面材料。

SDBE领先模型中的BP，则是一个专有名词，指的是一个企业或组织的年度经营计划，是指企业为了达到战略目标而制订的新一年度的计划及行动方案。年度经营计划是对企业战略的实施和落实，是战略规划期限内每一年的具体行动方案，是战略目标在年度落地的体现。

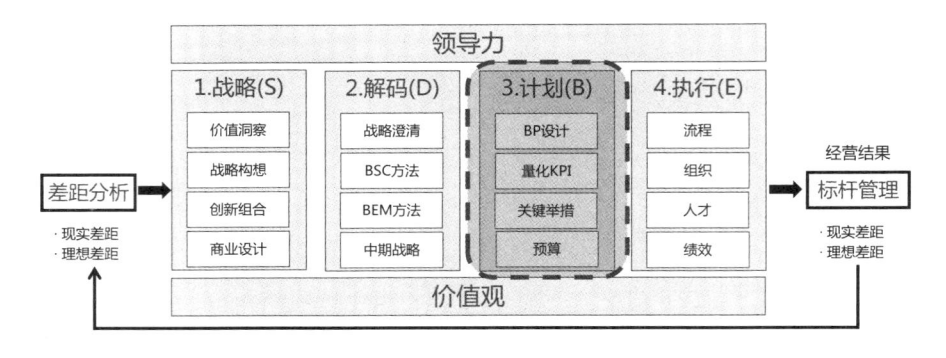

SDBE领先模型中的经营计划模块

我们在前文中讲述过，SP就像是企业经营的望远镜，它最重要的作用是看清方向，避免企业走错路。

而BP则像是显微镜。企业要通过BP这个工具，更细致地看清公司的运营细节，有针对性地采取措施。然后通过一年又一年的BP接力，最终将工作重点放在对KPI和重点工作的例行跟踪和落实上，从而有效支撑公司中长期战略的落地。

不论是一个国家，还是一个企业，其实体的运作都有一定的周期性，而这个运营周期一般是以年为单位的。绝大部分企业都会在岁末年初这个时候制订下一年度的工作计划，BLM和SDBE领先模型，还建议企业要制定未来三至五年的战略规划，并且每年滚动进行复盘和调整。

前述我们已经讲过，战略规划通常是滚动制定的，就像我们国家的五年规划一样。如今已经进入"十四五"时期了。每年春节之后，全国和各级地方都要召开"两会"，对五年规划的进度进行总结和回顾，对本年的工作进行规划和安排，以求达成共识，汇聚合力。

要想实现宏大的愿景、使命及战略构想，一个企业或组织必须要重视凝聚共识，把企业或组织里的每个人都组织起来，在保证方向大致正确的前提下，在考虑周密、计划翔实、切实可行的BP指导下，玩命干。只要能够牢记上面所述，哪怕外界条件再恶劣，企业也有信心抗击一切困难。

这就是所谓"战略不足，执行来补"。华为历次的战略抉择，不是没有过失误，但是任正非领导全体管理者，带着员工合力拼搏，硬是扭转了一个又一个不利局面。没有战略规划是不行的，但是只有战略规划，人人都迷信战略规划，而忽视战略执行的重要性，这也是万万不行的。

在大多数时候，战略的执行力比战略的构想力更重要。企业的成功靠的是战略执行。靠着所谓写着战略构想的精美的PPT（演示文稿），就开启了伟大的征程，这绝不是企业经营或成长的真实情况。现实中，伟大的、宏远的事业是需要拿辛勤的汗水去浇灌的，是需要靠在企业具体经营过程中解决一个又一个具体的问题来实现的。

在华为，每年春节前有一个例行的市场大会，基本上公司所有的中高级干部一千余人，会从全球各个分支机构飞到深圳。那个时候华为基地周围的酒店和饭店全部爆满。所有中高层主管会在这几天集中研讨、分析行业和客户需求的变化情况,总结全年的历史经验和教训,分享总部各业务部门的运营状况,然后要做我们未来五年中长期的SP。

每年7月,基本上同样是这批人,从全球各地飞到深圳,再开一个年中的BP回顾大会。主管们会通过复盘纠偏一下战略的执行,同时把公司在人力资源管理方面的措施和各条业务线上的一些优秀做法进行总结匹配,最终输出我们下一年度的业务规划和BP,包括我们的预算。

这种SP和BP不停切换、复盘、回顾的例行机制保证了华为公司各部门、各层级在战略规划和执行管理方面达成共识,最终保障了华为战略目标的实现。

因此,谋划企业发展,既要善于使用SP这个企业战略规划的望远镜,登高望远,看长远的趋势,看清大致的前进方向,又要善于使用BP这个企业经营计划的显微镜,做微观分析,搞清每个具体问题的原因,给出精准的解决方法,并在一个个具体问题的解决中,促进企业整体效率的提高,弥补差距和短板,以求最终成功实现企业的愿景。

一个企业或组织,只有善于在BP与SP之间做均衡,既有快速走路的能力,又有抬头看路的能力,才能打造卓越不凡的竞争力,才能行稳致远。

6.1.2 年度经营计划的关键作用:形成年度KPI和关键举措,确保可执行、可管理

企业究竟应该如何做好BP呢?很多企业家和管理层学员告诉我们,做了那么多年的BP,总觉得没用。BP的制订总像是走过场,费时费力,大家都不愿意做。和各级组织主管在定目标或分解目标时,大家讨价还价,像打仗一样,比企业实际经营做业绩还要累。久而久之,大家都不太愿意做,即使做也是敷衍着来,最后就沦为形式。

即使是好不容易做出来年度经营计划,但在实际执行的过程中我们经常发现,公司的年度经营目标与部门年度经营目标脱节,公司提出的重点经营举措没有体现在部门重点工作计划中,各部门之间的重点工作也缺乏协同,各管一摊,最终导致BP难以落地执行,没起到应有的作用。

BP在本企业或本组织中会起到非常重要的纽带作用，让公司组织内部产生凝聚力、向心力，它还是公司上下协作和基于业务流程的水平层面的配合指南，是组织内所有主管和员工的工作蓝图。BP指明了公司的战略经营决策方向，如明确了组织今年的工作重点在哪儿，当期目标有哪些财务、客户、运营和学习发展的具体指标。对本组织而言，除了量化的指标外，还有哪些关键举措要落实，为什么要这么设定目标。还有，为了完成这些指标和落实关键举措，本组织需要哪些资源；组织队形、关键岗位和人员怎么规划，还有哪些弱点；工作流程上还有哪些待改进的地方；怎么营造良好的工作氛围去实现目标；怎么把这些目标分解给下级部门或本组织里的主管；怎么考核各下级组织和关键主管；等等。科学、严谨的BP，可以将公司的经营战略变成每一位主管和员工的工作行为，以最大限度地形成合力。

那么BP究竟应该怎么做？它的输出结果是什么？以什么形式体现？说一千道一万，BP就是要阐述清楚：本组织今年要干什么？干成什么样？到年末，怎么衡量年初提出的目标是否达成？针对这些问题，必须与本级各部门和下级各部门达成共识。

根据我们多年的经验，BP最常见的其实就是两个形式的结果输出：
①可量化、适合量化的要求，形成KPI指标；
②不能量化或不适合量化的要求，形成关键举措。

6.1.3　KPI的关键：使用SMART原则制定科学合理的目标

平衡计分卡法强调绩效管理与企业战略目标之间的紧密联系，并提出了一套具体的指标框架体系，有效地向企业管理者传达了未来业绩的驱动因素是什么，以及如何通过对财务、客户、内部运营、学习与成长四方面的运作来实现企业的战略目标，然而却不能进一步把绩效指标分解到基层管理及操作人员。

常用的量化指标考核方式有很多，如前文所述，SDBE领先模型推荐采用成熟的KPI管理方式。当然，有些与互联网相关的公司和组织，目前采用谷歌使用的OKR[①]管理方式。KPI和OKR是常见的两种绩效管理方式。

绩效量化是一门很复杂的管理学问，它本质上是指通过应用一系列技术方法或手段对部门或员工的绩效做出具体化、数量化的评估。一般绩效量化考核的内容包括三方面：绩效、能力和态度。在应用部门级绩效考核时，我们一般推荐使用KPI管理方式。

KPI管理方式是衡量流程绩效的一种目标量化管理方式，能迅速对绩效发生的变化做出反应，使管理者及时发现并找到问题的根源，但不能提供完整的并对操作具有指导意义的指标框架体系。

KPI，即关键绩效指标，是通过对组织内部流程的输入端、输出端的关键参数进行设置、取样、计算、分析，衡量流程绩效的一种目标式量化管理指标。

KPI是把企业的战略目标分解为可操作的工作目标的工具，是企业绩效管理的基础。部门主管明确部门的主要责任，并以此为基础，明确部门人员的业绩衡量指标。建立明确的切实可行的KPI体系，是做好绩效管理的关键。关键绩效指标是用于衡量工作人员工作绩效表现的量化指标，是绩效计划的重要组成部分。

曾经在企业界，很多公司把KPI管理工具庸俗化，导致很多企业领导都在公开吐槽唯KPI的危害。最有名的是企业家雷军和李彦宏，两人在内部公开信中都提到了去KPI的管理方式。

雷军要求全公司继续坚持"去KPI"的战略，放下包袱，解掉绳索，开开心心地做事。李彦宏讲道："因为从管理层到员工对短期KPI的追逐，我们的价值观被挤压变形了。"这就导致很多公司的管理者开始模仿，百度和小米都不要KPI了，"咱们也要重视用户体验，不要KPI了"！

KPI一般是基于BSC方法，按财务与规模、客户与产品、运营与效率、学习与发展这四个大类进行展开，主要从数量、质量、时间、成本等方面来进行量化管理，一般要遵循SMART原则和其他原则，具体我们后面章节

---

① Objectives and Key Results的缩写，意为目标和关键成果，是被很多大型企业广泛应用的一套绩效管理工具和方法。

再详述。这里我们再展开聊一下业界著名的SMART原则。

管理大师彼得·德鲁克的《管理的实践》一书中介绍了五个基本的目标制定原则，即SMART原则：

①目标必须是具体的（Specific）

目标一定要明确，一次只能聚集一个目标，如果目标太大，就要把目标分解为一个个小目标，并且是清晰的、明确的。

②目标必须是可以衡量的（Measurable）

可测量就是目标是否达成可以用指标或成果的形式进行衡量。在目标实现的过程中，目标达成的进度最好也是可以衡量的，至少用几个关键事件点来表示目标达成的进度。

③目标必须是可以达成的（Attainable）

目标千万不可脱离实际，一定要把目标分解成多个小目标，使目标具备可实现性。另外，目标体现自身意愿，是自己真正想去实现的。

④目标必须和其他目标具有相关性（Realistic）

目标是否与其他目标具有相关性，在企业中就是指与公司或上级组织的愿景和战略目标是否具备关联性，是否与部门其他目标冲突。

⑤目标必须具有明确的截止期限（Time-based）

必须给目标设置相关的完成时间计划，明确项目什么时间开始，什么时间结束，什么时候又是计划的关键节点。

怎么科学合理地制订一个企业及其各级组织的BP，各级主管怎么对部门中的个人制定合适的绩效目标？这是一个组织非常重要的管理技能。SMART原则及其实践非常重要，期望广大管理者重视。

KPI作为BSC方法的载体，作为一种战略和绩效管理的工具，作为一种方法，本身并没有对错之分。KPI只是绩效考核的工具之一，但不是企业经营的全部，更何况很多公司在使用KPI作为绩效考核工具的过程中，存在大量的谬误，根本没有遵循正确的方法和步骤。同样，华为和阿里，作为科技公司，一直在使用KPI对组织绩效进行管理，KPI管理方式也在持续发挥着积极而关键的作用。

6.1.4　关键举措：持续改进机制，是伟大公司成功的关键因素

企业不能把所有的管理和考核都进行KPI量化，适可而止的量化才是好的量化。企业必须结合战略构想和商业设计，把中长期战略目标中不能量化的关键考核因素，放入关键举措中去管理和衡量。要不然，企业很容易形成"为量化而量化的"的唯KPI化误区，既浪费又无法取得意想的效果，其结果只能是劳民伤财。

针对这种不能或不适合量化的各种考核要求，我们建议形成本部门的关键举措，同时列入组织的年度经营计划中，并且拨出资源进行跟踪和考核，以形成闭环。

在华为内部，我们把这种非量化的考核事项称为"重点工作"或者TOP N改进事项。TOP N关键举措管理办法是基于六西格玛的一种改善企业质量流程管理的技术。它的理念是"零缺陷"的完美商业追求，以项目化的PDCA改进，来带动质量成本的大幅度降低，最终实现财务成效的提升与企业竞争力的突破。

基于多年的实践，我们强烈推荐在企业经营中采用TOP N关键举措管理办法。TOP N关键举措管理办法是一种自上而下推行的非量化考核和改进方法，它的主要步骤如下：

①定义问题——问题与解决方案一样重要；
②衡量阶段——实际情况是什么样的；
③改进阶段——寻找对策并实施；
④控制阶段——形成文件或者流程，改进制度，保障可持续性。

对于企业管理层，日常工作的核心是不断找到企业运营中的关键问题，提出系统的改进办法，并且解决问题之后，形成流程进行固化。这样通过持续不断的改进，企业的经营效率将越来越高，企业的核心竞争力也将越来越强。

华为在2017年以前，基本上所有重大的管理方法，包括IPD、ISC、IFS、LTC、BLM等等，都是从IBM引进的。但华为作为来自中国的优秀学生，在年度营收成功突破1000亿美元之后，仍在快速发展。

反观IBM，作为华为曾经的老师，其年度营收2012年达到1000亿美元之后就逐渐下滑，2016—2019年IBM的年度营收在800亿美元点上徘徊，当前IBM处在改进动力刚好和企业的下滑力抵消的状态。IBM早已被脸书、亚马逊、谷歌、微软等一众后起的公司所超越。

来自发展中国家的后起之秀，曾经的好学生华为，业绩超过了曾经人才济济和实力最雄厚的美国老师IBM。两者是差不多体量和规模的企业，为何华为的组织活力和发展势头超过了曾经的老师IBM。大象确实能跳舞，那其中的奥秘又在哪里？

我们作为长期研究企业战略管理的从业者，认为这除了由于中美两国实力的此消彼长，可能还由于两个企业本身，这包括战略规划的最顶层设计，价值观、领导力的软性文化建设，还有就是微观层面的作战效率，其中企业的持续改进能力也发挥了非常重要的作用。

企业的营收和盈利规模，终极上是企业的综合能力在市场和客户侧的反馈。只要企业能持续增强自己的综合能力，在市场足够大、企业能力触手可及的情况下，即便当前企业是一个初创小公司，最终也会成为一家伟大的公司。 因此，持续改进的机制才是伟大企业的最关键的因子，华为、阿里、腾讯、京东、平安、万科、字节跳动，所有这些卓越的公司无一不如此。

探究华为，从1987年只有2万多元人民币的微薄启动资金，持续30多年的业绩快速增长，成功在全球化展开经营，在科技行业成为近9000亿元人民币的营收巨头，那么华为的持续改进机制是什么呢？

华为能持续改进的核心在于流程变革和过程资产固化，流程变革是整个改进的动力，流程变革以项目运作方式开展，而过程资产是改进的落地点。下一次的流程变革可以在此基础上进一步提升，这样的结果就是内部的能力不断增强，业务持续得到提升。

正因为华为有这样的持续改进机制，在业务上的持续改进和固化最终表现为业务能力的提升，对于未来业务的不确定性创造了确定的增长能力，最终体现为多年来华为业务的持续成长。

从这个角度上讲，**持续改进机制才是伟大公司成功的关键因素。**

6.1.5 制订年度经营计划的注意事项

在明确了企业战略目标和方向之后，企业要据此进行解码，以形成组织KPI，再加上年度关键举措，从而形成一个完整的、包括KPI与关键举措在内的组织PDCA管理改进循环，完成整个组织的战略规划在年度的闭环管理。

年度经营计划是企业在本年度内的运营指南，也是根据经营战略决策方案有关目标的要求，对方案实施所需的各种资源从时间和空间上所做出的统筹安排。

通过对公司的战略进行逐层逐级解码，我们可以形成公司、部门、员工的年度、季度、月度的KPI和关键举措，针对关键绩效指标的计划，经过实施、评估、反馈与调整，形成完整的战略绩效管理体系。把责任结果层层压实，最后形成本企业或本组织的经营计划，确保本年或者说战略目标的第一年的胜利实现。

制订一个成功而有效的年度经营计划，需要注意以下事项：

（1）本组织的中高层管理人员应该广泛参与讨论，形成共识

很多公司制订年度经营计划没有组织公司中高层有效研讨，仅仅以发文的形式，要求各部门提交一个总结计划报告，然后汇总编制成公司年度计划报告，把年度经营计划的制订过程变成了一个"写作文"的过程。

其实，年度经营计划的制订不仅仅在于"结果"，有时更在于"过程"，重点在于通过研讨的形式，组织核心管理人员充分讨论、交流，达成共识。

一年即将结束时，组织中高层管理人员认真参与制订年度经营计划的讨论，认真思考部门工作的得失，认真总结一年来的不足及根本原因，以及未来一年的工作方向和重点工作。

在日常工作中，中高层很少有机会系统思考，同时会固化在旧有的思维和行为习惯中，没有外部观点的冲击，以及系统的思考工具，很难有创新的想法。内部战略与经营计划专家（建议有条件的公司聘请外部专家参加），用系统的方法和工具引导、组织大家对关键的经营议题进行研讨，在一些关键问题上找到创新的思路及新的做法。

中高层通过研讨确定的未来一年的经营计划，才容易推行。如果不充分研讨、交流，就难以发现各部门在年度经营目标的制定、重点工作的部署中到底存在什么分歧，更别说消除各部门间的分歧了。通过研讨会，公司中高层干部畅所欲言，说出各自对年度经营目标和重点工作计划的想法，并发现彼此之间的分歧。针对重要的分歧点，通过研讨达成共识，至少做到最大限度地达成共识，做到"力"出一孔。

（2）BP的形成必须遵循科学而严谨的方法和流程，高效而务实

企业BP的制订和输出，必须基于正确的SP规划结果，这里包括完整地执行"五看"动作的价值洞察，企业对于战略发展节奏和里程碑的"三定或四定"的战略构想，更有效率的创新组合，以及更加精准的商业设计，当然也包括对行业标杆对象和差距分析的刷新和重构。

具体的要求是搜集外部环境对公司未来一年经营可能产生影响的关键信息，包括宏观环境、行业趋势、竞争对手、客户需求和自身能力的变化等，并导出关键性的结论（主要包括机会和威胁）。

同时，SDBE领先模型的出发点和改进动力，均来自与标杆的差距。因此，还需要重点整理分析公司经营现状，包括一年来公司经营的整体情况、主要的成绩和不足等，重新评估与标杆之间的差距，看看可改进点在哪里。均要求参与BP制订的中高层熟悉这些并进行思考。

很多公司虽然有组织召开经营研讨会和安排BP制订流程，但大家往往由于缺乏系统性的工具，在BP的制订过程中，只是零散地对本部门工作进行思考，而缺乏深入、全流程地解码和对齐，导致最后在部门级BP决策时大多是"拍脑袋"，因此BP最后缺乏执行力。

（3）开好BP研讨会，这是关键

所制订的BP要输出公司未来一年的经营方针、经营目标、经营举措。要将公司的年度经营目标落实到工作中去，还要制订经营举措。通过严密组织，周密部署，开好一个BP研讨会非常重要。

很多企业的BP之所以做得不好，或者说难以执行，首先是态度和方法上

存在问题。只有在意识上给予足够重视，时间精力和资源安排上给予充分保障，依据正确的方法和流程，企业才能够制订出高效务实的BP。

一个好的年度经营计划，能够有效地指导本企业或本组织的全年经营。所以，企业花几天开好BP研讨会非常有必要。

(1) 要通过研讨，基于经营目标制定总策略和KPI

策略是路径，策略是方法，先制定好策略，再根据经营策略制订具体的行动计划，确保行动措施能落实，最后还要明确具体的责任人和完成时间，便于后续的检查和追踪。

很多公司在召开年度经营计划研讨会时，往往就研讨议题缺乏认真的准备，研讨时缺乏重点，会上只是表达自己的观点，而没有真正地研讨，最后导致会议效果很难达到预期。

(2) 明确年度经营计划研讨会的关键研讨议题

首先要回归本心，从使命、愿景出发，审视公司的战略是否围绕使命展开。结合内、外部经营信息，制定未来一年的经营目标，不仅仅只有财务目标，还应该从客户、内部运营流程、团队成长等维度综合考虑，平衡公司短期和长期的利益、内部和外部的利益，共同构建公司未来一年的战略目标体系。

(3) 形成本组织的KPI和关键举措，并要求下级组织进行展开

事有先后、轻重缓急之分，当公司的年度经营计划研讨出来后，会形成很多具体的KPI和关键举措、任务清单。那么，下属各部门之间如何协同作战，如何确保工作有序开展，不浪费时间和资源，就需要根据公司的战略方向明确工作事项的重要程度以及相关责任人和责任部门，同时要求下级部门尽快明确相应的KPI和关键举措。

(4) 跟进研讨会结果和逐个确定下级组织的经营责任书

研讨会议结束后，必须进一步落实会议研讨的结果，落实到具体部门、岗位、责任人。最重要的是要求各部门会后制订部门工作计划，落

实公司经营策略和举措，而不是会议开得很开心，似乎很有效果，但会后无跟进，导致会后各个部门还是各干各的，并没有承接落实会议达成的共识。

一般来讲，企业或者组织，要求各部门负责人在年终述职和来年工作计划汇报时，要与上级签订具体的年度经营责任书。这样，在上下级组织间，以契约的形式，确定了相应的责任结果承诺。针对上一年述职和下一年工作汇报，有些公司要求合二为一，有些则要求分述，或者按层级有不同要求。

总之，通过签署年度经营责任书这种具有仪式感的安排，企业通过BP的制订，将企业战略落实到每个具体下级部门的具体行动和经营指南中，以确保公司年度经营目标的达成。

因此，BP的制订，一定要遵循科学的流程和方法，动员核心的管理人员和骨干人员共同参与。这样，才能保证责任结果层层压实，事事有责任人，有结果产出。这样，才能"令"出一孔，"力"出一孔，"利"出一孔，通过一年又一年完美的BP执行，逐步提升企业的经营能力，从而获得更好的经营结果。

6.2 KPI量化考核体系的科学构建

6.2.1 平衡计分卡指导思想下的KPI设计

平衡计分卡体现的就是"平衡"二字，在考虑财务指标的同时，兼顾客户、内部运营和学习与成长三个方面，是一个综合性的评价体系。

在平衡计分卡广泛应用之前，杜邦分析法作为一种主要的绩效考核方法被广泛运用于企业实践中。杜邦分析法是利用几种主要的财务比率之间的关系来综合地分析企业的财务状况。具体来说，它是从财务角度评价公司盈利能力、股东权益回报水平和企业绩效的一种经典方法。

该方法的核心就是计算分析各项财务指标，其最大的缺点就是只能对过去的业绩进行考核评价，而不能指导未来的业务发展。所谓未来的业务发展，指的就是企业中长期战略目标的执行和落地问题。

从20世纪60年代开始，美国的领先学者就开始研究企业战略问题。战略关注的是长远的规划，是对未来企业发展的前瞻性设计，包含的内容不仅仅是财务数据方面，还包括市场、产品、客户、员工价值实现等等方面。评价企业绩效时就不能仅仅考核财务指标，还应当结合企业战略的指标进行评价。因此在这样的背景下，结合一些企业实践，美国管理学家罗伯特·卡普兰与戴维·诺顿提出了平衡计分卡的概念。

平衡计分卡的基本原理、主要内容和作用如下图所示：

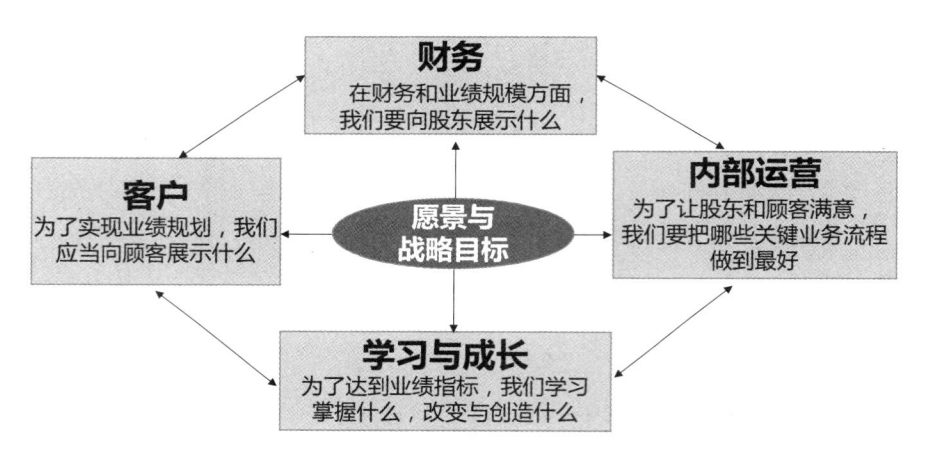

平衡计分卡的基本原理、主要内容和作用

后来，平衡计分卡的体系不断丰富发展，从制定战略到把战略转化成执行方案，平衡计分卡贯穿其中，表现出来的形式就是"战略地图"。罗伯特·卡普兰又写了一本专门的书就叫《战略地图》。因此，平衡计分卡的应用往往结合着战略地图，把四个维度在一张图表中展现出来。

平衡计分卡与战略地图结合在一起，就不仅仅是绩效考核的工具了，而是战略制定与战略执行的仪表盘。因此，现代意义的平衡计分卡其实是在讲，如何确定公司战略，如何分解战略，如何执行战略，它是一套企业战略管理的工具。

平衡计分卡强调，传统的财务会计模式只能衡量过去发生的事项，但无法评估企业前瞻性的投资。因此，必须改用一个将组织的愿景转变为一组由四个层面组成的绩效指标架构来评价组织的当期和中长期表现。此四个层面分别是财务、客户、内部运营、学习与成长。

通过这四个层面的各项指标，基本上可以比较清晰地说明企业的整体竞争。它一方面保留了传统上衡量过去绩效的财务指标，另一方面也兼顾了促成财务目标的其他绩效因素的衡量。在支持组织追求当期业绩之余，它也把组织的使命和策略转变为一套前后连贯的系统绩效评核量度，把复杂而笼统的概念转化为精确的目标，以寻求财务指标和非财务指标的平衡、短期目标和长期目标的平衡、结果性指标和动因性指标的平衡、领先指标和滞后指标的平衡，以及企业组织内部群体与外部群体的平衡。

平衡计分卡的均衡性，在KPI设计过程中，主要体现为以下五项平衡：

①**财务指标和非财务指标的平衡**

企业考核的一般是财务指标，而对非财务指标（客户、内部运营、学习与成长）的考核很少，即使有对非财务指标的考核，也只是定性的说明，缺乏量化的考核，缺乏系统性和全面性。

②**短期目标和长期目标的平衡**

平衡计分卡是一套战略执行的管理系统，如果以系统的观点来看平衡计分卡的实施过程，则战略是输入，财务是输出。

③**结果性指标和动因性指标的平衡**

平衡计分卡以有效完成战略为动因，以可衡量的指标为目标管理的结果，寻求结果性指标与动因性指标之间的平衡。

④**领先指标和滞后指标的平衡**

财务指标是一个滞后指标，它只能反映公司上一年度发生的情况，不能告诉企业如何改善业绩和可持续发展。而对于后三项领先指标的关注，企业达到了领先指标和滞后指标之间的平衡。

⑤**企业组织内部群体与外部群体的平衡**

平衡计分卡中，股东与客户为外部群体，员工和内部业务流程是内部群体，平衡计分卡可以发挥在有效执行战略的过程中平衡这些群体间的利益的作用。

6.2.2 财务与规模指标设计：衡量当期经营水平的关键

财务层面的指标，在华为一般被命名为"财务与规模"，用以衡量一个公司的当期或往期的产出。企业是营利性功利组织，不管公司的使命或愿景有多么崇高、宏大，如果企业当期或长期不赚钱，其结果必然是倒闭了事。因此，用财务指标来衡量公司的产出，是有些庸俗，但所有企业一般最终追求的就是财务产出。

财务考核指标衡量的是企业的战略及其实施和执行是否正在为最终经营结果（如利润）的改善做出贡献。在企业不同的发展阶段，因市场环境、公司战略等有不同的财务重点指标。

财务考核指标，虽然衡量的是当期或往期的经营体现，但它却是组织成功的最终体现，可以验证战略实施和执行是否对盈余改进有所贡献。财务目标应体现部门责任和责任中心定位，应支撑战略引导目标的达成，且财务策略必须有利于组织的可持续发展。对于业务部门，指标可以是效率提高、成本降低、收入增加、规模增长、利润率要求、风险控制等。对于支持部门，更多的是考核费用的利用率和人均绩效等。

财务的业绩提升是所有战略追逐的目标，但对于不同类型的业务，如成熟型业务、成长型业务和新业务等，财务指标的设计和权重也要有所区别。例如，成熟型业务更强调市场地位的提升，市场份额的扩大，利润率的提高；而成长型业务则需要重点关注收入、利润、增长率，以及合同质量等；而对于新业务，则需要在财务指标上适当放宽松，重点强调增长率和市场目标的实现，不要过分强调财务的绝对值。

不同行业、不同发展阶段的企业，其财务指标可能会有所不同，需要结合企业的实际业务开展情况来进行设计，这里就不再一一列举。

6.2.3 客户与产品指标设计：支撑未来可持续发展的因素

客户层面的指标一般是指不能在当期给企业带来财务收益，但能够在未来给企业创造价值、与客户相关的KPI指标。

企业应以目标顾客和目标市场为导向，应当专注当下的产品和服务是否满足核心顾客需求，而不是企图满足所有客户的偏好。

因此，需要针对不同客户的价值主张，重点满足客户关注的需求，以下是几种常见的客户指标设置方法。

· **对于关注成本的客户（成本优先型）**，需要在保证质量的基础上，提出最有竞争力的价格。对于领先企业，常常需要考察这类客户的长期发展潜力，并通过产品组合和解决方案，结合生命周期成本的概念，使客户摆脱仅关注交易成本的误区，使客户成为真正"聪明"的客户。

· **对于偏爱创新和冒险的客户（产品领先型）**，需要提供最先进、具有独特功能、尚未面世或只有个别同类产品面世的产品，以便能够占领市场先机或显示自己的独特性，如华为的5G折叠屏手机。

· **对于成熟稳健的客户（客户亲密型）**，需要紧紧围绕客户需求，通过建立长期的组织型客户关系，以及采取让客户参与设计或联合创新等方式，为客户提供个性化的产品和解决方案。

客户所关心的事情有四类：时间、质量、性能和服务、成本。平衡计分卡要求经理们把自己为客户服务的承诺转化为具体的测评指标，这些指标应能真正反映与客户有关的要素，典型的指标包括：**客户满意程度、客户保持程度、新客户的获得、客户盈利能力、市场占有率、重要客户的购买份额**等。

值得注意的是，企业只有通过持续不断地开发新产品，为客户提供更多价值并提高经营效率，才能打入新市场，增加收入和利润，得到壮大和发展，从而增加股东价值。典型的指标有：开发新产品所需时间、产品成熟过程所需时间、销售比重较大的产品的百分比、新产品上市时间等。

很多企业把产品和解决方案领域的KPI指标划分进了内部运营层面。而在华为，一般我们认为，**产品、技术和解决方案（含服务），都是面向客户的未来重要竞争力的体现，所以经常把产品和创新归在客户层面**。

客户层面的常见指标有：客户渗透率、客户关系深度、客户的市场占有率、服务或产品类型的市场占有率、推销和广告的费用、获得一个新客户所需的推销和广告费用、每个客户的净利润、每月投诉次数、每个客户区域的净利润、每个区域新客户的数量、新客户销售的百分比、无盈利客户的百分比、相对于竞争对手的价格、产品或服务的取消率、成功销售给客户的产品数量和范围、要求完成时间、每个销售渠道的销售额、现有客户的销售增长、合资企业的销售增长、地区性客户的销售增长、产品类别的销售增长率、每个客户的销售额、目标客户的参与度等等。

因此，在这个层面，可以结合SP和BP中的细分市场、细分客户分析，进一步优化关键行动计划，并确定针对不同客户的财务指标和非财务指标。每个企业都要根据自己的业务特点，来选取适合自己的客户层面的指标，通过量化考核，逐步逐年分阶段地达成最终的战略目标。

6.2.4 运营与支撑指标设计：内部运营效率和管理能力的持续提升

战略管理以与标杆之间的差距为导向、为动力，因此企业的研发、生产、售后服务、成本控制等内部各个经营环节，都对客户的价值创造发挥着非常大的作用。从根本上来讲，运营效率是卓越企业与普通企业的一个很重要的区分项。企业必须从内部价值链分析入手，对企业运营效率进行考察。典型的指标包括影响新产品引入、产品周转期、产品质量、雇员技能和生产率的各种因素。

企业的经营结果是通过一系列作业流程而取得的。因此，可以通过清楚定义业务流程之间的交付件，在主要上下游业务单元之间形成内部客户满意度指标，从而确定相互之间的考核内容，实现考核指标的互锁，以实现高效协同，共同为客户创造价值。

如果从流程的上下游来界定，营销就是研发的内部客户，那么通过设计合理的指标来实现双方考核的互锁，可以促进新产品的销售和双方的协作。例如，可由市场体系考核研发体系的客户需求响应速度、营销材料完备度、新产品开发质量等，也可由研发体系考核市场体系的新产品销售额与增长率、目标市场准入等。

不同的企业有不同的流程，企业在选择这些流程的时候，一定要考虑自身发展到了什么阶段，需要建立和优化什么流程，要思考哪些流程是短期内能为股东和客户创造价值的，哪些流程是可以长期为股东和客户创造价值的。这就是内部流程的战略选择，也是这个层面最核心的思想。

每个企业或企业中的每个组织都具备独特的使命和存在价值，围绕客户价值的创造，我们要选取能够帮助本组织运营改善的一些关键的业绩指标，这些常见的内部运营层面上的KPI如下：

成本收益率，单位投入产出比，单客户的开发费用，产品开发费用（销售百分比），内部客户满意度指标，交货时间和周期，新服务、新产品的推出时间（与主要对手的差距），新服务、新产品上市时间与计划的对比，新服务、新产品的数量，新产品的销售百分比，每个市场分割的利润率，新服务和新产品与总服务和总产品的比率，人均销售额，人均盈利，等等。

通过这些KPI指标的选择，通过一个个BP周期在这些指标的逐步改进和提升，本企业或本组织的运营管理能力也就水涨船高，企业核心竞争力自然也就得到了提升。

6.2.5 学习和发展指标设计：组织、人才和流程的建设

公司创新和学习的能力，是与公司的价值直接相连的。通过无形和有形资产驱动内部业务运作绩效的提高，在向客户、股东和社区传递价值时发挥最大的杠杆作用。

企业应关注为支撑内部层面而确定的关键流程运作所需的特殊人才、能力和特征（人力组织、信息资本、智力资本、关键装备），可以用关键资源的到位率、人均效能等指标来衡量。这里包括在团队、员工能力提升方面所采取的关键策略，在IT基础设施及信息系统建设方面所采取的关键策略，在知识产权、关键装备、战略资金等方面所采取的关键策略，在文化、领导力、协调一致、团队工作等方面所采取的关键策略。

一般在学习和发展层面，包含以下四个方面的常见内容：

· **人力资本**：是执行战略活动所要求的技能、才干、技术诀窍等，组织服务模式，使优质专业资源在整个组织内快速传递（如华为重装旅的使

用调配），属于企业的战略能力。

· **信息资本**：是支持战略所要求的信息系统和基础设施的建设以及战略信息的转化能力。其内容除了IT基础网络、通用应用系统（如ERP[①]、MRP II[②]、CRM[③]以及OA[④]等）外，更重要的是承载着关键业务的流程，以及对应的知识、数据、案例等战略信息，体现了企业内部运营的信息转换程度、信息解决效率和战略所需的资讯科技完备率。华为始终坚持"IT规划和建设超前于业务变革规划"的方针，把互联网作为提升企业运作效率的核心工具。华为联结全球的内部网络（含数据中心）规模，在全国乃至全球的企业内网中，都是首屈一指的，支撑着华为全球业务的高效运转，涵盖市场、研发、采购、生产制造、交付和服务，以及人力资源管理和行政办公等各个环节。信息资产是华为的核心资产之一，华为也成为企业数字化和信息化建设的践行者和引领者。

· **组织资本**：是执行战略所要求的动员和维持变革流程的组织能力。包含先进企业文化的树立和对其的认同，对组织战略理解的一致性，组织的高效管控和授权体系，组织的高效协同体系，以及使组织成员保持高度主动性、产生付出意愿和敬业精神的激励体系。属于保证战略有效执行的内部战略环境。

· **战略资本**：是支持战略所要求的核心无形和关键有形资产，包括核心知识产权、战略资金和特种装备。特别是对制造业来讲，专用装备或精密机械等属于战略资本，甚至是核心竞争力的体现。战略资金可以用于战略产品或战略市场的前期开发，还可以用于投资或兼并，以快速获取关键资源。而核心知识产权则在全球化竞争中显得越来越重要，华为就是靠着过硬的核心知识产权和雄厚的战略资金在全球激烈的市场竞争中

---

① Enterprise Resource Planning的缩写，意为企业资源计划，指面向供应链的、管理企业内部和外部资源的基于计算机的集成系统。
② Manufacturing Resource Planning的缩写，意为制造资源计划，是一种由企业的产、供、销、人、材、物等部门组成的闭环反馈控制系统。
③ Customer Relationship Management的缩写，意为客户关系管理。
④ Office Automation的缩写，意为办公自动化。

发展壮大的。

学习和成长层面的其他常见业绩指标还有：组织架构的完备性、关键岗位的到位率和胜任率、员工士气、员工参与程度、员工满意度、员工培训支出、员工流失率、员工服务年限、新招聘的人数、综合招聘的次数、主动离职率、关键员工离职率、企业文化创建、工作氛围的建设、人均销售额、人均盈利值、工作环境质量、研究和发展、战略性信息的利用率、培训支出、每个员工的培训投入、员工与上级的沟通情况。

6.2.6　KPI体系设计的若干原则和操作指引

很多企业家或管理者在了解平衡计分卡和KPI的基本原理之后，仍是感觉无法制定出合理、有效的KPI。原因很简单，因为管理理念是一回事，而实操则是另一回事。KPI体系的设计，自有深刻的规律。

原则上，越是高层领导，越关注长期目标的达成和组织能力的提升；越是基层员工，越注重现实而具体的目标达成情况和自身技能的提升。

在华为多年的实践中，我们总结出四大原则和相关操作指引：

（1）KPI的设置要突出重点

KPI是否体现了本组织的独特价值和贡献？

KPI是否体现了本组织的业务重点？

KPI是否落实了上级组织对本级组织的导向和要求？

KPI是否能够支撑组织端到端的流程运作？

KPI数量应该控制在12—15个，单个KPI的比重在5%—35%。

（2）KPI的设置要体现对组织的均衡牵引

KPI是否体现了平衡计分卡的思想，按四个维度展开？

KPI是否体现了当期绩效和中长期绩效的平衡？

KPI是否可能鼓励不期望或不适当的行为？

是否可能造成唯KPI化，造成局部优化而全局劣化？

（3）KPI体系要具备可衡量性

KPI的衡量标准和计算方法是否明确并统一？

KPI的管理责任主体是否明确？

数据是否能够客观、及时、准确地提供？

数据是否可用较低成本来获取？

（4）KPI体系要具备可操作性

KPI是否简单、清晰、易于理解与不被误解？

被考核部门的努力，是否会影响此绩效指标？

被考核部门是否清楚改善的重点，并能够采取行动？

指标是否可轻易地造假或歪曲？

企业考核指标的最终选取一般在12—15个，如果是职能部门，KPI指标则在8—10个为宜。具体的KPI考核项目，则需要根据年度经营计划和重点进行选择，选择过程强调独特价值的呈现，各指标的权重根据工作优先顺序和承担的责任进行设计。

6.2.7　KPI设置小窍门：保底、持平和挑战，降低焦虑，聚焦目标

有目标固然重要，但目标并不是设得越大越好，而是要根据企业或组织的实际情况，制定出切实可行的目标才最有效。这个目标不能太容易得到，也不能高到永远也碰不着，"跳一跳，够得着"是最好的状态。

在企业中，为了激励员工的干劲，管理者总是免不了要给员工设定种种目标。然而目标有大有小，大目标太难实现，容易让人望而却步，小目标又可能太容易，达到的效果往往适得其反。

苏联著名生理学家巴甫洛夫在临终前，有人向他请教如何取得成功，他的回答是："要热诚而且慢慢来。"他解释说"慢慢来"有两层含义：**做自己力所能及的事；在做事的过程中不断提高自己。**也就是说，既要让人有机会体验到成功的欣慰，不至于望着高不可攀的"果子"而失望，又

不要让人毫不费力地轻易摘到"果子"。

华为的管理层经常讲："不怕慢，只怕站，最怕退步。"企业应该给自己和下级组织设定一个"跳一跳，够得着"的目标，既不会因目标太小而没有进步，也不会因为目标太大而完成不了，给自己带来精神上的压力。也就是说，这个目标既要有未来指向，又要富有挑战性！

华为在成立的三十多年时间里，绝大部分年头都完成了在年初制定的KPI任务。很多人认为，这是因为华为具有超强的执行力，其实不尽然。

华为整个组织的执行力确实强，但关键是华为设定任务的能力很强。华为各级组织所设定的任务既有挑战性，又有现实性，也就是说属于"跳一跳，够得着"的科学任务。任务定得太高，或者不现实，组织以及其中的主管和员工，都没有意愿去冲锋。但是，一个设计合理，有现实完成性的挑战任务，辅以各种激励措施，却能激励各种英雄式的人物前赴后继，拼命完成。

多年以来，华为各级组织，包括关键个人的KPI目标值，一直分为"保底"、"持平"和"挑战"三档，有时也可以只有"持平"和"挑战"两档。这个"保底"就是由员工自己先提，主管审核通过的及格线。

同时，通过"持平"和"挑战"这两个值，在减轻员工焦虑的同时，牵引员工以最大热情去挑战不可能完成的任务，做出最大的努力。有句俗话说得好："梦想还是要有的，万一实现了呢？"

6.3 关键举措的管理办法及架构

6.3.1 关键举措："零缺陷"+"持续改进"，TOP N方法介入战略管理

我们都知道木桶理论，一只水桶能装多少水取决于最短的木板，也可称为短板效应。任何一个系统或组织，都会面临的一个共同问题，即构成系统或组织的各个部分往往优劣不齐，而劣势部分会决定整个系统或组织的水平。因此，找到企业经营运作中的各种短板并尽早补足，这才是正确

之道。

对于不能量化的关键举措，按其重要性或者一定标准进行排序，把排序靠前的N个问题，即TOP N，作为重点改进的工作重点，拿出来进行专项改进，以便在保证企业年度经营计划完成的同时，牵引整个企业或组织的竞争力不断提升，这就叫关键举措（华为也叫TOP N重点改进）。

怎么去衡量，怎么去针对与标杆之前的差距进行改进？针对这个关键问题，华为内部也进行了很长时间的讨论。经过任正非亲自参与的多次讨论和梳理，华为决定把质量管理文化和理念，全面引入战略规划及执行过程中来，放到对华为重点工作和举措的改进过程中来。

华为在自身质量管理理念和制度形成过程中，借鉴了美国、日本、德国的优秀企业的质量文化，特别是向日本和德国的企业学习，建立了一次把事情做对、持续改进的质量文化，并花了很大的精力，把质量管理进行了流程化、制度化，形成自己的流程资产。

从2000年开始，华为已经走上了发展的快速通道，有了自己的完整的产品体系，并且在IBM的辅导下，开始了IPD和CMM两大流程的建设。同时，市场体系开始往外拓展，开始了全球化的征程。2000年开始，虽然IT和互联网的泡沫此起彼伏，但是通信行业，尤其是移动通信的市场发展非常迅速，华为的业务也在不断地发展，增长非常迅猛。正是在这种高速增长中，客户和规模扩大与产品和服务交付高标准要求之间，特别是与全球化的交付部署之间，产生了巨大的矛盾，使得质量问题越来越严重，客户的抱怨声也越来越大。

秉承"以客户为中心，以奋斗者为本"价值观的华为员工，倒是真的不吝惜时间与成本，以高度的责任心去解决客户的问题。产品质量不到位的地方，通过专业、用心的售后服务去弥补。但这就如同一个悖论，"以客户为中心"是华为的核心价值观，但产品质量不行，用服务去补；而客户的订单越多，抱怨也就越多，这实质上又损害了客户的利益。

早年IBM顾问给华为做IPD流程，对华为的研发管理现状进行调研后，下了一个相当著名的论断：**"华为没有时间一次就把事情做对，但有时间反复地做一件事情。"**这句话相当深刻，其实这种状况不仅在华为有，很多企业都是这样，匆忙上马，开发产品。在产品设计中，不断增加新的需求，不断进行修改，甚至变更设计，推翻重做，研发人员加班加点，最后拿出来的产品客户还是不满意。

华为有"垫子文化"，这个文化是从哪里来的呢？最初就是从研发部门那里来的。研发部门为了赶进度，为了及早地使自己的产品投入市场，没日没夜地干，困了，就在办公室、实验室里铺一张垫子睡，直到产品进入测试，取得成功。当然，当华为的研发水平提高之后，这个床垫就转化为了午休垫。

任正非曾经别出心裁地让人把从客户那里换回来的报废的硬件和单板，以及一趟趟的机票，装裱在相框里，作为质量大会的"奖品"发给相应的产品研发人员，提醒他们在浪费公司的钱财。这个"奖品"则成为很长一段时间大家办公桌上最重要的一个摆设，时时刺激着每一位当事人要提升质量。

IBM看到这种现象以后，并没有为这种奋斗精神所感动。因为感动自己是不行的，而是应该感动客户，感动客户的标志是"客户愿意为华为的产品和服务付费和买单"。当IBM顾问看到华为研发管理中的问题——不注重研究、不重视规划，也就是说轻规划而重执行后，提出了针对性的改进建议。

随着市场的开拓，华为的产品和解决方案打入了欧洲、日本、韩国等市场，来自这些市场的客户，其苛刻要求让华为对质量有了更深入、更全面的理解。在开拓欧美市场时，只要产品有一定的达标率就可以满足客户要求，就能被定义为好产品。但是到了日本就行不通，在日本客户看来，无论是百分之一、千分之一的缺陷，只要有缺陷，就不能说质量好，也就是说产品质量或企业管理有改进的空间，零缺陷才是日本企业追求的目标。

曾经有个笑话，某个中国企业向日本订货，要求缺陷率为0.3%，即1000个产品里面，能接受3个不达标的产品。最后，这个企业收货时，收到的是日本企业发过来的997个达标产品和3个不合格产品。工匠精神，零缺陷，极致，这就是日本和德国企业给华为的最深刻印象。

而这些质量要求，也时时在折磨着华为的员工。在流程和标准之外，任正非对质量还有更高的要求，就是一个企业的质量文化建设。只有将质量变成一种文化，深入公司的每一个毛细血管，所有员工对质量有共同的认识，才可能向"零缺陷"推进，才能真正践行"以客户为中心"。

经过多年的探讨，从2007年开始，华为公司决定以克劳士比的"质量四项基本原则"作为质量标准，即质量的定义、质量系统、工作标准、质量衡量，克劳士比的著作《质量免费》一度风靡华为内部。另外，华为也引入了日本质量管理大师卡诺博士的三层次用户需求质量模型，即将客户满意度引入了质量管理领域。围绕客户满意度，华为的质量建设进入"以客户为中心"的闭环质量管理体系。这就要求基础质量零缺陷之外，要更加重视用户的体验。也正因为这个以客户为中心的闭环质量管理体系，华为获得了最高等级的"中国质量奖"。

从流程管理到标准量化，而后是质量文化和零缺陷管理，再到后来的以客户体验为导向的闭环，华为质量管理体系是跟随客户的发展而逐渐完善的。在这一过程中，还特别借鉴了日本、德国企业的质量文化，与华为的实际相结合，建设尊重规则流程、一次把事情做对、零缺陷、持续改进的质量文化。

在全球范围内，能以"零缺陷"为质量目标体系的成功企业并不多见，而演进到以客户满意度为基础的大质量观的企业更是少见。华为的价值观是以客户为中心，所以华为的质量观也与其他企业不同。华为在很多方面，都是从客户的角度看质量，所以满足客户需求的、用户期待的，都应该归为质量范畴，都是华为认为需要持续改进的。

这种"零缺陷"质量文化已经帮助华为在通信行业的竞争中胜出，接下来华为需要思考的是，如何让这种质量文化渗透到更多领域，能够让华为"活得久，活得好"，如何以客户满意度为中心，持续改进质量。

华为多年以后，花费了巨大的精力和资金，建立了一套完整的流程管理体系，涵盖了消费者洞察、技术洞察、技术规划、产品规划、技术与产品开发、验证测试、制造交付、上市销售、服务维护等各个环节，并且有专门的队伍在做持续优化和改进。怎么在这些环节中，甚至是战略规划和执行管理环节，把"一次就把事情做对"以及"持续改进"的质量理念落实下去？华为在战略管理体系中，在关键举措部分，引入"持续改进"的质量管理方式。

6.3.2 华为的持续改进体系："以客户为中心"+"核心竞争力构建"

日本企业界多年以来，是以精益生产理论为核心，减少浪费和提升效率，认为质量不好是一种浪费，是高成本，强调减少浪费（包括提升质量）、提升效率、降低成本，久而久之，日本企业的质量文化闻名于世。

与德国企业的"标准为先，建设不依赖人的系统"，重视硬件的质量管理理念不同，日本高度关注"人"的因素。日本人重视团队合作，重视把员工的作用发挥到极致，强调员工的自主性，调动全体员工融入日常工作中，强调纪律、执行，持续不断地改善整个价值流，所以日本企业的生产、运营、研发和营销等，都充满着精细化的精神。

这些质量管理理念，其实在非生产体系中也能发挥非常大的作用，因为它强调的是"零缺陷""一次就把事情做对""持续改进"。通过系统的管理提升，通过PDCA的持续改进，华为慢慢形成"零缺陷"质量文化以及客户导向的质量闭环。

华为在十几年前发布的公司质量管理体系中明确规定，针对公司的持续改进体系，改进重点主要来自两个方面：

（1）改进重点来自客户需求和客户痛点，体现的是"以客户为中心"的价值观

以客户为中心是企业存在的根本理由，任正非甚至提出，企业存在的唯一理由是服务客户。

彼得·德鲁克大师探讨的企业存在的理由是创造客户。在他看来，客户原本是不存在的，是企业和企业家通过对市场与客户需求的洞察做出产品和服务而创造了市场和客户。

迈克尔·哈默也提出以客户为中心的本质是创造客户价值。企业创造的所有产品和服务，都是为客户服务的，更是为客户创造价值。

企业之间相互的服务，最终也都必须转换到为客户服务这条线上来。也就是说客户的价值，最终是由客户的价值来实现的。因此，客户需求或痛点导向是贯穿于市场、研发、销售、制造、服务等公司的全流程的，企业必须全业务流程以客户需求为导向。

创造客户价值的本质是成就客户，让客户成功，帮客户赚钱，而不是企业以自我为中心去赚客户的钱，也不是厂家以利润为导向追求利润的最大化，而是我们要追求利润的适量化，在成就客户的同时获得合理的利润。

因此，"以客户为中心"不是一个口号，而是一个企业不断地变革、动态管理、持续改进的过程。因此，改进的第一个重点是，必须针对客户的需求和痛点进行"持续改进"事项的选择。

(2) 改进重点来自华为公司的长期战略和发展目标，体现的是核心竞争力的构建要求

本书前面讲述过，所有企业战略管理的本质、核心任务，是构建企业的核心竞争力，研究如何"活得久，活得好"。只有拥有核心竞争力，拥有战略控制点，企业才能够长期、持续获取超额利润，才能不断发展。

企业各部门应该根据BP，结合SP，对于影响战略目标达成的若干关键任务进行分析，找到差距最大、反馈最多的若干不足之处进行分析。一定要基于现状来进行分析，为制定改进措施提供支持。

华为公司明确规定各级部门应该在本部门范围内跟踪和了解这两方面的信息，制定部门的中长期持续改进目标。而短期内的持续改进目标，是基于各部门的中长期目标和各部门对其当前现状的分析。

因此，在这部分，一般是根据BEM或BSC方法，根据CSF的分析结果，把不能量化的，又对本企业或本组织的战略成功具有重大而关键影响的因素，作为中长期持续改进的内容，放到关键举措中，持续跟进。

确定企业或本组织的关键举措的一些建议如下：

①为了达成企业中长期战略目标或知晓客户的核心需求或痛点，要搞清楚哪些是本组织最关键、最需要优先考虑的事情，并据此给出关键举措的清单。

②哪些是需要企业各业务部门和职能部门共同完成的？如果对于有些关键举措某个下级部门能够独自完成，直接授权下级部门去改进即可。原则上，企业或本组织关键举措的落实需要整个企业共同努力。

③制定一定的排序规则，按轻重缓急、资源占用情况及其他规则和考虑事项，对这些关键举措进行优先级排序。

④原则上，企业及任何部门的关键举措不超过10条。

最后，企业会得到如下形式的关键举措清单：

关键举措清单

序号	战略目标	重点工作内容	相关责任人
TOP1	质量好	完善供应链全面质量管理体系	XXX
TOP2			
TOP3			

通过这种方式，企业能够确保所有的资源和能力聚焦在正确的产出方向，从而避免偏离企业设定的发展主航道。

在华为多年的人，都知道华为各级主管都有个特点，不怕被人说懒，也不怕被说做事欠妥当，最怕被上级说"没脑子，没思路"。也就是说，"允许你没做好，但不允许你说不清为何没做好"。

因为暂时没做好，没关系。只要能分析清楚没做好的原因，那么找到改进的办法和措施，自然就能做好。如果不管做好或做不好，主管都不知道原因，那就是很大的问题。俗话讲，"兵熊熊一个，将熊熊一窝"，有这样的主管来领导团队，即使业务暂时做好了，大概率有一天也会失败。

华为公司各级组织的战斗力非常强。一旦找准方向，找到正确的方法，华为这种依靠组织能力和流程，又有很强文化和价值观的公司，将是非常可怕的。因为它就像是一架组装优良的机器，能够毫不疲倦地自我驱动、自我改进，还能根据客户的需求或痛点进行调整，直到让竞争对手无路可走。

因此，与华为同行业的主要竞争对手基本都会说同一句话："你所选定的行业或赛道，最好不要出现华为。一般在长期对峙中打持久战已经是最好的结果，绝大部分竞争对手，大概率只能追求老二或老三的位置。"

能够找准正确的前进方向，拥有组织活力，又拥有持续改进的能力，这基本就是一个卓越公司成功的全部要素。

6.3.3 通过PDCA全面质量管理方法，针对TOP N持续改进企业经营

华为公司在质量管理文化中明确提出，从改进方法和工具角度，在合适的改进活动中，一切有效的改进方法和工具都建议使用，包括但不限于PDCA方法、六西格玛的DMAIC[①]方法、8D问题解决法（8D Problem Solving Report）、新老七种工具[②]、QFD[③]、FMEA[④]、根因分析、质量回溯、质量自检、专项审计、SPC[⑤]、满意度调查等。另外，华为除了鼓励各级组织系统性地进行质量改进外，还鼓励建立和维护合理化建议、QCC（质量控制圈）等员工自发的改善活动平台，倡导全体员工参与持续改进。

PDCA循环就是华为各级体系中，用于全面质量管理最重要的方法和工具。PDCA是美国质量管理学家沃特·A.休哈特首先提出的，后被美国统计学家和著名的质量管理学家W.爱德华兹·戴明博士采纳、宣传，获得普

---

① DMAIC是一个数据驱动的改进循环，分为五个阶段，分别是定义（Define）、测量（Measure）、分析（Analyze）、改进（Improve）和控制（Control），用于改进、优化和稳定业务流程与项目。

② 质量管理学界对新老工具的统称。老七种工具指排列图、因果图、调查表、直方图、控制图、散布图、分层法；新七种工具指KJ法、关联图、系统图、矩阵图、矢线图、PDPC法（过程决策程序图法）、矩阵数据解析法。

③ Quality Function Deployment的缩写，意为质量功能展开，是一种把顾客需求转变为企业各阶段研究、产品设计与开发、制造、装配、销售与售后服务的恰当要求的方法。

④ Failure Mode and Effect Analysis的缩写，意为失效模式和影响分析，是一种预防问题的思想方法和工具。

⑤ Statistical Process Control的缩写，意为统计过程控制，是一种借助数理统计方法的过程控制工具。

及，所以又称戴明环。目前企业管理界，全面质量管理的思想基础和方法依据就是PDCA循环，它反映了质量管理活动的基本规律。

PDCA是英语单词Plan（计划）、Do（执行）、Check（检查）和Action（处理）的首字母缩写，PDCA循环就是按照这样的顺序进行质量管理，并且循环不止地进行下去的科学程序。如下图所示：

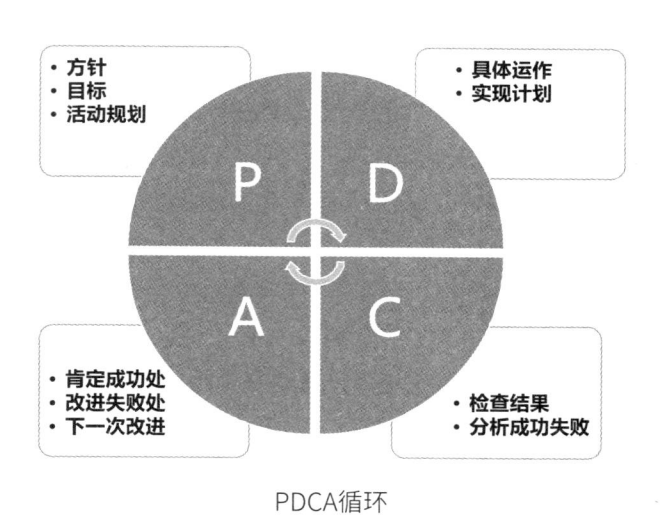

PDCA循环

PDCA循环是质量管理的基本方法，也是企业管理各项工作的一般规律。

PDCA这四项循环，具体解释如下：

①P（计划）：包括方针和目标的确定，以及活动规划的制定。

A.在这个阶段，定义问题与目标，找出问题真正的原因。

B.利用鱼骨图、树状图等工具梳理流程，制订计划。

C.选出最佳方案：拟订计划和措施时，至少要提出3种方案，互相比较、分析，选出最佳方案。

②D（执行）：根据已知的信息，设计具体的方案和计划布局；再根据设计和布局，进行具体运作，实现计划中的内容。

A.最好在公司或个人状况好的时候进行PDCA循环,这样就算失败也能接受相应的代价,重新来过。

B.将改进的进度与成果进行公开,搜集更多意见。

C.从小地方着手,再观察结果,决定接下来怎么做。

③C(检查):总结执行计划的结果,分清哪些对了,哪些错了,明确效果,找出问题。

A.反复确认推动PDCA的目标,并将目标写下来,防止偏离目标。

B.顺利与否,都要分析相关原因。执行不顺利时,反省,并进行改善;执行顺利时,也要分析原因,这样才能把好方法传递下去。

C.改善不是永无止境的,如发现计划不可行要适时停止,或从头开始。

④A(处理):针对落差原因,修正与调整。

A.对总结检查的结果进行处理,对成功的经验加以肯定,并予以标准化。

B.对于失败的教训也要总结,检讨原因,引起重视。

C.对于没有解决的问题,应提交至下一个PDCA循环中去解决。

以上四个过程不是运行一次就结束,而是周而复始地进行,一个循环完了,解决一些问题,未解决的问题进入下一个循环,阶梯式上升。

在华为各级组织的关键举措管理中,在TOP N持续改进的方法论中,PDCA是最主要的工具。它的作用是:

①能使任何一项活动有效进行,合乎逻辑。

②使思想方法和工作步骤更加条理化、系统化、图像化和科学化。

③改进与解决质量问题,赶超先进水平的各项工作。

④大环套小环,小环保大环,互相促进,推动大循环。

PDCA循环是全面质量管理所应遵循的科学程序。全面质量管理活动的全部过程,就是质量计划的制订和组织实现的过程,这个过程就是按照PDCA循环周而复始地运转。

6.3.4 日益精进:"不怕慢,只怕站,最怕退步",每天进步1%的巨大力量

有人曾经说过,世界上只有两种动物能到达金字塔顶端,一种是老鹰,一种是蜗牛。前者是天空中的强者,翱翔九天,金字塔顶自然会在它的俯视之下;后者却是自然界的弱者,且行动缓慢,是什么力量让它攀上金字塔顶的呢?是持之以恒的努力。蜗牛蠕动着它那柔弱的身躯,一刻也不停止地前行,最终到达意想不到的高度。

与蜗牛一样,乌龟虽然爬得慢,但始终不停歇,在寓言中成为龟兔赛跑的胜利者。"骐骥一跃,不能十步;驽马十驾,功在不舍",讲的也是这个道理。俗话说:"不怕慢,就怕站。"一个人反应慢、做事慢,都不用怕,只要认准目标,坚持不懈地做一件事,再慢也能出成绩;怕的是没有上进心,不思进取,停滞不前,或是犹豫徘徊,缺乏恒心毅力,即使天资再高,也难有所成。

任正非在2013年的干部大会上也举了乌龟与兔子赛跑这个例子,他说:"古时候有个寓言,兔子和乌龟赛跑,兔子因为有先天优势,跑得快,不时在中间喝个下午茶,在草地上小憩一会儿,结果让乌龟超过去了。华为就是一只大乌龟,二十五年来,爬呀爬,全然没看见路两旁的鲜花,忘了经济这二十多年来一直在爬坡,许多人都成了富裕的阶层,而我们还在持续艰苦奋斗。爬呀爬……一抬头看见前面矗立着'龙飞船',跑着'特斯拉'那种神一样的乌龟,我们还在笨拙地爬呀爬,能追过他们吗?"

在2013年的时候,雷军治下的小米,强势崛起。业界"劳模"雷军有个著名的说法,被无数创业者奉为经典:"站在风口上,猪都可以飞起来。"任正非针对互联网行业的这种浮躁说道:"乌龟精神被寓言赋予了持续努力的精神,华为的这种乌龟精神不能变,我也借用这种精神来说明华为人奋斗的理性。我们不需要热血沸腾,因为它不能点燃为基站供电。我们需要的是热烈而镇定的情绪,紧张而有秩序的工作,一切要以创造价值为基础。"

因此，在华为内部，各级主管经常说这么一句话："做企业，不怕慢，只怕站，最怕退步。"我在给企业家们授课和交流时也会提及。终点再远，只要持之以恒地走下去，就算慢一点也不怕，总有一天会到达。做企业，很多时候就像是逆水行舟，最怕停止前进，或者开始退步，那就有可能永远无法到达终点。

当然，这个慢，不是指故意慢，而是一种战略定力或耐性。任正非说在关键时候，还是要敢于超常规发展，"当发现一个战略机会点，我们可以千军万马压上去，后发式追赶，你们要敢于用投资的方式，而不仅仅是以人力的方式把资源堆上去，这就是和小公司创新不一样的地方。人是最宝贵因素，不保守，勇于打破目前既得优势，开放式追赶时代潮流的华为人，是我们最宝贵的基础，拥有一群这样的员工我们就有可能追上'特斯拉'"。

任正非告诉华为各级主管和员工，在大机会时代，绝不要机会主义。不要这山望着那山高，看到别人风光就忘了自己也不错。他说："不要为我们有没有'互联网精神'去争论，互联网有许多好的东西，我们要学习。我们有属于适合自己发展的精神，只要适合自己就行。"

所以，任正非所说的"乌龟精神"的内涵就是专心，是战略定力和聚焦，是日拱一卒，功不唐捐，而不只是笨笨地往前爬。只要华为有乌龟的精神和战略定力，就一定能够超过'龙飞船'，先达到终点。

"乌龟精神"是指乌龟认定目标，心无旁骛，艰难爬行，不投机，不取巧，不拐大弯弯，不折腾，跟着客户需求走，瞄准客户的痛点，对准与行业标杆之间的差距，一步一步地爬行。任正非说，前面二十五年经济高速增长，鲜花遍地，我们都不东张西望，专心致志；未来二十年，危机未必会很快过去，四面没有鲜花，还东张西望什么。聚焦业务，简化管理，一心一意地潇洒走一回，难道不能超越？

有一本著名的书《丰田PDCA+F管理法》，讲述丰田的全面质量管理理念。书中强调，丰田成功的秘诀就在于不断追踪PDCA循环的结果。他们不会因为得到某种改善，就认为"反正已得到成果，就做到这里吧"，日本企业的传统思维是"终于获得成果，接下来要努力变得更好"。

"每天改善1%，一年强大多少？"我们在接受咨询或授课中，经常喜欢问大家这个问题。很多企业家的回答是："3.65倍？""4—5倍？""8—10倍？"其实，正确的答案是37倍还有余！

"每天改善1%，一年强大37倍！"这句话，每次与企业家们进行授课和交流时，笔者都喜欢提及。这是指数级进步所蕴含的道理，也就是每天持续改善的PDCA循环所能带来的伟大威力。每天都在进步，每天都在完善，每天都进步一点点，最终就能积小胜为大胜。很多企业家或管理者总在寻找真理，却不知这个简朴而伟大的道理，真理就在企业家的脚下，就在于每日经营的细节中。

持续改进的PDCA理念，源自美国的管理学者，却因日本民族的学习和贯彻，逐步发出光彩，才被世人所重视。华为从日本学来了PDCA和持续改进的方法，不但将它用于日常生产和运营，而且把它用于建立战略优势，这也算是一个不小的创新。

做企业，还是要集中精力发展自己的优势和竞争力，速度看起来相对要慢。乌龟虽然慢，只要方向正确，从长期来看，它的进步和成就也不低。

笔者想起刚进华为时，那时华为的营收才200亿元人民币，已经是中国科技企业的领头羊。那时的BAT还没兴起，互联网新贵如小米、字节跳动、滴滴、美团，这些企业更是不知在哪里，华为人独自与一群西方巨头站在一起，显得那么不合群，那么落寞与孤寂。

但是，那时在任正非等高管的带领下，所有华为人无所畏惧，不知疲倦，基本上都在奋斗。因为不奋斗、不改进，华为就没有出路，就没有前途。

任正非经常告诉华为的主管和员工："思想决定行为，行为决定习惯，习惯决定性格，性格决定命运。"这句话被写在新员工入职培训手册当中，这意味着在华为在职的岁月里，这句话会一直伴随着华为人。

华为、阿里、腾讯、字节跳动、京东、比亚迪，这些企业的成功，有其偶然之处，但肯定也有其必然之处。企业的高度，大部分时候取决于创始人的眼光、胸怀以及做事的习惯，有时成功与失败就在一线间。

企业的领导人必须懂得从整体上把握企业主管和员工的思想、行为、习惯、性格对企业整体竞争力所发挥的作用，因为这是形成企业长期命运的基础条件，也是通向成功之路的桥梁。

要想把握自己企业的命运，企业领导层和管理层就要在看清愿景、前途的同时，永远拥有积极正向的思维，时刻进行思考；带领所有主管和员工从点滴做起，从每一件小事做起，拥有持续的力量，朝着积极的方向发展，为企业、为自己踏出一条美好、宽阔的未来之路。

日益精进，慢就是快，少走弯路就是捷径。这就是华为以及任何卓越企业成功秘诀之所在。

6.3.5　华为宏伟霸业的成就之道：循序渐进与"积微速成"

2016年6月，一向很少在媒体中露面的任正非现身央视《新闻联播》节目中，谈及他参加"全国科技创新大会"的感想。任正非接受采访时表示："一个人一辈子能做成一件事已经很不简单了。为什么？中国十三亿人民，我们这几个把豆腐磨好，磨成好豆腐，你那几个企业好好去发豆芽，把豆芽做好，我们十三亿人每个人做好一件事，拼起来我们就是伟大祖国。"

任正非一贯主张改良式变革，循序渐进，不提倡暴风骤雨式的变革。因为哲学原理告诉我们，事物的发展，从来不是一蹴而就的，而是从微小的量变开始，逐步发展，最后产生质变的。时间未到，功夫和火候未到，能力没积累到一定程度，质变不会发生。

战略不会自然而然实现，一定是组织中所有主管和员工都聚焦战略，聚焦差距的改进和提升，最后企业才能成功蜕变，化茧成蝶。

循序渐进，一般是指战略方向坚定不移下的循序改进。目标确定，但前进道路可能不是一条直线，也许是不断左右摇摆的曲线，在某些时段，可能还会画一个圈。这就是说，战略目标的达成过程，涉及的变量挺多，因此能力的发展和经营结果的改善是螺旋式上升的，甚至会有一些反复，但是总体上仍是向前发展的。因此，企业在战略管理上，一定要有耐性，不要反复，而是要针对战略上的薄弱点，持续改进，直至成功实现战略目标。

循序渐进，也意味着在战略和执行管理上要专注。针对华为的研发和技术管理，任正非一直强调"板凳要坐十年冷"，他曾多次提到"一个人一辈子能做成一件事已经很不简单了"。中国企业最缺乏的就是这种专注度，在日本很多企业都将其称为工匠精神。其实不单是研发和技术，组织内的任何岗位，如果想要成为专家，都需要花费大量的时间。而组织的强大，有赖于所有成员专业能力和工作意愿的提升，从而水涨船高，推动组织整体专业能力的提升。

循序渐进，也是建立战略自信和战略定力的重要方法。坚定地走自己的路，始终保持战略耐性和发展节奏。要始终立足于自我，保持稳健作风，不听忽悠，不追求花架子，不为外界诱惑所动，不因艰难险阻而动摇，循序渐进，修炼内功，把强大自己作为一切工作的出发点，这样才能抓住未来。万事由我不由天，只要自身信心不动摇，坚持去做，肯定能成功。

我们曾讲过，任正非十分推崇《大秦帝国》这部小说，因为华为在全球电信市场上征战，与秦国逐鹿天下的过程很像。在《大秦帝国》一书中，有一个片段，很好地说明了循序渐进，做好一件件小事的重大意义。

在秦王嬴政刚继位时，当时以丞相王绾为首的很多大臣，建议嬴政东出，或者对六国用兵，或者外交斡旋，搞大事。长使李斯却劝谏嬴政，专务内政"小事"，发展能力，向下扎根，并且建议秦王详读其老师荀况所著《荀子》一书里面的一篇文章《强国》，以做参考。

针对秦王嬴政和丞相王绾急切、焦躁欲成大事的倾向，李斯很认真地劝谏秦王："非是说大事无关紧要，实是说小事最易为人轻慢疏忽。对于庙堂君臣，大事者何？征伐也，盟约也，灭国也，变法也，靖乱也。凡此大事，少而又少，甚或许多君主一生不能遇到一件。小事者何？法令推行、整饬吏治、批处公文、治灾理民、整军经武、公平赏罚、巡视田农、修葺城防、奖励农工、激发士商、移风易俗、衣食起居等等等等。凡此小事日日在前，疏忽成习，必致荒政而根基虚空。其时大事一旦来临，必是临渴掘井应对匆匆，如何能以强国大邦之气象成功处置？是故欲王天下，积微速成。不善小政而专欲大政者，至多成就小霸之业，不能一天下也！"此番话语对秦王触动很大！

嬴政最终采纳了李斯"积微速成"的建议，特意安排人把此段话语刻在大殿前的石柱上，日日研读，足见此语对嬴政的震撼与启悟。他在辅佐大臣的帮助下，把所有的具体"小事"都列出清单，一项项认真去做。

主意方略定，而能心思宁静；心思宁静，方能致远！在君臣的共同努力下，秦王嬴政陆续统一了其他六国，建立了大一统王朝，结束了几百年群雄争霸的战争混乱局面。

"积微速成"，一点一点改进，慢即是快，就像我们之前讲的每天进步1%，看似缓慢，其实慢就是快，才能稳妥致远。华为的经验告诉我们，循序渐进，做好每件小事，"积微才能速成"，这才是成就宏大愿景的最快、最佳的办法，值得所有企业家深思。

6.4 年度经营计划的逐级确认和再分解

在本书前文中，我们已经讲述过规划和计划的绝大部分内容。而且，在部分章节中，其实我们已经涉及如何进行战略执行管理的内容。

在本章中，我们将让读者们清楚看到愿景使命、商业设计经战略解码得到中长期战略目标，然后细化分解得到年度经营计划，形成可操作、可执行、可管理的KPI及关键举措的全貌。

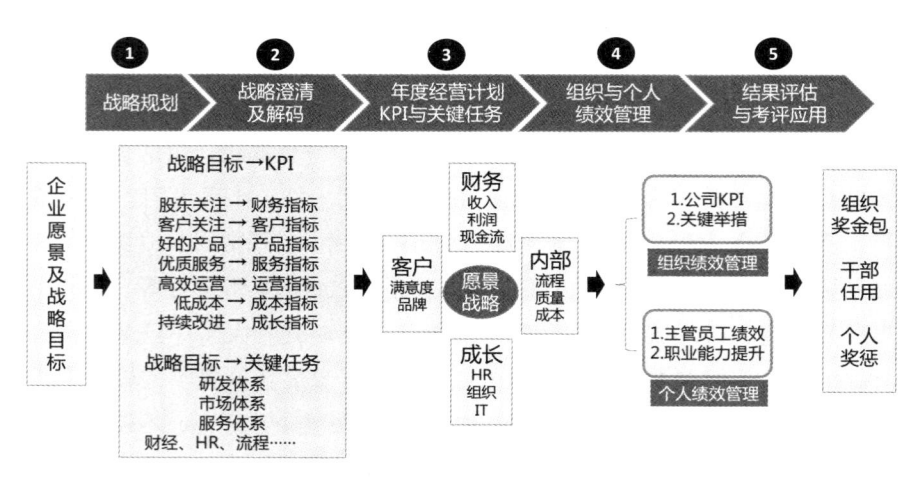

BSC战略解码方法的工作流程架构

上图清楚地展示了企业愿景和战略目标是如何一步一步被分解为基于平衡计分卡的KPI和基于持续改进的PDCA循环的关键措施，进而各种任务被分派到各级组织和个人（含主管和员工）手中，然后整个组织的各业务部门和职能部门通力合作，通过各种业务流程最后得到企业总产出的全部过程。

6.4.1 公司愿景和使命向战略规划转化

结合上图以及本书前述章节，在战略规划环节，作为企业要非常清楚地知道如下关键信息。在公司愿景和使命确定的前提下，公司要对以下这些重要事项或环节做个澄清或形成结论。

以下重要事项或环节可以依照顺序进行，也可以不严格按照顺序进行，但要形成结论。

（1）选择赛道，提供相应的产品或服务

通过对行业和市场的价值洞察，这里包括我们所说的"五看"，即看宏观、看行业、看客户、看对手、看自己，通过对"以客户为中心"的价值创造链的深刻洞察，选择赛道，继而提供相应的产品或服务。

如果更进一步，我们还需要针对这些赛道或产品，细分一些既定的战略市场，并且形成确定的作战地图。当然，研发、市场、生产、供应、服务等各个部门，也要根据部门定位和职责，输出自己的价值洞察结论。

（2）确认标杆和分析差距

针对既定的赛道、产品或服务，要通过各种手段，确认行业中的现有标杆；如果没有标杆，那么就要假想一个理想的标杆。然后详细对比标杆对象，逐项输出各方面的差距分析。有些企业，可能在整体上没法找到标杆，那么就针对行业、客户进行分析。

这些差距，未来将成为制定各级组织的KPI和关键举措的重要依据之一。企业将会定期（半年或整年）或不定期（随时进行）进行专项研究，以评估这些关键的差距是缩小了还是扩大了。如果所有差距都被填补，那就意味着企业进入了成熟区或无人区，那就意味着企业需要设计新战略，启动新征程。

（3）形成战略构想

完整的战略构想，有"三定"或"四定"（增加了定中期目标）之说，大概包括本组织的愿景、使命，以及战略目标。在这里，为什么还要提及愿景和使命？这是因为如果此次战略规划的主体是事业部（业务部门）或职能部门，那么就要根据上级部门的愿景和使命及战略目标，确认本部门的"三定"或"四定"。

在本组织的愿景、使命、战略都确定下来之后，结合之前得到的差距分析，我们就能够针对现状与标杆之间的差距，制订出填补差距的合理方案，或追赶标杆对象的路径、节奏和相应的里程碑。这也就是所谓的战略构想。

（4）决定创新手段的组合

在决定了战略构想，并且明确了我们经营水平或能力的差距之后，企业就应该清楚地知道整个组织大致的前进方向。所有的努力，包括改进和创新，其衡量的主要标准只能是"差距"是否缩小，或者被填补。

创新手段主要包括业务组合（含优先级调整）、模式创新、管理变革、产品和服务创新，所有创新都只是手段，衡量其有效性的最重要的标准就是"差距是否缩小"，只是有些创新是在当期起作用，而有些创新则是在中长期内起作用。凡是不能帮助企业缩小既定差距的创新，都是"伪创新"。

大部分创新手段，后续都会进入KPI或关键举措中，成为年度经营计划的一部分，被监控和被管理，直至目标达成。

（5）形成商业设计

在完成上述环节后，最后将形成商业设计。商业设计是战略规划的最终落脚点。客户选择、价值主张、活动范围、盈利模式、战略控制和风险管理，基本上回答了价值创造的全流程问题，包括企业（或组织）的客户是谁，客户的需求和痛点有哪些，企业的活动边界在哪里，定位是什么，盈利模式怎么设计，怎么持续性地盈利，整个商业设计有哪些不确定性。

通过对这些重大问题的回答，基本上一个相对完整的战略规划就成形了。不论是BLM，还是SDBE领先模型，其战略规划环节，都是基于美世咨询公司的VDBD模型，即基于价值驱动的业务设计。这个方法论被IBM买断后，在哈佛商业院的战略管理教授的帮助下，集成到IBM自己的BLM战略管理方法论中，成为BLM的一部分。

VDBD原本是一种用来制定创新型增长战略的经过实践检验的方法。它主要包含价值转移和业务设计假设，优先的产品、服务和业务设计，深入研究，战略性业务设计和业务组合选择方案，关键途径实施等几个阶段。

其落实点商业设计，Business Design，当时IBM给华为的中文译名叫业务设计，其实也是基于《发现利润区》一书中的基本逻辑结构，即商业模式设计，只是IBM多加了价值主张这个环节，整体上其实就是盈利模式设计。

6.4.2 战略规划通过战略解码向中期目标转化

对于制定出来的战略规划，或者说战略构想和商业设计等，我们需要经过分解，进行解码，让每个下级组织的主管和员工理解并且去执行。

因此，在本质上，战略解码就是让整个执行层去理解企业的战略，并找到本组织或自身在企业战略中的价值和位置的过程。战略解码就是让组织内的每个团队和个人达成共识；让每个团队和个人理解自己和团队在组织的愿景和使命实现过程中的价值定位，这样更容易聚焦，从而在日常工作中不偏离方向，不迷失。

这个过程就是逐步细化求精的过程，我们建议将宏大的愿景、使命和中长期战略目标清晰化，可以用定性、定量的指标来对模糊不清的远景进行稍详细一些的描述和刻画。

一般在通过战略解码逐步向下求精的过程中，我们需要输入的信息有：

①公司整体中长期战略规划（含愿景、使命、价值观等）；

②上级部门中长期战略规划；

③公司及上级对本部门的定位和要求；

④客户，尤其是战略客户，对部门的要求；

⑤本部门的中长期战略规划；

⑥本部门的中长期能力差距和短板；

⑦本部门的组织架构及职责；

⑧其他。

在这个求精的过程中，我们可以使用标杆分析、BEM方法、平衡计分卡、头脑风暴等各种合适的方法，对三至五年的战略目标进行约束和描述，以便下层各级组织也能够进行更清晰的解码，并展开行动。

如下就是比较典型的中期战略目标的解码结果——中期战略KPI和中期关键任务两个部分内容：

```
┌─────────────────────────┐   ┌─────────────────────────┐
│      中期战略KPI         │   │      中期关键任务        │
│                         │   │                         │
│   股东关注→财务指标      │   │   研发体系 TOP N        │
│   客户关注→客户指标      │   │   市场体系 TOP N        │
│   好的产品→产品指标      │   │   服务体系 TOP N        │
│   优质服务→服务指标      │   │   供应链体系 TOP N      │
│   高效运营→运营指标      │   │   财经、HR TOP N        │
│   低成本→成本指标        │   │   流程与IT TOP N        │
│   持续改进→成长指标      │   │                         │
└─────────────────────────┘   └─────────────────────────┘
```

中期战略目标的解码

同时，经过多年的实践，我们强烈建议这个三至五年的中期战略目标，最好以平衡计分卡和关键任务的形式进行展开，即按财务与规模、客户与产品、运营与效率、学习和成长四个层面进行展开，但形式结构上不做与年度经营计划一样的严格要求。

心理学有个研究结果，一个组织或者个体，你能设想出和相信什么图景，就能以积极的心态去完成什么。这个图景越具体、越清晰，你的意识就会越强，动力就会越大，就越会受到自我暗示的影响，它就会帮助组织或个人到达那儿。

这个以平衡计分卡形式展开的中期战略目标，与长期战略目标相比，更为具体，更定量，图景更清晰；与年度经营计划相比，它的时间跨度更长（三至五年），更不稳定，范围也要更宽泛，一般也会保持一定的变化性，会定期刷新。

对于营收在20亿元人民币以下的中小企业，建议中期战略目标的时间跨度在三年左右。而对于大中型、有一定抗风险能力的企业，建议中期战略目标的时间跨度放到五年左右，像华为一直以来要求滚动向前规划五年。但是，不管三年还是五年，都要定期刷新和滚动。路径、节奏，甚至是中长期战略目标本身都可以调整，每年也可以例行刷新，但是愿景和使命要保持一定的稳定性，不能动辄变化。

6.4.3　企业中期战略目标转化形成KPI和关键举措

其实得到了三至五年的中期战略目标，基本上年度经营计划就呼之欲出，因为年度经营计划的制订最为关键的就是三至五年中期战略目标的第一年。

为什么我们经常说华为根据SDBE领先模型做出来的战略规划，它的可实现性很强，那就是因为在方法中，强行要求你必须考虑商业设计，必须把商业设计进行战略解码，而且解码之后，必须给出下一年度的经营计划。

对中小企业来讲，这个很现实，因为中期计划要求企业管理者往后规划三年，第一年的经营计划出来之后，剩下两年的经营计划就顺势推导制订出来。这种方法论天然就要求很高的可执行性，高谈阔论、不考虑落地、讲不清逻辑的战略规划，根本不可能经得起推敲，也不可能通过方方面面的战略规划和经营计划评审。

年度经营计划，是一个企业或组织在下一年度的行动指南，它必须是非常细致而且经得起各方面推敲的。它一般要求输入的信息如下：

—— 公司或上级组织的战略规划

—— 公司或上级组织未来三至五年中期战略目标

—— 本组织的战略规划和三至五年中期战略目标

—— 战略里程碑及上一年度经营完成情况

—— 下一年度关键指标要求

　　—— 订货、收入、毛利

　　—— 回款、现金及盈利

　　—— 人均效益和成本

　　—— 研发、技术、产品、服务

　　—— 大客户经营、满意度

　　—— 组织、团队、工作氛围

年度经营计划的输出结果一般包括如下信息，具体来讲，就是要论述去年的成绩和不足有哪些，公司或本组织与行业标杆的差距和面临的挑战在哪儿，今年的任务有哪些，应该如何排兵布阵去完成，需要的资源和费用安排，困难和求助在哪儿……

以华为一个典型业务部门的年度经营计划为例，其具体要求输出的信息如下：

—— 年度经营环境分析

—— 发展策略和客户对标分析

—— 关键市场及细分策略

—— 客户及市场作战地图

—— 财务费用及人力预算

—— 组织建设及HR管理

—— 本年度具体的KPI和关键举措

　　—— 各部门的KPI分解

　　—— 各部门关键举措

　　—— PBC管理

　　—— 组织效率激活

6.4.4　将部门级KPI和关键举措分解至组织中的每个细胞

在华为，从最上级至最下级组织，一般有四五层。华为的战略规划和年度经营计划一般要求三级以上的部门都要做，四级部门则要求进行KPI组织绩效考核。

华为不同层级的组织，做战略规划和年度经营计划的时间略有不同，但也不会间隔太长时间。而且各层级之间的战略规划和年度经营计划，是有相互依赖关系的。如客户、销售、费用、HR和财务预算等关键目标，上下左右都要做沟通和对齐，因此战略规划和年度经营计划在不同层级的组织中，其制订时间会略有不同，但大体是同时的。

这个时间差异的形成，主要是由于不同组织衔接、沟通和运作方式不同。如只有上级决定今年的人力资源政策，给出总人力增加或减少约束，下级才能根据这个要求进行分解。再如年度经营计划要通过统一开会的方式进行，而会议一般要逐级开展，不同的管理层级之间，时间也要有所衔接。

一般而言，组织的年度经营计划，包括KPI和关键举措，经过上一级的审核和批准之后确定下来，才能启动各级主管和员工个人的绩效计划。

各级主管，一般意义上，如果是三级以上部门的主管，其个人考核项就是部门绩效。对于四级部门或一些模块化的组织，可能以OKR的方式或PBC的方式，对主管提出管理和考核要求。

而企业各级组织的战略运营部，会拉通本组织下一层级的所有部门，统一进行KPI的制定和最终考核。通过这种方式，企业的年度经营计划，从最高级组织一层层被压实到最小的组织。而且在一般情况下，为了保障经营任务的达成，上一级也允许一定程度上向下进行加码。

企业中的每层组织或团队，拿到自己的KPI和关键举措后，主管也要根据公司的要求和组织的特点，利用一定的方法分解给本组织内的团队和个人。

团队接到的任务一般是以KPI的形式呈现的，而个人则一般是通过PBC

个人绩效方式呈现。近年来，由于谷歌等公司因采用OKR方法而成功，因此华为某些部门、团队和个人，也采用了OKR方式来进行组织和个人绩效的管理。

第七章

执行管理

7.1 组织及其绩效：科学设计和管理组织，匹配战略实现

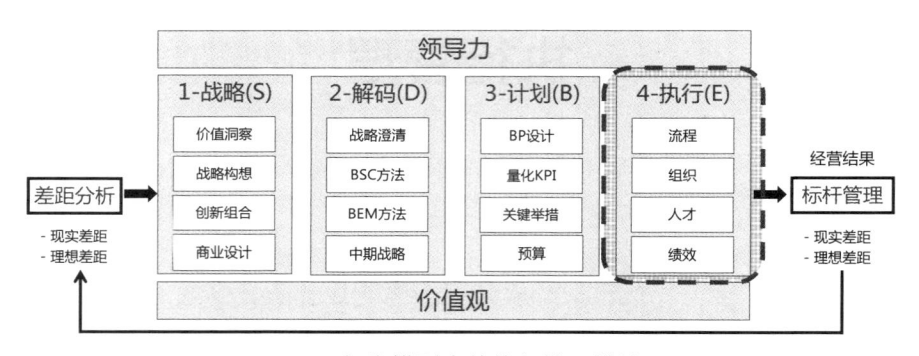

SDBE领先模型中的执行管理模块

7.1.1 组织设计：健全而强大的组织，是战略成功的保证

很多传统企业，组织架构经年不变，企业内部的结构一般按事业部或职能部门进行设计，战略目标和年度经营计划根据需要进行内部分配。

SDBE领先模型，则是现代先进的战略管理办法。它的要求是企业要先定愿景、定使命、定战略目标，然后再进行商业设计。战略目标有变化，商业设计有变化，则组织、流程和人员也会发生变化。

组织设计是指企业的管理者将组织内各要素进行合理组合，建立和实

施一种特定组织结构的过程。组织设计是企业有效管理的必备手段之一。

组织设计是一个动态的工作过程，包含众多的工作内容。科学的组织设计，要根据内在规律性有步骤地进行。

基于整个企业战略和业务的设计，在执行层面，组织的设计逻辑一定是致力于提升整个组织内部信息的共享效率、流通效率，以及怎样更好地匹配客户，并且能够嵌入客户的流程当中去，能够全面地与客户的各种运作相匹配，最终的目标是要实现组织的战略目标。

因此，组织设计的最高原则，是更高效地去完成组织的战略目标和经营计划。也就是说，要基于战略规划和年度经营计划的实现来进行组织设计。

在华为，每年的组织变动非常频繁。很多人每年都在调动，每年的组织架构都会有微调。越是新的业务，调整得越频繁，因为新的业务，它的开始阶段，也是试错和调整的阶段，战略目标和商业设计可能经常发生变化，组织设计也就可能相应地有所调整。

现代企业管理理论告诉我们，企业的本质是创造客户，或者说通过满足客户的需求或解决其痛点获取利润，从而来扩大客户群体，实现盈利。

企业的商业模式设计起点是客户选择。怎么服务目标客户，通过更高效的组织方式、更好的产品和服务、更低的成本、与合作伙伴更好地分工协调，更好地满足客户的需求和解决其痛点，在长期经营中构建起企业或组织的核心竞争力，这才是企业经营的真谛。

因此，在任何现代企业，组织的规划、设计、建设、驱动、考核、评价，都是对各级管理者能力的极大考验。传统上，组织设计这个职能归口在总裁办、经营办或者运营管理部，但是自从HRBP制度出现之后，很多企业把组织管理这个职能，切换到了HRBP或者HRD（人力资源发展）这个岗位上。

组织管理是个很大的课题，本书不准备详细展开，这里就略讲一下企业组织设计的基本思路、步骤和注意点。

7.1.2 组织设计的时机选择和相关原则

组织一般需要保持一定的稳定性，不能想变就变，说变就变，要阐述清楚变更的理由和逻辑，并且通过一定的程序来进行变更。

根据我们的实践经验，一般在三种情况下需要进行组织设计：

①新建的企业，需要匹配客户的需求或根据商业模式的设计结果，进行全新的组织结构设计；

②企业原有的组织结构出现较大的问题，或企业战略目标和商业设计发生较大变化，原有组织结构需要进行重新评价和较大调整；

③根据企业发展的需要，组织结构需要进行局部的调整和完善。

根据我们前一章节的论述，一般情况下，战略重新规划后，如果战略目标或商业设计有大的调整，那么一般就会发生组织调整，即组织设计刷新。战略规划和年度经营计划的制定，一般都是在年初发生，所以组织的变化一般也是在年初战略规划和年度经营计划发布之后进行，组织调整的时间会略晚。

在组织设计或调整时，如下原则一般需要遵循：

（1）匹配企业的发展战略

在为企业进行组织设计时，应紧扣企业战略构想和商业设计，充分考虑企业未来三至五年要从事的行业、客户特点、财务规模、技术和产品发展以及人力资源配置等，为企业提供一个相对稳定且实用的组织架构，既不能超前也不能落后，与企业发展战略相匹配。

（2）支撑企业商业设计的实现

任何组织都不能凭空存在，都是为了实现一定的商业设计，服务于客户价值的创造、传递和获取。组织的商业设计，必将在很大程度上对内部的结构形式产生影响，因此企业组织结构的设计或调整，在谋求企业内外部资源优化配置的同时，要充分支撑企业的商业设计，以保障组织各类目标的达成。

设计企业组织结构，一定要务实，要综合考虑企业现有状况和业务特点，切忌拿所谓先进的框架或标杆经验往里套，更不能因人设岗，因岗找事。

（3）均衡稳定原则

企业的各级组织，毕竟不是机器，而是由各有特点和特长的团队或个体组成。只要是人类组织，就要考虑到人的心理和情绪等软性因素对组织效率的影响。

因此，企业组织结构的设计一般需要有一定的包容性，在一定时间内保持均衡稳定，不能频繁地裁撤或合并部门。有些工作可以先以项目组或临时工作组的形式开展，在团队稳定一段时间后，再进行组织固化，以减轻组织频繁调整的不良反馈。

7.1.3 组织设计和管理考虑要素：成本和效率的均衡艺术

从广义上说，组织是指由诸多要素按照一定方式相互联系起来的系统。从狭义上说，组织就是指人们为实现一定的目标，互相协作结合而成的集体或团体，如党团组织、工会组织、企业、军事组织等等。

企业作为营利性功利组织，是商品经济高度发达后，现代人类社会一种非常普遍的组织形态。如何对企业的组织进行管理，提升它的经营能力和运作效率，是一门非常精深的学问。大量的组织管理学图书对此进行了专门的论述，我们就不再展开。

以下我们仅从企业管理的实用角度，尝试着来论述一下对企业组织进行设计和有效管理需要注意的一些要素。

（1）组织规模

组织规模是组织设计和管理时需要考虑的第一要素。组织规模，是指一个组织所拥有的人员数量以及这些人员之间的相互作用关系。人员数量在某种意义上对组织结构的影响是决定性的。组织规模影响着组织的结构，在组织发展的不同阶段，组织规模的影响又有所不同。

正如俗语说的，"独行快，众行远"，个人在人类社会中的影响和力量是微小的，而组织若构建得当，通过相互协作，其影响力和能力将远远大于单个个体。

所以，组织规模是一个影响组织结构和功能的内生关联性变量，正如通常讨论的人力资本、环境和目标等关联性因素一样。对组织来说，其规模意味着大量的资源投入，而规模经济可以带来规模报酬递增。一个企业，有规模，不一定强大，但是没有规模，一定不够强大。

一般情况下，组织的人员规模越小，成本越低，效率则越高。在人均效率一定的情况下，人员规模越大，组织的营收规模就越大。然而，随着组织规模的增大，管理和沟通的难度将越来越大，边际成本也越来越高，最后增加人员所带来的价值将小于付出的成本，则企业的规模将达到最经济的状态。

所以，组织的规模不是越大越好，而是要与组织的业务战略、节奏和发展阶段相匹配。另外，组织规模要有一定的冗余弹性，还要有一点提前量，毕竟裁人简单，储备人才就比较复杂。

（2）组织形态

企业的组织形态，一般是指由组织中纵向的等级关系及其沟通关系，横向的分工协作关系及其沟通关系而形成的一种无形的、相对稳定的企业构架和结构方式。企业组织形态是指企业的组织形式、存在状态和运行机制，它一般能反映组织部门之间的分工协作和主次关系，体现了一种分工和协作框架。

但在此处，**企业形态是指企业不同部门或工种人员数量的分布，以此来判断企业的属性**。如企业是以生产工人为绝对主体，则属于生产制造型企业。如企业是以运营服务人员为主体，则属于营销服务或运营类企业。如果企业的研发员工占较大比重，则企业属于高科技企业。如企业是以研发人员和市场销售人员两者为主体的，我们称之为典型的哑铃形企业，高科技企业大都是这种形态。传统的生产制造型或低端服务型企业，一般都属于金字塔形的组织，由少量高层级管理人员及大量低层级的操作人员组成。越是传统的企业，层级一般越多，金字塔形或锥形的形态比较多见。越是发达的高科技企业，其层级越少，越扁平化。

根据不同工种员工形态分布不同的组织，其员工的学历结构、成本结构、人员招聘、管理方式均存在较大的不同，企业的商业设计和核心竞争力的构建也有很大不同，组织设计和管理务必要注意。

(3) 组织结构和管理方式

企业组织结构是进行企业流程运转、部门设置及职能规划等最基本的结构依据，常见的组织结构形式包括集权、分权、直线、矩阵式等。企业的组织架构就是一种决策权的划分体系以及各部门的分工协作体系。

从传统的小农经济时代到工业经济时代，再到新经济时代，企业的组织结构发生了重大变化。根据企业的产生和发展及领导体制的演变，企业的组织结构大致经历了由单一直线制到直线矩阵制，再到综合事业部制的演变。

在本书中，我们不去深究企业组织结构的理论，转而关心企业要设置哪些部门，组织的管理结构是走直线制，还是走事业部制。在企业管理上，部门应该设置多少层级，组织和汇报关系应该怎么设计。

直线制一般适用于生产单一产品或提供单一服务的企业，事业部制一般适用于规模庞大、品种繁多、技术复杂的大型企业。直线制下的企业一般管理层级比较多，而事业部制下的企业，可能会简化一定的层级，导致组织相对扁平化。

事业部制下的企业可能会简化层级，但并不能因此而简化管理。运作好事业部制下的企业，要有较高的组织管理水平。事业部制，跟大家想的不一样，它其实是一种总部高度集权下的分权管理体制。事业部制的特点是总部和中层管理者之间的分权，企业的业务按产品、服务、客户或地区划分事业部，企业总部授予事业部高度的自主权，事业部可以作为独立核算、自负盈亏的主体进行独立的经营和运作。

我们见过很多企业，规模还没起来，就已经开始在尝试着搞事业部，甚至是搞集团公司。我们可以说，这是企业的管理层在尝试管理上的创新。但是实践证明，在公司规模效应还没显现的时候，去做事业部或者说通过成立新公司来规避管理上的问题，这是在以躲避管理难题来做自我限制。

在企业所面临的环境日益复杂且不确定性较高的情况下，一些新型的企业组织形态出现了，如矩阵式结构、超事业部制结构、模拟分权结构、多维结构等。但仔细分析可以看出，这些结构都是在直线制、直线职能制和事业部制的基础上发展而来的。换句话说，这些新的组织形态仍是直线职能制和事业部制，它们都是直线职能制和事业部制的变形。

企业的组织结构是独特的，任何一种组织结构及其管理方式，都没有绝对的模式，也不能武断地判断哪种好或者不好。一双鞋好不好穿，判断的唯一标准是穿鞋的人脚舒服与否。判断企业组织结构是否合适，也必须坚持这样的标准，只要有利于企业经营计划的完成，有利于企业战略目标的实现，有利于长期打造企业的核心竞争力，这样的企业组织结构，就是一种好的结构，就要坚持。如果不能达到上述标准，就要进行调整和变化。

（4）组织的物理布局

现代经济社会的运作，已经到了专业分工高度发达的程度。企业间的竞争，归根结底就是效率和成本的竞争。即谁能以最高效率、最低成本向客户提供高质量的产品和服务，谁就能在市场竞争中获胜。

企业的布局，一般指的就是物理上企业力量的布局，主要就是部门和人员在物理上的布局。很多企业家忽视这个问题，但是我们在接受咨询的案例中，发现过很多因企业布局不当，而导致成本上升和效率下降的问题。

首先，企业在发展初期，尽量不要考虑进行物理上的分隔，尤其是异地布局。管理层、骨干层和关键部门一旦事实分隔，就会造成沟通和管理上的障碍，带来成本的上升和效率下降，最重要的是会造成团队的疏离，虽然现代通信技术会改善这一点。企业在初期，最需要的就是效率，有时宁愿增加一些成本，也要提高效率。等到企业规模扩展到一定程度后，企业的管理能力和团队成熟到一定程度之后，再考虑进行物理分隔。如华为目前的研发和营销部门，是高度分离，全球有两百多个驻外经营代表处，有几十个全球有影响力的研究所，有些大的研究所，如位于北京、西安、南京、上海、东莞、成都等地的，人员规模均非常庞大。

其次，公司的业务流程需要紧密配合的部门或团队，建议也不要在物理上进行隔离，以避免出现效率的下降。功能上相对可以独立存在的部门，因为考虑经营的实际状况，可以考虑适度分离。例如，销售部门要紧靠客户和市场进行设置；生产制作部门可以在土地价格低或劳动力易获得的地方设置；设计、营销、公共关系、非核心研发、行政服务等部门，甚至可以通过企业的商业模式设计来进行再调整，本企业不设置功能部门，而是与合作伙伴协商，重新划分功能边界，委托外部专业机构进行业务配合。

最后，企业的选址也非常重要，这是很多初创企业甚至是有一定规模的企业所忽视的。企业一定要根据自己的特点，谨慎地选择实际的运作地点。有些企业为了少缴税，或者为了节省成本，把办公地点设置到有税收优惠政策或房租较低的地方。如果是生产企业还好办，但是如果企业是研发、服务或营销类公司，大多数时候房租的下降，是无法弥补其他成本的上升的。现代企业的竞争，是人才的竞争，企业的选址，一定要利于人才的选拔和使用，利于人才积极性的发挥，利于企业其他管理和竞争要素的作用发挥。

(5) 组织的成本与效率

很多企业家或管理者，都会困惑于这个问题：组织的成本和效率，不应该是企业发展过程中自然而然形成的吗？怎么这个也是组织设计和管理的结果？

其实，如果读者们细细研究一下，就会发现其中的逻辑。企业组织架构的设计和管理，要与企业的战略展开和经营计划的执行有一定的匹配性。这就要求组织设计具有前瞻性。组织架构和岗位设置滞后会影响公司业务的发展，但配置超前齐全而业务规模没有跟上必然会造成浪费和内耗。

因此，像组织的总成本、总产出、总收益，以及人均成本、人均收入、人均利润效率等，其实很多时候都是设计的结果。企业的经营结果，很大程度上是企业设计、企业打拼、市场竞争甚至是一些偶然运气影响的综合体现。

企业初创时，分工没有那么细致，工作范围和工作量都很大，相互间配合默契，没有闲人，组织非常高效，人均效率就会比较高。随着公司的发展，部门和岗位越来越多，分工越来越细，但效率越来越低，大量精力花在不产生业务价值的内部沟通协调上了,在成本上升的同时,效率却没见提高,这就是典型的组织成本和效率的管理问题。

现实中容易发生的现象是,当组织发展到一定的规模,部门分工比较细之后,每个部门都为了维护本部门的利益,都会竭尽全力争取更多人力配置资源。如果没有一定的指导原则和标准,容易出现岗位设置虚高的现象,浪费公司人力资源。总部的一些部门想尽办法在各机构增设本职能系列的岗位,提升岗位职级和薪酬标准,却不见产出更高的利润和承担更多的实际职责。

为了避免这种现象,华为在很长一段时间内,实行人均销售额和人均利润两条强制标准,来对组织的成本和效率进行管制。方法虽笨,但很管用,它有效地抑制了各业务部门人员规模无序增长的势头,但又给业务部门留了一个规模增长的通道,即想增加人员,不是不可以,但要增加相应的收入,获取相应的利润。

因此,企业必须在成本和效率间进行平衡,根据实际的情况,设置一定的管理基线来进行管控,持续平滑演进。否则,企业就会像任正非所说的,如果无序扩张,忽视成本和效率的管理,企业经营将会穿上红舞鞋,终将因无序而死亡。

7.1.4 华为组织设计:"研发和市场"双轮驱动,打造哑铃形高科技企业

自20世纪90年代起,随着中国企业逐步进入全球化经营阶段,市场化的高科技企业越来越多,竞争力也越来越强。根据全球科技企业的实践经验,在向西方标杆企业学习的过程中,我国很多先进的高新技术企业逐步从大而全的传统组织形式向少而精、聚焦最擅长领域的组织形式转变,也由橄榄形企业,像美国、日本等企业一样,转变成典型的哑铃形企业。

橄榄形组织结构是传统的计划经济体制下的一种企业形态,其特征是企业的生产能力过剩,而产品开发和市场营销这两头非常薄弱,形状上中间大、两头小,恰似橄榄状,故称之为"橄榄形"组织结构。"橄榄形"的企业组织结构是传统计划经济的必然产物。在计划经济体制下,产品由

国家统一调配，企业在技术开发与产品创新和市场营销方面缺乏动力，在技术开发方面投入严重不足，而在市场销售方面则无须费心，重生产而轻开发，重数量而轻质量，重速度而轻效益，生产极度膨胀，技术开发和营销极度萎缩。

哑铃形组织结构的特征是企业的产品开发和营销能力强，而其他能力相对较弱，即中间小、两头大。就管理方式而言，哑铃形企业重点抓技术研发环节和市场营销环节，而行政、后勤、生产、服务等非核心环节。

在20世纪90年代中期，华为遵照的其实也是改革开放初期的企业管理结构，也有着计划经济体制下的一些企业特点。如华为内部有食堂、后勤部、行政部、生产制造部、财务部、法务部等等，完全是自有人员。面对市场激烈竞争，像华为这样的科技型企业必须通过加强技术创新、开发新产品，并加强营销工作实现转型，从传统的橄榄形企业转变为现代哑铃形企业，以抢占市场份额，实现快速成长。

当笔者进入华为时，国内电子百强的排名，华为落后于销售额第一的联想；而计算利润和纳税额的时候，华为却一直是第一，联想的排名远远落后。为什么？答案不说大家也想得到，华为有自有知识产权的技术，企业的利润率当然会超过联想。高科技研发企业的利润一般要高于生产制造型企业。

任正非说过："对核心技术的掌握能力就是华为的生命。"这句话很好地体现了整个华为的定位。显然，华为不希望把自己的核心竞争力放在对生产过程和成本的控制上，而是要放在技术和产品上，它的目标是向IBM和微软对齐，而不是像隔壁的邻居富士康一样，靠大量工人和生产要素的高强度管理，赚取微薄的制造加工利润。

同时，任正非通过向IBM和微软等高科技企业学习，发现高科技企业并不因为自己的技术和产品好，就放弃了市场销售部门的能力建设。因为这些部门，不但承担了销售和回款职能，最重要的是，通过市场销售部门的组织和能力建设，可以用最直接、最有效的方式，了解客户的核心需求和痛点，把握行业的最新趋势。由此才能够真正做到"以客户为中心"，才能在长期竞争中不至于走偏。

基于这个理念，华为长期坚定地把销售和服务部门，作为核心组织进行能力构建和发育。华为的三大核心业务流程——IPD、LTC、ITR（Issue to Resolved的缩写，从问题到解决），就是由研发、市场和服务（后面两个部门统称为销服体系）进行承载。华为的资源投入，常年向研发和销服这两大体系倾斜。近年来，华为每年的研发费用占到销售额15%这样惊人的比例，而销售费用（包括为销售提供的技术支持和服务）的比重，也常年维持在9%左右。

通过这种方式，最后，华为形成了以研发和技术、销售和服务这两大体系为核心的公司形态。据统计，这两大部门的人员规模，合计能够占到华为公司总体人员的80%—85%，是绝对的"两头大，中间小"的哑铃形企业形态，这为华为长期实施"技术研发+客户市场"双轮驱动的战略打下基础。

当然，华为的组织设计和管理还有如下特点，在保持大体稳定的情况下，每年一直在进行微调，五年一大变，这个也是与华为的战略管理周期相一致的。根据SDBE领先模型，战略规划和经营计划有所调整，组织构架一般也要随之有所变化和调整，以适应新任务和新形势的需要。

7.1.5　关键岗位识别和设置：搭建组织的骨架和筋肉

当组织架构定下来之后，一个很重要、很现实的问题就随之而来，怎么搭建这个组织，以及如何对这个组织实施有效的，乃至高效高质的管理，让其发挥出如组织设计时所预想的独特作用和价值。

这就涉及组织设计和管理里一个很重要的工作：关键岗位的识别和设置。这是组织构建及管理的一个非常重要，甚至可以说最重要的工作。这个工作如果做好了，事半功倍；如果做不好，事倍功半。

据说2005年马云看了《历史的天空》和《亮剑》之后，很受启发，在阿里创建了政委制度，设置了政委这个关键岗位，并且在后来的发展中，形成了人力资源及价值观的管理机制，这是阿里的核心竞争力之一。

华为也差不多是在同一时期引入了HRBP制度，在各级组织中设置HRBP这个岗位，内部称之为"干部部部长"，相当于中共各级组织中的组织部部长，专职从事干部和关键人才管理工作。

任正非和马云，两位中共党员，两位不同年代的企业家，管理着不同类型、不同风格的企业，但最后却不约而同选择以战略设计和价值观管理为核心的企业管理方式，可以说是一种巧合，也可以说是一种宿命。

后面，我们将在人才管理环节，拨出专门的章节来讲述HRBP或政委的作用和相关机制，这里就不再赘述。本章节，我们将重点论述组织中关键岗位的识别及管理工作。

关键岗位指在企业经营、管理、技术、生产等方面对企业生存发展起重要作用，与企业战略目标的实现密切相关的岗位。

关键岗位之所以重要，是因为它是一个组织运作的灵魂和筋骨。只要关键岗位不缺失，组织就能稳定；即使组织因某种原因受到破坏，只要补充了关键岗位，组织能力也能很快恢复。

因此，任何企业进行组织设计规划、岗位盘点和胜任度调查时，一定会提及关键岗位和关键人才。不同企业由于所在的行业、所生产的产品、所拥有的技术、市场占有率不一样，其核心竞争力的体现也就不同，对于关键岗位和关键人才的定义有不同的标准。

那么企业究竟应该如何确定关键岗位？是否有一定的规律可循？不同企业有不同的做法，本书介绍一些常用的识别和判定办法：

(1) 岗位作用程度判定法

这种方法认为，关键岗位一般是对组织的运作和业务发展有重要作用，掌握关键技能，且有一定的稀缺性的岗位总和。

基于以上定位，关键岗位判别条件有三：一是在企业承担重要工作岗位；二是掌握重要工作所需的关键技能；三是关键岗位的人员一旦离职，无法在短期通过内部调配或外部招聘到岗。以上三个条件一般需要全部满足，才叫关键岗位。

(2) 岗位的内外部价值判别法

根据对该岗位的价值评估来判断是否是关键岗位，岗位价值越大，其重要程度越高，也就越关键。主要评估变量有：

缺失影响度：如果组织里没有该岗位，会有哪些影响？影响直接吗？影响大吗？该岗位是否属于可有可无的岗位？

人效波动性：该岗位的绩效，是否会因为人的不同而产生波动和差异。人效波动率高的岗位比波动率低的岗位更重要，因为人的因素更具显性。

稀缺性和可替代性：该岗位是否稀缺？作用能否被其他岗位所替代？

培养和寻找难度：企业内部培养胜任这个岗位的人，需要多长时间？培养的各类时间成本和经济成本是否巨大？外部是否方便招聘？招聘成本高不高？

其实岗位作用程度判定法与岗位的内外部价值判别法，大同小异，只是衡量的维度可能稍有不同，本质上是一致的。

(3) 从战略要求出发的关键岗位识别法

这种方法的作用机制要更为复杂，华为各级部门主要是通过这种方法来进行关键岗位的识别和设置。

这种方法，一般是通过对企业战略目标、关键成功因素的理解，以及工作难度的判断，确定满足战略目标和成功关键所需要的核心人才。也就是说，企业中组织的存在是为战略目标服务的，因此组织中的关键岗位同样也是以企业战略目标和关键举措的实现为主要标准来进行识别和设置的。

当然，一般在关键岗位识别和设置中，会采用多种方法和多种形式来进行综合考虑。

确定关键岗位的两大操作步骤如下：

①根据组织的战略方向和发展定位，确定企业的核心价值链和业务流程；

②将处于核心价值链上及核心业务流程上的岗位定义为关键岗位。

一般来讲，各个部门的关键主管和骨干，就是这个部门的关键岗位。

对于关键岗位，企业的一般要求是要做技能模型梳理和继任者计划，以防止岗位人员的变动和流失对组织运作产生影响。

另外，值得注意的是，关键岗位的定义和梳理也需要定期进行。在快速变化、激烈竞争的环境中，不论是企业的战略目标还是商业模式都有更快的变化频率，关键岗位的定义也要及时迭代更新。

7.1.6 组织设计"四定"及相关原则

当一个企业的基本架构定下来之后，一般就要进行关键岗位和关键人才盘点。伴随着这个工作的开展，还要做一些很重要的组织管理工作，我们统称为组织设计"三定"，或者组织设计"四定"。这些定下来，才能说一个组织的设计基本上完毕了。

组织设计的根本依据是企业的发展战略和商业设计，企业在特定时期内，要完成什么样的战略目标和经营计划，这构成了企业经营的核心及方向。如果企业的战略目标不清楚或者缺失，企业里的一切工作都失去了方向和依据，包括组织设计。

组织设计的目的是实现战略、组织、岗位和人才之间的合理匹配，首先要弄清楚企业的战略和经营计划，这必然涉及企业一系列内外部的因素，如经济环境、市场竞争、技术变化、客户需求等，所以弄清楚企业的战略规划和经营计划，是组织设计规划的前提条件。

组织设计"三定"，即定岗、定级和定薪，如果加上定编，那就是组织设计"四定"。以下对这几个重要内容逐一进行简述，供大家参考。

（1）定岗

定岗，其实是定岗和定责二者的统称，即确定本组织所需要的各种岗位，及每种岗位的职责描述。岗位的职责，包括部门职责与岗位职责两项内容，即明确部门与个人的工作及责任范围。

前一章节所论述的是识别和确定组织的关键岗位和关键人才，而这个则是需要对本组织的所有岗位进行描述，包括非关键的岗位。组织的定岗和定责给出来之后，组织的结构和岗位之间的汇报关系就确定了下来，也给组织的人事调配和人员招聘确定了初步依据。

(2) 定级

定级，又称岗位称重，是指根据不同岗位的职责、贡献、资质、工作强度等要求，对岗位的重要性进行评估，并根据评估结果对岗位进行级别划分。

一般来说，不需要对所有岗位都进行称重，但是主管岗位和关键岗位基本上要进行称重，某些岗位按类别给出一个职级范围就好。

定级有两层含义，一是组织设计时需要把组织中各岗位之间的汇报关系搞清楚。一般来讲，职级低的岗位要向职级高的岗位汇报，因此定级就在一定程度上给汇报关系制定了依据。二是对于既定的组织，要把所有员工对应到一定的职级上去，为定薪和定编提供基础依据。

(3) 定薪

定薪是指针对前述确定下来的不同等级岗位，给出薪酬等级及具体范围。薪酬等级是在岗位价值评估结果基础上建立起来的一个基本框架，它将岗位价值相近的岗位归入同一个管理等级，并采取一致的管理方法处理该等级内的薪酬管理问题。

定薪其实也有两个含义，一是针对公司内确定的各个岗位及其不同等级，给出薪酬范围；二是给不同等级的具体员工确定具体薪资。

具体薪酬范围的确定，比较复杂，要参考很多的因素，包括岗位要求、工作复杂程度、资历要求、市场薪酬、本公司历史、本行业状况、绩效贡献等情况。它是员工薪酬调整和衡量的主要手段，构成了一个企业薪酬制度的基础。

(4) 定编

定编，是指根据企业的经营计划和业务要求，在一定的时间内和一定的预算条件下，规定组织各类人员配备的数量。它所要解决的问题是企业各工作岗位配备什么等级的人员，以及各等级人员的数量。

定编一般要分析人员、岗位与经营目标之间的关系，以及企业本身和行业效率等各种要素，一般主要有如下影响因素：任务总量及复杂度，即工作总负荷；既定人员的生产或运营效率；客户或工作本身的质量要求；组织内部的规模要求或财务预算。

组织设计"四定"——定岗、定级、定薪与定编后，基本上也就把企业的组织架构确定了下来，明确了企业的组织规模、形态、结构、布局、成本，甚至是效率等综合信息，为组织的规范有效管理提供了相关依据。

除了以上考虑之外，组织设计一般还要求遵循如下原则：

战略导向：组织设计必须以企业的战略为导向，提升整个组织的运作效率，并有明确的岗位和编制体制，不但要考虑目前任务的完成，也要考虑企业长远竞争力的提升，把握当前工作与未来规划之间的平衡点。

务实包容：组织设计要有一定的前瞻性，要能适应未来的变化。一方面，必须以岗位的现实状况为基础，充分考虑岗位价值发挥的基础条件；另一方面，也要充分考虑组织的内外部环境的变化和其他要求。

激活组织：组织设计过程中，要在一定程度上强调组织架构中人与工作的有机融合，充分考虑任职者的职业素质与个人特点，处理好组织、岗位与员工个体之间的矛盾和冲突，使整个组织在动态平衡中发挥更大作用。

兼顾流程：组织设计过程中，同时也要考虑组织中岗位与作业流程的有机衔接，强调对企业价值创造的系统思考。组织设计不是对岗位职责、业绩标准、任职资格等要素的简单罗列，而是要系统理清业务流程中每个岗位应发挥的作用，包括该岗位对组织的贡献，该岗位与其他岗位之间的内在关系，该岗位在流程中的位置与角色及其内在各要素的互动与制约关系等。

企业不管属于哪个行业，规模是大还是小，发展到一定阶段，管理规范、有序都是必要的。组织的高效、有序管理，将为企业进一步发展提供保障，让企业不再是乌合之众，或者杂乱无章。

7.1.7　组织绩效及其管理原则：组织千军万马，高效向同一个目标冲锋

组织绩效，是指组织在某一时期内所完成的工作数量、质量、效率及盈利情况。组织绩效，更通俗地说，就是在一段时期内，组织基于自身的定位，对承接公司或上级组织的目标完成结果的衡量。

用SDBE领先模型来说，组织绩效就是以企业或组织为单位，以KPI和关键举措来衡量的，以半年度、年度为周期设定的部门目标考核。

绩效管理，是指各级管理者和员工为了达到组织目标，共同参与的绩效计划制订、绩效辅导沟通、绩效考核评价、绩效结果应用、绩效目标提升的持续循环过程，绩效管理的目的是持续提升个人、部门和组织的绩效。

中国有句俗话讲："中国人，一个人是条龙，一群人是只虫。"意思就是说，中国人组织能力差，集体协作和配合意识差。任正非在内部曾多次说，他这辈子最大的骄傲，就是把一群相互轻视、喜欢内斗的中国知识分子团结在一起，往外打。

早年在《一江春水向东流》这篇文章中，任正非曾说过："一个人不管如何努力，永远也赶不上时代的步伐，更何况知识爆炸的时代。只有组织起数十人、数百人、数千人一同奋斗，你站在这上面，才摸得到时代的脚。我转而去创建华为时，不再是自己去做专家，而是做组织者……如何组织起千军万马，这对我来说是一个天大的难题。"

华为公司成立于1987年，真正开始个人绩效管理是在1997年，而在2002年左右，才引入KPI方法开始了组织绩效管理。华为之所以这么晚才做个人绩效及组织绩效管理，是因为华为成立初期，市场机会太好，遍地都是发展机会。而华为与行业标杆的差距太大，市场方向、战略甚至是战术，都不需要仔细研究，只要华为跟着行业标杆跑，能跟上就行。随着华为进入国际市场，进入全球化运营阶段，往日粗放经营模式就出现了很大的问题，必须引进先进的管理方法。

通过向合益咨询公司、微软、IBM等世界顶级公司学习，又结合自己

的管理实践进行创新，今日的华为公司，高效地在全球组织起包括数万名外籍员工在内的近20万人，集体向构建未来的智能世界愿景和使命奋斗。其中，组织绩效和个人绩效的管理制度，对华为的发展起了很大作用。

任正非说得很谦虚："我什么都不懂，我就懂一桶'糨糊'，将这种'糨糊'倒在华为人身上，将十几万人粘在一起，朝着一个大的方向拼死命地努力。"

2016年他在接受新华社采访时说："华为坚定不移28年只对准通信领域这个'城墙口'冲锋。我们成长起来后，坚持只做一件事，在一个方面做大。华为只有几十人的时候就对着一个'城墙口'进攻，几百人、几万人的时候也是对着这个'城墙口'进攻，现在十几万人还是对着这个'城墙口'冲锋。"

任正非确实把华为十几万人激发得非常好，真正实现了整个华为的群体奋斗，取得了举世瞩目的优异成绩。1998年华为出台了《华为基本法》，确立了以客户需求为导向的核心价值观。从那时起，华为逐步形成高绩效文化，在对任何人、任何组织进行绩效考评时，参照以提高客户满意度为目标、以责任结果为导向的价值评价体系。

那么，说一千道一万，究竟应该如何来管理组织绩效？在华为多年的实践中，我们总结了如下几条原则，供大家参考：

(1) 组织绩效管理的核心目标是持续缩小差距

这个核心目标让人又想到了SDBE领先模型中反复强调的差距。华为文化是一种高度竞争的文化，竞争和"赛马"无处不在，促使华为各层组织不断奔跑，改进自己在经营现状和能力上的各种差距。

华为在组织绩效管理中，一般有四个差距比较：

第一个是自己跟自己比，要求持续改善；

第二个是跟主要对手比，你要比主要对手做得好，跑得快；

第三个是和华为内部相关部门比，你不能比同僚做得差；

第四个是你要跟公司或上级的期望比，即要做得比他们期望得还要好。

(2) 简化管理，聚焦核心战略诉求，少就是多

任正非一直非常警惕大企业病，防止组织官僚化，注意激发组织活力。他强调，公司的大致方向正确就好。同时，他强调组织一定要简化管理，一定要充满活力，要进取、进攻，而不是守成。

因此，华为从多年前起，为防止公司唯KPI导向，要求精简KPI数量，让每个主管聚焦最重要的指标，重视经营结果，而非形式或过程。他认为企业管理不是绣花，不要搞得花团锦簇，不能重过程而忽视结果。

(3) 均衡长期和短期目标，实行差异化考核管理

其实这个无须讲太多，本身就是基于BSC原理的最核心特征，必须均衡财务、客户、内部运营以及学习与成长各个层面的目标，通过科学而合理的战略解码，对不同部门实现不同的牵引，最终达到组织战略乃至愿景的实现。

通过对这些原则的贯彻，华为把所有主管和员工凝聚起来，不但"全营一杆枪"，而且"全公司一杆枪"，真正实现"令出一孔""力出一孔"，最后"利出一孔"！

7.1.8 "全营一杆枪"，华为向"543"部队学习，铸就集体主义战魂

"全营一杆枪"，这是中国空军地空导弹部队的一句名言。每一个入伍来到这支英雄部队的人，一开始都会对这句话疑惑不解，但最终无不深深铭记一生。同时，"全营一杆枪"，这也是一句台词，出自一部军旅题材的电视连续剧，片名叫《绝密543》。

《绝密543》这部电视剧以真实的历史背景为依托，以真实人物为原型，讲述我军在新中国成立后，组建地对空导弹部队，并开创导弹击落高空侦察机的辉煌战绩。剧中主角二营长肖占武和他所领导的二营集体以及他们提出的"全营一杆枪"这个理念，被任正非所欣赏，在华为公司中向全员进行推荐。

故事是从1958年开始的。美国U-2高空侦察机，凭借其优异性能、飞

第七章 执行管理

行速度和高度,肆无忌惮地到我国进行侦察,侵犯我国领空,拍照并窃取军事情报。后来美国人又把U-2高空侦察机卖给了败退台湾地区的国民党当局。国民党空军专门成立了"黑猫中队",对中国大陆领空进行骚扰,刺探大陆方面的军事情报。对此,当时我军从苏联进口了一批地对空导弹,于1958年组建了中国空军最早的地对空导弹部队。

地对空导弹部队组建了四个营,但战绩最突出的就是二营,关键因素就是二营营长肖占武(原型是岳振华)。独具个性的肖占武,锻造出闻名于世的"全营一杆枪"文化。他带领手下性格和技能各异的战士,克服技术、资源、人员素质、作战条件等重重困难,于1959年首次使用导弹击落来犯敌机,首创世界防空史上用地对空导弹击落高空侦察机的纪录。他们也确实做到了"全营一杆枪",合营运作起来就像是一个人,把萨姆-2导弹发射时间从原厂规定的8分钟压缩为8秒钟,后来又打下多架不可一世的美国U-2高空侦察机,完成了原本不可能完成的任务。

在世界历史上,美国的U-2高空侦察机总共被击落过7架,中国共击落5架U-2高空侦察机,而岳振华的二营就击落了3架。因此中国是打下U-2高空侦察机最多的国家,岳振华的二营是世界上打下U-2高空侦察机最多的导弹营,这个营后来被国防部授予英雄营的称号。

U-2高空侦察机被中国人民解放军击落,当时成为世界舆论的热门话题。解放军创造了防空导弹打飞机的世界先例,世界最强侦察机被击落,也让中国防空导弹部队彻底打出了名气。针对国外媒体对中国击落U-2高空侦察机一事的好奇和疑问,周恩来总理幽默回应:"我们是用高粱秆把它打下来的。"据说在1959年,当岳振华的二营首次击落U-2高空侦察机后,毛泽东听取汇报后大手一挥:"今后打下一架,就给他加一颗星。"于是,人民军队里就破天荒地产生了这样一位特殊的"大校营长"。

《绝密543》通过对历史的还原,歌颂了一个特殊的作战集体,一个为了实现共同目标而自觉合作、积极努力,具有极强凝聚力的精英团队。随着华为公司规模越来越大,部门墙也越来越厚,甚至有人打着"对流程和制度负责,不对结果负责"的旗号,不聚焦工作,人浮于事。随着竞争对

275

手一个个倒下,华为变得越来越像曾经的西方对手,懒惰懈怠,相互推诿的风气越来越浓,任正非对此忧心忡忡。

作为曾经的军人,任正非敏锐地察觉到《绝密543》及"全营一杆枪"对于集体协作、激发组织活力的特殊意义。任正非确实是一个理想主义者,同时,作为解放军的前军官,他身上天然带有对于英雄主义的追求。人都是后天的产物,对企业战略战术的理解,对集体意识以及使命感责任感的重视,这些曾经的军旅生涯带来的特质,更多地体现在他对华为公司的管理方面。从这个层面出发,或许就不难理解,他为什么要向华为全员推荐《绝密543》,又为什么要在华为推行"全营一杆枪"的精神。

任正非在与员工座谈时,说道:"'全营一杆枪'的目的就是要打下飞机。对公司来说,只有商业成功,才能说明市场销售与服务好,才能说明产品有竞争力,也才能说明技术领先。只有从2012实验室到P&S(产品与解决方案体系)、从研发体系到市场体系都做到全营一杆枪,公司才能实现商业成功。我们不能孤芳自赏,不要以为问题全在他人身上。'全营一杆枪'意味着面向客户需求,我们要构筑从机会到变现的E2E(端到端)全流程解决方案能力。一个营的官兵必须凝聚为一个整体,聚焦一个目标,才能取得胜利。"

他说:"打'上甘岭'的时候,没有'你们'的项目,都是'我们'的项目。说'你们'的人,我要问一下:你做了什么贡献?你冲上去没有?开了枪没有?上过战场没有?流过血没有?没有,你就下去。要身临其境,做一个战斗员,不要做一个站在岸上的专家。以后评审项目的时候,就放到游泳池去评审,有深水区和浅水区,当他再站在旁观的角度说'你们'的项目时,就把他推到深水区去呛一下,不能老在岸上说闲话!"

胜则举杯相庆,败则拼死相救,这是华为创业初期确立的企业精神。它提倡的是荣辱与共、团结奋斗的集体主义。华为早期,团队一方有难,八方支援。出现问题,往往是研发、市场、客服一起上。公司发展至今,规模扩大,部门细化,分工明确,考核繁多,还能像从前那样拼死相救吗?

华为一直强调领导干部群体的使命感与责任感。身为作战主官，要具备战略洞察能力、决断力，心怀梦想，勇于挑战，敢于担责。华为对优秀主官的这些特质要求，与剧中主角肖占武高度重合。作为《绝密543》中的英雄营长，肖占武文化素质并不高，但他抱持着强烈的信念，一直带领团队向"不可能"发出挑战，不达目标不罢休。为了把导弹发射的时间从8分钟压缩至8秒钟，肖占武和他的战友们经历一次次失败，外界的质疑纷至沓来，这个过程有如炼狱，但他们最终还是达成了目标，一次又一次地打下了美军不可一世的侦察机。

《绝密543》中的二营长肖占武霸气、刚强，他的二营却是一个具有高度黏合力的集体。二营成员之间虽然有些摩擦，却通过磨合建立了一种互相信任的情感关联。以此为基础，每次战斗，他们都能将团队精神发扬到极致。军人拥有普通人没有的强烈使命感，他们的团队意识更具备天然性。在商业化的技术型公司华为，近20万员工的团队精神与使命感靠什么凝结？

在组织日益膨胀的今天，如何打破部门墙，克服官僚主义带来的低效率？通过向全体华为员工推荐《绝密543》，倡导剧中"全营一杆枪"的理念和精神，任正非期望把华为每个岗位、每个角色有效地团结起来，围绕"打胜仗"这个目标，不断追求把本职工作做得更好。

"岂曰无衣，与子同袍？"《绝密543》这部电视剧，体现的是集体智慧和协作精神，体现的是集体主义的团队精神，体现的是华为从成立之初就一直提倡的"胜则举杯相庆，败则拼死相救"的袍泽之谊。

7.2 流程及管理：去繁就简，聚焦业务，与年度经营计划相匹配

现代社会，经济高度发达，市场剧烈变化，科技飞速发展，与之相对应的是人们工作形式、工作要求的变化，一方面，很多工作的灵活性和主动性远高于以往，而许多工作的复杂度、专业度也大大增加；另一方面，企业的主管和员工，不再满足于从事单调、简单的重复性工作，而

是希望更多地承担创新使命，参与创意活动。因此，传统以专业分工理论为基础的管理理论受到了巨大的挑战，因为传统企业管理理论，就是假设组织中的主管和员工，是希望从事简单工作和不愿意承担责任为前提的。

由于市场竞争越来越激烈，商业模式越来越复杂，对人的要求越来越高，对组织运作的效率要求也越来越高。所有的这一切变化，使企业内部组织结构的重组和管理原则的创新成为客观要求，这一切最后都会反映到以企业流程管理为中心的管理话题上来。

近些年来，流程管理、流程再造，不仅成为管理界学术研究的热点，更在国际企业界形成讨论和应用的热潮。美国、日本以及西欧一些国家的企业都争先恐后开始了这方面的实践，我国企业界也加入了这一行列。

流程管理，就是一种以规范化的卓越的端到端业务流程为中心，以持续提高组织业务绩效为目的的系统化方法。

流程管理课题非常大，也非常专业。本书不会专门论述企业流程管理本身，而是从流程管理这个角度切入，阐述流程化管理对于战略实现的重大意义，以及在战略管理中，流程化管理的一些原则和要求。

同时，笔者也会根据华为三十多年来企业流程建设的实践，对企业常见的一些业务流程进行简述，以供读者参考。如果大家对流程管理的内容感兴趣，想深入研究，欢迎大家去查询相关的专业书籍。

7.2.1　现代企业管理的目标是流程化组织建设

流程，就是通过一系列可重复、有逻辑顺序的活动，将一个或多个输入转化成明确的、可衡量的输出。关于什么是"流程"，有许多不同的定义。著名企业管理学家迈克尔·哈默认为："业务流程是把一个或多个输入转化为对顾客有价值的输出的活动。"ISO9000则把流程定义为"一组将输入转化为输出的相互关联或相互作用的活动"。

迈克尔·哈默在20世纪80年代，总结了自己为企业做ERP、BLM以及信息化等系统顾问的经验，他发现计算机和信息技术并不是万能的。企业信息化确实能够解决很多问题，但是企业要想实现效率的根本性提高，背后需要解决业务问题，尤其是业务流程问题。因此，他结合自己的思考，提出了用流程管理和信息化手段来进行"企业再造"，彻底改造企业的业务管理，最终实现企业业绩的超常增长。他的这一创举，使得他一举成为"20世纪90年代四位最杰出的管理思想家之一"，比肩管理学大师泰勒、彼得·德鲁克等人。

常见的商业管理教育如EMBA（高级管理人员工商管理硕士）、MBA（工商管理硕士）等均对"流程管理"有所介绍，它一般指的是流程分析、流程定义与重定义、资源分配、时间安排、流程质量与效率测评、流程优化等。很多企业家或管理者被市场上形形色色的流程专家绕得云里雾里，有些管理者，甚至把流程复杂化、神秘化，好像只要企业实施了流程再造项目，马上就能焕发生机，变得无比强大。

其实企业流程管理的根本作用有二，一是为了更好地满足客户需求；二是减少无序活动，提高组织运作效率。不管如何进行定义，流程作为一个管理方式或管理工具，它的作用是把企业或组织中的大多数人从海量的、低价值的、简单重复的工作中解放出来，并且要以提高效率、满足客户需求为根本出发点。

任正非非常推崇哈默的流程管理理念，他无比重视企业流程管理，注重简化企业管理，认为建立流程化的组织是帮客户创造价值、实现战略目标、构建华为竞争力的最有效、最正确的方法。他认为流程是简化企业管理，提升效率的根本途径。他断言，企业管理的最高目标，就是建立流程化的组织。

在讨论建立流程化组织的原因和意义时，他曾经转发了华为一位高级副总裁费敏的发言，他认为此发言能够很好地反映他的管理理念。费敏说："做事的方法是先找到问题，然后找到根因，再找到解决措施，最后要关闭。核心就是一个：还原这个事情的本质，还原以后该是谁的，就是谁的。循此道理可知，流程的核心是要反映业务的本质。"

华为公司根据业务的本质，在长期的实践中形成了IPD、LTC、ITR三大业务流程。

费敏说："日复一日，年复一年，简单、海量、重复的工作怎么去做得更好？就是先要把它流程化，模板化，固化下来，最后采用IT支撑。公司这三大业务流，日复一日，一年运行下来，就形成了公司的年度业绩。

"业务是以客户为中心的，业务流也是从客户中来，到客户中去。为什么流程要改进，一上流程就要不断改进？为什么流程改进一小步，绩效能改进一大步？就像火车，我们平时感觉不到它对现代化的贡献，但是十年下来，有火车就是比没有火车的时候效率更高。

"我们公司现在15万人，管理者应该把精力和智慧放在挑战性的工作里面去，比如新业务、战略、创新、客户、市场拓展、干部培养选拔，还有一个容易被忽视的是，基于流程搞建设。这是很有挑战性且很重要的，必须领导者才能推动搞好，其他事都可以委托给别人去做，唯独这个不行。

"基于流程搞建设，更大的难度是经受很多的噪声、阻力和反弹。很容易人云亦云，随便找个借口就可以打发它。比如说，这个东西上来，我们的效率下降；这个流程好长好长，原来不是这样的；这个东西太难达成共识了……可是流程建设不仅仅是把主管们解放出来，而是把所有人都解放出来。流程不是让大家失业的，而是让大家更体现自己的价值。不仅是发挥主管的价值，更是发挥所有人的价值。因为它可以从海量、低价值、简单重复枯燥的工作中把每一个人解放出来。

"曾经有人问丰田，你们为什么大量使用机器人、机器手。丰田说，我的第一诉求不是省人，哪怕人没有成本，也做不出来机器人的质量，机器人的效率特别高，不良品率极低。即使我们把优秀负责的员工全部招过来，也达不到机器人的质量、成本和效率。

"流程就是让你的业务运作上一个大台阶，让人发挥智慧，去干更有价值、更有创造力的活，你也因此可腾出手来有精力去解决去改进了，因此丰田的全员改进是做得最好的。它给我们的启示：应对马拉松式激烈残酷的竞争，应对海量简单重复枯燥的事，用流程系统去解决是最明智的选择。"

以上任正非转发的论述，很清楚地讲明白了企业经营到了一定程度，管理的核心目标就是建立流程化的组织，这是现代企业管理的核心秘诀。

"以客户为中心，为客户创造价值"，客户是企业一切工作的出发点。虽然企业主观上把客户当上帝，绞尽脑汁地研究他们，但一个客户对企业本身如何进行调整，如何建立组织结构，如何进行内部运作管理，永远都不会感兴趣。客户最感兴趣的永远只有需求的满足和痛点的解决，以及为此结果而必须付出的代价，即一个企业的产出效果和效率决定了企业的长期命运。

以结果论成败，以价值评高低，催生了华为、沃尔玛这样以流程化组织建设为中心的企业。以客户的需求和痛点为一切工作的源头，又要用客户的满意度去衡量企业的产出，这样的流程型组织，才具有最强的生命力。

"以客户为中心"的流程，简化了企业的管理，让企业主管和员工有更多的时间和精力专注于战略和业务，专注于产品和服务品质，专注于为客户创造价值。围绕着战略规划和经营计划的实现，"流程就像一条龙一样，不管如何舞动，其身躯内部的所有关节的相互关系都不会变动，龙头就如marketing（营销），它不断追寻客户需求，身体就随龙头不断摆动，因为身体内部所有的相互关系都不变化，使得管理简单，成本低"（任正非）。

7.2.2　企业流程构建与哈默的流程管理"四问"

上文中提到的迈克尔·哈默，毕业于麻省理工学院数学系，后来攻读了电器工程硕士和计算机博士。他早期的学习和职业经历，几乎和企业管理没有任何关系，但是他却在现代企业管理学，特别是流程再造理论的发展上留下了浓墨重彩的一笔。

他发现，现代化的信息和技术手段极大地提高了企业效率，但是如果背后的业务逻辑是错的，那么业务结果也将是错的。无论多好的信息技术系统，都只是将垃圾的业务逻辑重新进行包装而已，而且效率越高，错得越多。

根据这一重大思考结果，哈默创造性地重新定义了流程，"流程是端到端为客户创造价值的活动链接集合"。基于众多企业的管理实践，哈默提出了"一流三性"的思想。"一流"，就是流程。"三性"，就是根本性、彻底性、显著性。他认为，正确而高效的流程是创造客户，进而为客户创造价值的最佳途径。他认为，企业管理必须对企业进行根本性的思考，彻底性的重整，获得显著性的收益。如果无法做到这三点，不把管理的逻辑搞清楚，那流程就不能诞生出结果，不能诞生端到端和客户价值。

哈默的这一管理理念，其本质有二：一是通过对战略和业务的梳理，瞄准为客户创造价值，保证企业"始终做正确的事，结果是有价值的"；二是对经实践证明的好做法，用信息化手段进行流程固化，以提高经营效率，保证企业"高效地以正确的方式做事，即做事是有效率的"。

"做正确的事"和"正确地做事"，将使企业具备无与伦比的竞争力。他的这个理念，已经成为现代企业管理最重要的一个共识。如今所有的企业巨头，包括华为、苹果、沃尔玛、亚马逊等等，无不在实践或遵循他所提出的这个理念。而滴滴、美团、京东等数字经济时代无数的企业新贵，也不过是通过实践在佐证他的这一理念罢了。

哈默的流程管理"四问"简而言之如下：

第一问：企业存在的意义是什么？企业存在的意义是为客户创造价值。 企业必须聚焦于满足客户的需求或解决客户的痛点，为客户服务，为客户创造价值，赚到合理的钱，然后再反复持续价值创造的循环。

它所有的精力和一切工作方向，有且只有客户，而且最终只能用盈利这个结果产出来进行衡量。这就是企业跟任何别的组织形态不一样的地方，违背了这个原则，那么企业的一切工作都会出现严重的偏差。

第二问：企业用什么来创造价值？ 很多企业家或管理者会认为企业应该用产品和服务来创造价值。这个回答，可以说对，也可以说不对。其实，产品和服务本质上只是价值的载体。

其实，正确的答案应该是业务流程，是创造、交付产品和服务背后的**各种业务流程**。没有正确而高效的业务流程，产品和服务就无法被构建出来；即使构建出来，也没法高质量地交付，客户也就无法感知，甚至有可能无视你。这样的话，企业的盈利模式也将被打破。企业应该聚焦流程，为客户创造价值。

第三问：流程依靠什么来落地？ 很多人认为流程依靠部门或者领导来落地。不对。其实准确的答案是岗位。**业务流程应该依靠岗位来实现落地**。企业里的每一个员工都有岗位标签，如CEO、CXO（首席惊喜官）、采购主管、研发工程师、服务专家、行政专员。岗位就代表着责任，代表能力，能力与责任是一个职位的重要特征。这两者共同组成了组织流程中最重要的要素，即这个岗位在流程中需要负责什么工作，岗位上的人是否具备这样的能力去完成这个工作。

流程连接的不是部门，而是岗位，它绕过了部门，绕过了部门墙。解决了业务流程的有效性问题，就打通了部门墙，绕开了官僚主义，要让每个岗位上的人都知道自己的职责，具体要做什么工作，需要承担什么责任和后果。

当年IBM的流程变革专家问任正非："是否真的想建立流程性的组织？如果真想，就要控制领导层内心的权力欲，抑制自己的欲望，让流程围绕着客户的需求，自我高效运转。"任正非当年的回答是"是"。这就是领导者的胸怀。任正非在昨天选择了对自我克制，从而成就了今日华为的卓越。

第四问：既然有流程，企业还需要组织和主管吗？ 既然一个企业，业务流程高效联结了客户需求、员工岗位和流程产出，绕开了部门墙，那么还需要各级组织和主管吗？

其实，从前一章节我们已经看出，组织及其主管是非常重要的。我们做的是流程型组织变革，不是流程型组织革命，不是将干部和部门统统消灭。没有组织和主管，企业就会丧失灵魂和筋骨。组织有其独特价值，是为了实现公司战略目标和商业设计而存在的。战略目标和责任的承接、组织的管理、能力的提升、绩效的衡量、价值观的形成和工作氛围的营造，这些在战略实现过程中一样重要。

其实，在华为进行流程型组织变革的背后，组织及其管理者的职责，不是被削弱，而是被加强了。流程型组织下的各级管理者，由对管理过程负责，变成对业绩结果负责。它把平庸的管理者从管理细节中解放出来，把他们变成优秀的领导者，不迷恋权力，不迷恋官位，拥有大胸怀、大格局，以全局利益为重，带领大家走向胜利，走向美好的未来。

从哈默的流程管理"四问"中，我们可以看出：客户决定业务，业务决定流程，流程决定岗位，岗位决定人力资源与组织。这就是流程型组织变革的底层逻辑与方向。

任正非曾说过，在华为他最看重两样东西，这两样东西定义着华为长期的、核心的竞争力，一样是价值观，另一样就是流程。价值观决定着企业始终沿着正确的道路前进，解决为什么而存在、为什么而奋斗的问题。而流程决定着企业的运营和运作效率，决定着为客户创造价值的成本和质量。

这两样东西建设得好，华为才能实现"活得久，活得长"的战略追求。

7.2.3 流程管理之道：聚焦业务，结果导向，高信息化，与时俱进

任正非曾经讲过，企业管理的目标就是建立流程型组织。流程型企业管理，指的就是要按照业务流程，在输入端投入各种资源，包括人力、物力和财力，于输出端输出产品和服务。客户满意了，钱就赚了回来；赚到钱，企业要继续输入输出，就这样不断循环。如果没有完善的流程，公司的业务流程一年才转了一两圈，肯定是赚不到钱的。如果流程是高效的，二十四小时不断地循环，全年无休地转圈，这个公司不就是一个庞大的印钞机吗？不就成为一家伟大而卓越的公司了吗？

愿景很美好，理论也很完美，但实践起来通常却让人很苦恼。那么，究竟应该怎么做才能建立起流程型组织，实现企业的高效运转呢？我们建议每一个企业家、每一个企业管理者都要认真思考这个问题。

下面，我们结合华为各种类型的实践，给予简单的阐述。

华为公司提倡流程化的企业管理方式，通过引入业界标杆，并借助咨询公司的力量，主要是向IBM等美国企业学习，结合自身的流程运作管理方式，整理出一套适合自身的流程管理规则和制度。

原则上，任何业务活动都有明确的结构化流程来指导。流程建设把所有人从海量的、低价值的、简单重复的工作中解放出来，让大家聚焦于为客户创造高价值的活动。

在华为的流程设计、规划和管理的实践中，有如下几个需要注意的要点：

（1）流程要反映业务的本质

流程要完整、系统地反映业务的本质，对业务产出负责，业务中的各关键要素及其管理不要在流程体系外循环。华为基于流程建设的流程管理体系（DSTE、IPD、LTC、ITR等），是一个运营系统，是一个完整的业务操作系统。如果把企业比作一台计算机，那么你可以认为企业流程就是它的操作系统和各种应用程序。

（2）以目标和客户为导向

流程管理是按业务流程标准，以目标和顾客为导向的责任人推动式管理。处于业务流程中各个岗位上的责任人，无论职位高低，哪怕是任正非和其他高管，都要行使流程规定的职权，承担流程规定的责任，遵守流程的制约规则，以确保流程运作优质高效。

（3）客户满意度是考核流程质量的核心

流程是从客户来，为客户去的，因此流程是为业务目标服务的，因此必须建立和健全面向流程的统计和考核指标体系，这是落实最终成果责任和强化流程管理的关键。

客户满意度是衡量各种业务流程管理质量的根本依据，也是各环节考核指标体系设计的核心。

（4）提高流程管理的信息化水平，并与时俱进

为了提高企业流程管理本身的效率，必须提高流程管理的程序化、自动化和信息集成化水平。从本质上讲，流程管理其实就是企业对各种制度的流程化改造。如果不能把制度和流程用信息技术进行改造，现代企业所

要求的制度学习成本将是非常高的,而且运作效率将会极低。

企业的流程管理要求不断适应市场变化和公司事业拓展的要求。也就是说,企业的战略计划和经营计划都在刷新和变化,流程也必须因时因事而变,企业对原有业务流程也必须进行简化、优化和完善。正如计算机中的各种应用程序需要升级更新一样,企业的各种业务流程也必须与时俱进。

很多企业家担心,企业成为流程型组织后,是否事事都讲流程,没人对结果负责?对于这个问题,任正非做了精辟的论述,他说管理就是要简单化,在保证产出的基础上,越简单越好,是解决怎么正确、高效做事的问题。流程本身没办法决定做正确的事,那是通过战略规划和商业设计活动来保证的。

他在华为内部的管理研讨会上说:"流程的作用就三个:一是正确及时交付,二是赚到钱,三是没有腐败。如果这三个目的都实现了,流程越简单越好。"

对于企业管理和业务流程上的复杂化,他提出了尖锐的批评:"我们很多改革都是心血来潮,每个人都想把流程做弯,体现出艺术家画的画很美。"他总结说:"我们当年也走了弯路,强调关键事件过程行为考核,强调过程,而不是结果。很多人一步就把事情做完了,没有过程,只有结果,但这样却得不到积极的评价,非逼着人家把过程变得复杂才行。我们今后不要讲过程了,就讲责任结果。"

因此,任正非认为,流程型组织企业建成的一个最重要的标志就是,企业所有者,对流程实施的效果负责,对结果负责,而不是对流程本身负责。流程只是个工具,企业不能把手段当成目的。只有主管和员工人人敢于承担责任,没有人打官腔推诿客户的需求,没有人打着对流程负责的借口,而推卸对客户的责任,这才是他心目中的流程型组织。

流程管理其实是很需要企业管理者具有承担责任的主动精神、使命感和责任感的。千万不要在流程还没有建设好时就把敢于负责的职业精神全丢光。任正非重视的两样东西,首先是价值观,要以客户为中心,为客户创造价值，其次才是流程。价值观比流程重要，因为后者是服务于前者的。

"枪声就是命令，我们说，需求就是命令，我们一定要重视客户需求。"任正非说，"公司所有流程的改革一定要为客户服务，为客户服务产生价值，凡是绕了一大弯、不产生价值的流程都要砍掉。行政管理也要简化，该管的要管，不该管的不管。一切为客户服务，简化所有不是为客户服务的东西。"

7.2.4 企业各类流程的分类以及分层分级管理

前面论述过，本书不准备深入讨论流程管理。但为便于读者们清楚流程管理的大概脉络，这里把华为多年对于流程的分类及分层、分级的管理实践粗浅地进行分享，以供大家参考。

在华为公司内部，对流程有着两种不同形式的分类。

第一种是按作用来进行分类，可以把流程分为公司级运营流程和部门级支持流程。

公司级运营流程：该流程是公司管理的主线。在华为，一般是指为客户创造价值的流程，它是公司存在的基础，其中包括DSTE流程、IPD流程、LTC流程、CRM流程、ISC流程等等。这些流程一般是围绕客户展开，而且需要多个部门参与和配合，是公司层面的主流程。

部门级支持流程：一般是指企业内各职能部门的流程，它的主要作用是为运营流程的高效执行提供服务和支持。部门级支持流程包括行政服务流程、HR考勤流程、财务流程、生产流程、采购流程等等。这些流程要么不直接面对客户，要么是以本部门为主展开，不会大规模涉及其他部门，因此会归到管理支持流程中。

第二种是按管理的层级进行分类，不同层级的流程对应着不同管理层级的工作。如下图所示：

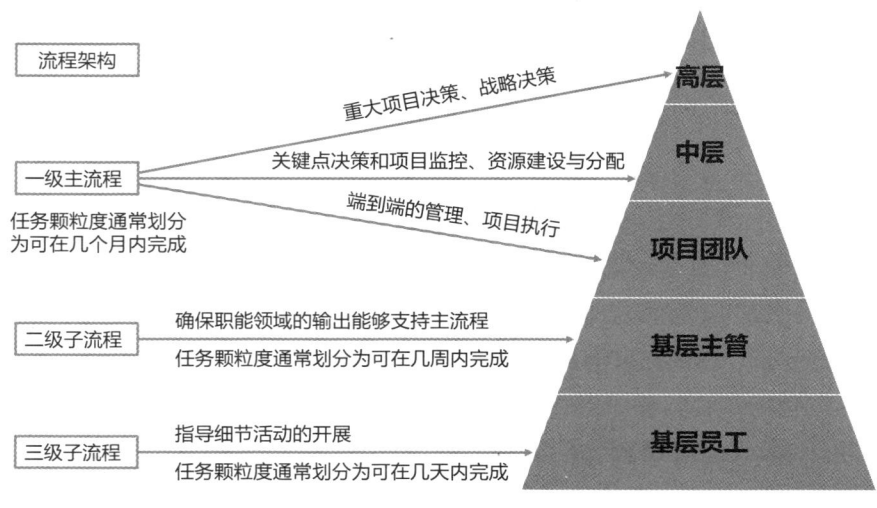

```
流程架构

一级主流程                重大项目决策、战略决策           高层
任务颗粒度通常划分        关键点决策和项目监控、资源建设与分配   中层
为可在几个月内完成        端到端的管理、项目执行           项目团队

二级子流程   确保职能领域的输出能够支持主流程              基层主管
            任务颗粒度通常划分为可在几周内完成

三级子流程   指导细节活动的开展                          基层员工
            任务颗粒度通常划分为可在几天内完成
```

流程层级与管理层级及相应工作对照图

一级主流程：用于中高层的业务决策和端到端跨职能部门的业务管理，如战略决策、中长期规划、资源分配，还有一些重量级的研发、交付、销售以及重大变革项目的管理流程。这些管理流程对应的层次很高，一般需要企业的中高层主管参加，时间跨度在数月甚至一年以上。这些流程大概可以对应到前面的公司级运营流程，但也有一些区别，如在LTC流程中，一些重要性一般的销售项目，可能并不需要公司中高层管理人员参与。

二级子流程：这些子流程，一般对应的是部门级支持流程。它们一般是在各职能领域中，如行政、财务、HR、采购、经营等职能部门，支持公司一级主流程的实现。这些二级子流程的主管，可能是职能部门的基层主管，任务完成的颗粒度一般为数周。

三级子流程：这些流程一般是指导企业具体运营活动的细节展开，如HR考勤领域的请假、出差、报销等；销售领域里的立项、汇报、商务报价决策等；采购领域的打样、设备采购、行政采购等。这些流程一般是提供各领域的基层员工操作细节指引，任务完成的颗粒度一般在几天之内。

流程的分层、分级标准列出来之后，流程管理就基本清晰了。公司级运营流程，一般由公司来负责构建，负责管理。部门级支持流程，由各职能部门自己来构建和管理。一般来说，流程让哪个部门主要受益，就应该谁来负责，就应该谁来管理，这个职责是非常明确的。

任正非曾在建设监控体系的流程时说："流程负责人就是监控的责任人，就要负责把监控的责任承担起来。监控管理部要提供方法和模板，协助流程负责人承担起监控的责任，并对流程负责人进行考核，而不是代替他们监控。"

任正非的讲话很明确地表明，业务是谁的，流程的责任就是谁的，即业务主管是流程的负责人。流程是反映业务本质的，是需要有人对业务负责的，所以谁负责这块业务，就应该谁建设这个流程，并对流程的管理和结果产出负责。

7.2.5　企业流程建设的常见问题和企业流程管理的关键步骤

随着企业所面临的竞争越来越激烈，企业必须通过更加高效的运作系统来不断提高自身的应变能力和适应能力。我们前文已经论述过，在业务流程规划及其管理的实践中，建设流程型组织，是主要和有效的方式之一。

但我们同时在实践中也发现，相当多的企业不太清楚如何去建设流程，或者只重视业务流程的规划，却轻视对业务流程的优化和管理，导致出现了很多问题。我们把常见的问题罗列如下：

企业有流程，却无执行：企业制定的很多流程停留于纸面上，真正被用于企业管理实践中的很少。流程是花样文章，形同虚设。

业务流程与实际脱节：由于外部环境瞬息万变，企业的运作也随之而变，这本是好的。但指导业务的流程却还停留在以前的状态，没有刷新，这就导致了对流程的不信任，最终流程被废弃。

跨部门流程缺乏协同：跨部门和跨业务单元的流程之间割裂，导致企业内部存在着大量的运作冲突，于是只好借助大量的会议和更多、更复杂的流程来试图解决冲突，其代价就是部门墙越来越厚，最后只能是人浮于事，效率更为低下。

一放就乱，一管就死：没有业务流程管理混乱，有了业务流程管理僵化。这一点对于那些有上进心的企业一直是个头痛的问题，在效率和效果上难以找到最合理的解决方案。

流程管理责任不清：业务流程要反映业务的本质，但流程业务的授权和监管不同步。导致的结果是当业务运作出现问题时，责任不清，互相推脱，更加谈不上对于流程的改进，最后流程就逐步偏离了轨道。

流程繁多，层次和责任不清：许多企业制定了大量的业务流程，但没有对流程进行分层和分级管理，以至于无法保证对业务目标的实现。

这些常见问题的根本原因，基本上都可以归结于业务流程管理失当。我们需要强调的是，企业的流程管理不应该在流程规划出来之后才进行，而应该在流程规划之前就要进行综合管理。

专业的业务流程管理的步骤包括**流程规划、流程建设、流程推行和流程运营**，这同时也是一个PDCA闭环的管理过程。

（1）流程规划

这个环节解决了流程的"做什么"和"如何做"的问题。

业务流程的规划是流程管理中最为重要的一个环节，它直接影响到未来流程实施中的效率和效果。在流程的规划阶段需要强调的是系统化设计，也就是说在公司业务目标的指导下，以风险分析为基础制定有助于管理稳定、规范运作和服务增值的业务流程。

企业最高管理层，必须对公司的整体流程建设负责，针对不同层级和各类的流程，如战略类流程、营运类流程、支持性流程，根据责任范围和业务特点，确定不同的责任部门，分层分级去规划流程。

（2）流程建设

流程建设是指流程中的资产管理，涉及流程需求分析、流程方案设计、流程文件开发、流程集成验证、流程试点确认。

流程的开发和建设，必须有效、完整、清晰。一个好的流程，要求相关的管理要素能够按照既定的程序化方式进行流动，相关的管理要素主要包括工作任务、责任、绩效指标、时间、资源和信息。只有这六大业务流程管理要素同步流动，才能保证业务流程的有效运行。

如果无法保证流程管理要素同步流动，就会导致出现授权不明确、责任不到位、目标不清晰、流程的流通时间拖沓、资源不充分、信息不完整等等问题，最终结果将是流程没起到应有的作用，也就是说将导致流程过程资产无法形成。

(3) 流程推行

流程推行是指将流程推行到具体业务或职能部门，进行流程管理实际落地的工作。好的业务流程一定需要通过切实的推行才能发挥作用，这里包括流程与具体业务的适配、具体组织的适配，以及在推行过程中的督促和赋能等工作。

流程推行所关注的是具体落地问题，即执行的效率和效果。效率是指在达到目标或指标的过程中所耗费的资源（人力、物力、财力和时间等），效果是指目标或指标的完成情况。

(4) 流程运营

流程运营是指应对流程分层授权与管理机制，包含成熟度评估、流程绩效管理、过程保证等工作。这个步骤主要是两个动作，一是对流程的分层分级授权，即对流程的实际运作；二是对流程的评估和反馈，以形成PDCA循环。

流程的实际运作好理解，就是把具体的流程，通过授权或分工落地到具体的业务部门和职能部门，进行流程的实际应用。

有效的流程评估、反馈，不但是企业重要的学习途径，也是不断发现改进机会的重要方法之一。良好评估的基础是必须建立有效的、公开公正公平的评估标准、指标和方法，主要是对流程的遵循性和有效性进行评估和反馈。

通过如上四个步骤，实施对流程的规划、建设、推行和运营的有效管理，从而使流程真正为企业的经营效果和运作效率服务。

在后续的几个章节中，我们将集中介绍一下华为集三十多年之功所建立起来的公司主流程，以及其对华为的作用和意义，供大家参考和借鉴。

根据华为高管们的理解，一个企业，总结起来有三件大事要做：

一是要把产品和服务开发出来，从有概念开始，到上市；

二是把产品变现，要有客户购买，形成订单、发货、安装、验收、回款；

三是产品和服务肯定有缺陷，客户肯定也有新需求和新痛点，产品和服务要不断地改进升级。

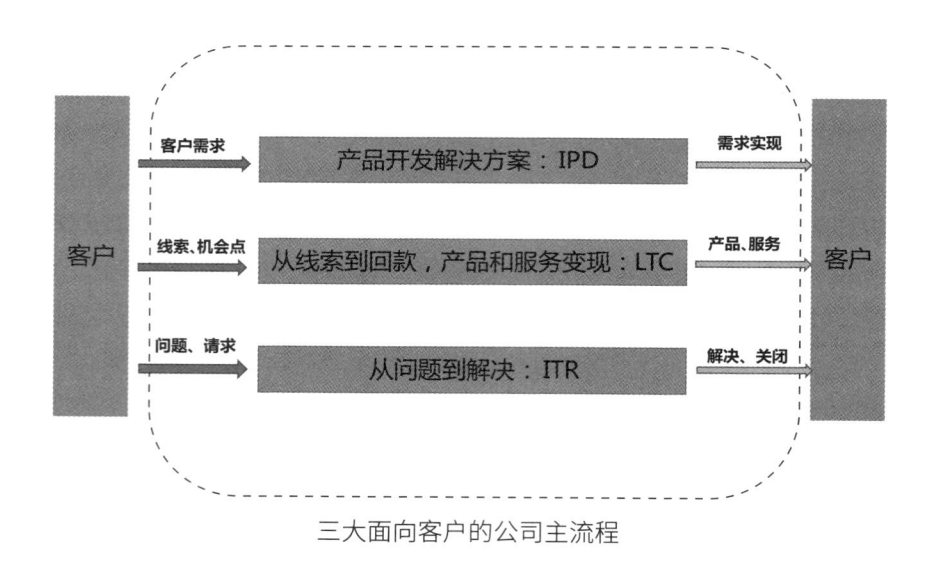

三大面向客户的公司主流程

这三件事情对应三大业务流，再加上企业的战略和执行管理流程，就形成了公司四大经营业务流程。这四个流程（IPD、LTC、ITR、DSTE）都是有起始终止，还要有相应的组织去适配（不仅是流程管理部门）。

由于流程管理过于专业且繁杂，我们将不再逐个对华为各运营流程进行详细介绍，有兴趣的读者请自行参阅相关书籍。

7.2.6 华为四大公司级主流程简介

本节简单介绍一下上述的华为四大公司级业务管理流程。

（1）IPD流程：集成产品开发流程，开发有竞争力的产品和方案

IPD，即集成产品开发，是一套产品开发的模式、理念与方法。IPD的思想来源于美国PRTM公司出版的《产品及生命周期优化法》一书。该书中详细描述了这种新的产品开发模式所包含的各个方面。

首先将IPD付诸实践的是IBM公司，IBM公司通过实施IPD，不管财务指标，还是质量指标都得到改善，最终IBM焕发生机，重回巅峰。IPD对IBM最显著的改进在于这些方面：

①产品研发周期显著缩短；

②产品成本降低；

③研发费用占总收入的比率降低，人均产出率大幅提高；

④产品质量普遍提高；

⑤花费在中途废止项目上的费用明显减少。

而华为在1997年，通过在美国考察，最终确定IBM这位洋老师，学习和引进IPD。华为穿上了美国鞋，获得了巨大的成功，成为受益最大的国内企业。

在实施IPD之前的1998年，华为虽然每年将销售额的10%投入产品开发，但是研发费用浪费比重和产品开发周期仍然是业界最佳水平的两倍以上。华为销售额虽然连年增长，但产品的毛利率却逐年下降，人均效益只有思科、IBM等企业的1/3、1/6，效率低得惊人。

产品开发流程处于企业价值链最上游，在这个阶段出现的问题通过生产制造、销售、交付、售后服务等下游环节会被放大若干倍。在分析采购业务系统时，华为就发现很多问题的根源出在产品开发过程中。因此，从产品开发入手，解决产品开发这一源头上的问题，是提高产品投资收益和解决公司系统性问题的治本之举。

华为在IPD产品开发流程中，是如何做正确的事、正确地做事的？我们经过长时间的研讨，认为IPD主要包括了三大重组，如下图所示，它包括流程重组、市场重组和研发重组。同时产品开发的流程中还需要注意若干关键成功要素。

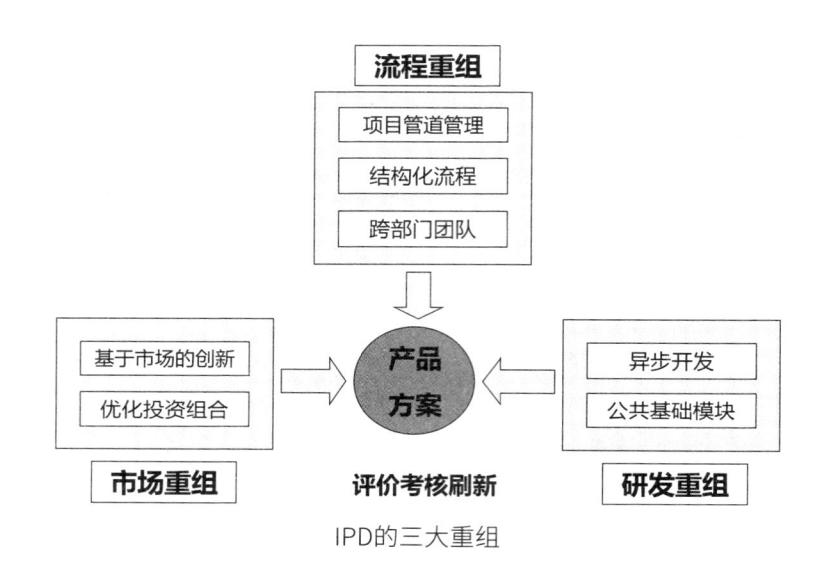

IPD的三大重组

投资组合管理：IPD本来是产品研发流程，为何华为高管们都认为IPD是个商业流程？这是因为IPD流程运作的精髓就是把产品线以及重大新产品开发项目作为一项投资来看待和评审，追求投资的合理回报和保持公司的长期市场地位。因此，它必须对产品开发进行有效的投资组合分析，开发一定要以客户需求为核心进行。

市场和需求管理：做好商业计划书，主要是对整个产品开发最初的商业计划进行定义和描述，保证在研发源头上一次性把事情做对。用华为轮值CEO徐直军的话说就是，这个阶段的工作如果不扎实，后面所有的活动都将是无效的。

结构化的开发流程：就是从商业计划开始进入结构化产品开发模型环节，分别包括概念阶段、计划阶段、设计与开发阶段、测试阶段、验证阶段，每个阶段都必须把事情做好。从以上不同的阶段可以看出，IPD流程中用来想、用来规划的时间很多，这样就保证了开发的质量。

第七章　执行管理

跨部门的重量级团队：传统的职能部门的产品研发方式，为什么效率低？就是因为各个部门都有自己的需求和利益。利用跨部门的产品开发团队（Product Development Team，简写为PDT），通过有效的沟通、协调以及决策，达到尽快将产品推向市场的目的，强调资源的有效利用和资源整合。

开发资源的管道管理：这里主要指的是企业要在整体上对所有研发项目商业计划的完成情况进行审视和管理。包括就项目的开发进度、营销、销售、客户满意度、融资以及损益向公司进行会议汇报，也就是说对研发资源的整体投入进行最优的管理，用最合理的、最少的投入达到目标，保证产品成功地投入市场。

业务分层和共用基础模块：业务分层，就是把研发从大的层面上分成外部层面和内部层面。外部层面主要是面向外部市场，通过IPD开发外部产品，体现在产品层、解决方案层和集成服务层三个层面。内部层面主要包括平台层和技术层，它的每一个层面既支持上一个层面的开放，同时也面向市场，具有相对的独立性，可以面向客户的定制需求来开发。供应基础模块做得越完善，整个开发进度的标准化程度就越高，定制化程度比重就越小，开发进度就越快，开发效率以及开发质量也就越高。通过这两个重大创新，华为成功地实现了异步并行开发，在体制上极大地提升了研发的效率。

度量指标和绩效衡量：IBM顾问给华为留下了一套研发效率的度量体系，这套度量体系一直在无形地督促华为。每年华为内部都要用IBM这套度量体系来对它的研发管理进行一次度量，最后判断当前处在一个什么样的水平，是需要改进，还是保持，以此决定是否采取相关措施。

实际上，IPD流程的这三大重组和七大关键点，为华为研发转型和效率的提高，奠定了流程和管理上的基础。

（2）LTC流程：从线索到回款的销售流程，完成商业运作的业务闭环

大多数企业最初可能是从华为听到LTC这个词的，但其实以B2B为业务主体的国内外很多公司，包括国外的爱立信、IBM，国内的联想、中兴，

295

普遍推行了LTC流程，这里面很多与华为强相关。

LTC是Lead To Cash的缩写，中文译为从线索到回款，其实就是销售管理流程。LTC流程是从营销视角建立的端到端流程。它的本质其实就是一个企业从最开始获得销售线索，再把线索转化为销售机会，到提供解决方案以及签订商务合同，再到项目的交付或者合同的交付以及回款整个销售流程。

本书论述过，华为公司提倡流程化的企业管理方式，任何业务活动都有明确的结构化流程来指导，通过流程建设把所有人从海量的、低价值的、简单重复的工作中解放出来。而企业管理的目的就是从端到端以最简单、最有效的方式实现流程贯通。这个端到端，就是从客户的需求端来，到准确及时地满足客户需求端去。

这是华为的生命线，认识到这个真理华为就可以长久地生存下去。LTC一般涵盖机会发掘、订单获取和项目交付三大阶段，是销售、物流、工程、服务等业务主流程和人力资源、财务、信息管理等支持流程的集成。LTC承载着华为最大的物资、资金流和人力投入，是华为公司级面向客户的主业务流程之一。因此，在华为看来，LTC流程不是简单的流程优化，而是从客户视角出发的业务流程重构。

华为从2010年开始LTC试点，其LTC变革的最终目标是通过不断优化以客户为中心的运作和管理，提升整体经营指标（财务指标、客户满意度指标、运营绩效指标），实现卓越运营。如果用一句话来概括，即"以客户为中心，聚焦企业核心业务，贯穿业务全流程，构建'从客户中来，到客户中去'的端到端的企业业务运营系统"。

任正非高度重视LTC的落地执行。2015年3月华为CEO任正非在变革战略预备队进展汇报会上的讲话中提道："未来3至5年，我们一定要抓LTC落地，如果LTC变革不落地，精兵就是一句空话。我们现在的流程太长，组织层级太复杂。一线呼唤炮火，能呼得动吗？流程与组织还是要简单、协调、配合。""华为最大的问题就是合同根本不准确，场景分类都没有。万一蒙错了，公司就要承担几千万、几亿的损失。"

另外，值得一提的是，配合LTC流程在全球营销体系的推行，华为在任正非的亲自推动下，进行"营销铁三角"的组织变革。"营销铁三角"是任正非根据他对华为全球化销售运作的了解，学习和借鉴美国特种部队的作战模式，为了践行"以客户为中心"理念，强化销售结果、强化利润导向而做出的一大组织和流程创新。"营销铁三角"是指，针对一些战略大客户，把客户经理、行销经理和交付服务经理这三个核心角色放在同一个团队，共同去面对客户，跟进从销售线索到回款的全流程。

为了推行"营销铁三角"，任正非亲自总结出三大核心理念："让听得见炮声的人来指挥炮火""铁三角要贴近客户设置，做厚客户界面""要把单兵作战方式转变为集体作战"。"营销铁三角"的组织和作业形式变革，为华为LTC流程在全球的落地提供了组织、能力和运作层面上的保障。

很多企业家，经常同我们探讨销售流程上的问题，但实际上经过研讨，我们却发现是销售作业的能力问题。毕竟，华为当年大规模推行LTC流程，是因为其营收已经接近2000亿元人民币，而且在全球绝大多数国家实现了经营，不是每个企业都具备推行LTC流程的必要性。所以很多企业没有走厚重的LTC流程变革之路，转而通过"营销铁三角"的组织和作业方式变革，也很好地提振了销售业务。

(3) ITR流程：打造高质、快速、卓越的服务体系

IPD研发流程和LTC销售流程，由于华为的规模推广和落地而在企业界广为人知，但是ITR服务交付流程，相对来说就不那么名声显赫，但它的确是华为面向客户的公司级三大业务主流程之一。它在华为公司内部的地位和名声，以及承载的部门和体系，也和其他主流程差不多，名气不显但作用非常重要。

我们之前阐述过，华为是典型的哑铃形结构，有两大体系的员工人数占华为总人员数的80%—85%，这两大体系就是研发和技术体系、销售和服务体系，合称销服体系。这两大体系就是俗称的华为两大核心发动机。研发和技术体系负责造武器，给一线提供炮弹；销售和服务体系负责打仗，抢粮食，给组织造血。

研发和技术体系遵循的业务主流程就是IPD流程，而销售部门主要承接的是LTC流程，服务部门（GTS）承接的就是ITR流程。华为认为这两大体系承载的三大流程，就是华为面向客户、以客户为中心的业务主流程。

早年，在技术和产品没有突出优势的情况下，华为创造性地把战略控制点定义为"**产品好，服务好，成本低**"，这是华为在全球取得巨大成就的三大成功法宝！华为的"一站式保姆式服务"和虔诚的服务态度，是很关键的竞争要素，当年与西方巨头爱立信、诺基亚、阿尔卡特朗讯、摩托罗拉等对手激烈交锋时，华为就是凭借出色的服务获得客户订单的。

在产品的性能和品质上与竞争对手拉不开，甚至不如竞争对手的情况下，就需要提供最好的服务，这也是华为取得成功的关键。在成立之初，华为的产品不如竞争对手的产品，这一点任正非心知肚明。因此，他另辟蹊径，吸引客户。他认为，只有提供优质的服务，才能吸引客户。

任正非曾以愚公移山的故事为例，强调打动客户的重要性。愚公连续不停地挖山，还让他的儿子、孙子不停地挖下去，最终感动了天帝，把挡在愚公家前的两座山搬走了。任正非指出，华为三十多年来，尤其是20世纪90年代初中期和海外市场拓展最困难时期的情形亦如愚公移山。是华为始终如一对待客户的虔诚和忘我精神，终于感动了"上帝"，感动了客户！无论国内还是海外，是客户让华为有了如今所拥有的市场，所以，华为人永远不能忘本，永远要以虔诚之心对待客户，这正是华为奋斗文化中的重要组成部分。

国内有个客户曾经表达过如下典型的观点："选择爱立信，可能设备相对稳定一些，但一旦出故障，他们服务会响应不及时，尤其是节假日时极难得到他们及时的服务；但是选择华为，即便故障相对多一些，可是他们服务真的很好，节假日陪你蹲点守机房，24小时随叫随到。"华为经过IPD研发管理变革后，现在产品质量当然已经大幅提升了，但服务仍然不断地进行变革，以确保服务仍然是核心竞争力之一。那么针对服务体系，华为是如何进行管理变革的呢？

ITR，全称为Issue To Resolve，直译为"从问题到解决"，华为的前常务副总裁费敏曾经论述过这个流程："只有上帝做的东西才没问题。（产品）当时没问题，时间长了也有问题。客户有这样那样的需求，产品要不断地改进升级。问题发生了，就要解决，然后关闭。某代表处的问题解决了叫'解决'，全球此类问题都根治了才叫'关闭'。"

感动客户，让客户与你签合同，把订单给你，这个逻辑可以维持一时，不能维持长久。事实上，不符合商业底层逻辑的事情，都不可能长久持续。作为以营利为目的的功利性组织，企业只有满足客户的需求或解决客户的痛点，为客户创造价值，特别是比竞争对手为客户创造更多的价值，企业才能有持续和强大的生命力。

为此，华为启动ITR流程进行变革，其目标就是要打造高质量、快速响应的卓越服务体系，能够让华为向客户按契约或超出客户的期望提供服务，以持续获得客户的信任。

（4）DSTE流程：战略管理与运营流程，保证企业朝正确方向前进

华为在公司层面的一级主流程，除了有面向具体业务领域的三大主流程，还有一个是供所有管理人员，特别是一定层级之上管理人员使用的战略管理流程，用于华为公司整体的中长期战略制定、重大的业务决策和端到端跨职能部门的业务管理。

我们一直讲，华为在发展初期，市场蓬勃发展，华为最重要的工作就是在保持公司队形不散不乱的情况下，抢市场，"打粮食"。企业管理界一直有个思想误区，觉得一个企业的管理，应该是越规范越好。而长期以来，华为一直强调管理的有效性，以业绩结果来衡量管理的效果。

任正非认为，企业管理好不好，不看广告看疗效。管理不能是绣花，过程搞得花团锦簇，责任结果却很差。管理不是越规范越好，也不是越先进越好，管理应该与组织的业务强相关，追求业务结果。长久以来，华为主管就形成了一个不成文的做事风格：市场好的时候，组织猛打猛冲，没人管组织队形，因为都在忙于抢市场，"打粮食"；市场形势不乐观，竞争环境恶劣时，组织工作的重点就是收缩队伍，强化管理，向管理要效益。

我们讲过，战略就是实现企业愿景和使命的谋划，是基于全局和未

来，在有限资源下做出的战略取舍，以动态地寻找自身发展的方向和定位。幼年期的华为，各个业务板块，前面都有无数优秀的行业标杆，华为根本不需要做特别细致的规划，甚至不用摸着石头过河，只需要谦虚而虔诚地向对手学习（所学内容包括业务规划、产品和服务开发、市场开拓计划等等），然后高效执行就好。因此，在IPD推行之前，华为没有正式的战略规划和管理流程，也没有完整的年度经营计划，只是在产品规划方面有初步的产品路标规划流程。

但是，随着全球化运作的展开，特别是随着IPD变革的逐步开展，这种粗犷的战略管理，已经不能适应华为的迅猛发展。因此，华为在2002年着手应用市场管理方法论和流程制定公司战略规划（尤其是业务战略规划）流程，于2002年11月发布了《市场管理流程指南》，用于指导公司级的年度经营计划。在推广市场管理的过程中，华为还特别借鉴了美世公司的价值驱动业务设计战略模型。

时间拨回到2009年，华为惊奇地发现原来需要仰视的很多行业标杆，包括摩托罗拉、朗讯、阿尔卡特、诺基亚，这些伟大的公司，居然在国际金融危机下，在移动互联网的行业转型中落伍了，甚至有些就要倒闭了。而华为本身的很多业务，实力已经强大起来，有些甚至进入了战略无人区，无法通过传统的跟随战略来继续下去。这个时候，如果华为再出现像以前的战略决策失误，很可能就像这些巨头一样，万劫不复。

因此，为了应对这些变化，任正非在最高决策模式构建上，选择了EMT的集体决策模式，设立了运营商业务、政企业务和消费者业务三大业务，引入了CEO轮值的制度。在战略上，也开始思考从通信管道战略转为"云、管、端"三位一体的战略。同时，配合着组织上的变革，华为再次决策，引入了IBM的BLM管理方法，并通过几年的摸索和试验，逐步形成了自己的战略管理流程。通过这种方式，独立地分析和判断未来，看清前进目标和方向，决定前进的路径和节奏。也就是任正非说的，华为要学习在很多领域担负起历史的使命，成为ICT行业领导者，领导着整个行业往前走。只有真正独立地制定自己的政策、方法和路线，才标志着华为的真正成熟！

从端到端的角度，**华为把自己的战略管理流程命名为从战略到执行流程**，即DSTE流程，它包括了战略规划、战略展开、战略执行与监控和战略评估这四大步骤。

它在方法论上借鉴了IBM的BLM（战略部分是VDBD），本质上其实是把BLM方法与华为多年管理上的多种方法，以及从外部引进的各种管理方法糅合到一起，这里包括BLM、BEM战略解码、干部四力与人才管理、基于平衡计分卡的KPI管理、微软的年度预算管理等等。

任正非在思想方法上是毛泽东的学生，在具体方法上却十分信奉邓小平的"猫论"——不管白猫黑猫，捉到老鼠就是好猫。管理方法不管是谁的，效果好就行，效果好就坚持，不折腾，不反复。

华为公司这四大主流程，由于体系比较庞大，有兴趣的读者可以自行寻找相关信息或书籍，这里就不再详细展开。

7.3 人才及其绩效：战略确定后，决定因素就是人才

在十几年前的一部电影《天下无贼》中，葛优饰演的飞贼，说了一句很经典的台词："21世纪最重要的是什么？人才！"当这句台词出现在电影院时，引来了阵阵笑声。

在十几年后的今天，科技发展一日千里，新一代ICT技术普遍采用，管理理论高度发达，各种人才对企业的作用究竟如何？

SDBE领先模型认为，现代企业经营，在企业战略规划和经营计划确定之后，在组织和流程框架定下来之后，人才及其绩效的发挥，将是企业经营结果的决定因素。

那么究竟应该如何对人才进行管理？如何高效地完成人才的选择、培育、使用和任免？让企业在合理的成本下，做到人尽其才，发挥人才最大的效用。这就是本章需要重点探讨的问题。

7.3.1 人才理念：认真负责和管理有效的员工是企业的宝贵财富

1996年，任正非准备搞《华为基本法》。他在与人大专家的座谈会上

提出，既然大家都说华为有一种独特的企业机制，能不能把华为的企业机制进行归纳和提炼形成一种理论，叫作"知本论"，或者叫作"知本主义"。华为是一个人才密集、知识密集、资金密集的高科技企业，知识和人才在华为是非常重要的，华为采取股份制和按劳分配机制都隐含了对知识和人才价值的重视和实现。因此，大家都默认任正非对于人才重要性的高度认同。

但是，1997年的一天，人大教授团队在拟写《华为基本法》期间与任正非交谈时，其中的包政教授就请教了任正非这样一个问题："任总，人才是不是企业的核心竞争力？"他认为任正非对这个问题的回答，肯定是"是"。

没想到任正非经过认真思索，给出让在场的所有人都大吃一惊的答案。他说："不是，人才怎么可能会是企业的竞争力。"他顿了一顿，接着说："**对人才的管理才是企业的核心竞争力。**"

任正非在接受外界采访时，明确说过，华为员工是典型的三高，"高工资、高压力、高绩效"。美国知名媒体商业内参（Business Insider）根据全球顶级企业近两年的年薪总额，评选出全球薪酬最高的20家公司，华为以94.4万元人民币的人均年薪酬，排名全球第17位，也是唯一上榜的中国公司。

著名的通用电器前总裁杰克·韦尔奇曾说过，员工工资最高的时候企业成本最低。因为工资最高的时候不仅意味着企业找到了业界最优秀的人才，而且还意味着人才激励比较到位。《华为基本法》中明确写着："我们强调，人力资本不断增值的目标优先于财务资本增值的目标。"任正非也说过如下著名的话："华为人，都不是人才。只是钱给多了，不是人才也变成了人才！"可见，好的企业机制，能够让人才快速脱颖而出。这也是为什么任正非认为，对人才的管理才是企业的核心竞争力。

下面这句话，是任正非对华为人才管理理念的集中体现："**认真负责和管理有效的员工是华为最大的财富。尊重知识、尊重个性、集体奋斗和不迁就有功的员工，是我们事业可持续成长的内在要求。**"

这个观点，任正非是有过很多惨痛教训之后才形成的。在经过多次修改的《华为基本法》中，他坚持了自己的观点。他并没有像其他企业一样夸夸其谈地讲"员工是企业的财富"，或者"以人为本"，而是一再明确地表示，"认真负责和管理有效的员工是华为最大的财富"，进而在之后的实践中，明确提出"不让雷锋吃亏"，坚持"以奋斗者为本"等让人深思的观点。

在中国传统中，文人相轻，学历越高、水平越高的知识分子，越容易互相瞧不起，甚至互相拆台。多少企业，因内斗、内乱、"搞政治"，毁于一旦。华为发展初期，也曾有过很多教训。

华为早期的绝对核心主管郑宝用与李一男的不合，甚至让任正非曾罕见地进行自我批评。后来李一男离职出走，成立港湾与华为争斗；很多主管和骨干，在外部资本的引诱下，携技术带团队集体离职创业，这些都让任正非焦头烂额，痛苦万分。

经过长久的思索和实践，最后任正非得出了这样的结论：**人是企业的财富，技术是企业的财富，市场资源是企业的财富……而最大的财富是对人的能力的管理，这才是真正的财富。**

本质上，每个企业都是独特的，所需要的人才也不尽相同。华为所重视的人才，到其他企业未必能发挥出能力。而很多人才，在其他企业郁郁不得志，但是来华为之后却焕发生机。

有企业家或管理者经常问，是否德才兼备者才是真正的人才？因为企业是功利性组织，赚钱是它的终极目标，从这种角度上讲，企业对员工是不做价值判断的。企业只要不违法，赚钱就是道德的，企业一般也不管员工私生活。

如果"德"是指价值观、意愿，"才"是指才能、技能，那么这个说法还是大致成立的。我们在后面的"人才四象限"评估模型中，会介绍业界比较盛行、比较成熟的基于岗位的人员胜任度模型，供大家参考。

总之，**"认真负责和管理有效的员工是企业的宝贵财富"**。它集中体现了人才对企业的真正价值，以及一般意义上企业对人才的判断标准。

7.3.2 HRBP制度：业务主官的伙伴，协助战略成功和业绩达成

战略规划制定出来以后，年度经营计划也确定下来，接下来的问题是组织怎么展开，流程怎么梳理，干部和人才如何保住。

华为早期的员工都是身经百战的老员工，是"尖刀连、尖刀排的战士"。而在全球化时代，会招很多外籍中高端员工。价值观产生文化冲突该如何处理，怎样把海外员工染成华为的红颜色，搞成奋斗文化；另外，以前招的都是"70后""80后"，现在都是"90后"，个性很强，怎么营造良好的组织氛围，怎样提高战斗力，这些都是华为在发展过程中非常关注，迫切需要解决的问题。

企业的文化和价值观要由人力资源来打造，企业的战略规划需要组织中的员工，特别是高级主管去承接，组织中的关键岗位需要有合适的人去承担，流程中一个个角色也需要人。脱离了人的因素，基本上企业将一事无成。所以HR是战略规划的有机组成部分，它不但要支持现在的业务，还要支持未来的业务。那么HR部门怎么才能把人的因素和效率发挥到极致？这不是简单的招聘或HR服务就能解决的事情，需要有系统的解决方案。

因此，在新形势下，华为需要的HR服务需求已经因为组织战略和业务复杂度的变化，发生了巨大改变。HR体系需要去支撑全球发展，这个要求已经与华为作为一家中国本土公司时完全不同，华为HR体系已逐渐难以为华为在全球的扩张和运营提供支持。如何在战略聚焦和运营效率上寻找平衡，华为的HR体系需要有更合适的办法和出路。

2008年，华为在外界咨询顾问的帮助下，在业界人力资源管理实践的基础上，在徐直军的支持下，首先在研发体系建立HRBP运作模式，将HRBP人员派驻到研发一线，目的是了解研发业务需求，提供有针对性的HR解决方案，更好地支撑业务的发展。2009年正式落地HR三支柱模式，让HRBP直接进入各级业务部门的管理团队。2013年基本在全公司范围内完成HRBP制度的落地。

HRBP又称人力资源业务合作伙伴，实际上就是企业派驻到各个业务部门或事业部的HR管理者，主要协助各业务主管完成在人才的选、育、用、留方面的工作和组织能力发育等工作。一个好的HRBP，必须切实针对业务部门的特殊战略要求，提供独特的解决方案，将HR的价值真正内嵌到各业务单元中，这样才能真正发挥业务合作伙伴的重要作用。实际上，HRBP就是HR部门与具体业务部门之间联系与沟通的桥梁。

华为一般把HRBP称为干部部长，而阿里则把HRBP称为政委。我们经常说，HRBP要像作战单位的政委和各级党委组织部部长一样去工作，而不能把自己定位为人事局，处理HR杂务。

HRBP要站在部门高度，协助主管去实现业务战略、部门任务，为组织提供价值观塑造、干部和关键人才的支撑。HRBP一般是部门的二把手或者三把手，相当于一个组织的HR主管，或者企业的CHO（首席人力资源官），典型的HRBP其实就是业务干部出身，他天然应该会做业务、会打仗。

根据这一定义，HRBP在业务部门中主要的作用体现在如下三个方面：

①组织管理：通过组织形态、规模和绩效的有效管理，提升业务部门的组织竞争力，降低运营成本和风险。

②干部与关键人才管理：协助业务主官，通过对干部和专业人才的选、育、用、留、管，促进业务部门的战略落地和经营目标达成。

③文化和价值观传承：作为政委或组织部部长，传承公司核心价值观，持续夯实高绩效文化，支撑公司基业长青。

HRBP及HR三支柱这种新型的HR制度，在中国经过华为公司的首倡和成功落地，以及阿里、腾讯等公司的成功实践，基本上已经在中国企业界很好地推广开来。华为甚至针对HRBP这个角色，成功地总结出V-CROSS角色模型，用这个模型来说明华为HRBP将在公司扮演的六大角色：核心价值观传承的驱动者（Core Value）、变革推动者（Change Agent）、关系管理者（Relationship Manager）、HR流程动作者（HR Process Operator）、HR解决方案集成者（HR Solution Integrator）、战略伙伴（Strategic Partner）。这为HRBP制度的深化和在华为内部的大规模推行提供了保障。

笔者当年从华为海外分公司回到国内，曾担任过十个月左右的HRBP，深知HRBP这个角色的重要性和工作的不易。读者们如果有兴趣，可以查询相关的资料，进一步了解HRBP相关知识。限于篇幅，这里就不再详述。

7.3.3 人才管理四象限：识别和选拔A象限、B象限人才，打造高绩效组织

通过前述几个章节，我们认识到人才对于企业的重要意义，也清楚"认真负责和管理有效的员工是企业的宝贵财富"这一理念，也了解到HRBP已经下沉到业务作战部门，担负起干部和人才的"选、育、用、留、管"这五大职能。

一个组织或者业务部门，战略规划做得再好，流程建设得再完善，如果没有足够数量的合格干部和人才队伍，也就是说组织的岗位胜任度严重不足，那么所有工作的效果都将大打折扣，流于形式。那么，究竟具体用什么办法来识别组织中的干部和人才是否合格，用什么来判别组织中人才对流程岗位的胜任度，本章节主要论述这个重要问题。

一般而言，当一个企业或部门的战略规划和经营计划已经确定下来，流程基本梳理清楚之后，就要开始启动关键岗位识别和人才盘点工作，也就是说要进行组织的岗位胜任度评估，以判别本组织在完成年度KPI和关键举措方面的组织能力差距，以及人才工作的方向和重点措施。

组织的岗位胜任度评估，就是按照组织战略目标和经营计划的要求，在确认关键岗位职责和工作任务之后，按一定规则科学地评估"人"与"岗"之间的匹配度，或者说评估人员能力的现状，对组织任务的完成情况，或者说岗位的胜任水平，以做到"人"与"岗"的最佳匹配。

评估组织中员工的岗位胜任度的方法和工具有很多，没有对错和高低之分，合适就好。经过多年的实践，我们在这里介绍一种非常简单而且实用的评估模型，供大家参考。

早年在华为新员工的入职培训中，任正非曾亲自推荐过一篇文章。文章篇幅也不长，但声名显著，是很多大企业新员工培训的必备材料。这篇文章就是《致加西亚的信》，讲述了美西战争中，一个叫罗文的人，完美

地克服了所有困难，不讲条件，毫无怨言，不畏艰险，忠诚、可靠地完成了既定任务。

《致加西亚的信》被华为列为新员工学习必读的一篇文章，任正非也极力要求新员工认真学习《致加西亚的信》，该文章曾被两次刊登在华为内部刊物上宣传。

文章中的主人公罗文就是所有企业或者所有组织所需要的人才。他拥有合格或者说卓越的工作技能，认真做事，尽心尽力做好本职工作，更重要的是他具有努力拼搏的职业精神和兢兢业业的工作状态，以及高度忠诚的职业素养。这种员工能让领导和组织很放心地交托任务，能够准确无误地"把信交给加西亚"，是企业的最宝贵财富。

根据以上分析和论述，一个员工是否合格，是否胜任岗位要求，主要通过两个维度的要求来断别：一是工作能力或职业技能，二是工作态度和意愿，两者缺一不可。在多年的工作实践中，华为的各级主管就是靠这两点来判别一个员工是否能够完成既定任务，是否值得作为未来的干部和人才进行培养。

	C象限 待审视者 "审慎使用"	A象限 优秀卓越者 "加满油，放开干"
	D象限 待清理者 "立即清理"	B象限 待辅导者 "给机会，提能力"

y/能力（经验），x/意愿（价值观）

"人才四象限"评估模型

如上图，我们把这种简单而强大的评估模型称为"人才四象限"。"人才四象限"通过"能力"和"意愿"两个维度，定期根据一定的规则或量化的指标，把组织中的人员划分到A、B、C、D四个象限中，分类后再进行整体评估。并且根据不同的象限分类，对不同的人群，有针对性地来进行具体实施任务的分配和人才梯队的培养工作。

根据我们多年的实践经验，对不同象限的员工采取相应的工作策略，具体内容如下：

A象限员工：高意愿，强能力，属于优秀卓越者。企业的策略就是给其高度信任和放权，压担子，提供协助，让其放手工作。在做出成绩时，按其绩效给予及时奖励，并作为未来的主管进行培养和提拔。

B象限员工：高意愿，弱能力，属于待辅导者。这种员工，大多是由于工作经验有限或后天因素，工作技能暂时不足。企业要多方分析和沟通，给予其合适的工作机会，提高其技能及岗位履职能力，使其逐步成为A象限员工。

C象限员工：低意愿，强能力，属于待审视者。此类员工，大多属于经验丰富，具备较好的能力，但由于各种原因，如待遇不够，心理有落差，与主管配合不好，其价值观与企业不吻合，其意愿不足。企业要对此类员工进行具体分析，分析其意愿不足的根本原因，尽量采取措施让其向A象限转化。

如果不能转化，就要加强观察，审慎使用。如果其价值大于成本，可以保留，如果其价值小于企业支付的成本，则从长期来看，需要进行清理。值得注意的是，大多数情况下，这类员工不能出任团队主管。

D象限员工：低意愿，弱能力，属于待清理者。这种员工，基本对企业没价值，或者说具备负面价值。在影响可控情况下，需要尽快清理。

意愿或者价值观，是员工岗位胜任度的重要判断标准。这就是为何华为在招聘面试时，HRBP一般要对其进行价值观和意愿的判定；而在阿里，则由政委来进行判断，有没有"阿里味"，也就是说求职者的价值观或风格是否符合阿里的需要。能力再强，意愿不足，也是无法胜任岗位的。

多年的实践经验告诉我们，"你无法唤醒一个装睡的人"。一个主管或员工，要是没有成就工作的强烈意愿，工作肯定是做不好的。企业要把精力花费在"正确的、合适的"主管和员工身上。在大多数时候，改造一个人的成本，要远远大于选拔合适人员的成本。尤其是在科技型或创意型企业，监督、督促意愿不足的员工所花费的成本和精力要远远高于支持一位技能暂时不足的员工。

任何一个优秀卓越的企业或组织，是由A、B象限占绝对主导的自驱型员工组成，组织永远充满着活力和斗志，这种组织一般就是高绩效团队。对任何一个特定企业或组织来讲，如果A、B象限的员工比重大，那么这个组织的岗位胜任度肯定比较好。作为管理者，要时时刻刻去选拔和培养具备一定潜力又有强烈意愿的员工，保证组织的构成主体是A、B两个象限的员工。而对企业整体而言，高管和HR的工作方向，就是提升整个组织的高绩效团队比重。

在给许多企业提供管理咨询服务的过程中，我们根据这个简单而有效的办法，为企业进行组织能力胜任度评估，并制订相关改进措施，效果比较明显。

"认真负责和管理有效的员工是企业的宝贵财富"，这句简单的话语，却蕴含深刻的道理。2017年，任正非在华为市场大会上，在新形势、新的企业愿景下，深化了这一观点。以下是任正非的原始发言，请读者参考。

"**要从铁的奋斗洪流中选拔成千上万的接班人。华为迟早要面临接班问题**，人的生命总要终结。华为最伟大的一点是建立了无生命的管理体系，技术会随着时代发展被淘汰，但是管理体系不会。华为活下来，才能使管理体系生存下去，这是宝贵财富。

"我们要相信绝大多数员工是英雄。这是一个英雄辈出的时代，华为的英雄会越来越多。'天将降大任于是人也，必先苦其心志，劳其筋骨，饿其体肤，空乏其身，行拂乱其所为。'**每一个英雄要有奋斗精神，也要有奋斗技能，所以我们对英雄没有一定的模式和要求，更多的是鼓励。我们要形成一支英勇无畏、头脑清醒、方向清晰的奋斗队伍。**在集体主义中的个人主义是允许的，因为每个人都有差异，每个人都有自己的思想。但是个人主义是为了这个集体，使我们的队伍五彩缤纷，在竞争中团结，在团结中竞争。华为公司就是典型的个人主义，我们的个人主义就是要创造价值，为国家做出贡献，至少给中国政府缴了三千亿的税。我们的集体主义就是国家主义。

"我们处在一个伟大的时代,我们已经站在一个良好的平台上了,我们要立志为人类的发展做出贡献。经过28年的努力,我们的变革终于开始落地。运筹不在帷幄而在沙场,决胜不在千里而在心里,所有人都要走向前线。我劝天公重抖擞,不拘一格降人才。**破格选拔那些有成功实践经验,或在本职岗位十分认真负责的人。**我们在这大河奔腾中,努力划桨,不要落后于时代的要求。历史总是会优胜劣汰的,我们力争晚一些淘汰,但我们永远左右不了历史,我们只有努力去顺应历史,顽强地表现自己。千古兴亡多少事,不废江河万古流。多少公司在繁荣鼎盛时期轰然倒下,鲜花的背后可能是墓志铭。别人的教训,就是我的座右铭。但愿鲜花的后面,仍然是绿茵。"

7.3.4 职业发展通道设计:打造人才梯队,持续进行能力提升

前文讲过,截至2021年初,华为全球员工总数约20万人,其中将近一半为高素质的研发人员,也就是说,华为拥有一支主体是研发人员和其他高素质员工的大规模人才队伍。

华为规模这么庞大、能力底蕴这么深厚的人才梯队,让所有其他企业羡慕不已。2020年在美国制裁的背景下,华为通过转让的方式整体剥离华为荣耀品牌的团队。据称,华为出让荣耀品牌,并给荣耀划拨6000名左右的员工,交易金额高达400亿美元。如果全部按人力价值计算,在这场交易中,平均每位华为员工的价值接近700万美元,相当于4000万人民币。华为实现了当年在《华为基本法》中的目标,"我们强调,人力资本不断增值的目标优先于财务资本增值的目标"。

我们在很多企业进行咨询业务的访谈和调研中了解到,很多企业家和管理者,对华为强大的人才储备和人才梯队都十分推崇,也都苦恼于自身无法招聘和吸纳合适的人才,而且更严重的是,企业留不住优秀人才,人才流失率非常高。

招聘难,人才流失率高的原因有很多,但通过访谈,了解到很多企业的管理者,似乎把原因归结为企业经营效益不好,无法开出高薪;或者是

企业位置不佳，本地缺乏人才。总之，企业招不来、留不住高素质的人才，其原因大多数是客观的，责任不在企业。这些对于人才管理现状的访谈和调研纪要，时时让笔者感到很诧异。

华为初创时，条件是那么艰苦，工资还经常发不出来，数次面临资金断流、濒临倒闭的局面。任正非那时经常用公司股票来给员工发工资，其实就是打白条。哪有那么好的所谓财散人聚、人聚财来的经营模范，那是后来被神化了。那时的华为，哪有什么高薪开给员工？但华为就是吸纳了无数愿意奋斗、喜欢奋斗的高素质人才，一起为明天奋斗。

马云创办阿里巴巴时，所有人挤在杭州西湖畔的一间民房中。当时杭州也没有什么优秀的科技企业。可阿里巴巴就是这样，硬是在杭州，凭一己之力，打造出独特的体系，建立起充沛的人才梯队。

又如马化腾创办腾讯时，最艰苦的时候，连给QQ交纳电信宽带费用的钱都没有，几个创始人几度欲以区区50万元人民币将QQ卖给当时的深圳电信，只是深圳电信觉得这不值50万元，没成交。有一年开年会，马化腾直接给团队讲，要是今年再找不到钱，公司解散，大家可以去华为或其他公司打工。那时的腾讯，又到哪里，以什么高薪或条件去寻找高素质人才呢？

谈完近的，再谈谈远的。结束混乱战国时代，一统中原的国家，不是风华绝代的魏国，不是地盘最大的楚国，不是骁勇善战的赵国，不是富饶的齐国，而偏偏是地处边陲的穷苦之地秦国。秦国靠近戎狄，条件不好，本身也没像样的杰出人才，可在其走向强大、消灭六国的过程中，集聚了无数本不是秦国的人才，卫人公孙鞅、魏人张仪、魏人范雎、燕人蔡泽、卫人吕不韦、齐人蒙恬、楚人李斯、魏人尉缭，这些军政人才皆东土之士，非秦国之才。"泰山不让土壤，故能成其高；河海不择细流，故能成其大。"由于秦国极力延揽并重用外来人才，给予他们做大事业的机会，并给予优越的物质和精神激励，外来人才成为秦国政坛上的重要势力，对其内政和统一大业做出了巨大贡献。在众多外来人才的辅佐之下，秦国积极推行"耕战"国策，开疆扩土，最终国家富强，实现统一中原的壮举。

历史和实践都证明，任何时候、任何地方、任何组织，缺的都不是人才。对于企业，人才并不难找，难的是构建人才成长和培养的好平台、好机制！

因此，人才梯队的建设，与其"临渊羡鱼"，不如"退而结网"。人才队伍的建设，更不能好高骛远，只能结合企业的实际情况，根据企业的愿景和使命，根据自己的经营计划，在一定资源条件的约束下，实事求是，一步步来进行。

也就是说，哪怕企业经营的起点再低，也要创造一种机制，让所有主管和员工能够看到希望，看到出路，看清企业奋斗和发展的道路，理解自己与企业愿景和使命之间的联系，从而把公司的发展与自己的职业设计紧密结合起来。在这种状态下，各类人才将与企业结成同呼吸、共命运的利益共同体，长此以往，企业和员工将取得双赢。

在这个人才管理的理念引导下，华为在世界顶尖咨询公司美国合益集团的帮助下，逐步建立并完善了职位体系、薪酬体系、任职资格体系、绩效管理体系，以及各职位系列的能力素质模型。在此基础上，华为逐渐形成了自己成熟的干部和人才的选拔、培养、任用、考核与奖惩机制。同时华为在合益的帮助下，客观评价典型岗位的能力要求、风险和责任度，要求每一个岗位对应相应的级别，从而建立起了整个公司的薪酬架构体系。

除了有外部咨询力量的支持，华为在自己的实践过程中，建立起自己独特的，关于人才招聘、培养、使用、评价、价值分配和岗位任用的人才管理体系。这个人才管理体系，为各类人才的能力提升和职业设计提供了清晰的指引，为人才梯队的形成提供了制度和流程上的保障，对员工职业发展通道的构建和业务的增长起到非常大的作用。

华为通过对员工职业道路的设计，不断牵引员工树立自我学习与发展的意识，并拓展各类人才的职业发展通道，从而有效激励与保留人才，打造一支具有强劲战斗力的"铁血军团"！

7.3.5　绩效管理：刺激个体潜能，引入活力曲线，激活组织

经过本书对SDBE领先模型的阐述，我们可以知道，当企业确定中长期战略规划之后，通过解码得到经营计划，即确定组织经营的KPI和关键举

措，然后需要在组织内部层层分解，压实责任。

为实现公司整体的经营计划，KPI和关键举措也要逐层分解到本组织的下级组织、各级主管，一直分解到组织中的每一个人，要确保组织内所有主管和员工对于组织战略规划和经营计划的独特价值和贡献。这个工作如果不做扎实、不做细致，不管企业的愿景和战略蓝图多么宏伟，就正如一个教堂的建造一样，基础性工作如果不做好，可能会让整个建筑功亏一篑，甚至引起系统性的坍塌。

前面在讨论组织时，我们阐述过，对于每一级组织的绩效，我们使用KPI方式，基于平衡计分卡的原理，再加上TOP N的持续改进方式，对组织的量化KPI和非量化的关键举措进行绩效评估，以形成对组织绩效的PDCA闭环。

对于员工个体的绩效管理，业界一般是基于管理大师彼得·德鲁克的目标管理（MBO）方法来做的。

经典管理理论对目标管理的定义为：目标管理是以目标为导向，以人为中心，以成果为标准，而使组织和个人取得最佳业绩的现代管理方法。目标管理亦称"成果管理"，俗称责任制。是指在企业个体职工的积极参与下，自上而下地确定工作目标，并在工作中实行"自我控制"，自下而上地保证目标实现的一种管理办法。

彼得·德鲁克认为，"企业的使命和任务，必须转化为目标"。如果企业经营没有目标，那么相关工作必然被忽视，最后结果必然是不可控的。因此，企业的管理层应该通过各种目标的设置对下级进行管理。当组织最高层管理者确定了组织目标后，必须对其进行有效分解，转变成各个部门以及各个人的分目标，管理者根据分目标的完成情况对下级进行考核、评价和奖惩。

目标管理的理念一经提出，在美国迅速流行起来，并且被德、日等发达国家的企业所采用，在世界范围广为采用，对二战后的经济发展起到了巨大的作用。目标管理理念，尤其是对以信息技术为核心的第三次工业革命浪潮中的广大现代科技企业中的高知识员工的管理，起到了非常大的作用。

在个人绩效管理的领域，基于目标管理理念的具体方法有很多，如BSC、KPI、360度调查、PBC、OKR等等。其中有两个方法，目前在科技行业中大行其道，这便是PBC和OKR。像华为、IBM等传统偏实体的科技企业，一般采用PBC；而像谷歌、字节跳动、腾讯这类互联网公司，一般采用OKR。

华为在个人绩效管理领域，在20世纪90年代末通过美国合益公司引进PBC的考核办法。确认将PBC作为个人绩效管理工具的另一个很重要的原因，是IBM公司采用的也是PBC方法，华为认为在管理体系上是自洽的。华为运行PBC是一个循环往复、不断前进的过程，是与公司整体战略的实现相关联的。

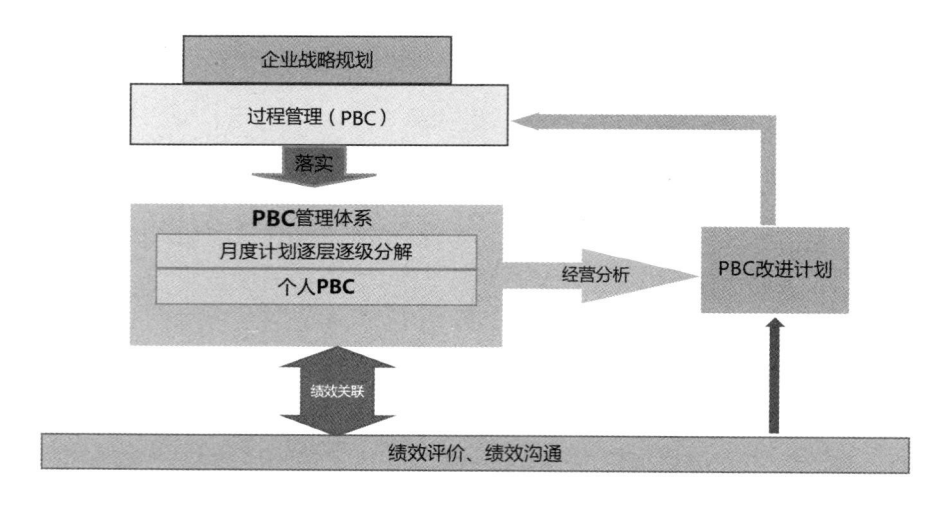

PBC绩效管理

如上图，在企业战略规划和年度目标确定之后，经过逐层逐级分解，组织中的每个主管和员工，都应在直接主管的指导下，在充分理解公司总目标以及本部门经营计划的基础上，有针对性地制定自己的PBC考核目标。通过这种方式，企业在经营过程中纠正运营偏差、控制风险、协调资源并进行实时激励，从而作为一个整体，完成企业的经营目标，进而实现企业的战略。

PBC其实与其他目标管理方法一样，核心就在于它是从员工的意愿出发，员工在充分理解部门和主管的目标之后，主动根据自己的岗位职责和能力来进行绩效承诺的一种管理方式。

PBC的具体实施过程，其实就是企业和主管对于员工个体的工作指导过程，也就是企业经营管理的过程。在具体实施过程中，华为采用了大行其道的GROW绩效辅导方法，可以针对不同类型员工，落实个人绩效管理的相关操作细节，切实做到PDCA循环改进。如下图：

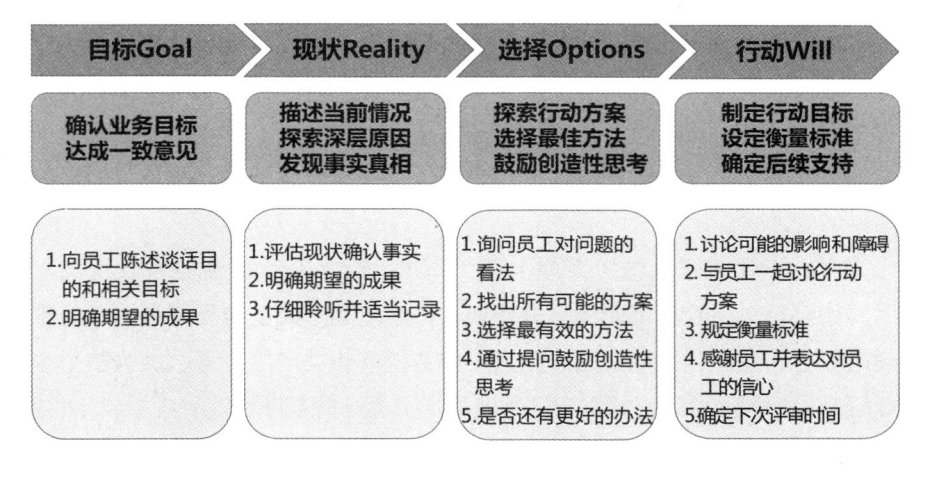

目标Goal	现状Reality	选择Options	行动Will
确认业务目标 达成一致意见	描述当前情况 探索深层原因 发现事实真相	探索行动方案 选择最佳方法 鼓励创造性思考	制定行动目标 设定衡量标准 确定后续支持
1.向员工陈述谈话目的和相关目标 2.明确期望的成果	1.评估现状确认事实 2.明确期望的成果 3.仔细聆听并适当记录	1.询问员工对问题的看法 2.找出所有可能的方案 3.选择最有效的方法 4.通过提问鼓励创造性思考 5.是否还有更好的办法	1.讨论可能的影响和障碍 2.与员工一起讨论行动方案 3.规定衡量标准 4.感谢员工并表达对员工的信心 5.确定下次评审时间

GROW绩效辅导方法

根据绩效管理理论，企业期望什么结果，就应该考核什么结果；企业期望什么行为，最后就奖励什么行为。不管采用哪种办法，其核心都是要正确识别员工的工作结果是否符合期望，是否达到相关标准，然后根据强制分布理论，识别不同绩效的员工，区分先进和落后，然后决定奖惩。

在华为，是通过如下操作来把企业员工的绩效与其工资报酬和发展机会联系在一起的，鼓励所有主管和员工为实现组织目标一起努力。

①PBC个人绩效考评结果与月度绩效工资以及年度绩效奖金紧密挂钩。

②通过将绩效考核结果与员工的收入紧密挂钩，鼓励和牵引员工朝着

组织期望的方向努力，最终达成组织的战略目标。

③主管和员工的职业晋升与优胜劣汰，也是通过KPI考核（组织绩效）和PBC（个人绩效）管理来实现的。

在多年的个人绩效管理实践中，我们发现有三个关键点。只要这三点做好了，基本上个人绩效管理的效果就不会偏差很大。但是，如果有哪一条有遗漏，个人绩效就没法落到实处，会流于形式，甚至起到反作用。

(1) 个人绩效管理过程规范，动作到位，绩效辅导落到实处

个人绩效管理的过程，实际上就是企业经营管理实施和发挥作用的过程。组织内的每个员工都有上级主管；每一级主管通过辅导员工个人绩效管理的全过程（目标协商、具体指标制定、过程辅导、解决员工绩效求助问题、绩效结果确认和反馈、绩效结果应用），实施对每一个员工的绩效结果的管理。

这个绩效辅导过程的管理水平，体现的就是企业微观经营管理的水平。如果每个主管，都能切实有效地在内容上和形式上对属下员工进行正确的辅导和监控，指导其完成相关工作并得到相关产出，那么就为整个企业战略目标和经营计划的端到端落地奠定了很好的基础。

我们在很多咨询项目中，就进行了微观动作的辅导，包括介入各级主管针对部门员工的目标制定、中期辅导和结果反馈等过程。一个个管理动作做扎实，一级级示范，从而提升整个企业的经营水平。

(2) 考核结果必须强制进行正态分布，区分先进和落后两头

很多企业在绩效考核结果确认上有误区，使用的是绝对考核值。绝对考核值，一般适用于以生产、制造、营销等为主的传统型公司。但对于现代企业，尤其是科技型企业，使用绝对考核值来衡量员工，就会出现很多问题。

要么是任务定得太高太难，所有员工绩效都不好；要么是任务定得太低，没挑战性，大家绩效得分都很高。所以，要合理地制定绩效目标，并且一定要在结果上进行正态强制区分。特别是识别最好的员工群

体，要大力嘉奖，形成示范效应；识别绩效相对较差的员工，要定期督促其改进。

在公司经营和绩效考核中，不能唯唯诺诺，不能和稀泥。同时，坚持识别两头，强制绩效结果正态分布，是华为的一大特色。**华为历来的观点是，干得再好的团队，里面也有绩效结果相对不出色的员工；而绩效再差的团队，也要承认里面有兢兢业业、认真负责的员工。**那些拉不开分配差距、平均分配情况严重的部门的负责人，是没有能力做主管的。华为的价值体系就是让优秀的员工获得更多机会，让绩效差的员工及懒散的员工离开岗位。

任正非说："有成效的奋斗者是公司事业的中坚，是我们前进路上的火车头、千里马。我们要让火车头、千里马跑起来，促进对后面队伍的影响；我们要使公司十几万优秀员工组成的队伍生机勃勃，英姿风发，你追我赶。"

（3）活力曲线必须引入，通过优胜劣汰，牵引组织能力向上提升

绩效考核最关键之处，就是绩效结果的应用。华为最具革命性的一点，就是任正非坚持在华为使用活力曲线，坚持在绩效考核上进行末位淘汰。

活力曲线即是指强制淘汰的曲线，它由通用电气公司前CEO韦尔奇提出的。用一句话来概括活力曲线的作用就是，活力曲线能够让一个不断发展壮大的公司，始终保持着旺盛的创造力和生命力。

对于为何要进行强制淘汰，我们借用任正非的原话来说明原因。任正非在早期内部的一次讲话中，明确提道："要强化绩效考核管理，实行末位淘汰，裁掉后进员工，激活整个队伍。我们贯彻末位淘汰制，只裁掉落后的人，裁掉那些不努力工作的员工或不胜任工作的员工。……

"实行末位淘汰制，裁掉一些落后的员工也有利于保护优秀的员工，我们要激活整个组织。大家都说美国的将军很年轻，其实了解西点的军官培训体系和军衔的晋升制度就会知道，**通往将军之路，就是艰难困苦之路，西点军校就是坚定不移地贯彻末位淘汰制度。**

"有人问，末位淘汰制实行到什么时候为止？借用通用电气公司的一句话来说是，**末位淘汰是永不停止的，只有淘汰不优秀的员工，才能把整个组织激活。**

"通用电气公司活了100多年的长寿秘诀就是'活力曲线'，活力曲线其实就是一条强制淘汰曲线，用韦尔奇的话讲，活力曲线能够使一个大公司时刻保持着小公司的活力，通用电气公司活到今天得益于这个方法。"

下图是华为在坚持末位淘汰制度上的具体做法和淘汰比例：

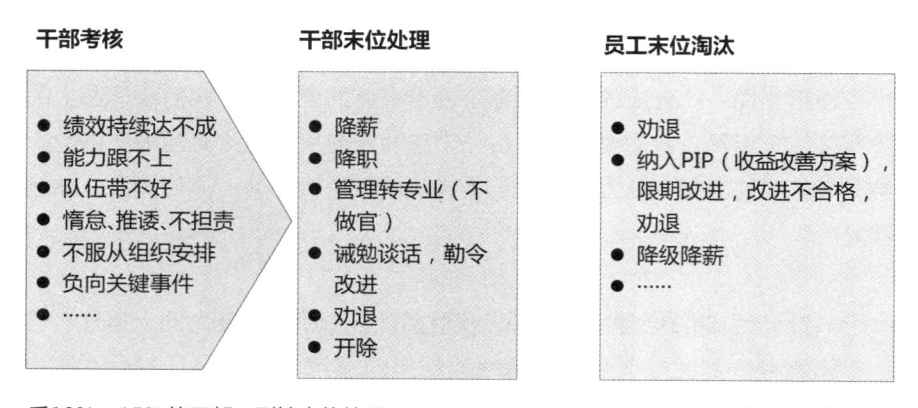

干部考核	干部末位处理	员工末位淘汰
● 绩效持续达不成 ● 能力跟不上 ● 队伍带不好 ● 惰怠、推诿、不担责 ● 不服从组织安排 ● 负向关键事件 ● ……	● 降薪 ● 降职 ● 管理转专业（不做官） ● 诫勉谈话，勒令改进 ● 劝退 ● 开除	● 劝退 ● 纳入PIP（收益改善方案），限期改进，改进不合格，劝退 ● 降级降薪 ● ……
	后10%—15%的干部，刚性末位处理	后5%—10%的员工（根据组织绩效确定），允许有弹性

末位淘汰制具体做法和淘汰比例

因此，直至今天，华为虽然条件比以前好很多，但是末位淘汰制度一直存在。虽然淘汰率很低，但是它使得所有员工你追我赶、奋勇向前，不被周边同事们所抛弃，最终激活了组织的活力。

"爱兵切，用兵狠；严是爱，松是害"，军人出身的任正非，深知要想打造高效率的组织，必须坚持末位淘汰制。但是，他也讲过要人性化："低绩效员工还是要坚持逐渐辞退的方式，但可以好聚好散。辞退时，也要多肯定人家的优点，可以开个欢送会，像送行朋友一样，让人家留个念想。别冷冰冰的。开个欢送会、吃顿饭也是可以报销的。也欢迎他们常回来玩玩。"

通过采取激励先进，淘汰后进的办法，整个组织的平均绩效稳步向前。而且，华为在操作上，重点是抓干部。对管理者人群，在末位考核比例和不合格处理上，更加严格和刚性，淘汰率为10%—15%。通过采取这种严格的末位淘汰制度，华为的干部群体更是不敢懈怠，使得华为在持续打造高绩效文化上，在整体上具备更强的战斗力。

7.3.6 对顶级人才的疯狂追求和高效使用，是华为卓越业绩的根因

21世纪，现代企业在竞争中获胜的关键要素是什么？华为用三十余年的实践和事实证明，答案是人才；更准确地讲，是人才的管理和激励机制。

截止到2021年初，华为在全球已经拥有近20万名员工，有近一半都是高水平的研发人员。据任正非透露，华为有700多名顶级应用数学家、120多名化学家、800多名物理学家和6000多名专门从事基础研究的专家，就连各类专业工程师也有6万多名。华为基本上没有生产操作类的工人和行政服务人员，这类工作华为已经全部外包出去了。

华为有3万名左右外籍员工，其中大多数是中高端人才，和一些尖端的研发人才。在任正非的亲自倡导下，华为坚持在全球顶级人才的富集地招揽顶级人才，就地建立能力中心，为华为的全球发展服务。如在俄罗斯建立了数学和算法研究所，在美国建立了互联网研究所，在日本建立了材料研究所，在德国建立了工程能力研究所，在意大利建立了微波研究所，在瑞典的爱立信大本营建立了通信研究所，甚至在法国巴黎建立了美学研究所，在芬兰收购原诺基亚团队建立了图像研究所。鲜为人知的是，华为在以色列、乌克兰、土耳其等国，围绕着当地的顶级研究机构或人才，也设置了研究所，就地进行能力发育。

这些遍布全球的研究中心，为华为构建领先全球的竞争力发挥了至关重要的作用。在美国政府疯狂地打压华为之际，任正非始终坚持用平和的心态进行沟通，反对狭隘的民族主义，很多国人认为这是任正非的高瞻远瞩。

任正非在内部多次研讨中说:"华为怎么能搞民族主义?我们有数万的外籍员工。他们不是中国人,却是优秀的华为员工。他们可能为中国而战吗?不太可能。华为只能坚定地走全球化道路,为人类的共同理想和愿景而战。"

而在国内,除了在深圳设立了研发总部之外,华为更是在北京、上海、西安、南京、成都、武汉、杭州、苏州建立了八大研究所,在当地网罗人才,以供发展所用。

以下几个事例可以说明任正非和其治下的华为,对高端人才的疯狂追求。

案例一:

华为高管,当年都是被任正非一个个招进华为。这些高管始终孜孜不倦、兢兢业业为华为的强大而奋斗。华为的管理层分为董事会和监事会,其中董事会成员有17人,监事会成员有10人,总共有27人。这些高管除任正非之外,全部毕业于中国的著名高校,平均在华为的任职时间超过26.5年,他们为华为鞠躬尽瘁。

孙亚芳、徐直军、郭平、胡厚崑、徐文伟、余承东、何庭波等等,任何一个高管拿出来,与世界五百强高管相比都不遑多让。还有一些曾经的高管,如郑宝用、李一男、洪天峰、费敏等等,由于身体健康和其他一些因素,离开了华为的管理岗位。正如任正非所说的那样:"他们就像是现代的堂吉诃德,团结在华为,在为了人类理想而奋斗。"也正是这些顶级人才持续不断的努力,才让华为成为世界知名的国际化企业。

千军易得,一将难求。没有顶级的领军人才,何来顶级的队伍?

案例二:

20世纪90年代末,任正非视察华为的北京研究所,见研究所里人员不多就去了解原因。北京研究所负责人刘平解释称因为下一步产品还没确定,人多了没事做。任正非很生气对刘平说:"我叫你招你就招。没事做,招进来洗沙子也可以。"后来,刘平就千方百计地招人,连续几年所里的研究人员成倍增加。此后,北京研究所也成为研究各种通信协议和宽带数据传输的重要基地，成为同数据通信巨头思科竞争过程中最核心的保障。

2000年，为了迎接即将到来的全球市场拓展和业务发展，华为大手一挥，在顶级高校招聘几千名大学生，为华为在"冬天"之后的业务快速复苏，打下人才储备的基础。

没有人才的数量，就没有人才的质量。人才的数量，同质量一样重要！

案例三：

2009年1月，著名的加拿大北电公司由于无法偿还它的债务，不得不向加拿大法院申请了破产，让华为仰视多年的百年科技巨头就此终结。破产后的北电被巨头分食，爱立信、亚美亚公司（Avaya）、西埃纳公司（Ciena）、杰恩邦德公司（GenBand）等以不同价格，收购了北电的各业务部门，抢占了它的市场。而在2011年7月，由苹果、微软、爱立信等组成的财团以45亿美元收购了北电的6000多项专利。

以任正非为首的华为高管团队，闻讯而动，但不像其他巨头，在北电的"尸体"上抢业务、抢市场或抢专利。任正非说："抢这些有什么用。人，才是最重要的。有了顶级的人才，可以去打市场，可以去发明更新、更好的专利。"因此华为组建专门的业务团队，聘请加拿大顶级猎头公司，去北电总部所在地抢人。

本来因北电破产而惴惴不安，担心失业的很多北电技术专家，欣喜地接到神秘面试电话，经过简单面试和意向确认，就可以直接加入一家叫华为的中国新公司。薪酬基本都比原来在北电还要高，甚至上班地点也不用变，直接在以前北电隔壁的园区上班，而且环境要更好。他们基本上都拿着比中国主管还要高的薪酬，这让很多西方公司感觉不可思议，毕竟，北电是因为在市场竞争中落败才破产的。西方理念认为："当雪崩的时候，没有一片雪花是无辜的。"

但对华为和任正非来说，这不是问题。北电的落败，是领导人的错误，是资本的罪过，非辛勤、敬业的技术人员之过。华为之所以在4G时代、5G时代能够全面领先，当年从北电过来的一批专家起了很大的作用。

华为无线CTO（首席技术官）兼5G首席科学家童文博士是世界著名无线通信科学家，曾获IEEE（电子电气工程师学会）"2018年杰出行业领袖奖"。他于2009年3月加入华为，他当时的身份是北电全球网络技术实验室主管，也是北电Fellow（首席技术专家）、IEEE Fellow、加拿大皇家工程院院士，当时很多巨头给他伸出了橄榄枝。他却独具慧眼，被华为的研发诚意所打动，为华为乃至中国在5G标准上的突破和绝对领先做出巨大贡献。

市场和专利都没什么用，只要有人才，市场就能抢，专利就能造。

案例四：

任正非在答记者问时提到，华为在5G上的成就，离不开一位土耳其科学家的贡献："5G标准是源于十多年前土耳其的阿勒坎教授的一篇数学论文……"

这位土耳其科学家名叫名埃达尔·阿勒坎，1958年出生在土耳其首都安卡拉。1981年，阿勒坎在加州理工学院获得本科学位，1985年在麻省理工学院得到电子信息工程专业的博士学位。毕业之后，他回到土耳其的毕尔肯大学，经刻苦钻研，终于在2008年于IEEE期刊上发表了主要用于5G通信编码的**极化码**技术方案。极化码是一种用于信号传输的编码方式，其构造的核心是通过信道极化处理，在编码侧采用方法使各个子信道呈现出不同的可靠性。极化码是目前唯一能够被严格证明可以达到香农极限的方法。值得一提的是，阿勒坎教授的导师，正是信息论创始人香农博士的学生。

华为的专家在评估了阿勒坎的论文之后，敏锐地意识到这篇论文的价值，因为其中的技术可以用于5G编码。于是，华为与阿勒坎取得了联系，愿意投入巨资进行基础研究，并把这项技术商业化。仅仅十年时间，华为在这项论文的基础上，孵化出了5G的技术标准，并申请了一批核心专利，其从论文到实际商用的速度惊人。

但是这位顶级的科学家，多次拒绝了华为的盛情邀请，原因就是不愿意背井离乡，离开自己的国家土耳其。任正非知道此事，专门给出指示，世界上所有顶级的科学家，在任何地方都是宝贝，不可能用普通方法去招揽。筑巢引凤，对一般人才是适用的，但对顶级人才却是不适用的。凤凰是高贵的，同时也是高傲的。华为要创造条件，在凤凰出生、成长的地方筑巢，尊重顶级人才的意愿，给他们提供科研条件，让他们为人类理想做出贡献。

据此，华为在土耳其、米兰、以色列、乌克兰、俄罗斯等地，围绕世界顶级人才，就地成立研究机构，为他们提供翻译和行政人员，提供科研经费。华为的要求就是在同等情况下，能够优先使用这些顶级人才的研究成果。

如今，华为在战略无人区的开拓，在很多创新方面的领先，都离不开这些世界顶级人才做的贡献。

尊重顶级人才，让凤凰在出生地栖息，创造条件让他们为人类做贡献。

在美国政府举全国之力在全球疯狂打压华为之际，人们惊奇地发现，在美国，为华为辩护的是华为美国公司首席安全官安迪·珀迪，他曾是美国国土安全部的网络安全团队负责人；在英国，为华为辩护的是华为全球网络安全和隐私官约翰·萨福克，他曾是英国卡梅伦政府的CIO（首席信息官），相当于中国政府的网络安全和信息化委员会办公室主任。一时间，大家才发现华为居然招揽了这么多优秀的高端人才，而且这些人才都高度认同华为公司的愿景和理念。

2019年3月，任正非在俄罗斯与科学家及专家们的对话中表示，华为"要敢于与美国争夺人才，我们可以待遇比他们高，让他们在祖国也能创业。我们要提高俄罗斯大学教授、科学家来讲座的待遇，吸引他们蜂拥而来。……要敞开怀抱，像美国两百年来那样开放，把一切优秀人才吸引来一起创业，我们也用两百年时间使我们也变成像美国一样强大"。

正是任正非这些独特而又蕴含哲理的人才理念，让他可以从全球范围内发现顶级的人才，并且用最崇高的愿景团结华为所有员工，一同奋斗。

7.4 文化与价值观：华为对核心竞争力的定义

作为中共党员的任正非，非常重视文化价值观的建设，他曾说："思想权和文化权是企业最大的管理权，思想权和文化权的实质是假设权。"

要从华为过去二十多年所取得的成功和挫折经历中总结华为在人力资源管理方面的价值观、思想方法和管理原则，以识别那些未来能够支撑华为长期成功的人力资源管理的关键要素，以及那些未来可能导致华为走向失败的潜在风险。

通过研讨，这些指导华为成功的管理哲学获得组织内外广泛的理解与共识，深入人心。要通过总结，让未来的接班人学习、理解、传承公司的管理思想，以指导和帮助华为继续活下去，实现"长治久安"。

7.4.1 合适的企业文化和价值观才是最好的

在很多企业管理理论中，很多管理学者，包括实际运营企业的管理者，都倾向于把企业文化和企业价值观等同起来。而根据华为多年以来的实践，笔者认为企业文化和价值观存在着较大的区别。

企业文化，是一个由其价值观、信念、仪式、符号、处事方式等组成的特有的文化形象。简单而言，就是企业在日常运营中所表现出的各个方面。企业价值观，如前所述，则主要是指企业及其员工的价值取向，是指企业在追求经营成功过程中所推崇的基本信念和奉行目标。

以上表达可能还是有些不太具体，笔者举例来说明两者的区别。华为员工给外界的印象就是张力十足，充满活力，或者说是"狼性"很强。外人经常讲，"华为人所到之处，寸草不生"。同时，华为在一般情况下，是集体作战，大家很团结。华为人经常讲，"胜则举杯相庆，败则拼死相救"。这种华为人对内、对外的总体表现，就是华为文化。

但华为这种骨子里的狼性、张力和团结性，可能是来自其对核心价值观——"以客户为中心，以奋斗者为本"的坚持。在该核心价值观的指导下，华为全力以赴，以最高标准服务客户，创造价值。

任正非是军人出身，所以华为公司内部充满军队文化的氛围。华为人在日常行事上有军人作风，执行力强，雷厉风行，强调令行禁止。此外，其军队文化还体现在将会议室命名为作战室，各级管理者喜欢使用军事术语，等等。

而马云是个武侠迷，是金庸的粉丝，也喜欢打太极，因此阿里巴巴充满了浓重的武侠文化和江湖气息，如阿里巴巴要求大家都有花名，特别是企业高管、主管，马云本人就叫"风清扬"，内部的会议室都用"光明顶""桃花岛"等金庸武侠小说中的地名命名。

2008年阿里巴巴年会上，马云在演讲中讲道："我们必须坚守我们的承诺。现在你们开始有了一点钱，有了一些名气。但是，不要因为别人对你看法的改变而改变自己。不要因为有钱了就改变自己。因为有一种东西是永远不会改变的，那就是我们的梦想、我们的价值观和我们的承诺。"

因此，企业文化和价值观，是有关联，但不能被等同的两个概念。在战略规划的构建上，在日常经营计划的执行管理上，企业需要区分对待。

例如，华为公司在核心价值观的落地方面，坚定不移地寻找同路人，以最大限度地简化管理，减少协调和沟通。华为的核心价值观就是"以客户为中心，以奋斗者为本"，如果员工对这一点不认同，就不敢指望他会成为公司的同路人，他跟着公司走自己也会难受。不管他在哪个部门，从事哪种工作，属于哪个国家，他最好的选择还是离开。他的离开，不是因为不优秀，也不是因为能力不足或意愿不强烈，而是因为在"为谁而战""为何而战"这些关键问题上与公司不是同路人。在"以客户为中心"的核心价值观的指导下"为客户创造价值"，这在华为未来的治理架构和日常经营中还会不断被强化。

一个公司或组织的文化和价值观，必须服务于企业的愿景和使命。个人的生命和精力是有限的，而组织则可以通过文化、价值观、流程和制度的建设，摆脱人作为生物的生命限制，长期保持生机，焕发活力。每种文化和价值观，都有其形成原因和特殊基因。只要这种文化和价值观能够持续服务于客户，唤起整个组织和全体员工更高效地为客户创造价值，那么它们就是最适合企业的，也是最好的。

7.4.2 价值观分层塑造：责任感、危机感和使命感

任正非经常讲，对企业不同层次的干部和员工，不能做同样的管理要求。对华为的干部一定要要求严格，治军先治将。对华为的管理层来说，各级管理层在企业中的作用和职责是不一样的。高级干部要有使命感，中层干部要有危机感，而基层主管要有责任感或者饥饿感。

因此在中长期的战略规划和年度经营计划的落地过程中，一定要注意针对不同层次主管和员工，在价值观上进行分层塑造。

（1）基层主管和员工的责任感

让基层主管和员工有责任感或饥饿感，就是要求基层主管守土有责，基层主管和员工要有对奖金的渴望，对股票的渴望，对晋级的渴望，对成功的渴望。

多年以来，华为公司在招聘新员工的时候，特别关注员工的成长背景，尤其钟爱出身寒门的学生。任正非曾明确要求人力资源部门多招聘经济不发达省份的学生，他认为家庭困难的学生对改善自己的生存现状有强烈的渴望，这种渴望将会激发基层员工艰苦奋斗的精神。

同时，华为公司也很少招聘在大城市长大、家境富裕、衣食无忧、养尊处优的毕业生，他们往往个性自由、散漫，富于幻想，吃不了苦，受不了委屈，顶不住压力，他们即使加入了华为，也并不一定能深刻理解、接受和践行华为艰苦奋斗的文化。

对组织金字塔底部的大量基层员工来说，"按劳取酬，多劳多得"是最现实的工作动机。"存天理，顺人欲"，"不让雷锋吃亏"，华为的价值设计充分遵循了这一规律。"饥饿感"是基层中每个个体的"狼性"精神的一部分，舍此，任何的高调宣传都是虚妄的。

（2）中层主管的危机感

让中层有危机感就是时刻鞭策中级主管，要以公司目标为中心、为导向，对工作高度投入，追求不懈改进，去向周边提供更多更好的服务。

在华为公司，作为中层管理者，如果你凝聚不了队伍，完不成任务，

斗志衰退，或自私自利，对不起，你将很快被挪窝、被降职；但经过一段时间你改变了，工作激情提升了，经过各方面考查，合格了，你也可能重新得到提拔。

任正非从历史发展规律中深刻认识到，一个组织太平的时间越长，危机意识越弱，生存能力就越差，最后一定走向寂灭、死亡。因此才会有华为1996年的"市场部集体大辞职"事件，以及2007年"7000名干部集体大辞职"事件。虽然外界对于"华为大辞职"褒贬不一，但任正非向中层干部的太平意识宣战，营造"危机感"的决心从没有改变过。

据说，任正非还曾经给华为某些干部送皮鞋。任正非不满某些华为干部不愿下现场和一线，讥笑他们吝惜自己的皮鞋，于是就送皮鞋给他们。年底评价这些干部的依据就是看谁的鞋底磨得快。

华为对管理者实行严格的强制比例淘汰机制，每年至少有10%的管理者要"下课"，转为普通员工。掉队的管理者将进入公司干部后备队学习营，脱产进行再学习和改造。三个月后，如果考试不合格，或者没有部门录用，工资将降低20%，并继续脱产学习，如果仍然不合格，工资将再次降低。

华为管理干部的平均年龄每年必须下降，大批优秀的年轻人得到提拔，本以为可以躺在功劳簿上睡大觉的管理干部丝毫不敢懈怠，否则就会被后浪打到沙滩上，淘汰出局。

华为公司还通过述职、业绩排名、岗位轮换、荣誉奖励、关键负面事件就地免职等机制传递压力给中层管理者。始终让小富即安的中间层觉得危机四伏，诚惶诚恐。唯有如此，才能克服人的惰性，驱动中间层持续奋斗。

（3）高层主管的使命感

什么是使命感？让高层有使命感，就是要让高层干部有事业心。任正非用非常朴素的语言将使命感描述为："有钱也干，没钱也干，我就是爱干这活。"

在华为公司，高层干部薪水相对高，每年分红也要多一些，财富对他们来说仅具有符号意义。这批人是少数，他们不能以物质利益为驱动力，而必须有强烈的事业心、使命感，这是一群已经完成了物质"原始积累"的精英团队，推动他们每日奋斗的是一种精神，一种源自本能的对事业的热爱和激情，除此别无其他。

通过评定公司"蓝血十杰"来追认有历史贡献有使命感的干部，通过评定"明日之星"来牵引未来涌现更多有使命感的干部。国内一些企业的做法恰恰与华为相反，他们总是利诱高层，机关算尽地设计各种"金手铐""金饭碗""金降落伞"来捆绑高层，最后也往往因为分配不均而对簿公堂。

管理学大师彼得·德鲁克基于企业特有的人、组织、分工的原理，预见未来企业规模持续扩大的趋势，提出有别于传统管理学的三大任务，其中之一是"确保工作富有生产力，并且使员工有所成就，产生效益"，这项任务将是未来企业组织运作时面临的最大挑战。华为管理如此庞大的商业组织，面对复杂的市场环境，还能让"大象"也跳舞，在中国历史上未曾有过。如何破解中国企业规模一大就失去活力，僵化、官僚化的宿命？华为基于人性的、现实的、简单的管理实践，无疑为众多中国企业树立了可借鉴的成功典范。

总之，任正非要求，华为公司的高层干部要有决断力，中层要有理解力，基层要有执行力，唯有坚定不移地砍掉各自多余的脑和手脚，减少冲突，各谋其位，各司其职，才能形成攻无不克、战无不胜的狼性团队。

7.4.3 不能落地、不进行考核的价值观，等于没有价值观

任正非对于华为所提倡的价值观怎么在企业落地，十分关注。他在内部一个高层级的研讨中说："一个企业怎样才能'长治久安'，这是古往今来最大的问题。华为在研究这个问题时，主要研究了推动华为前进的主要动力是什么，怎么使这些动力能长期稳定运行，而又不断自我优化。大家越来越明白，促使核动力、油动力、煤动力、电动力、沼气动力……一同努力的源，是企业的核心价值观。"

他强调企业核心价值观不能通过喊口号落地，而必须在日常工作塑

造。他说："这些核心价值观要被接班人所确认，同时接班人要有自我批判能力。接班人是用核心价值观约束、塑造出来的，这样才能使企业长治久安。**接班人是广义的，不是高层领导下台就产生个接班人，而是每时每刻都在发生的过程，每件事、每个岗位、每条流程都有这种交替行为，是改进、改良、不断优化的行为。我们要使各个岗位都有接班人，接班人都要承认这个核心价值观。**"

中国的另一个独特又有争议的企业——马云创办的阿里巴巴，同样十分重视价值观，而且重视程度，比华为有过之而无不及。

"阿里历史上所有重大的决定，都跟钱无关，都跟价值观有关。"这是马云对阿里巴巴价值观地位的生动描述。马云曾对HR部门下达指令："要严把招聘关，招聘优秀的人才，要吸引那些'和阿里巴巴的味道一样的人'，也就是认同阿里巴巴价值观的人。"

马云又说："公司的文化价值观是用来弥补制度的不足，而文化价值观本身也需要制度的保障。"但是，落地价值观靠什么？

他说："价值观不是虚无缥缈的东西，是需要考核的，不经考核的价值观就没有作用。企业文化是考核出来的，如果你的文化是贴在墙上的，你也不知道怎么考核，那你的企业文化就全是空话。我们十多年来每个季度都考核价值观，员工的业绩和价值观是一起考核的。员工每年的年终奖、晋升都要和价值观挂钩。你的业绩好，但价值观不符合公司要求，是不能被晋升的；你热爱公司，因为帮助别人而自己业绩没有完成，那也不行。只有两个都做好，这才是一整套考核机制。"

"每个卓越的企业都有灵魂，每个企业的灵魂背后都有一批灵魂基因工程师，在打造着企业成功的基因链。"彭蕾如是说。彭蕾是阿里的CHO（首席人力官），肩负着落地阿里巴巴价值观的重担。她说："企业文化是很虚的，如果没有行动，没有可感知的东西，每个人都不知道怎么做，最终企业文化成了墙上的文化。"阿里巴巴企业文化生生不息的秘诀在于：虚事实做，实事虚做。

根据我们之前的阐述，企业提倡什么，重视什么，就要考核什么，激励什么，这样才能落地。既然核心价值观非常重要，也在最高管理层达成了共识，那么共识就得遵守。想要遵守就要有约束力，要有约束力就必须在绩效考核和结果应用中体现。

这个逻辑非常清晰，因此华为与阿里巴巴两个看似风格迥异的企业，共同在绩效考核中选择了价值观评价的因素。

只是两个卓越的公司在价值观的考核方式上有些不一样。

华为在绩效管理中重视结果导向。华为认为员工的绩效主要由"人才四象限"中的两个维度决定，即绩效最主要的决定因素是员工的技能和他的意愿。一个员工如果能力强，意愿又足，主管肯定会多给他工作机会，这样他的工作绩效不可能不好。因此，拿绩效结果去衡量员工的工作，一般已经足够。

但为了防止运气的成分，也为了突出员工的工作态度这个因素，在每个考评周期，华为会要求主管对员工的劳动态度进行"A、B、C"三档评价。但是，这个价值观的评价一般不会作为年终绩效奖金的评定因素，而是给HR和部门的管理者予以提示，在评价员工中长期表现时作为参考依据。

很多企业家问笔者，文化和价值观怎么落地？这一点我们要坚定地向华为和阿里巴巴学习。绩效考核就是最好的执行力，就是要持续不断地考核，并通过考核结果进行强制应用。具体来说，就是每个绩效考核周期，把价值观的行为目标定下来，把衡量标准定下来，持续地看员工有没有改进。如果没有改，就继续改，这样长久地执行下去，核心价值观肯定会落地。

企业管理就像一座冰山，水面上30%的部分是规章制度；而真正支撑冰山长期漂浮在水中的则是水面下的70%，看不见的就是文化和价值观。

任正非在新员工入职培训材料《致新员工书》中写道："物质资源终会枯竭，唯有文化才能生生不息。一个高新技术企业，不能没有文化，只有文化才能支撑它持续发展。"

在谈及谁是华为接班人时，他说："华为公司存在的唯一理由，就是为客户服务，权力是为了推动共同价值观的动力和润滑剂，谁来接班，谁就有权力去推动价值观，起到动力和润滑剂的作用。如果权力不受约束，就会阻碍和破坏这个价值观。我们的治理章程是力图实现分权、共进、制衡，使权力闭合循环，以及在循环中科学更替。"

7.4.4　建设合适的部门亚文化和工作氛围，推动绩效达成

我们之前讲述过，一个企业，它的文化和价值观有联系，但不能完全等同。企业不同部门或体系的文化，都有可能不同，它更与工作氛围相关。

整体来看，华为内部的文化也是多元的，可能有高绩效文化、团队合作文化、结果导向文化。不同业务部门则有不同的亚文化，比如研发体系，强调工程师文化，强调谨慎细心、拥抱创新；生产部门强调精细、认真和成本控制；销售服务部门，强调服务文化、军队作风、狼性文化、执行力等；消费者业务则有自己的独特亚文化，如时尚、年轻、叛逆、商业文化等。

在不同阶段、不同业务、不同团队，甚至是不同的国家和种族，都在不断衍生出不同的文化特点。一个卓越、优秀的公司，一般都不是单一文化型公司，而是有较大能力来欣赏、包容和管理多种文化或跨文化的差异性。

任正非本人也曾经说过："对本地（国外）员工的培养不要强制他们中国化。华为文化是什么，我自己都搞不清楚。华为文化就像是洋葱头，都是外来文化，这层是英国文化，那层是中国文化、美国文化。我觉得华为文化就是一种开放的、兼容并蓄的文化。因此对待本地员工，不要用中国化的思维去要求他们，要以开放的心态去吸取他们的精华，充实我们的文化。"

如果有员工不适应华为的文化，甚至是所在部门或国家的亚文化，华为管理者一般会认为这种情况是正常的；华为还专门开设管理课程，让各级管理者以更包容开放的心态来欣赏和管理跨文化的差异。如果有些员工对现在所从事的岗位不适应，或者愿意在更好的亚文化中工作，可以自己去申请调整岗位。

组织气氛建设，也与价值观不同，是指在特定环境下工作的感觉，是

"工作场所的氛围"。它是一个复杂的综合体，包括影响个人和群体行为模式的规范、价值观、期望、政策、流程等。

华为在各级部门的年度经营执行计划中，都会有专门章节，强制要求本组织输出团队和组织气氛建设方案，并拨出专门的经费给予支持。另外，企业也会定期进行组织气氛的360调查，考察一个组织的工作氛围是否有利于员工开展工作，如果结果不理想，HR还必须给出解决方案。

企业必须根据不同部门的业务特点，根据战略规划和经营计划完成的需要，投入资源和经费，营造一种合适的组织工作氛围，帮助大家更好、更高效地完成工作，推动组织向更高的绩效和能力上发展。

然而，必须强调，所有特定部门的文化或组织氛围，不能与核心价值观发生冲突。华为各部门和体系，可能有不同的亚文化或者组织氛围，但所有员工都必须遵循华为"以客户为中心，以奋斗者为本"，即"为客户创造价值"这一核心价值观。

7.4.5 华为"以客户为中心，以奋斗者为本"的核心价值观

李杰，出生于1967年，西安交通大学无线电通信学士、计算机图像处理硕士，1992年加入华为做研发工程师，然后转做销售工程师，因为销售业绩突出，踏实肯干，担任过全球产品行销总裁，后来又成了华为首任总干部部长（CHO），负责全球华为干部的选拔和任命工作，华为内部人称"杰总"，他的身上就承载着浓浓的华为价值观。接下来，我们通过发生在"杰总"身上的两个小故事来展现华为"以客户为中心，以奋斗者为本"的核心价值观。

第一个小故事，发生在1994年。刚刚加入华为不到两年的李杰被调任去做营销工作。任正非在大会上问他："你们一年能跑多少个县？"李杰拍脑袋回答："500个吧！"任正非说："那我就按500个县定指标，你们去跑。"

于是，抱着"不问收获，只问耕耘"的信念，年轻的李杰带着十多个人，开着公司配备的五六台三菱吉普和两台奥迪车，从深圳开赴中国各地的县邮电局，推广华为刚刚研发出来的局域交换机。每个县要花费三天

左右的时间，用了不到两年时间，跑了五百个县，每个人跑了四五十个县，形成了几尺厚的客户资料。这大概是全球通信制造史上绝无仅有的事例，也应该是最早期的扫街、地推办法。时任邮电部部长吴基传在邮电部的大会上，都要求干部们学习华为员工的这种深入基层拓展和服务客户的办法。

现在看来，这恐怕是世界上最土最笨的销售方式了，特别是在电子通信这种高科技领域，估计是绝无仅有的。但对当时的华为来说，大城市进不去，连二三线城市也进不去，只能跑全球巨头顾不上的县城。这种最简单、最直接也最有效的方式，为华为"农村包围城市"，打破国外的垄断，争取发展的空间，立下了汗马功劳。只不过这种方式的背后，是业务人员秉承"以客户为中心，以奋斗者为本"持续不断地艰苦付出。

第二个故事发生在1995年。1995年，任正非决定带着在中国市场上畅销的华为C&C08数字程控交换机进入俄罗斯市场，但现实却比任正非预想中的还要困难。

20世纪90年代中期，由于经济政策引导出现偏差，俄罗斯经济一片萧条。这也使俄罗斯的电信普及率不如改革开放后的中国，俄罗斯的电信企业基本上不会用交换机。除此之外，长期受中国假冒伪劣产品"摧残"的俄罗斯人压根就不相信，中国人可以做出交换机这么高科技的产品。面对俄罗斯艰难的电信市场开发条件，任正非并没有放弃，他的战略判断是，俄罗斯具备非常大的潜力，一旦经济复苏，华为就有机会在这片广阔的市场上大有作为。

俄罗斯市场上，最缺的就是能打胜仗、敢打胜仗、心无杂念的先锋官，于是他又想到了年轻、单纯又有冲劲的李杰。李杰在接到任命通知后，虽然感觉有些突然，但知道是老板的决定，便立即交接工作前往莫斯科。

然而在俄罗斯市场调研一番后，"常胜将军"李杰发现当地电信市场低迷，于是他打起了退堂鼓，申请调回到国内，或者去开拓非洲市场。任正非知道后勃然大怒，亲自给李杰立了"军令状"，大意是如果有一天俄罗斯电信市场复苏了，但华为却没有一点份额，你就别回来了。

333

任正非治下的华为，对干部一贯的作风是不培养，只选拔。做出成绩、打了胜仗的干部就提拔，败走麦城、没有成绩的干部就淘汰。在俄罗斯贫瘠的市场环境下，李杰只能坚持，因为他知道任正非是言出必行的。

在高压力和高度责任心之下，李杰和团队玩命工作，业务终于有了起色。李杰带领华为团队在俄罗斯签了第一份合约，这笔电源模板生意的合同金额只有38美元。虽然这份合约金额只有38美元，但也让李杰和团队欣喜莫名，毕竟忙活了这么久，生意开张，至少说明了俄罗斯的企业有意愿与华为合作。

早在1997年6月，鉴于俄罗斯政府的一些特殊电信产品政策，华为与俄罗斯当地的贝托康采恩公司一拍即合，组建了一个合资企业，称为"贝托华为"，来开展业务，主力产品就是华为的C&C08数字程控交换机。当然公司在开始阶段是没什么进展的。但随着李杰及其团队的努力和俄罗斯经济的复苏，公司必然会迎来一个发展期。

2003年，俄罗斯"贝托华为"在俄罗斯的年销售额首次超过1亿美元！华为逐渐成为俄罗斯人民心目中高端、品质的代名词。而李杰因为在俄罗斯及其周边国家市场的优异表现，在华为也一路升迁，挤入华为最高领导层，成为任正非非常信任的爱将。

李杰的身上深深地体现了任正非及其管理下的华为所提倡的核心价值观，即"以客户为中心，以奋斗者为本"。当然，华为人这种对市场、对客户虔诚的态度和付出，不只体现在销售业务层面，而是渗透到了华为日常与客户打交道的方方面面。

"以客户为中心"是深入华为的骨髓里的。他们在珠穆朗玛峰6500米高的地方成功搭建了中国移动的通信基站；2003年阿尔及利亚大地震和2010年智利大地震时，当地所有人都在拼命外逃，唯独华为员工坚守阵地，完成智能网的割接，抢修故障设备，直到通信线路全面恢复正常。此外，从印度孟买的恐怖袭击，到日本大地震，再到中国汶川大地震，可以说，几乎每一次重大灾难面前，华为人都能够冲锋在第一线，冒着生命危险守护通信线路的畅通和安全。

"以奋斗者为本"，不仅体现在每次灾难和危机事件发生时。由于华为人大面积地英勇向前,逆向而行,每次都涌现出许多可歌可泣的英雄事迹,产生了一批火线干部,也让华为客户深深感动。"以奋斗者为本"也体现在日常工作中,大量优秀而能干的员工,不畏艰险和辛劳,兢兢业业地为客户、为公司创造价值。任正非认为,对企业,不能"以人为本",必须"以奋斗者为本"。对于奋斗者,就是要正大光明地进行表彰和嘉奖,不要让雷锋吃亏,不要让平凡的英雄流血、流汗还流泪。

任正非曾说:"我们没有任何背景,也没有任何资源,我们除了拥有自己,其实一无所有。"客户是华为的衣食父母,只有帮助他们实现商业成功,才能让他们从利润中掏出一部分钱来购买我们的设备和服务。

因此,当内部有人说:"为客户服务是华为存在的重要理由。"他大声反对,并亲自纠正道:"为客户服务是华为存在的唯一理由。"当客户不认可华为时,华为的生存危机就要来临了。

这种危机感,随着华为的成长壮大,不但在任正非的心中没有丝毫削弱,反而日渐强烈。他曾经反复说过:"失败这一天一定会到来,大家要准备迎接,这是我从不动摇的看法,这是历史规律。""什么叫成功?是像日本那些企业一样,经九死一生还能好好地活着,这才是真正的成功。华为没有成功,只是在成长。"

怎么才能推迟或防止华为危机的到来?任正非认为,只有坚持"以客户为中心",坚持为客户创造价值,与他们荣辱与共,协助客户实现商业成功;另外,要以"奋斗者为本",善待为客户创造价值的奋斗者,倡导、引领全体员工为客户的成功而奋斗。只有坚持这样的价值观,华为才能尽可能推迟失败和死亡时间点的到来。

第八章
企业闭环战略管理的关键因素

8.1 华为认为战略管理应成为各级管理者的核心能力

在长期的授课或提供咨询服务的过程中，经常有学员和企业家们存在这样的疑问："何种层级的主管，才需要掌握战略管理方法，具备战略管理能力？"根据多年在华为工作和执行战略管理的经验，我得出了这样的结论："只要是企业的管理者，不管哪个层次，只要实际行使着管理职能，那么就要具备一定的战略管理，或者说工作规划和执行管理的能力。"

企业的各级管理者，都需要具备很强的主观能动性，熟知企业的战略或工作策略，能够因地制宜根据公司整体战略独立进行工作规划和实施落地。这其实就是战略管理或工作规划基本能力的一种体现。

企业的各级管理者，不管是哪个层级，如果不能根据公司或部门的愿景、使命，有针对性地制订自己所属部门的计划、措施，无法为实现这些计划和措施进行实际排兵布阵和绩效安排，也不能对实施过程进行实际管理、监控和改进的，就不是一个合格的管理者。如果各事业部、各职能部门，甚至是基层团队的主管，不能带领自己的团队自主思考，无法有效承接、解码和实施上级分派的战略性目标，又何谈整个组织的愿景实现和战略达成。

8.2 过去的成功不是华为未来的可靠向导

"过去的成功，不是未来的可靠向导"，华为要消除思想上的教条主义,这些话任正非曾经对华为的上下各个层级在各种场合讲过。

任正非最早讲这句话,应该是在2011年初的华为年度市场大会上。他说:"**华为公司过去的成功,能不能代表未来的成功?不见得。成功不是未来前进的可靠向导。成功也有可能导致我们经验主义,导致我们步入陷阱。历史上有很多成功的公司步入陷阱的,例子很多。时间、空间、管理者的状态都在不断变化,我们不可能刻舟求剑,所以成功是不可能复制的。**能不能成功,在于我们要掌握、应用我们的文化和经验,并灵活地去实践,这并不是一件容易的事情。它熬干了多少人的血液和灵魂,多少优秀人才为此付出了多么大的生命代价,不然人类社会怎么会演变到今天。

"我们要借鉴它(成功)的思维方式,而不是它的工作方法。不是说原来怎么做的, 我就怎么做,然后沿着这条路走下去就行了。我们现在很多员工在思想上是比较惰怠的,没有积极思维的。没有认真去研究如何简化它的工作,提高贡献能力。"

任正非这样说,是要让华为内部加强自我批评和批判的力度,不要骄傲自满,要以更谨慎的心态来对待公司未来的事业。

华为过去的成功,还有行业标杆的成功,都可能不是未来的可靠向导。华为不能再像以前一样,采用跟随和对标的战略手法,不能犯教条主义的错误。要想做领导者,要想独立面对"战略无人区"长期存在的未来,华为在整体上就必须习惯自我思考,特别是在中高层这一级别的主管。在组织氛围上,也要能够容许一定的试错,要更宽容和包容。

虽然在历史上,华为是在原汁原味地引进西方公司先进的管理体系,但在真正搞懂了之后,又不会局限于简单复制西方公司走过的道路,而是遵循"先僵化,再固化,后优化"的方针。所以,这就是华为管理上重要的优势和特点。僵化和优化是手段,而固化才是目的。

一切战略和战术手段,都是为了发展和壮大华为自身。只有强者才敢自我批判,而强者通过自我批判才得以变得更强。成为领导者,不意味着要成为先烈,而要成为先驱,为整个产业界开路,否则对华为来讲,就失去了意义。

关于这点,无数的行业标杆,就因为以老大自居,抱残守缺,最后快速死亡。在这里面，北电、朗讯、摩托罗拉和诺基亚，都是活生生的例子。

现在我们一说起手机，想到的品牌自然是苹果、华为、OPPO、vivo等，但是时间拨回到十几年前，诺基亚、摩托罗拉等公司则是手机行业当之无愧的霸主。尤其是诺基亚，从20世纪90年代末期以来，它连续十几年保持全球手机销量第一。

诺基亚公司是一家从事移动通信设备生产和相关服务的跨国公司，1998年，诺基亚第一亿部手机诞生，一举超越摩托罗拉，全球手机市场占有率第一。如日中天之际，其贡献了芬兰全国经济和经济出口的20%，2000年左右市值高达2500亿美元，它在全球手机市场占有率最高时超过30%，那时全球最畅销手机排名榜中，前十款中有七款是诺基亚的。

然而，过去的成功不是未来的可靠向导！诺基亚，作为全球手机行业中毫无争议的霸主，面对着智能手机和移动互联网时代的快速来临，面临着苹果划时代产品iPhone的诞生，被打得措手不及，惊慌失措，进退失据，应对得毫无章法。今天回过头来分析，我们应该看到，是多种原因导致了诺基亚、摩托罗拉和黑莓等手机品牌厂商的衰落。但其失败的共同原因，均是墨守成规，坚守从前的成功经验，再加上以工业制造为主的硬件文化、僵化的战略决策管理体制、故步自封的老大心态、低劣的战略决策，导致其短短几年、就迅速消亡，被其他企业收购。

大公司的固有毛病也间接造成了诺基亚的衰落。诺基亚内部各种组织非常强大，部门的专业化、细分化有人负责，但没有人在危机出现时去全面洞察宏观形势变化和行业的整体价值变迁，进而对公司整体战略进行调整和检讨。在面临外界环境或行业的剧烈变化时，工业时代的诺基亚各部门却仍然以自我为中心，陷于细节改良，却难以进行颠覆性的跳跃改革。最终，过去的成功成为将来成功的障碍！

企业核心竞争力，来源于对客户、竞争对手和自身能力的深刻洞察。小公司的危机心态才能让企业如履薄冰，不断自我检讨，让组织时刻充满活力，快速反应客户需求。在这方面，大公司确实应该向小公司学习，大象应该也能、也要善于跳舞。

总结诺基亚、摩托罗拉、北电等巨头由盛转衰的历史，我们可知："过去的成功，不是未来的可靠向导！"

任正非总结道：我们永远要具有自我批判精神，因为只有"惶者"才能生存，只有不断保持危机感的公司，才能够生存下来。

8.3 "活得久，活得长"，华为战略管理的唯一目标

一般来讲，**构筑核心竞争力的时间跨度越长，资本投资和精力花费越大，如果方向和措施得当的话，竞争壁垒则越难于打破，持续超额盈利的能力就越长**。"夫君子之所取者远，则必有所待；所就者大，则必有所忍"，高楼大厦要想建得高、立得稳，地基就要打得深。华为曾做过一个统计，一个基本技术和产品，从概念或定义提出开始到能够产生盈利，时间是8—10年。

在长期战略与短期盈利间进行取舍和平衡，这需要企业的领导者和管理层有强大而深邃的洞察力，通过战略和道路抉择和坚定有效的执行，构筑自己的核心竞争力。例如电商领域的刘强东和马云是较为典型的代表，表面上看，二者所采用的战略规划不一样，但从战略管理层面上看，却是殊途同归的。

刘强东的京东走的是亚马逊式的重资产发展道路，长期坚持商品低毛利定价，积极扩张新品类，自建仓储物流及快递团队，专注云计算、流媒体内容与智能硬件的开发，把资金和精力集中在这些有利于京东认为适合企业长远发展的新项目上，而不惜牺牲短期利润。而马云领导的阿里巴巴，认准的是重人才、重技术、重生态建设、轻资产的科技道路，同样是着眼于长期竞争力，不惜牺牲短期利润，投巨资于研发，筹建达摩研究院，打造阿里云计算平台、金融和物流大数据。两者通过完整而闭环的战略规划、解码、计划和执行，实现了对自己阶段性战略目标的追求。

世上没有两片相同的树叶，每个成功的企业都是独特、不可复制的。

有趣的是，利用SDBE领先模型来进行分析，华为、京东、阿里巴巴、腾讯各类卓越企业的战略抉择和道路选择不一样，但战略追求在某种程度上却有高度一致性，即不赚快钱，而是把企业的终极目标都瞄准为企业的长治久安，即如何让企业具备长期的、独特的竞争力，从而让企业在较长的时期内能够活下去，又能活得好。

在2016年的全国科技创新大会上，华为创始人任正非做了题为《以创新为核心竞争力，为祖国百年科技振兴而奋斗》的演讲报告。任正非表示，在大的机会面前，要耐得住寂寞，板凳不仅仅要坐十年冷，有些人，一生寂寞。任正非在不同的场合也曾多次表示："我们坚持在大机会时代，拒绝机会主义的方针。坚持战略竞争力量不应消耗在非战略机会点上的方针。"

任正非曾说："二十多年来抵制诱惑，是华为最大的困难。"华为这么大的队伍及力量，随便攻击一个目标，很容易获得成功，从而诱使管理者急功近利，分散攻击的目标。任正非曾经说："怎么使我们的高级干部主动抵制偏离主航道的利益诱惑呢？就是要树立公司的远大目标，树立成为世界产业领导者的宏伟目标，以实现公司远大目标作为高级干部的个人目标，而不把个人的名誉、出人头地，以及个人的权力和利益看得很重。聚焦主航道，就是聚焦大方向，聚焦公司的远大目标。"

2000年4月8日第102期《华为人报》上面发表了任正非当年与世界著名合益咨询公司的高级顾问的谈话纪要，任正非说："对华为公司来讲，长期要研究的是如何活下去，寻找我们活下去的理由和活下去的价值。活下去的基础是不断提高核心竞争力，而提高企业竞争力的必然结果是利润的获得，以及企业的发展壮大。这是一个闭合循环。"

任正非进一步阐述："对个人来讲，我没有远大的理想，我思考的是这两三年要干什么，如何干，才能活下去。我非常重视近期的管理进步，而不是远期的战略目标。活下去，永远是硬道理。近期的管理进步，必须有一个长远的目标方向，这就是核心竞争力的提升。公司长远的发展方向是网络设备供应商，这是公司核心竞争力的重要体现。有了这个导向，我们抓近期的管理就不会迷失方向。朝着这个方向发展，我们的近期发展和远期发展就不会产生矛盾，我们的核心竞争力就会得到升华，我们也就有生存的理由和生存的价值。"

在华为的发展历程当中，在其历次的战略制定与调整当中，**活下去是华为始终坚持的最高目标，但它同时也是华为战略目标的最低标准。**因为，只有活下去，企业才有机会寻求更好的发展。如果企业连活着都成为问题，那么所谓的发展都是空谈。任正非始终把活下去作为华为经营的最高和最低标准，这反映了他复杂、矛盾而又统一的企业管理哲学和战略思考。

8.4 重视主官作用，用超强的执行力保障战略目标的实现

在中国企业界，有两个企业非常有特点。虽然外界看起来，风格迥异，但是细究起来，却非常相似。那就是华为与阿里巴巴，同为数字经济时代的企业代表，一个代表的是实体经济，一个代表的是虚拟经济。

而且两者都以战略设计和执行力见长，重视价值观建设，狼性扩张力很足。只要被这两个企业盯上，其他企业基本上很难与之竞争。

华为推崇"狼文化"，有严格的绩效考核制度。对于绩效不达标的主管，严格淘汰下岗，对于绩效严重不合格又无法改进的员工进行末位淘汰，所以华为的运营效率很高。任正非曾经说过，华为是典型的"三高"——高工资、高压力、高绩效。这种高压态势，让华为始终充满着一种张力。

除了这个特点之外，华为的组织绩效管理，我们认为还有如下几个与其他公司差别很大的突出特征：

第一，组织绩效与战略目标的高度匹配，追求中长期竞争力的形成，尤其追求"打胜仗"的组织能力；

第二，组织在运作上充分体现业务设计，最后要求形成以流程来进行能力固化，即不把组织能力的构建放在个人身上，而是放在组织上、流程上；

第三，高度重视主官参与，主官必须对组织结果负责。通过对主官无比严苛的要求，来打造坚不可摧的组织战斗力。

这里面尤其关键的是第三条。第一条和第二条很多公司也做得不错，但第三条则是华为组织绩效管理的关键，它对于打造无往不胜的战斗力至关重要。

大部分公司，各级主管把个人的东西算得清清楚楚，上面担子轻轻的，压力全在下级，各级主管相对缺乏责任和压力，这种组织怎么可能有战斗力。

任正非治下的华为，无比重视主官的作用。在华为，主官与主管天然不同。主官肯定是主管，但主管不一定是主官。在任正非心目中，主官就是各个业务部门的一把手，他首要的职责就是带兵打仗，打胜仗。他必须能在组织最困难的时刻上前线，"首战用我，用我必胜"，主官必须有强烈的求胜欲望与坚如磐石的信念。

华为的主官基本上不是天天待在办公室搞管理，而是常年奋战在前线，对外要主动识别战机，对内还要能识别影响战斗力的核心问题，采取措施改进。

什么样的组织才能攻无不克，战无不胜？在任正非的眼里，这样的组织必须有合格的主官。"兵熊熊一个，将熊熊一窝"，主官必须是上过一线，带过队伍，开过枪，放过炮的；他还要有战略洞察力，有勇有谋，敢于胜利，勇于胜利；主官还要敢于决策，勇于担责，在黑茫茫一片中杀出一条血路来。

任正非多次在公司内部要求干部和骨干观看《亮剑》，并要求写观后感。因为在他的心目中，理想的主官就是李云龙。当部队遇到无法克服的困难时，当队伍遭遇看似无法战胜的强大对手时，作为主将，必须带领队伍嗷嗷叫地勇敢去面对。

在任正非心目中，余承东、李杰式的干部，才是华为真正合格的主官。正如《亮剑》中所展现的"亮剑"精神，面对强大的对手，即使对方是天下第一剑，明知不敌，也要毅然亮剑。即使倒下，也要成为一座山，一道岭！失败并不可怕，最可怕的是你连面对的勇气都没有。

任正非坚持从成功实践中选拔干部，打造富有高度使命感与责任感，具备战略洞察能力与决断力、战役的管控能力，崇尚战斗意志、自我牺牲和求真务实精神的干部队伍。在他的带领下，华为敢于选拔优秀的低级别员工，也敢于淘汰不作为的高职级的主官。任正非在内部甚至发文要求，如果找不到合适的主官，有些困难的、有挑战的新业务，宁愿先不开展。

千军易得，一将难求。铁血的队伍，是由铁血的主将带领有血性的队伍，用一个又一个胜利铸就的。主官要带领整个组织，要让胜利成为组织的一种信念、一种执念："除了胜利，我们无路可走！"

这才是华为超强组织执行力的真正秘诀。

8.5 华为战略成功的关键：方向大致正确，组织充满活力

任正非在2017年华为公司上海战略研讨会上提出了华为公司未来发展的基本逻辑：方向要大致正确，组织必须充满活力。任正非还提出华为要主动推动网络简化，减少自己的既有优势积累，构建更大的新优势；要坚持有所为，有所不为，聚焦在战略机会点，构建持续领先的优势。

战略管理 ＝ 战略制定 ＋ 战略解码 ＋ 战略执行

| 拒绝完美主义 | 坚定而有力地执行 | 拒绝刻板，拒绝僵化 |
| 方向大致正确 | 战略定力是关键 | 组织充满活力 |

华为战略成功的关键

任何一个有抱负的公司，一旦度过了企业的幼稚期，摆脱了生存危机，就会有更高的追求。在愿景、使命实现过程中，没有方向、没有标杆不可行，发展方向朝令夕改、时时转向肯定也不行；但时时、事事要求方向绝对正确，也是完全不切实际的。

如果行业中存在着既定的标杆和龙头，企业确定发展方向自然不太困难，学习、模仿、借鉴为不二法门。但企业的发展一旦进入未知领域，或者深入无人区，在茫茫的企业发展道路上，为了摆脱不确定性，寻找合适的发展方向和道路，制定合适的战略，领导者或者管理层需要如履薄冰，如临深渊，做艰难抉择，甚至下赌注。所以任正非在华为极其反对盲目创新，尤其反对管理上的盲目创新。

阿里巴巴的CEO张勇说过："大部分今天看来成功的所谓战略决策常常伴随着偶然的被动选择，只不过是决策者、执行者的奋勇向前罢了！其实回头来看，我们很多正确的选择都是偶然做出的。"回看华为，以及其他成功的企业的发展历程，我们可以看到它们在战略方向的确定上大体如此。

什么叫方向大致正确？就是管理者要带领整个组织和团队，沿着公司确定的发展主航道走，不要偏离。一切优秀的企业家，都是专注于自己的战略抉择，充满着战略自信和战略耐性。普通人因为看见而相信，而卓越的企业家和管理者因为相信而看见。而这个主航道，就是管理层经过认真分析确认的主要方向。任正非对主航道曾经做过论述，他认为别人难以替代，又可以大量拷贝使用的就叫主航道。他说："在主航道，我们要做战略上不可替代的事情，否则就是在枝末上发展。战略不可替代，不能仅以技术为方向，也可能包括以商业模式等作为行业领先的结构。只要可替代、拼得你死我活的东西，就不是公司的战略方向。"

那什么是组织充满活力呢？任正非在与内部交流时说："做事业就像舞龙，龙头要抬起来，这就是方向，大致要正确；更重要的是随后龙身子要舞动起来，要有力，整个龙才能舞起来、活起来。"

企业要想基业长青，就要具备很多成功的要素。很多战略理论家，在事后分析企业失败，多把原因归结为战略选择的失败。固然，很多企业的

第八章 企业闭环战略管理的关键因素

失败,首先是战略失败,不断地战略选择错误,导致在竞争中被淘汰。但更多企业走向灭亡,其更深层次的原因,是企业组织活力的丧失,或者说是企业中的一个个鲜活个体的活力丧失。

如何让一定规模的组织,在企业持续发展的过程中,历史越来越长,但始终像初创企业一样保持活力?人无法做到,但组织可以做到,因为组织的活力,是由每个组成组织的个人的活力组成。人的活力,包括个体的进取心、自我变革、决断等等。组织的活力,体现在可以持续不断地贴近最终用户,持续不断地问自己问题出在哪里,不能固执己见,要听得见批评。当一个企业的高层离客户越来越远,更喜欢复制过去的成功经验,沉浸于舒适区的时候,特别是领导层,那么就会在技术或商业革命到来时发生误判,形成大企业病。所以公司会通过激励、流动、学习发展、调整组织等变革,防止板结,激活组织。

组织要想充满活力,就要防止组织板结,人员僵化,防止因循守旧。任正非2018年曾在HR体系某次讲话中表示,下一步人力资源的改革,欢迎懂业务的人员上来,因为人力资源如果不懂业务,就不会识别哪些是优秀干部,也不会判断谁好谁坏,就只会通过增加流程节点来追求完美,挑啊挑,可结果挑来的人却不会打仗。**我们要的是战士,而不是完美的苍蝇**。

有缺点的战士终是战士,而完美的苍蝇究竟是苍蝇。华为为了保持组织的活力,提拔任命的很多冲在业务第一线的中高层主管都非常年轻。任正非在内部一个谈话时曾经说过:"我希望大家不要努力去做完人,一个人把自己一生的主要精力用于去改造缺点,等你改造完了对人类还有什么贡献呢?我们所有的辛苦努力,不能对客户产生价值就毫无意义。从这个角度来说,希望大家能够重视自己的优点。"他提拔的很多关键主管,如消费者业务的主将余承东,还有中国区总裁鲁勇等人,年轻气盛,血气方刚,表面看起来不着调,缺点很多,但绝不鲁莽,决策果断,冲劲十足,行动迅猛。

对客户和业务规模逐步扩大、产品和服务种类逐渐增加、容易犯官僚主义问题的大公司来说,有组织活力就意味着能够立刻行动,肯打,能打。很多时候,企业的快速发展和业务成功,不是靠领导们在家里舒舒服服吹着空调，坐而论道规划出来的，而是在有冲劲的主管们的带领下，与"嗷嗷叫"的敬业员工们一道，拼刺刀杀出一条血路来的。

一个组织有没有效率，关键是看这个组织有没有活力，有没有士气，就像两军对垒之际，将士的士气很重要。在谁都看不清方向的时候，在诸多头绪都理不出来的时候，在市场竞争高度饱和之际，幻想着所谓谋略能解决一切问题，这本身可能就是谬误。舒服的、不存在竞争的蓝海从来是不存在的。"蓝海"这个概念从本质上是伪命题，幻想同行或竞争对手是傻瓜，出发点就是错误的。不惧怕红海，不惧怕竞争，闻战起舞，狭路相逢勇者胜，这才是企业间竞争的常态。

企业的成功，从来不是在纸面上写成，而是在奋斗的钢铁洪流中铸就的。

第九章

总结篇：战略是关键要素的深刻管理

任何企业，其战略和经营管理的本质，是把公司内部各种要素进行有效组合，以更低成本、更高效率满足客户的需求，或解决客户的痛点，通过给客户创造价值，获取利润，以遵循商业逻辑完成整个商业过程。

华为在其三十余年的发展过程中，较好地综合和协调了各种要素，面向客户形成合力，打造出华为无比强大的竞争力，把组织产出和运营效率维持在很高的水平。

如前所述，企业战略规划和执行的过程，实际上就是企业具体经营管理的过程。我们列举华为在战略规划及执行管理上做得相对比较好的地方，供大家参考。

9.1 实现企业内部各种利益的合理分配

任正非曾经说："华为是一个功利集团，我们的一切都是围绕商业利益的。"他曾表示，华为发展到今天，自己没做什么实质性的贡献，如果一定要说有什么贡献的话，就是华为在分钱的问题上，自己没有犯大的错误。

在任正非看来，企业的核心竞争力不是人才，而是"对人才管理的能力"，换言之是对各类人才的发现、获取、培养、任用、选拔和保有的综合管理能力。因此，表面上看，企业持续发展的动力是人才，但背后是企业整体的一套管理和激励机制在起作用。一个好的利益分配机制，能够作为一个好的指挥棒，很好地激励企业管理者人尽其才、人尽其用，这样才

第九章　总结篇：战略是关键要素的深刻管理

能为企业提供持续发展的动力。

四通集团段永基在造访华为时，曾问任正非有多少股权，任正非回答："我占的股份微乎其微，不足1%。高层加起来3%吧。"段永基诧异地问："那你有没有考虑到，你们只占3%的股份，有一天别人可能联合起来把你们推翻，将你赶走？"任正非回答："如果他们能够联合起来把我赶走，我认为这恰恰是企业成熟的表现。如果有一天他们不需要我了，联合起来推翻我，我认为是好事。"这是任正非真实的心声。

华为作为深圳早期实行全员持股的试点企业之一，经政府特批，可以实行全员持股。这个制度普惠了为华为做出贡献的骨干员工。任正非持续地在降低包括他本人在内的最高管理层的股份比例，到2021年为止，他已经把自己在华为的股份比例降低到不足1%。他回忆华为发展的艰苦历程，曾感慨地说："我的不自私是从父母身上学到的，华为之所以这么成功，与我的不自私有一点关系。"

华为通过使用固定薪酬、绩效奖金、项目奖金、福利津贴等短期即时激励，基于TUP机制①的3—5年中期激励机制，基于虚拟股票分红的长期激励机制，以及内部的各种满足人才对职业发展、特长发挥、理想追求的综合物质和精神激励机制，把近20万华为高知识、高素质员工紧紧地组织在一起，他们通过华为这个以流程高效运转为特点的管理平台，为实现企业愿景而努力奋斗。

与很多企业家不同，虽然华为很讲究文化和价值观的建设，但华为更重视对员工的合理评价，并且基于评价来进行利益分配。任正非认为，员工来华为工作，根本原因是提高自身的生活水平，赚更多的钱，改变自己和家庭的命运。华为应以企业整体财富增长作为对员工的激励点，告诉所有主管和员工，只要多拼搏，多付出，多为客户创造价值，为公司赚钱，就会得到相应对等的机会和钱财，从而激发所有员工的潜能，形成拼搏竞

---

① TUP全称为Time Unit Plan，意为时间单位计划。TUP机制即现金奖励型的递延分配计划，属于中长期激励模式的一种，类似于分期付款，先给你一个获取收益的权利，但收益需要在未来N年内逐步兑现。

争的机制。

外界普遍认为任正非格局很高，胸怀很广，充满着理想主义色彩。但是，任正非最看重的就是利益分配，说白了就是怎么"分好钱"。他说在华为有两件事最重要、最关键，第一是去找能人，用能人；第二就是给大家找位子，分钱。因此，针对利益分配，他有很多别具一格的精彩表述，在传统的认知里，它们几乎是惊世骇俗的。

例如，任正非说，跑到最前面的人，就要给他"二两大烟土"，就是要给带动大家一起干活的"火车头"加满油，要重点激励领头的。他为华为重点人才团队拟定的口号是：升官发财，请来战略预备队。他说，没有企图心，什么都干不成！那什么是企图心？就是让基层员工有对奖金的渴望、对股票的渴望、对晋级的渴望、对成功的渴望。

他鼓励公司所有人，不要跑到社会上制造舆论，而要多工作，多赚钱。男人要爱老婆，要爱家，那怎么是爱老婆？赚了钱给老婆花，多到可以去奢侈品商店买包包，她高兴了就支持你的工作，让你赚更多钱。而他自己，更是在华为创立初期，经常为员工描绘一幅美妙的场景，你们以后一定要买三室一厅或四室一厅的房子，最重要的是要有阳台，而且阳台一定要大一点，因为我们华为将来会分很多钱。钱多了装麻袋里面，塞在床底下容易返潮，要拿出来晒晒太阳，这就需要一个大一点的阳台。

出生与成长在中华人民共和国成立前后的任正非，非常欣赏与敬重邓小平。四十多年前邓小平启动的改革开放浪潮，让中国规模如此巨大的国度，发生脱胎巨变，本质上正源于邓公对人性，特别是对利益机制的释放与呼唤。他在坚持以精神和理想为导向的同时，加入了物质利益激励这个因素，完善了制度设计，让精神和物质两个轮子给中国的发展提供驱动力。

在纷飞的教条和迷信之中，邓小平强调要实事求是，致力于解开人们身上的束缚。他强调贫穷不是社会主义。一定要让人民吃饱肚子，过上好日子，才能显示出社会主义的优越性。他不向官员和广大人民讲大道理，不讲空洞理念，而是用大白话号召大家追求物质生活，号召大家要富起来，让先富的人群带动后富的人群，最后实现共同富裕。

第九章　总结篇：战略是关键要素的深刻管理

任正非正是向邓小平学习，始终坚持一个观点，现代社会没人是傻子，特别是华为这种以高知识、高素质员工为主体的企业，如果不能正确评价员工的贡献，不把利益分配解决好，企业是做不好的。企业仅靠文化和价值观，一时可以，长期是无法持续的。因为如果一个雷锋吃了亏，更多的雷锋是无法涌现的。不能让一个贡献者流血流汗还流泪，这对企业长期是不利的。

在改革开放初期创业的任正非，他在开放前沿深圳所创立的华为，成功集结了大量高素质人才。这些人才基本都是出身于贫穷或普通家庭，一穷二白、无依无靠，穷则变，变则通，通则久，在宏大的愿景下，出于对富足与美好的热望，"力出一孔，利出一孔"，始终瞄准有超额利润的高科技行业。

华为这近二十万科技大军对财富利益的竞逐，是何等澎湃壮阔！

9.2　实现对人性的深刻洞察和有效调动

所有的企业家，或者说所有组织的创建者和管理者，都是人性管理大师。

所有人类组织，都是由微观上一个个具体的人组成的，企业所有的经营结果，最终要通过全体主管和员工的协作来取得。人不是机器，都摆脱不了人作为高级生物的情感、情绪的影响，也就是说"对人性的有效管理"将在最终决定人类组织的管理水平。企业如此，军队、政府、大学、公益组织等等，所有人类组织无不如此。

任正非作为华为的创始人，无疑是人性的洞察和管理大师。

曾经有一个段子，说华为最高管理层曾经在一次内部民主生活会中，让大家进行内部相互评价。轮到评价任正非时，问高管们，任总是否擅长技术和研发？没人举手，因为正是他，当年做出了CDMA（利用不同的码序列分割成不同信道的多址技术）和PHS（个人手持电话系统）两大战略技术的错误判断，至少是阶段判断错误。问任总是否擅长做销售项目？没人举手，因为无数次因为任总性格过于直爽，纵横率性，在拜访中无意间得罪了客户，对销售项目产生了不利影响。问任总是否懂管理？一片鸦雀无声。最后，终于有一个举手，却是任正非自己。

任正非对外始终表示，说他不懂技术，不懂销售，其实也不太懂管理，那任正非究竟如何看待自己呢？**他的自我评价是："我什么都不懂，我就懂一桶'糨糊'，将这种'糨糊'倒在华为人身上，将十几万人粘在一起，朝着一个大的方向拼死命地努力。"** 这个"糨糊"，其实就是任正非基于对人性的深刻洞察，创造性地把文化、价值观等精神因素以及职业发展、利益报酬等物质因素结合起来。

华为成功地把精神和物质两个因素结合为"糨糊"，通过流程性的管理体系，把所有华为员工高效组织在一起，为既定客户创造超额价值，进而为企业创造超额利润，最终打造了自己独特的、长期持久的核心竞争力。

华为所实行的全员持股计划和长期激励机制，非常有特点，为外界所瞩目，很多专家和学者经过分析，认为这是真正的有社会主义特色的分配机制。以前只有在职的、愿意奋斗的员工才能拥有股票，一旦离职，公司就会启动股票回购。华为主管和员工，在公司待的时间越长，职级越高，从股票分红上的收入就会越高，内部戏称拥有股票的主管和员工，基本就是躺赢。

但是华为主管和骨干最大的感受却不一样，特别是早年的华为主管们。华为从成立以来，给员工开的薪酬确实很高，因为主要竞争对手的薪酬都比较高，如果不开这样的薪酬，基本招不来优秀的人才。但是，华为主管和员工们发现，工资和奖金才发下来，公司紧接着就要求大家买股票。大家掐指一算，留够日常家用的钱，基本上所有的钱都要上交给公司买股票。对于刚进公司的新员工，或者新上岗的主管，手里的钱还不够，需要去借钱，而且华为公司还很贴心地给大家提供银行等正式融资渠道。

当然，是否买公司所分配的股票，完全是员工自愿行为。买，手里钱可能不够，要去借，而且可能有一定风险，谁能保证公司一定会赚钱。不买，一是可能会被公司和主管认为对公司信心不足，二是万一公司赚钱，我没买，不是亏大了吗？大家都是左右为难。最后的结果是，绝大多数人还是决定购买公司的股票，与公司同呼吸共命运。

极少数当年决定不买公司股票的人，很多都后悔，特别是一些主管，因为相比其他主管，收入上严重缩水，而且在公司发展受限。因为，不买公司分配的股票，本质上是不认同、不相信公司的长期发展前景，公司又怎么能信任你，怎么能够给你更高的岗位，让你去承担更大的职责呢？

我们一些华为离职的主管，曾经私下喝茶讨论过这个问题。大家认真一讨论、思索，发现还是任总高明，员工永远玩不过老板。做个不恰当的类比，任正非通过全员持股这种形式，相当于他当赌场的大庄家，每年都开出盘口，给予主管和员工一定的股票购买权限。而且，要进赌场玩这个游戏，你还得要有资格，就是要在华为工作一定年限、达到一定绩效标准并签订奋斗者协议才有资格。是否愿意玩，玩多大，都取决于你自己，买定离手，愿赌服输。但是员工一旦选定跟进，就要全心全意跟着任正非这个大庄家，一致对外，去争取在游戏中获胜。

从这个角度上看，不管主管和员工怎么选择，以任正非为首的华为最高管理层，作为庄家，都是稳赚不赔的。任正非作为企业最高管理者，他设计出一整套体系，有效防范组织的腐化与贪婪，却又成功地通过利益分配和精神塑造，让近二十万员工保持着火热的激情、欲望与奋斗精神，保持着激扬的战斗力与创造力。

基于人性追求的马斯洛分层分级理论，任正非治下的华为一直强调对员工要进行分层分级的差异化管理。基层员工要有责任感，因为他们对物质安全最为看重，要强调打工意识，换取安全保障；中层主管要有危机感，要让他们时刻警惕，带好团队，做出绩效，否则将不进则退；高层主管，由于已经基本实现了物质安全或者财富自由，因此要有使命感，要引领大家向愿景奋斗。

这里面，实际上就是任正非对人性最深层次的洞察和反馈。真正的企业家或者组织管理者，都是人性大师，能理解人性的多层性、丰富性和矛盾性。他能够针对人性对组织进行顶层设计的同时，又能把总动机、动能统一起来，朝着具体的愿景和目标前进，这样打造的组织将无往不利。

所谓天下熙熙，皆为利来；天下攘攘，皆为利往。名利二字，正是人性的集中体现。正是从这个角度上看，一个对人性不具备一定洞察能力的人，一个不会针对人性进行制度流程建设的人，是不可能成为一个好的管理者的。

企业管理者，一定要能洞悉人性深层永恒的名利冲动，明白唯有通过制度的设计和精准的执行，满足这种基础性的名利冲动，才能调动出持续的积极性，将个人追名逐利的动力与组织的发展高度统一起来。

历史只不过在不断重复，天下没有新鲜事，人性永远不变，因此组织管理的大道都是相通的。成功的政治家或企业家，他们无不是通过唤醒、激发与满足人们对于财富、声望、权力、价值感与成就感的渴望，无不是通过对人性的发现、解放与引导，再加上其他的一些组织和管理手段，打造攻无不克、战无不胜的组织，以实现组织共同的愿景和追求。

9.3 注重经营，实现长远和当期的平衡

伟大的企业，或者卓越的企业，一般起于微末，找到正确的行业和客户，积聚相当规模的人才，采用正确的办法，一步步做起来。卓越背后，是努力，是苦难。

任何企业的经营，如同人生，注定是长跑。很多优秀企业，或如流星一般滑过天际，或如昙花一夜灿烂后谢幕。它们失败的原因可能有很多，但最根本的，一般都是没有做好长远与当期的平衡。

一个企业，只讲愿景和使命，整天忙于战略的构想，其结局就会像中国商业史上的南德集团。南德的领导人牟其中，其人以300元人民币起家，获取第一桶金之后，就整天忙于宏大的战略设计，如飞机易货、卫星发射、开发满洲里等，而忽视企业的具体经营。最后他本人以商业诈骗罪入狱，南德作为一个企业，生命戛然而止。

当然，更多的中小企业，起于微末，每天忙碌于具体的事务处理，利润微薄，不具备抗风险的能力，挣扎在生死存亡的边缘。这些企业的拥有者，或因为所处环境，或因为所处行业，总之没办法或没途径登高望远，无法给企业制定更宏大的愿景和追求目标。

第九章　总结篇：战略是关键要素的深刻管理

愿景决定思路，思路决定行动，行动决定结果。华为当年凭两万多元起步，通过通信设备代理起家，最后发展成为近二十万人的大型企业，达到近万亿的营收规模。同期与任正非一起卖货的同行老板，大都结果也不错，但一般止步于深圳两三套别墅的身家。

企业的起点大致相同，结局却大不一样，这里面就包含着很多有意思的哲理。有人说，一个企业的天花板，或者成长的极限，决定于企业创始人的格局和胸怀。这个固然对，但是创始人光有格局和胸怀，企业就能做强做大吗？

华为在通信业务的巨大发展，结束了通信行业的"七国八制"，这个历程与历史上的秦国统一六国的进程非常相似。任正非对于历史上的商鞅变法也非常感兴趣，对商鞅本人也极为感兴趣。2009年，根据孙皓晖同名小说改编的电视剧《大秦帝国》也正式开播，好评如潮。任正非曾数次向华为人推荐这部电视剧，并专门把孙皓晖请到深圳，给华为高管层做了会谈。并且让孙皓晖本人，给高管和普通员工分别做了题为《大秦帝国对现代企业的历史启示》的重磅讲座，反响非常好。

《大秦帝国》以商鞅变法为起点，描画了秦国几代雄主能臣以东出为念，以天下为志，殚精竭虑，奋发图强的故事。它是一个国家由弱到强的创业史，也是几代人持续接力的奋斗史，凝聚了无数人的心血。秦国历代君臣的理想是宏大的，但是在执行层面，却是非常务实的，具体就是通过"耕"与"战"，一步步在使自己变强的同时，不停地削弱对手，最终实现了一统中原的伟大霸业。

既理想又务实，这是任何伟大人物或者伟大组织的共同特点。正如中国共产党的成功，是基于西方舶来的马列主义与中国现实的结合，也就是中西结合在政治领域的成功。华为在商业领域的成功，亦是如此。华为的成功，本质上也是由于中国人的哲学理念和奋斗精神，与西方的企业管理理念和流程制度的结合。中西合璧，构成了华为的最大特色，所以任正非经常讲，华为是美国的、西式的管理，美国的咨询公司、行业标杆，作为老师教会了华为的一切，包括技术、产品和企业管理。

无论西东，只要是好东西都要学，任正非和其治下的华为，学习力确实惊人。《华为基本法》的起草者之一,人大管理学教授彭剑锋曾说,任正非不是"学习"知识,他简直就是"血洗"知识。你的角度和思想他总能很快掌握,而且马上比你阐述得更为深刻,并且能够立刻通过相关方法,在华为进行具体落地。

这些有益华为发展的东西,构成了任正非所说的一桶"糨糊",一桶集各家之所长的"糨糊"。总之,华为汲取一切有益于自己的营养,努力壮大自己,弥补宏大愿景与经营现状和组织能力之间的差距。

在与2020年金牌员工的座谈会中,他说:"在探索人类历史的过程中,我们会发现每个人都会犯错误,没有错误、完全纯洁的人其实就是'瓷器',一砸就碎,人往往是在与错误斗争的过程中不断前进的。你们被评为了金牌员工,但不要背上金牌员工的包袱,回家把金牌交给家人挂起来,自己忘了,继续往前奋斗。别认为自己和别人不一样,说不定你就是未来的'接班人'。"

他接着说:"我认为,人生应该是一步一步踏踏实实前进的,不要好高骛远,别给自己设定过高的目标,可能努力也达不到,一生都会失败。……大家不要认为自己是接班人,从而背上一个沉重的包袱。放下金牌的包袱,只管努力前进,很多东西就是自然而然的事。"

人生如是,企业亦然。所有企业,就和人一样,既要有远大的追求,更要注重当期的经营结果,两者都不能荒废。不缅怀和伤感过去,不对未来过度担忧或兴奋;而转为专注于当下可以取得的成果,并为未来发展锻炼能力,积聚力量,这才是正确之道。

现在很多企业管理者,就喜欢"做大事",而不屑于"做小事",总是以为做小事就会埋没了企业大志。于是不管企业基础是否打牢,出大手笔,大量会客,签战略合作,融资,开店,兼并,上市等,忙得不亦乐乎,他们认为只有做这些大事才有价值。如果整天为小事而忙碌,便看不出成绩,也就没有成就感了。而管理中的小事是什么?是工作流程的建立与实施,是大大小小具体工作问题的解决,是剪不断理还乱的员工矛盾的解决,是员工点滴情绪的关注与疏导,是事无巨细的新员工培训,是员工吃喝拉撒睡的安排,是企业文化一点一点的宣传和贯彻……

伟大的企业或组织，其伟大的事业，都是在一点一滴中，在不经意的一件件小事上，撒一把土，夯实；再撒一把土，再夯实。一层一层，打牢基础，这样才能成就霸业。

愿景和使命上的"大"与"远"，与经营和执行上的"小"与"实"，思想丰富多彩与行为极致专一，形成一个看似矛盾而实际统一的体系，成就了独一无二的任正非与华为！

9.4 面向客户，打造雷厉风行的高绩效组织

企业的本质是功利性的，是要盈利的。要盈利，相对于竞争对手，就必须更有效率。所以，企业的竞争力，很大程度上取决于企业的效率。

在人类所有的组织形式中，军队的效率和执行力是最高的。军人出身的任正非，非常清楚这一点。他在内部讨论中，经常强调军人无比强大的执行力，军人果断行动迅速的作风，军人战必胜攻必取的战斗力，都是华为需要借鉴的。

如果非要对任正非的思想来源做个比例切分，大致可以说，除了美国咨询公司和行业标杆的影响外，军队思想和理念是第二大来源。他的很多战略战术和组织建设，都是直接借鉴军队的。军事用语，由于其形象化、高度简练，因此在任正非和其他高管的交流中层出不穷，红军、蓝军、将军、主官、山头、士兵、队伍、战壕、炮火、饱和攻击、冲锋、攻城、炸碉堡、手榴弹、指挥部、上甘岭、南泥湾、打粮食……这一切构筑起华为的军营文化，体现华为重视效率和执行的显著特点。

效率从哪里来？来自战略专注，来自战略聚焦。军队的战斗力，来自它自始至终研究的一件事——怎么在战争中打胜仗。中美贸易战战火燃到华为身上以后，任正非接受了一系列中外媒体采访，他多次提及，"**一个人如果专心只做一件事是一定会成功的**"。华为能走到今天，原因无他，就是因为"一根筋，一条路"，十几万人，几十年来只在一个窄窄的面上发力，只对准一个城墙口冲锋，持续压强投入，才有今天的积累。

任正非在华为2013年的新年献词《力出一孔，利出一孔》中就曾提

出:"如果我们能坚持'力出一孔,利出一孔','下一个倒下的就不会是华为'。"

"利出一孔",这个词源于商鞅的思想言论集《商君书》。任正非推崇秦国,推崇商鞅,就是因为秦国历代君臣始终坚持一个战略方向,就是统一中国;坚持一个战略,就是"耕与战"。《商君书》里有两处明确谈到"利出一孔"。在《农战》篇里,有言"民见上利之从一空出也,则作一"。这里的"空"是"孔"的通假字,一空就是一孔,意思是秦国民众看到赏禄只能通过农耕与作战得到,便会专务农、战,不作他想,全国就会随着这个指挥棒行事。《靳令》篇里则有更直接的表述:"利出一空者其国无敌,利出二空者其国半利,利出十空者其国不守。"这里说的是导向太多,就没有效率。

"利出一孔",对商鞅而言,就是从人性出发,以名利(农功、战功)来刺激秦人的饥饿感,给予其改变命运的机会。《商君书》中《算地》一篇说:"民生则计利,死则虑名。名利之所出,不可不审也。……胜敌而草不荒,富强之功可坐而致也。"他采用多种措施,包括移木立信和严刑峻法,建立民众对国家的信任,鼓励所有人"怯于私斗,勇于公战",以此充分地激活了秦国中一个个民众奋勇向上的拼搏之心,最后造就了一个强大的国家。

秦国和商鞅的战略思想核心是"耕与战",而任正非的话语体系也经常围绕"耕"与"战"展开。如果统计一下任正非讲话中的高频词,除了军事作战术语之外,黑土地、挖土豆、养猪、种地、庄稼、磨豆腐、打粮食、土壤肥力,都是他经常提及的词语,这些都不是偶然,反映了他的思想实质。

商鞅的"利出一孔",是通过"耕"与"战"的国策,通过变法把整个秦国变成一座农场和军营,通过"农功与战功",调动所有民众的积极性,逐步建设强大的秦国。任正非通过借鉴秦国的战略,把华为打造成一个聚焦客户需求、为客户创造高价值的企业商业军团。

然而,秦国成功了,商鞅失败了;秦王成功了,秦朝失败了。秦王嬴政在短时间内统一了全中国,但在他死后,秦朝却迅速崩溃了。在任正非

第九章　总结篇：战略是关键要素的深刻管理

看来，商鞅和秦始皇的方向正确，手段却有缺陷。他曾评价："商鞅变法的路子是对的，可惜太激进，变革不能太激进，会人为增加变革的成本。"如果能够做到持续改善，和风细雨，可能效果会更好。

由于历史眼光和性格限制，商鞅和嬴政所建立的体系过于严苛，导致了组织对个体的过度榨取，在超强执行力的建设过程中，却又造成了个体价值与创造力的泯灭，最终反噬其自身，这一点令人深思。当然华为，包括任正非本人，这些年也一直尝试着改变华为过于"刚"的一面，要建立更柔性、更易于年轻人接受的文化，这里就不再详述了。

组织的执行力来自专注，来自"有所为有所不为"的战略取舍，来自压强原则，来自华为历来注重的"针尖战略"。从秦国和商鞅的例子中，任正非汲取到的真正精华便是"令出一孔，力出一孔，利出一孔"的价值导向。"令出一孔"是战略方向的统一，"力出一孔"是战略资源的聚焦，"利出一孔"是绩效结果的保障。而这背后，则反映了任正非对员工人心与人性的深刻洞察。

通过"耕"，聚焦价值客户需求和痛点，做好客户理解和联结；通过"战"，在残酷市场竞争中，打败一个个强大的对手，获取客户的订单，获取盈利。"力出一孔"则要求整个华为只在ICT行业里打粮食，只对准ICT一个科技行业的城墙口冲锋。通过专注与聚焦，做好"耕"与"战"，不断强大自己，因此才能"摸到时代的脚跟"，与美国企业巨头在顶峰拼刺刀。

在一次干部讨论会上，任正非发表了题为《持续提高人均效益，建设高绩效企业文化》的讲话，他说："我们处在一个变革时期，从过去的高速增长、强调规模，转向强调效益的管理变革，以满足客户需求为目标，从而获得持续生存的能力；在这个变革时期中，……要加强干部的教育与管理，加强组织的有效性建设，明确干部的优胜劣汰制度，在三到五年内把我们公司建设成为最具有综合竞争力、管理最有序与高效、被客户信任的伙伴式关系的群体。"

他要求华为全体干部，"在长期持续增长上具有巨大潜力，在短期经营增长速度与效益上成为业界最佳"。这样，"一个生机勃勃，敢于奋斗，不怕艰难困苦、奋发有为的组织，在不断自我批判中成熟、完善"。

"客户的需求归纳起来是质量好、服务好、成本低。那么一切多余的流程与干部设置，都不利于这一目的的实现。"他接着说，为了达到这个目标，"我们的出路只有两个选择，一条是降低工资，另一条是多做一些工作。如果大家不愿意降工资，那就要更加努力工作，舍此难道还有更高明的办法吗？"

他在同一个讲话中，再一次谈到了干部对于高绩效组织的意义："我们要加强在思想道德品质上对干部的考核，对干部严要求。当干部就要有献身精神，就要有严格约束自己、宽以待人的品质。任何腐败都会使我们丧失战斗力，直至使公司走向死亡。"

他要求华为在新形势下，还是必须以结果为导向来任免干部。"我们坚持责任结果导向的考评制度，对达不到任职目标的，要实行降职、免职，以及辞退的处分。市场的竞争会更加激烈，公司不可能是常胜将军，我们无力袒护臃肿的机构，以及不称职的干部。我们必须以责任制来淘汰、选拔干部。"

在战争与和平中，在进攻与防守中，在兴盛与衰败中，在这一个个"矛与盾"里，交织和凝结着一个卓越企业的核心特质与秘密：**在战略方向正确的前提下，组织的执行力和效率将最终决定一个企业是否能基业长青。**

9.5　打造战略—解码—计划—执行的高效闭环

华为可以算得上人们公认的成功企业，但任正非自己却说，华为还远远说不上成功，要对人类有重大贡献，还需要长远的努力。

华为凭区区2万多元人民币的注册资本，从一穷二白的代理商起步，成功建立起固定网络、无线通信、核心交换设备、路由交换设备、手机及智能终端、芯片、操作系统、云计算等等核心科技领域的竞争力，在公平的市场竞争中，打败一众西方巨头，西方巨头对此基本也是心服口服。并且华为作为中国公司，在科技领域，不是靠商业模式的创新，不是靠人力低

第九章　总结篇：战略是关键要素的深刻管理

成本的拼杀，而是凭综合硬实力在全球范围内实现商业化经营，海外收入占比最高达75%。到如今，更是发展成为年度营收近万亿人民币的跨国企业，在B2C和B2B两个领域都建立起成功实践，面临美国政府的全力打压，虽有挫折，组织和营收有收缩，依然屹立不倒。

作为一个企业，华为成长发展至今的原因或密码又在哪里？

一切从小到大，由弱至强，在市场竞争中能够发展壮大，而且形成稳定的运营，拥有稳定核心竞争力的成功企业，笔者直接接触比较多的，如中兴、阿里巴巴、腾讯、百度、京东、小米、OPPO、vivo、联想、格力、美的、比亚迪、字节跳动、浪潮集团、海康威视、万华化学、宁德时代、万科、平安、吉利等等优秀的中国企业，它们成长、发展和壮大的原因和秘密又在哪里呢？

找到这些成功的企业在发展过程中的共性，找到它们在战略规划和执行管理上的关键性、本质上的东西，找到企业战略管理中的各项关键而核心的能力要素，也就找到了企业发展壮大直至卓越的成功密码。

在本章，我们尝试着用SDBE领先模型，给上面这些我们认为是成功的企业做个集体画像，以找出其在战略规划和执行过程中的共同要素，供广大企业家和管理精英参考。

这些优秀企业的选择标准大概如下：是市场化的民营企业；成立时间较长，一般要求在10年以上；年度营收具有一定规模，一般在1000亿元人民币以上；商业模式已经基本确定；具备较好的品牌影响力，一般被认为是行业标杆的企业。

通过对这些优秀企业的研究，我们从中得出以下企业的共性，并将其逐条列出，供大家讨论和学习。

稳定而独特的价值观　这些优秀的企业，一定是在发展壮大的过程中，逐步形成了稳定而鲜明的文化和价值观。这个文化和价值观一定被绝大多数主管和员工所认可，最终形成稳定的、独特的愿景，使全员具备使命感和归属感。正如SDBE领先模型中指出的，价值观定义了一个企业的核心竞争力。没有成熟文化和价值观的企业，就像一个没有灵魂的人，在长期发展中必然缺乏自主思考和调整的能力，其长期的成功是很难想象的。

坚强果敢的领导力 这些优秀企业，一定拥有意志坚定、能力突出、杀伐果断、执行力强的干部群体。这个干部群体，形成了一个企业的领导力。他们身上承载着企业的核心价值观；凭借他们的智慧和经验，整个组织能够看清前进的方向，不迷失方向；在企业遇到困难时，他们会身先士卒，带领员工越过艰难险阻；在企业陷入绝境时，他们能够挺身而出，像维护自己的生命一样维护企业，甚至燃烧自己，照亮组织前进的道路。

卓越的标杆管理能力 这些优秀企业，一定具备很强的学习和自我进化的能力。各级组织的主管，能够以学习和开放的心态，与外界积极交流。他们不会坐井观天，不会夜郎自大；他们能够正确认识到自己的不足，能够谦虚地向行业标杆或业界最佳实践看齐；他们勇于承认企业经营中的各种差距，并采用各种方式去补齐能力短板，从而通过长期的自我调整找到最佳的管理方式。

深刻的价值洞察能力 优秀的企业，肯定具备深刻的对行业、对市场、对客户的洞察能力。他们能够客观地判断宏观和行业的大势，基于对客户、竞争对手和自身的了解，识别战略机会点，谨慎而合理地选择赛道；能够进行战略取舍，制作合理的作战沙盘，选择利于本企业的战场和战役，为后续战略构想的实现奠定基础。

睿智的战略构想能力 卓越的企业，肯定具有优秀的战略决断能力。它们能够很好地基于公司愿景和使命，以及目前企业的现状和能力差距，合理地决定战略实现路径以及设置阶段里程碑。它们能够比较清晰地指明战略实现过程中的难点和划分发展的大致阶段，以此决定战略实现的节奏和资源、能力需求。

独特的商业设计能力 这些优秀企业，必定具备优秀的商业设计能力。各级业务主管能够针对既定的行业和业务，针对既定的市场细分和客户选择，识别客户的价值主张，即需求和痛点。在此基础上，企业能够很好地在具体业务流程、活动范围、盈利模式、战略控制点等方面展开充分的业务设计，并给出战略风险预案，最终在业务逻辑上形成战略构想的闭环。

第九章　总结篇：战略是关键要素的深刻管理

精准的战略解码能力　这些优秀企业，必定具备精确而熟练的战略解码能力。它们能够通过自己合适的办法，识别出战略规划和商业设计中对企业成功最关键的一些成功要素，使用合理的办法描述和刻画企业未来成功的图像，最后解码形成企业以及各级组织战略目标约束，为企业的中长期发展建立战略阶段性的发展里程碑。

完善的计划统筹能力　这些优秀企业，也必定具备细致入微的经营筹措能力。它们能够熟练地做战略解码，在企业现有的资源约束下，结合连续的经营周期安排，通过各种办法，合理地、均衡地设置各级组织、各级主管和员工的KPI和关键举措，把宏大的组织战略目标通过逐层逐级精确分解，确保每个人所接受的任务都是可操作、可完成的；确保组织中的每个细胞，在每个经营周期内，都通过完成既定的工作，在为企业宏大的战略目标贡献着合力的同时，提升组织的能力，为下一个经营周期打好基础。

强大的组织管理能力　这些优秀企业，也必定具备强大的组织设计和动员能力。各级组织的管理者，一定能够合理地针对自己组织负责的战略目标和商业计划，在每个经营周期内，识别自己业务上的主要问题和挑战性；能够针对既定业务的商业设计，根据需要，规划自己的组织架构和作战队形。他们能够准确地判断组织能力与战略目标实现要求之间的差距，并且持续不断地改善组织运作和动员能力，最终实现组织管理的有序和高效。

完善的流程管理能力　优秀的企业，其各级组织，能够针对业务中存在的各种管理和运作问题，找出解决办法，并通过先优化再固化的办法，通过刷新流程，甚至是通过ICT等手段来进行流程的信息化和智能化，以提升管理流程的效率。

优秀的人才管理能力　卓越的企业，能够准确地识别本组织的关键岗位和人才需求，并进行关键人才的选、育、用、留、管；能够为各级组织完成相应的任务营造合适的工作氛围，让组织始终充满活力；能够进行完善而合理的绩效管理，相对准确地判别和评价每个组织和每个人的工作业绩和改进程度，并进行相应的优胜劣汰，通过这个办法在组织内部传递压力，保证组织的更新循环，促进运营效率的提升。

所有优秀的企业，都是通过一个个具体SDBE的周期循环，即战略—解码—计划—执行的闭环管理，一环扣一环，一棒接一棒，逐步实现企业经营水平和综合效率的提升，缩小自己与行业标杆或理想追求之间的差距，最终达成企业挑战性的宏大愿景和使命。

"华为迟早要面临接班问题，人的生命总要终结。华为最伟大的一点是建立了无生命的管理体系，技术会随着时代发展被淘汰，但是管理体系不会被淘汰。"任正非在一次内部务虚会上表示："我们留给公司的财富只有两样：一是我们的管理架构、流程与IT支撑的管理体系，二是对人的管理和激励机制。人会走的，不走也会死的，而机制是没有生命的，这种无生命的管理体系，是未来百年千年的巨大财富。这个管理体系经过管理者的不断优化，你们说值多少钱？只要我们不崩溃，这个平台就会不断发挥作用。"

"管理就像（治理）长江一样，我们修好堤坝，让水在里面自由流，管它晚上流，白天流。晚上我睡觉，但水还自动流。水流到海里面，蒸发成空气，雪落在喜马拉雅山，又化成水，流到长江，长江又流到海，海水又蒸发。这样循环搞多了以后，它就忘了一个还在岸上喊'逝者如斯夫'的人，一个'圣者'。它忘了这个'圣者'，只管自己流。这个'圣者'是谁？就是企业家。"

任正非说："一个企业的魂如果是企业家，这个企业就是最悲惨、最没有希望、最不可靠的企业。如果我是银行，绝不给他贷款。为什么呢？说不定明天他坐飞机回来就掉下来了，你怎么知道不会掉下来？因此我们一定要讲清楚企业的生命不是企业家的生命，为什么企业的生命不是企业家的生命？就是我们要建立一系列以客户为中心、以生存为底线的管理体系，而不是依赖于企业家个人的决策制度。"

任正非经常讲，华为明天就会死亡。在他的逻辑里，企业的死亡是必然的，华为迟早也会死亡。因为，据统计，中国企业的平均寿命只有2.5年，而世界500强的平均寿命也不过40余年，一个企业想长期地活下去，其实是很难的。因此，任正非总结说："**活下去是华为的最低纲领，也是最高纲领。**"

任正非强调："对华为公司来讲，长期要研究的是如何活下去，寻找我们活下去的理由和活下去的价值。活下去的基础是不断提高核心竞争力，而提高企业竞争力的必然结果是利润的获得以及企业的发展壮大。这是一个闭合循环。"

华为强调，在世界大潮中，我们只要把危机与压力传递给每一个人、每一个流程、每一个角落，把效率不断提升，成本不断下降，我们就有希望存活下来。

每一个伟大的企业，都应该Stay hungry，Stay foolish。向死而生，活下来就是胜利！

后 记

本书写到这里，基本上已近尾声。我从华为离开的时候，没给任何人写告别信，就悄悄走了。可有趣的是，写书却不能免俗，觉得还是应该写个后记，就当是给华为的职业生涯做个总结。

笔者在华为二十年的职业生涯中，如很多华为人一样，在繁重的工作任务、巨大的工作压力之余，深深地感谢华为。华为是我人生的第一个雇主，我也曾希望是最后一个雇主。

正如任正非所说，华为公司什么也没有，没有人脉，没有资源，所有的钱都要员工自己辛苦去赚。华为能给所有员工的，就是一个相对公平，可以通过努力奋斗实现自己价值的平台。

从怀抱理想初出校园到华为做研发，然后辗转全球忘我地投入做市场，再回总部做业务管理，做战略运营，做行业生态，做政府联结。通过华为这个平台，作为一个普通城市、普通家庭、普通资质的普通小伙，有机会站在世界级的平台上，与世界级的对手过招，深深地感觉到幸运。是国家，是时代，通过华为这个企业平台，给了我们这些普通学子打开眼界、开阔视野，甚至是改变命运的机会。

回想起在华为这二十年，不胜感慨。奋斗的岁月总是过得很快，我总记得二十年前来华为坂田总部报到的那一天，一切就好像发生在昨天。

我记得在深圳入职的第一年，因为部门和工作频繁调整，曾搬过五次家；记得在研发部门和客户支持部门奋斗的经历，守夜值班通宵加班后看见第一缕晨光升起的日子；还记得转战亚太市场，在巴基斯坦、伊拉克、韩国、马来西亚、泰国、菲律宾、越南、印度尼西亚、老挝、缅甸等国来回折腾的市场支持岁月，以及各国小伙伴请我尝各地美食的难忘记忆；记得第一次市场丢单，记得一次次喝醉，记得为无数个公司级重大竞争项目奋斗，心理压力大得多次差点抑郁的经历；记得多次重大时刻，身体欠佳，更有身患登革热，全身如碎骨般疼痛，差点以为自己要命丧海外的时刻；记得在欧洲各国辗转支持销售项目，被严苛的客户折腾和折磨的严峻时刻；记得回总部之后，做人力资源管理、运营，在华为大学熟悉各种方法论，同各大组织和海外各国同事热烈研讨，短暂而幸福的过渡时刻；记得背负全球软件和服务端到端业务重担，独自做战略规划，日夜颠倒辗转全球四十余个国家，承担收入和盈利压力的岁月；记得向国内转型，做云、做生态、做产业、做政府联结的转型时刻；记得各地政府领导们对华为的重视与支持，当然也有那热情地招待与被招待，让我每年增加十斤体重的烦恼过程；记得在井冈山，部门兄弟姐妹们送我离职的那天，最后喝多断片失忆的时刻。

在华为二十年间，有那么多的欢聚与离别、痛哭与大笑、收获与失意的片段。所有的经历，浓缩在这一段，突然让我明白，我短短四十余年的人生中，从真正具备独立思考和行事能力开始，竟有三分之二的时间是在华为度过的。我的职业技能、思维方式、行事风格，已经被华为同化，无力改变，也无法改变。不管喜欢与否，华为这段经历已经化为我的人生。

原以为本次写作相对会比较简单，因为我熟知BLM和SDBE领先模型的每个细节。我从头到尾应用这个方法做过多个业务的端到端战略规划和执行设计，也曾作为这门课的内部讲师和推行者，给内外部的学员授课及研讨数十次。因此，我料想，基于课件进行图书的写作，应该挑战不大。

后 记

然而我得承认，第一次进行图书写作，想象与现实差别很大。每次讲课，根据授课对象的不同，可以使用不同的方式或案例进行阐述。每个概念或环节，其中的逻辑关系和理念，也不要求太严谨。而写成书籍，则要求务必严谨，必须对书中的每个概念的定义，其中的逻辑关系，案例的选用，篇幅的平衡，细细来回推敲。

纸上得来终觉浅，绝知此事要躬行。这段经历，让我既深受其苦，又深得其乐。每天都忙忙碌碌，从清晨到凌晨，睡觉前，想的是此书，醒来时，发现想的仍是此书。每天都要查阅海量的资料，但某些章节，一旦下笔却发现无从写起，有时竟深夜坐起，深恐无法完成写书任务。

企业的战略管理这个领域，本身就非常宏大。以前在华为推行BLM时，就查阅过市面上各种企业管理类图书，却发现基本上都不实用。本次写书，上网亦是欲查找各种同类资料，仍是没有理想中的资源。BLM本身只是用于做高管思维的平台，并没有真正推行。华为最后推行的又不是真正的BLM，而是改良的华为BLM版本，其实质已经不是原本的BLM。

华为是把BLM的框架、理念和术语，结合自己的SP、BP管理实践，并把领导力、价值观、标杆管理、战略解码、流程建设、绩效考核全部糅合起来的战略管理体系。以我对华为的认知和了解，我觉得华为内部没有这个责任部门，也不会专门有人去总结这么一套战略管理体系，因为毕竟华为目前并没有到要把管理体系能力进行输出的阶段，也没有这样的业务安排。

本书是笔者基于华为各业务部门，对华为战略管理和执行过程进行总结的一个尝试。不同的人来整理、归纳，然后通过书的方式来呈现，肯定都会有不同的写作思路，也会有不同的呈现。虽然我已经尽最大努力，但估计还是摆脱不了在华为养成的职业习惯以及PPT化的授课和研讨式风格。不过编辑老师倒是鼓励我，图书也可以有强烈的个人风格，不必拘泥于形式。

感谢本书的出版方、家人和同事朋友，你们的支持和帮助，使得本书能够顺利成稿。特别是出版公司的编辑于向勇老师，就战略管理这个课题向本人约稿，让我有机会把课程转为纸质书。秉承华为人的风格，我无知无畏地接下这个课题，也就把自己置于水深火热、日夜难熬的写作历程中。还好，经过近一年的酝酿，以及数月的努力，在飞机上，在高铁上，在出租车中，在办公空隙中，利用每一个可能的空闲，终于成书。写书撰稿过程中，既对SDBE领先模型做了梳理和呈现，又对战略管理框架做了总结和深化，本人深受其益。

限于学识和经验，书中也肯定会有遗漏之处，甚至是错误。"知我罪我，其惟春秋。"本人已经尽力，纵有遗憾，也只能留到下一版本改进。也敬请读者不吝赐教，以便我有机会在下一版本中进行改进。

谨以此书送给每一个有志于创办自己事业的企业家，送给每一个对企业或组织战略实践有兴趣的管理者。

© 中南博集天卷文化传媒有限公司。本书版权受法律保护。未经权利人许可，任何人不得以任何方式使用本书包括正文、插图、封面、版式等任何部分内容，违者将受到法律制裁。

图书在版编目（CIP）数据

华为闭环战略管理 / 胡荣丰著. -- 长沙：湖南文艺出版社，2022.11
ISBN 978-7-5726-0853-7

Ⅰ.①华… Ⅱ.①胡… Ⅲ.①通信企业—企业战略—战略管理—研究—深圳 Ⅳ.①F632.765.3

中国版本图书馆CIP数据核字（2022）第167688号

上架建议：企业管理

HUAWEI BIHUAN ZHANLÜE GUANLI
华为闭环战略管理

著　　者：胡荣丰
出 版 人：陈新文
责任编辑：刘雪琳
监　　制：于向勇
策划编辑：陈文彬
文字编辑：王成成　赵　静
特约审校：胡春晖
营销编辑：时宇飞　黄璐璐
封面设计：沉清 Evechan
出　　版：湖南文艺出版社
　　　　　（长沙市雨花区东二环一段 508 号　邮编：410014）
网　　址：www.hnwy.net
印　　刷：北京天宇万达印刷有限公司
经　　销：新华书店
开　　本：680mm×955mm　1/16
字　　数：394 千字
印　　张：24.75
版　　次：2022 年 11 月第 1 版
印　　次：2022 年 11 月第 1 次印刷
书　　号：ISBN 978-7-5726-0853-7
定　　价：78.00 元

若有质量问题，请致电质量监督电话：010-59096394
团购电话：010-59320018